航天科技图书出版基金资助出版

# 航天精细化质量管理

师宏耕　贾成武　鲍智文　编著

中国宇航出版社

·北京·

**图书在版编目（CIP）数据**

航天精细化质量管理 / 师宏耕，贾成武，鲍智文编著. -- 北京：中国宇航出版社，2020.12

ISBN 978-7-5159-1496-1

Ⅰ. ①航… Ⅱ. ①师… ②贾… ③鲍… Ⅲ. ①航天工业－质量管理－研究－中国 Ⅳ. ①F426.5

中国版本图书馆 CIP 数据核字(2020)第 250093 号

**责任编辑**　张丹丹　　**封面设计**　宇星文化

**出　版**
**发　行**　中国宇航出版社

**社　址**　北京市阜成路 8 号　**邮　编**　100830
(010)60286808　(010)68768548

**网　址**　www.caphbook.com

**经　销**　新华书店

**发行部**　(010)60286888　(010)68371900
(010)60286887　(010)60286804(传真)

**零售店**　读者服务部　(010)68371105

**承　印**　天津画中画印刷有限公司

**版　次**　2020 年 12 月第 1 版
2020 年 12 月第 1 次印刷

**规　格**　787×1092

**开　本**　1/16

**印　张**　22.75

**字　数**　554 千字

**书　号**　ISBN 978-7-5159-1496-1

**定　价**　138.00 元

# 航天科技图书出版基金简介

航天科技图书出版基金是由中国航天科技集团公司于2007年设立的，旨在鼓励航天科技人员著书立说，不断积累和传承航天科技知识，为航天事业提供知识储备和技术支持，繁荣航天科技图书出版工作，促进航天事业又好又快地发展。基金资助项目由航天科技图书出版基金评审委员会审定，由中国宇航出版社出版。

申请出版基金资助的项目包括航天基础理论著作，航天工程技术著作，航天科技工具书，航天型号管理经验与管理思想集萃，世界航天各学科前沿技术发展译著以及有代表性的科研生产、经营管理译著，向社会公众普及航天知识、宣传航天文化的优秀读物等。出版基金每年评审1～2次，资助20～30项。

欢迎广大作者积极申请航天科技图书出版基金。可以登录中国宇航出版社网站，点击“出版基金”专栏查询详情并下载基金申请表；也可以通过电话、信函索取申报指南和基金申请表。

网址：http：//www.caphbook.com

电话：(010) 68767205，68768904

# 序

航天是当今世界最具挑战性和广泛带动性的高科技领域之一，是综合国力和世界强国的重要体现。习近平总书记一直关心航天事业的发展，并于2016年4月24日中国航天日设立之际，做出重要指示：“探索浩瀚宇宙，发展航天事业，建设航天强国，是我们不懈追求的航天梦。”在党中央、国务院、中央军委的坚强领导下，经过几代航天人的接续奋斗，中国航天走出了一条自力更生、自主创新、勇于登攀的中国特色发展道路，取得了以“两弹一星”、载人航天、月球探测、北斗导航等为代表的一系列辉煌成就，为维护国家安全、推动科学技术进步、服务经济社会发展、促进人类文明进步做出了重要贡献。

质量是航天事业的生命。2008年以来，中国航天科技集团有限公司（简称航天科技集团）承担着常态化高密度型号研制和发射任务，呈现出业务运行高可靠、研制发射高密度、环境变化高动态和国家重大工程责任重、多型号并举任务重等特点，对航天质量管理提出了更高的要求和新的挑战。

航天科技集团在实践中探索、在探索中创新、在创新中提高，不断深化以风险控制为主线的精细化质量管理，为保障型号任务成功提供了有力的支撑。航天精细化质量管理经验得到了国家的高度认可，“航天工程精细化质量管理的实践与创新”等一批项目获得了国家级技术和管理成果奖，航天科技集团于2013年获得了中国质量领域的最高荣誉——首届中国质量奖。

该书简要回顾了航天质量管理发展的历程，系统总结了航天精细化质量管理的工程实践和科学方法，包括航天质量文化建设、质量管理体系建设、质量基础建设和型号全过程精细化质量控制等主要内容，为大型复杂系统工程的质量管理提供了宝贵经验。

党的十九大确定了建设“质量强国”“航天强国”的国家战略。航天科技集团深入贯彻落实习近平总书记重要指示和党的十九大精神，提出了高质量保证成功、高效率完成任务、高效益推动航天强国和国防建设，全面建设世界一流航天企业集团和有效支撑世界一流军队建设的战略目标。为实现这一战略目标，我们要按照“坚持、完善、发展”的原则，不断实践和丰富航天精细化质量管理理念和方法，持续提升航天质量管理水平，为建设航天强国做出新的更大贡献！

王礼恒

2020年11月

# 前　言

质量是航天事业的生命。由于航天工程具有系统复杂、投入大、风险高、效益显著等特点，要确保万无一失，必须采取更加严格、严密、科学的质量管理和技术手段。60多年来，伴随着中国航天事业取得一系列辉煌成就，航天质量管理在航天工程实践中探索、在探索中创新、在创新中提高，走出了一条具有中国特色的航天精细化质量管理的发展道路。近十年来，面对新形势、新任务、新挑战，按照“坚持、完善、发展”的原则，结合以载人航天、月球探测、北斗导航等为代表的航天工程质量管理实践，在系统总结经验和深刻反思教训的基础上，航天精细化质量管理模式内涵不断丰富、理念方法不断创新、基础能力不断完善、应用成效日益显著，有力保障了航天工程任务的一次次成功和航天事业的科学发展。

本书旨在对航天精细化质量管理创新成果和实践经验进行较为系统的归纳、总结，按照工程实用性强、简明扼要的原则，从质量管理体系、方法、基础三个方面阐述航天精细化质量管理的主要内容，为介绍和推广航天精细化质量管理模式和方法奠定基础。

本书共分为3篇、22章，各篇主要内容如下：

第1篇“航天精细化质量管理——体系篇”。共分6章，着重介绍了航天精细化质量管理的发展历程和内涵模式、航天特色质量文化、航天质量管理体系建设与评估、面向产品的质量分析以及质量监督监理制度。

第2篇“航天精细化质量管理——方法篇”。共分10章，着重介绍了技术风险识别与控制、重大工程独立评估、产品数据包管理、产品保证、质量问题归零管理、技术状态控制、软件管理、可靠性管理以及基于风险的航天典型质量控制方法。

第3篇“航天精细化质量管理——基础篇”。共分6章，着重介绍了航天型号物资“五统一”管理、工艺管理、生产现场管理、标准的工程化管理、质量信息管理和专业队伍与机构建设。

本书突出航天质量管理特点，注重对航天质量管理方法的介绍，所列方法均经过航天工程的检验，是航天工程实践的结晶，可供从事大型复杂系统项目管理、质量管理的技术人员和管理人员学习使用，并可作为航天各级各类人员质量专业培训教材。

本书由师宏耕、贾成武、鲍智文编著。按章节顺序，岳盼想、温中亮、遇今、郭晓慧、张锐、李京苑、余斌、黄迅、赵春章、杨晓明、陈强、苟婉红参加了撰稿。顾长鸿、卿寿松、王晓玲、顾敏、胡俊兰、胡云、王瑞、杨铭、王锐、苗宇涛、范艳清、周晓燕、王禹铭、杨晋智等同志提出了许多宝贵意见。在此向他们表示衷心感谢！

由于航天精细化质量管理在不断发展和完善，加上编者水平所限，不当之处在所难免，恳请广大读者批评指正。

编　者

2020 年 5 月

# 目　录

## 第1篇　航天精细化质量管理——体系篇

# 第2篇　航天精细化质量管理——方法篇

# 第3篇 航天精细化质量管理——基础篇

# 第 1 篇

## 航天精细化质量管理——体系篇

中国航天的质量管理，既有源于工程实践的质量管理理念和方法的原始创新，也有质量与可靠性技术和系统工程管理方法有机结合的集成创新，还有在借鉴国外先进的质量管理理念和方法的基础上的再创新。中国航天的质量管理在实践中探索、在探索中创新、在创新中提高，凝炼形成了具有中国航天特色的质量管理体系、模式和方法。

本篇在高度总结航天精细化质量管理形成历程及其管理特点的基础上，系统阐述了构成航天精细化质量管理模式的航天质量文化建设以及航天质量管理体系建设，从贯彻周恩来总理的“十六字”方针形成航天特色质量文化，到集团、研究院和厂/所三级质量管理体系建设及体系评估机制，再到通过面向产品的质量分析以及质量监督监理制度确保持续改进，有效保证了航天精细化质量管理的体系化建设。

# 第 1 章　航天精细化质量管理概论

## 1.1　航天质量管理发展历程

航天型号研制是跨部门、跨领域、跨专业大协作的复杂系统工程，具有高技术、高投入、高风险的特点。回顾中国航天 60 多年的发展历程，从无到有、从小到大、从弱到强，从仿制到自主研制，中国航天走出了一条独立自主、自力更生的跨越式发展道路。60 余年的辉煌成就，离不开钱学森等一代代航天人在不断的实践与探索中孕育并完善的、中国航天独有的系统工程管理模式。质量管理作为确保航天型号任务成功的重要工作，伴随着航天工程实践的不断探索积累，形成了具有中国航天特色的管理体系和精细化质量管理方法，其发展经历了质量检验、全面质量管理、航天特色质量管理和航天精细化质量管理四个阶段。

航天质量管理发展历程如图 1－1 所示。

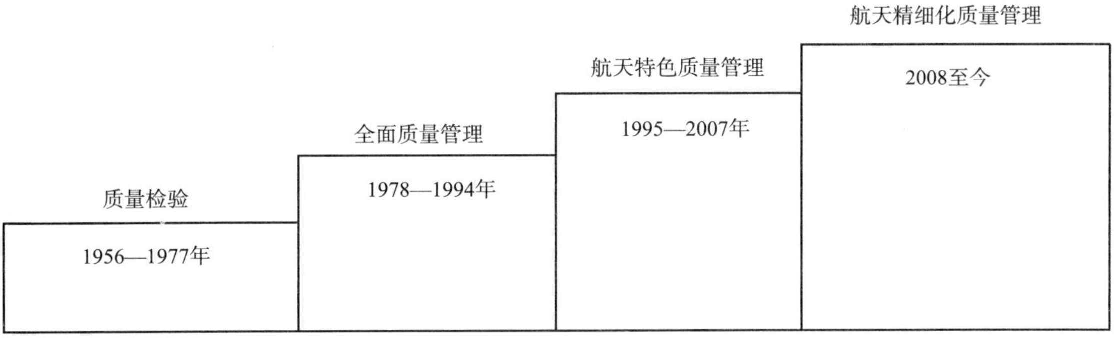


图 1－1　航天质量管理发展历程

### 1.1.1　落实技术责任制，严格质量检验阶段（1956—1977 年）

20 世纪 50 年代末，航天工业组建初期的质量保证在制造过程主要靠检验系统，设计过程主要靠设计师系统的自我保证，实行编写、校对、审核和批准的技术责任制。20 世纪 60 年代，航天工业以周恩来总理提出的“严肃认真，周到细致，稳妥可靠，万无一失”的十六字方针为科研生产及质量管理工作的指导思想。60 年代初期，《国防部第五研究院暂行条例（草案）》制定发布，强调按研制程序办事，充分做好地面试验，建设了全箭试车台和控制系统仿真实验室等基础设施，树立“严肃的态度、严格的要求、严密的方法”的三严作风，组建专家工作组，培训质量管理干部，推行、应用统计质量控制方法和可靠性技术，并于 1965 年组建了质量控制专业研究所，开始研究型号研制过程的可靠性保证和质量控制问题。

20世纪70年代中期，航天工业开始进行质量整顿、质量复查，实施双岗制、留名制、“双想”制，落实电子元器件定点、定技术条件供应，结合重点工程“三抓”任务开展质量保证活动，采取了元器件筛选、整机老炼、系统稳定运行、产品验收、失效分析、设计鉴定、表格化等一系列技术和管理措施，并在各型号研制中逐步推广，取得明显效果，创造了型号研制过程开展质量保证的新经验。

### 1.1.2 严格质量保证体系考核，推行全面质量管理阶段（1978—1994年）

从1978年开始，全面质量管理在中国，特别是在国企中得到了普遍的推广应用，航天系统也开始推行全面质量管理，开展全员质量培训、“质量月活动”、群众性的质量管理小组活动以及创优质产品活动，引入统计质量管理的工具和方法，以工作质量保证产品质量，提高了全员的质量意识。

20世纪80年代初，航天系统质量管理工作已经推广到设计、工艺、设备、生产、计划、教育等多个部门，各单位逐步建立完善了质量管理组织，负责全面质量管理的策划和推进工作，各重点型号开始制订并实施可靠性保证大纲，标志着航天工业进入了有组织、有计划开展质量管理和质量保证的新阶段。

1983年，在推行全面质量管理的基础上，国家有关部门颁发了《军工产品质量控制暂行条例》，对研制、生产全过程提出了全面、有效的质量控制要求。1987年，国家颁布了《军工产品质量管理条例》（简称《条例》），要求各单位在生产和管理活动中必须贯彻《条例》，否则不能从事军工产品的研制生产。

20世纪80年代中期至90年代初，航天工业开始贯彻《条例》，实行质量保证体系考核，并于1993年之前先后通过了验收，拿到了军工产品生产许可证。《条例》根据“一次成功，系统管理，预防为主，实行法治”的指导思想，系统地规范了型号研制、制造过程的质量保证和质量管理活动，其中研制过程质量保证要求主要是总结了航天工作经验。《条例》的实施是航天工业进入全面质量管理的里程碑，为今后的质量管理工作发展奠定了基础。

从1993年起，国防科技工业开始实行质量保证体系考核向认证管理转变，经过几年的探索，国防科技工业系统在国家系列标准《质量管理和质量保证标准》基础上，增加了军工的特殊要求，并于1996年编制了《质量管理和质量保证》国家军用系列标准，作为军工产品承制单位质量管理体系认证的依据，军工产品承制单位依据此标准进一步完善了质量管理体系。

在此期间，中国航天工业总公司成立，狠抓思想、作风、纪律整顿，结合产品暴露的问题，广泛开展质量清理整顿，持续开展质量教育培训活动。1994年，中国航天工业总公司编写出版了《航天故障启示录》和《“三F”技术培训教材》，确定了3月22日为航天质量日，一些单位开始由质量保证体系考核转为质量管理体系认证。

### 1.1.3 创新质量管理方法，构建航天特色质量管理阶段（1995—2007 年）

20 世纪 90 年代中期，航天企业面对社会主义市场经济环境和国际市场激烈竞争形势的同时，还面临着工程项目任务日益繁重、技术要求越来越高、协作单位越来越多的局面和顾客高可靠、高安全、长寿命的使用要求，管理层认识到当时的质量管理水平已经不能适应多项目并举的研制生产形势，需要对质量管理工作进行改进。

1995 年，中国航天工业总公司制定并实施质量管理改革方案，提出了“单位抓质量体系建设，型号抓产品保证，质量专业抓基础建设”的质量工作总体思路。

1996 年，中国航天出现了“2 · 15”“8 · 18”等重大质量事故，质量形势严重滑坡，面临“失败不起，没有退路，只能成功”的境地。面对当时严峻的质量形势，中国航天工业总公司从实际出发，在深刻反思和认真总结 40 年来的成功经验和失败教训的基础上，采取了一系列举措。

1996 年，中国航天工业总公司实施质量专项技改，组建了四个元器件可靠性保证中心，一个软件评测中心，两个软件检测站，一个可靠性与安全性研究中心和一个工艺研究所等专业质量保证机构，并开始向各研究院派驻总公司质量监督代表。

1997 年，中国航天工业总公司制定并发布了强化型号质量管理的“28 条”措施，结合重点型号狠抓贯彻实施，取得了明显的效果，通过抓型号质量保证的实践，深刻地认识到必须在“救火”的同时寻求“防火”的规律，把抓产品质量与抓质量体系建设紧密结合起来。在深入调研基础上，航天工业开始引进欧空局产品保证技术和管理，进一步规范和深化型号质量管理工作。

1997 年年底，中国航天工业总公司提出了体现从源头抓起的振兴航天质量的“四个三”计划，包括 3 个层次的要求：一是按照“零缺陷”的目标进行立法，从源头抓起，防止质量问题的产生；二是万一出现质量问题就按“定位准确、机理清楚、问题复现、措施有效、举一反三”的 5 条标准归零，彻底纠正；三是要对发生的一系列质量问题，特别是重复故障、人为责任事故进行统计分析和深层次的原因分析，从管理上采取措施，改进质量体系。从执行、监督、奖惩 3 个方面进行落实，严格按照 3 个层次的要求做。从人力资源、技术手段和专业机构 3 个方面来保证。

1998 年，反映航天工业特点的《航天工业质量管理和质量保证要求》制定并发布（2003 年该标准进行了修订），规范了航天行业各单位的质量体系建设和运行，把产品保证与质量管理更紧密地结合起来，进一步提高了单位的质量保证能力。

1999 年，中国航天科技集团公司（简称航天科技集团）正式成立。航天科技集团按照“坚持、完善、发展”的原则，贯彻钱学森的系统工程管理思想，充分吸取了国内外成功企业质量管理经验，遵循“从源头抓起、预防为主、全过程控制”的质量管理原则，针对航天型号研制生产任务的新特点，制定并实施了包括《航天型号产品质量与可靠性信息管理有关问题》《强化型号质量管理和产品保证的有关文件及相关标准》《航天型号质量问题管理归零工作补充要求》《型号科研生产管理 80 条（2000 年）》《加强航天型号可靠性工作的若干要求（2000 年）》等在内的一系列质量规章和标准，不断丰富航天质量管理理念和方法。

2002 年，《航天产品质量问题归零实施要求》被固化为航天企业标准，2003 年上升为行业标准《航天产品质量问题归零实施指南》。

2003 年，航天科技集团启动了质量文化建设工作，制定并发布了《中国航天科技集团质量文化建设纲要》，编制了《中国航天科技集团质量文化手册》，提出了“质量是政治、质量是生命、质量是效益”的质量理念，同时，进一步明确了质量工作的指导思想、价值观、行为准则、行为规范体系等方面的内容，作为指导航天科技集团行动的顶层规范。

2004 年 9 月 21 日，某型号飞行失利，为铭记教训，警钟长鸣，航天科技集团将每年的 9 月 21 日确定为集团质量日。

2006 年，航天科技集团、航天科工集团和航天质量协会决定共同设立中国航天质量论坛。

2004—2009 年期间，结合载人航天高可靠性、高安全性的要求，中国航天科技集团公司先后发布了《载人航天型号总装、测试、试验阶段工序交接管理要求》《载人航天型号总装、测试、试验质量控制要求》等载人航天型号专项标准，为确保载人航天工程任务的成功提供了依据。

### 1.1.4 推进航天精细化质量管理，完善航天特色质量管理体系阶段（2008 年至今）

2008 年以来，航天型号研制生产面临着“三高两重”（三高：型号研制业务运行高可靠，研制发射飞行任务高密度，内部人员和外部环境变化高动态；两重：国家重大工程责任重，多型号并举任务重）的特点，航天科技集团提出了建设国际一流大型航天企业集团的发展目标，这些都对质量管理提出了新的、更高的要求，赋予了质量管理新的责任和挑战。

为进一步贯彻落实航天科技集团第四次工作会提出的“构建航天科技工业新体系”的要求，适应航天科技工业的新形势、新任务、新特点对质量管理提出的新要求，航天科技集团提出航天质量管理必须与时俱进，总结推广型号质量管理成功经验，深入推进精细化管理，实现质量管理能力的新跨越。

2009 年，航天科技集团认真总结了 1996 年以来航天质量管理经验，充分吸收了各成员单位好的做法，适应当前型号任务的研制需求，归纳形成了质量管理方面的 28 条要求，即《航天型号精细化质量管理要求（2009 版）》[简称“新 28 条”（2009 版）]。

“新 28 条”作为一个年度版本，航天科技集团按照“坚持、完善、发展”的方针，在型号质量管理实践中不断探索，结合型号研制和管理实际，适时对“新 28 条”进行修改完善，不断丰富型号精细化质量管理的内涵，相继推出了 2011 版和 2017 版。

其中，2011 版的“新 28 条”是在贯彻实施 2009 版的基础上，通过总结吸收实施近两年来航天科技集团质量工作的新要求，进一步细化完善了航天型号精细化质量管理的内容，并对具体的条款进行了增加、合并和修改，最终形成了包括“加强质量监督工作”

“加强型号风险识别与控制”“完善质量问题信息共享和快速反应机制”“强化专业技术支撑机构建设和质量专业队伍建设”等在内的 28 条要求。

2017 版的“新 28 条”共包括完善“质量管理体系”“强化型号产品全过程质量控制”“加强外协外包和外购产品质量管理”以及“强化质量基础建设”的内容。强调各单位、各型号质量责任制的落实，规范工作流程和标准，科学开展质量分析和质量管理体系评估，建立健全质量管理体系运行监督长效机制，严格质量责任追究和质量奖励，持续提升质量管理体系的有效性；强调过程控制要以型号产品风险识别与控制为主线，以落实各项产品质量保证要求为重点，以过程精细量化控制为手段，用过程数据来支撑产品质量的符合性，持续提升过程控制的科学性、有效性，要按照航天型号独立评估工作管理办法，对首飞的重大型号，以及技术风险大的型号开展独立评估工作；强调加强供应商“全领域、全级次、全过程、全要素”管理，将航天产品质量保证要求和标准传递到最末端供应商，严格外协、外包和外购产品的质量控制，确保实施统一的质量验收标准、内容和方法；强调强化管理、流程、操作的标准化工作，实现各项工作有标准可依，标准量化细化、可操作，做到检查用标准衡量、验收用数据说话，持续开展生产现场建设，从事航天型号产品研制的生产现场必须达到三星级以上标准，加强质量管理信息化建设，推进技术支撑机构和队伍的专业化，加大先进质量管理方法工具的培训和推广应用，持续提升质量基础保障能力。

在此基础上，航天科技集团针对质量工作需要，配套制定发布了涉及型号风险识别与控制、可靠性工作、产品数据包管理、面向产品质量分析、产品飞行成功数据包络分析、转阶段评审等方面的一系列质量规章、标准文件，对质量工作提出了新的要求，包括《航天型号技术风险分析与控制要求》《中国航天科技集团公司航天型号独立评估工作管理办法》《航天型号量化控制工作要求》《强化航天型号可靠性工作的若干要求》《关于深入开展航天产品数据包工作的通知》《关于进一步加强面向产品质量分析工作的通知》《航天型号飞行成功数据包络分析要求》《航天型号研制转阶段评审》《航天型号单点故障模式识别与控制要求》《航天型号配套物资供应商管理办法》《航天生产现场管理实施指南（试行）》等一系列支撑性的质量制度、标准，进一步深化了航天型号精细量化过程控制和风险管控工作。

为推进“新 28 条”要求的有效贯彻落实，2009 年，航天科技集团研究实施了质量管理体系评估制度，建立了集团对研究院、研究院对厂/所、厂/所自评的分级实施的质量管理体系自我完善和持续改进机制，促进了质量管理中薄弱环节的识别和改进以及质量管理最佳实践的总结和推广。

2012 年，《中国航天科技集团质量文化手册》升级换版，明确提出了传承和弘扬航天质量文化，就是要牢固树立“零缺陷”理念，全面实施精细化质量管理，要第一次就把事情做对、做好。

2012 年，中华人民共和国国家标准《航天产品质量问题归零实施要求》（GB/T 29076—2012）发布。2015 年 11 月，国际标准化组织全票通过的由航天科技集团主导制定的国际标准ISO 18238《航天系统——质量问题归零管理》(Space Systems—Closed Loop Problem Solving Management)正式发布，这是中国首次将具有中国特色的航天管理最佳实践推向国际，是中国向国际输出质量管理成功经验的重要成果，彰显了中国航天的软实力。

## 1.2 航天精细化质量管理内涵

航天精细化质量管理是以确保航天工程任务圆满成功为目标，以技术风险管控为重点，以细化量化为手段的全过程质量管理。航天精细化质量管理是技术和管理相融合的全面质量管理，以系统工程管理为核心，以过程控制精细化为特征，牢固树立零缺陷理念，坚持预防为主、源头抓起、全员参与的原则，有效识别与控制技术风险，不断提高产品保证能力，不断提高技术、产品、管理和队伍成熟度，实现型号研制生产试验过程质量控制的规范化、定量化和精细化，确保航天型号研制及飞行任务一次成功。其主要内涵包括以下七个方面。

### 1.2.1 树立零缺陷的理念，强化全员质量意识

航天产品具有技术新、投资大、系统复杂、研制周期长等特点，只有控制好质量，方能消除由于研制过程反复或飞行试验失败造成的重大损失，才能最大限度地节约时间和经费。因此，从事航天产品研制生产和服务的组织和人员，长期以来贯彻周恩来总理"严肃认真、周到细致、稳妥可靠、万无一失"的十六字方针，秉持零缺陷理念，尽全力在第一次就把事情做对、做好，科学运用系统工程方法，严格控制研制生产过程中的风险，为实现产品研制生产过程和飞行试验任务一次成功、永葆成功的目标不断努力。零缺陷的理念和系统工程管理的性质，决定着航天型号的质量目标永远是：一次成功。这一目标进一步分解为：方案论证一次通过，设计评审、确认、验证一次通过，生产检验一次合格，总装测试一次通过，地面试验一次成功，管理工作一次做好等，即第一次就把型号研制生产及管理的各方面工作做好，这就是以零缺陷为目标的型号系统工程管理的实质。航天零缺陷理念追求各项工作第一次就做对、做好，力求型号研制、生产和服务中各环节全面优质，力求地面试验、飞行试验等各项任务圆满完成。

### 1.2.2 运用系统工程方法，注重质量顶层策划

航天型号研制是技术复杂的系统工程，具有高可靠、高安全的特点，为提供安全可靠的航天产品，航天在贯彻系统工程理论的基础上，坚持系统思维，从航天工程的型号立项开始，按照型号任务特点明确了严格的研制工作程序，建立起型号工程两总系统，实施工程两总负责制，以责任令等形式明确各级指挥和设计师以及各承制单位的质量职责，建立型号质量保证组织和可靠性工作系统，落实质量技术监督机构和人员的职责，确保质量职责层层传递、落实到位。

### 1.2.3 创新型号风险管理，有效管控技术风险

航天型号是高风险工程，预防风险，尽早识别与控制风险一直是航天型号研制管理工作的重点。航天科技集团先后下发了《航天型号技术风险分析与控制要求》等文件，创新性地提出了开展全方位的风险分析与控制工作，包括任务特点分析、产品关键特性分析、设计裕度分析、单点故障模式分析、强制检验点设置的充分性和控制有效性分析、测试覆盖性分析、接口协调性和匹配性分析、成功数据包络线分析、安全性分析、最终使用状态分析、“九新”（新技术、新材料、新工艺、新状态、新标准、新单位、新岗位、新人员、新设备）分析、重大工程独立评估等。特别是重大工程独立评估，是由航天科技集团组织实施，针对国家专项工程、集团公司重点型号、首飞型号等重大型号，站在大系统层级的高度，以风险管理方法论为指导，以航天系统工程研制核心思想为基础，集中研制团队以外整个国防工业具有丰富工程研制经验的顶级权威专家资源，围绕型号关键技术突破情况、系统接口协调匹配情况和研制过程管理情况，伴随关键研制阶段持续开展的一种独立、权威、深入的系统级风险评价活动。

### 1.2.4 覆盖全过程全级次，实施细化量化控制

细节决定成败这一管理的基本法则对于航天产品研制生产的系统工程而言，尤其重要。导致产品失效的因素往往来自研制生产过程某个细微的环节，软件的一个符号、电路的一个极性、结构的一个细微缺陷、状态的一个细小变化，都有可能导致产品的失效和型号任务的失利。这就要求航天工作者要关注细节，确保每一个细小的变化、每一个细微的环节都能全程受控，对设计、生产、试验和交付后服务全过程实施极其严格的细化量化控制，包括产品保证策划与控制、可靠性设计分析与验证量化控制、技术风险量化控制、强度裕度量化控制、技术状态更改量化控制、元器件“五统一”量化管理（统一需求规划、统一评价认定、统一选用管理、统一采购供应、统一质量保证）、软件工程化管理及第三方评测量化控制、关键工序量化控制、紧固件与螺纹连接件定力矩安装量化控制、航天产品数据包管理、表格化控制等，逐步形成了覆盖航天型号全寿命和各产品层级的精细量化的质量控制方法体系。

### 1.2.5 严格质量问题归零，实现质量信息共享

根据系统工程和闭环管理的思想，中国航天创造性地提出并实施了质量问题技术归零和管理归零的“双五条”标准。质量问题技术归零的五条要求是：定位准确、机理清楚、问题复现、措施有效、举一反三。质量问题管理归零的五条要求是：过程清楚、责任明确、措施落实、严肃处理、完善规章。对于质量问题本身而言，归零工作要刨根问底，力求水落石出，它是有效的“救火”措施。对于其他型号产品而言，归零工作可以杜绝类似质量问题的重复发生，起到“防火”作用。“十一五”以来，航天科技集团逐步构建贯穿集团、研究院、厂/所三级的质量信息工作体系，创建了质量问题快速响应和面向产品质

量分析等机制，形成了以质量问题信息快速共享为特色的精细化信息管理工作。建立了质量与可靠性信息管理制度，形成了质量问题信息的全面收集、快速上报、系统分析和及时反馈的管理机制和工作体系；建立了产品质量问题数据库，确保产品研制生产试验与管理的有关人员，尤其是一线人员及时掌握相关信息；建立了元器件、原材料、标准紧固件的基础数据库，实现质量基础数据可追溯，为设计选用和采购管理提供信息服务；建立了故障预警制度，通过发布质量信息通报、编制故障案例集和故障警示录，做好故障预警工作；建立了质量与可靠性信息系统、数据库，建立并实施质量问题技术和管理双归零以及举一反三等制度，完善标准规范体系，开展最佳实践交流，促进知识创新和快速共享。

### 1.2.6 开展质量体系评估，持续改进质量体系

在坚持贯彻 GJB 9001 体系审核要求的基础上，航天科技集团针对航天工程研制生产的特点，把质量管理体系建设与型号研制生产紧密结合起来，把型号质量问题的检查和分析与质量管理体系专项审核结合起来，把质量问题归零作为弥补质量管理体系缺省链的重要方式，把针对型号质量问题的纠正和预防措施纳入体系文件，做好质量管理体系文件的动态管理，不断细化完善各类程序文件和岗位操作规范。在质量管理体系有效性评价方面，研究提出并实施了集团对研究院、研究院对研究所/工厂两级质量管理体系成熟度等级评估方法，建立了评估原则、评估模型、评估标准、量化评估方法和评估程序，将精细质量管理要求进行细化分解，并纳入到各评估要素，按照“要求—落实—改进”的评估方式，对质量管理体系的每个评估要素和体系整体进行定量化的成熟度等级评价，通过评估发现薄弱环节，挖掘和推广最佳实践，形成了以评促建、持续提升的管理能力提升机制。

### 1.2.7 加强技术基础建设，提升质量保障能力

航天型号任务就是大规模集团作战，需要“大军未动，粮草先行”。为了研制生产国际一流的航天产品，保证产品的一致性和稳定性，航天科技集团在工作设施、技术基础、经济投入等方面形成了与之相适应的基础能力，尤其是质量与可靠性、标准化、计量、物资、工艺、专业队伍、专业机构等方面的技术基础能力。实施了标准化工程建设，及时总结、固化技术成果和工程管理经验，完善了标准体系，有效地提升了标准的技术水平和实用性；开展了工艺基础建设，建立了包括铸造工艺、焊接工艺、精密与超精密加工工艺等在内的集团级、研究院级和厂/所级专业工艺技术中心，设置集团、研究院、厂/所三级首席工艺专家和工艺技术带头人，完善工艺人员职业发展序列；系统实施了质量专业技术机构建设，建立健全了质量专业技术机构体系，逐步建立了可靠性、元器件和软件评测，工艺保证，环境试验和失效分析等不同层次的专业机构，基本形成了布局合理、专业齐套、满足型号和质量专业发展的质量专业机构；建立了集团、研究院、厂/所三级的专家体系，其中有集团级可靠性、元器件、软件、工艺等 4 个专家组；开展了航天生产现场建设，建立了具有航天特色的顶层管理要求和集团标准，从人、机、料、法、环、测多方面提要求、抓要点、查实效，形成了一套系统抓车间管理、提升现场管理的方法文件，被基层誉

为“当好车间主任的教科书”；加强质量与可靠性关键技术和质量管理方法的研究与推广应用，创新航天型号研制阶段控制方法，确保各研制阶段工作受控。通过强化制度建设和资源保障条件建设，不断提高质量基础保障能力，实现了质量标准、方法、机构和队伍建设工作的精细化，为型号研制生产提供质量保障和技术支持。

## 1.3　航天精细化质量管理模式

航天精细化质量管理以满足政府、顾客、供方和合作伙伴、员工、社会等各相关方需求和期望这一广义质量为目标，以质量文化理念为引领，以航天型号全寿命质量过程控制为核心，以质量管理体系和产品保证能力建设为基础，将这几个要素系统结合，保证航天工程任务的圆满完成和航天事业的科学发展。航天精细化质量管理模式如图 1 - 2 所示。

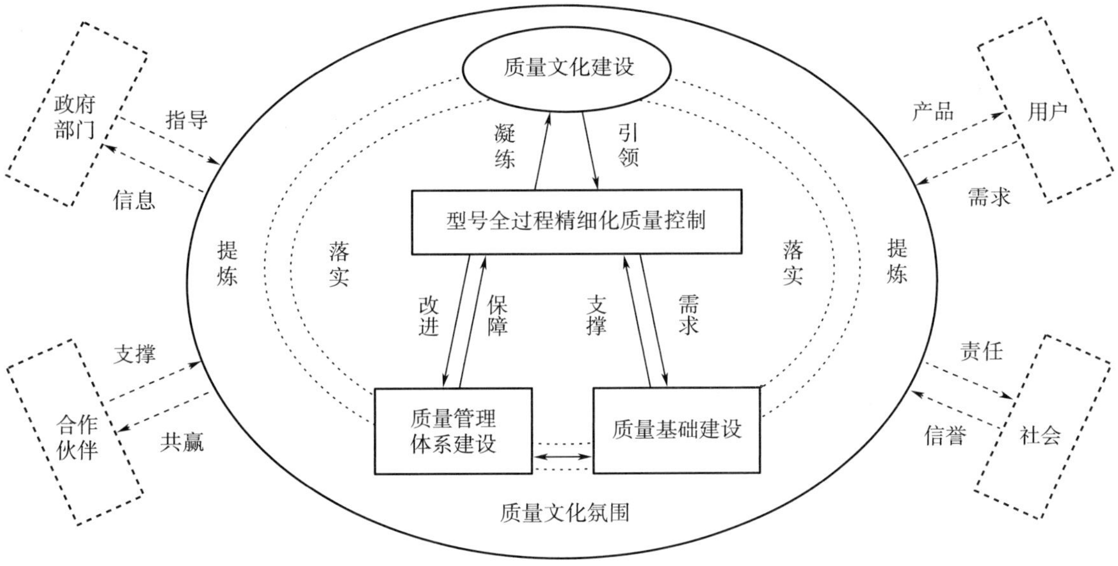


图 1 - 2　航天精细化质量管理模式

质量文化建设处于该管理模式的顶层，以“零缺陷”为理念，阐述航天质量文化理念体系，包括质量工作指导思想、质量座右铭、质量理念、质量价值观、质量道德观、质量方针、质量行为准则和质量格言等，构建了由质量文化精神内涵、行为规范和运行机制、物化体现三个层面的质量文化结构模型，使航天质量文化理念得以层层展开和落实。航天质量文化从质量侧面反映航天传统精神、“两弹一星”精神、载人航天精神，作为航天文化中相对独立的专题文化，具有中国航天特色，形成系统理念体系，体现时代特征，是我国航天事业发展的软实力，是巨大的无形资产。航天科技集团是国内第一个开展质量文化建设的军工集团，荣获全国质量文化建设示范单位，工业和信息化部与中国质量协会将其质量文化建设案例作为典范，号召全国企业学习。航天质量文化具有深厚的底蕴，并随着航天事业的发展不断丰富。培育航天质量文化，就是发扬航天优良传统，不断培养和提升航天全体员工质量文化素养。

质量管理体系建设是该管理模式中的基础部分，与集团研制能力建设有机结合，着重从质量管理体系文件、组织管理机制等方面为航天型号产品研制、生产、试验、交付和服务、经营管理等质量控制提供保障和监督。航天科技集团建立健全了由国家宇航标准、航天行业标准、集团标准组成的质量管理标准体系，按照研究院、研究所或工厂两级建立质量管理体系，并与航天型号研制项目的跨单位质量管理体系有机结合，构成矩阵式质量管理体系，创造性地建立了集团对研究院、研究院对研究所和工厂两级质量管理体系评估的以评促建和持续改进机制。

质量基础建设是该管理模式中的另一基础部分，与航天产品研制生产基层单位质量管理体系建设有机结合，把质量与工程融为一体，构建航天产品可靠性保证、安全性保证、维修性保证、软件保证、元器件保证、材料工艺保证、空间环境保证和宇航通用基础产品保证等技术体系及标准规范体系、专业技术机构和专业技术队伍，着重从质量可靠性方法与工程保证相结合的角度为航天型号研制、生产、试验、交付和在轨运营服务全寿命的质量控制提供保障和监督等方面的支撑。

型号全过程精细化质量控制是该模式的中心，一切工作都以保证航天型号质量为出发点和落脚点。航天质量文化要体现落实到航天型号研制、生产、试验、在轨交付和在轨运行服务全寿命质量控制活动之中。质量管理体系和质量保证能力也要对其从管理和技术两个方面提供全面支撑。航天型号研制符合系统工程的工作过程，是将系统或总体的指标、要求向基本的功能单元逐级分解、落实，通过底层产品的设计、制造和试验向上一级进行集成，直至实现系统或总体要求的逐级演变过程。对应航天型号研制结构，通过建立和完善航天型号研制质量管理体系和质量保证体系，在型号研制基础上，通过研制、生产、验证等关键点的控制，实现型号的质量控制。航天工程全寿命、精细化质量控制包括产品保证策划与实施、技术状态控制、技术风险识别与分析、试验和生产现场控制、产品数据包管理、质量问题归零等。

# 第 2 章　航天质量文化的形成

## 2.1　航天质量文化结构

航天质量文化是航天文化的重要组成部分，融合了几代航天人对航天任务成功经验的总结提炼和失利教训的深刻反思。

航天质量文化由精神层面、行为层面和物质层面这三个层面有机组成，如图 2-1 所示。精神层面是质量文化的灵魂，行为层面是质量行为规范体系及其运行机制，物质层面是质量文化的物化部分。这三个层面自上而下逐层落实，自下而上逐层体现。质量文化建设是这三个层面的有机结合，即实施“以德治质”“依法治质”“以物保质”的有机结合。

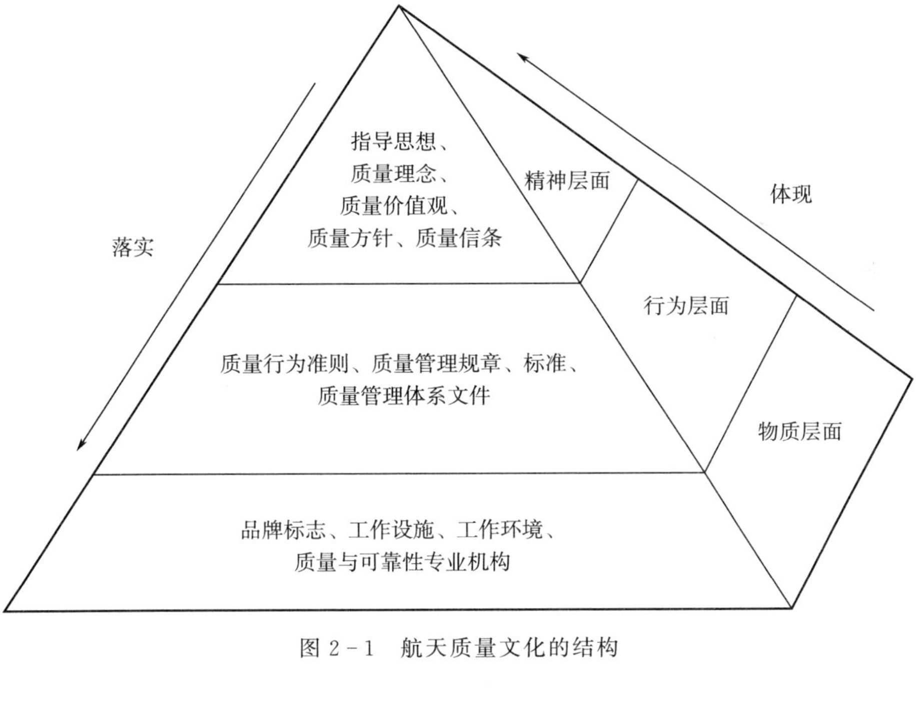


图 2-1　航天质量文化的结构

质量文化精神层面的建设以周恩来总理的十六字方针作为指导思想，并结合新的形势赋予新的内涵，挖掘、提炼航天科技集团的质量理念、质量价值观、质量方针，将其融入航天科技集团的企业精神、企业价值观、企业经营理念和发展方针之中，实施“以德治质”。

质量文化行为层面的建设是通过贯彻、展开和体现航天科技集团的指导思想、质量理念、质量方针和质量价值观，确定航天科技集团的质量行为准则（诚实守信，遵章守纪，严细慎实，持续改进)，完善质量管理的规章制度，建立技术标准和管理标准体系，建立健全航天科技集团所属单位质量管理体系，形成全集团范围内的质量行为规范体系和质量激励与约束相结合的机制，从而激励、规范、评价和监督航天科技集团各级领导及全体员工在经营管理、产品研制和生产中的质量行为，实施“依法治质”。

质量文化物质层面的建设是通过品牌标志、工作设施、质量与可靠性专业机构和工作环境等载体，体现、落实航天科技集团的指导思想、质量理念、质量价值观、质量方针、质量行为准则，保证质量行为规范体系和质量激励与约束机制的有效运行，即以高知名度、美誉度的品牌标志体现高质量的形象，以一流的专业机构、一流的工作设施、一流的专业水平、一流的工作环境来保证一流的产品质量，实施“以物保质”。

## 2.2　指导思想与质量理念

### 2.2.1　指导思想——严肃认真，周到细致，稳妥可靠，万无一失

1966 年，周恩来总理针对航天型号技术复杂、质量与可靠性要求高的特点，提出了“严肃认真，周到细致，稳妥可靠，万无一失”的十六字方针，高度概括了航天人应具有的工作作风，到今天对航天工程质量管理仍具有巨大的现实指导作用，成为航天人永恒的质量座右铭。

“严肃认真”是航天人应有的工作态度。航天产品研制生产需要严谨务实、精益求精的工作作风，需要事前的严密策划，全过程的严格控制，发现质量问题归零管理就是落实“严肃认真”的具体措施。

“周到细致”是航天人的工作方式。元器件选用、采购、监制验收、筛选复验到失效分析全过程的统一管理，研制过程表格化管理和量化控制，测试覆盖性管理等就是“周到细致”的具体方式。

“稳妥可靠”是航天人的工作要求。开展型号研制全过程的系统策划和可靠性设计、分析、研制等活动，特别是开展故障模式及影响分析，就是落实“稳妥可靠”的要求。

“万无一失”是航天人的工作目标，“一次成功”“零缺陷管理”就是在型号研制中对“万无一失”的体现和落实。

### 2.2.2　质量理念——质量是政治，质量是生命，质量是效益

在航天科技工业发展的新阶段，航天人总结、提炼、形成了“质量是政治，质量是生命，质量是效益”的质量理念，体现了“保质量就是保安全、保战斗力、保胜利”的思想和航天工程质量管理的重要使命。

“质量是政治”，航天产品质量事关国家地位和形象，事关国家安全和祖国统一大业，事关国家经济建设、科学发展和社会进步。特别是载人航天等重大专项工程对于提高中华民族的凝聚力和展示中国的综合国力具有十分重大的意义，受到党中央和全国人民的高度重视。国防现代化建设也迫切需要航天人高质量地完成任务。对于航天科技集团来讲，质

量问题绝不仅仅是技术和管理问题，首先是政治问题，讲质量就是讲政治，提供高质量的产品就是高度政治责任感的体现。

“质量是生命”，航天产品的质量从根本上决定着航天科技工业的生存和发展，对航天科技集团而言，如果研制不出高性能、高可靠的航天产品，便失去了生存的根基，更谈不上持续发展。航天产品的质量直接影响着航天员、解放军指战员及人民群众的生命安全。

“质量是效益”，航天科技集团作为国家高科技、战略性产业的一个大型企业集团，既要追求经济效益，又要追求社会效益，航天的特点决定了只能以质量求效益，追求高质量就是追求高效益。对于航天民用产品，也只有靠高质量才能真正赢得市场。

### 2.2.3　质量信条或格言

1）质量是航天科技工业永恒的主题。

2）牢记使命、全力以赴、严细慎实、确保成功。

3）百忙千忙，忽视质量是瞎忙；千辛万苦，不抓质量会更苦。

4）第一次就把事情做好是最佳效益。

5）成功是硬道理。

6）系统策划、源头抓起、过程受控、问题归零。

7）严谨作风，严密策划，严格控制，严肃处理。

8）工作高质量，产品零缺陷，发射高可靠，运行零故障。

9）求精求实求质量，创新创效创一流。

10）铁腕抓质量，全力保成功。

11）高标准，精细化，零缺陷，创名牌。

## 2.3　质量价值观与质量道德观

### 2.3.1　质量价值观——以质量创造价值，以质量体现价值

企业向顾客提供产品或服务的目的在于使顾客在使用产品或享受服务的过程中能够实现价值的增值，即为顾客创造价值，同时也使投资方、企业、员工和合作伙伴的价值得到增值和体现。航天产品及其服务，需要以质量和技术为顾客、社会和国家创造价值，同时以质量和技术来体现航天科技集团及其员工的价值和合作伙伴的价值。没有高质量、高技术，也就难以体现航天产品的价值。

### 2.3.2　质量道德观——诚实守信，尽职尽责

诚实守信是每个员工做事的基本道德规范，也是企业对国家和社会负责的最基本道德准则。讲质量的基本道德就是讲诚信。诚实守信就是要努力履行承诺，严禁隐瞒不报、弄虚作假，要以“诚”取“信”于员工、顾客、合作伙伴、上级、国家和社会。

尽职尽责是每个员工应遵守的基本道德准则，也是企业对国家和社会负责的最基本道

德准则。保质量的基本要求就是要尽职尽责。尽职尽责就是要尽心尽力地做好本职工作，竭尽全力地对所做的工作负责，对员工、顾客、合作伙伴、上级、国家和社会负责。

## 2.4 质量方针与质量行为准则

### 2.4.1 质量方针——预防为主，一次成功，持续改进，铸造一流

质量方针表明了航天科技集团的质量宗旨、方向和承诺，体现了当代航天科技工业与时俱进的质量观，是航天科技集团“发展航天、强大集团、改革创新、铸造一流”发展方针的有机组成部分。

预防为主是指产品研制生产要从源头抓起，进行系统策划，合理配置资源，采取有效措施，消除质量隐患，防止质量问题的发生。这是实施质量管理最经济、最有效的途径。

一次成功是航天产品研制生产树立的理念和追求的目标，追求一次成功的基础，不仅要追求最终产品的零缺陷管理，每项工作、每个零部件的零缺陷就奠定了航天产品一次成功的基础，不仅要追求最终产品的零缺陷，更要追求第一次就达到“零缺陷”，因为第一次就把事情做好就是最佳效益。

持续改进是通过不断地改进与创新，提高质量水平和经济效益，满足用户日益增长的需求和期望，追求卓越的过程。

铸造一流是指树立一流的敬业精神，培养一流的员工队伍，建立一流的管理体系，建立一流的工作环境，提供一流的优质产品，追求一流的卓越业绩。

### 2.4.2 质量行为准则——严慎细实

“严慎细实”是在航天工程研制过程中提炼出的航天人所必须遵循的质量行为准则。

“严”：严的作风体现在严明的纪律、严密的组织、严肃的态度。航天工作的成果体现在高质量的产品，集团上下形成了质量是方方面面工作的综合反映的共识，无论是在型号研制工作中，还是在管理工作上，严格执行制度的程度是评定每一位干部员工能力的基本标准，是确保成功的重要基础。干航天必须严字当头，不讲情面，不留退路，发现问题抓住不放，解决问题一抓到底，做到严格要求，赏罚分明。

“慎”：慎的作风体现在慎始慎终、慎言慎行。就是要尊重客观规律，慎重对待型号研制中的每一个技术问题，做好充分的技术论证和科学试验，确保航天发射稳妥可靠，万无一失。

“细”：细的作风体现在认真细致，精细到位。注重过程管理，强调过程受控，第一次就把事情做对、做好，不留任何缺陷，做到一丝不苟，分秒不差。要使制度得到不折不扣的执行，使严肃的制度变为干部员工的自觉行为，就必须细致地理解每一项制度的重要性，必须理解严格执行制度对于确保型号研制、试验、发射成功的作用。

“实”：实的作风体现在脚踏实地，求真务实。就是要自觉执行命令和履行职责，勇于进取，善于攻关，创造性地完成自己的工作，做到兢兢业业，勤勤恳恳。航天科技集团各单位

从狠抓质量入手，不仅是型号研制工作，而且是各项工作都要形成闭环管理，使制度成为指导、约束干部员工行为的准则，从而成为提供高质量、高可靠性航天产品的有力保证。

## 2.5　航天特色质量文化活动

### 2.5.1　航天科技集团质量日

航天科技集团每年制定质量月（每年九月）和“9·21”质量日活动方案，确定活动主题，并对各研究院、直属单位开展质量月活动提出明确要求。通过召开视频会议、观看质量警示录、组织主题演讲、进行领导访谈、开展专题培训等多种多样的形式开展质量方面的宣传教育活动。

航天科技集团所属各单位结合本单位的实际，分别制定年度质量月和“9·21”质量日活动计划并加以实施。充分利用报纸、网络、宣讲等多种形式，宣传质量形势、任务和各项质量保证措施，使各级组织的各项活动的效果真正传达到基层员工。通过组织开展群众性活动，提高全体员工的质量意识，形成人人讲质量、人人抓质量、人人保质量的良好氛围。

质量月和“9·21”质量日活动使广大干部职工进一步树立大局意识和“以质量保成功，以质量促发展”的观念，增强责任感和使命感，促进航天科研生产水平和质量管理水平的提高。

### 2.5.2　中国航天质量奖

中国航天质量奖是中国航天工业质量协会设立的中国航天行业质量经营领域的最高奖项，旨在引导和激励航天各级组织和广大员工追求卓越，从而提高航天行业整体质量效益和竞争能力。中国航天质量奖分为组织、产品（项目）和团队（个人）三类，分别授予推行航天卓越绩效模式并取得显著成效的单位，以及实施卓越的项目管理并取得显著的质量、经济、社会效益的团队和个人。

中国航天质量奖（组织类）奖项是对获奖单位给予表彰和奖励，促使其在航天行业推进追求卓越的质量经营，进一步深化航天企事业单位对卓越绩效模式的理解，引导和激励航天企事业单位追求卓越。依据《中国航天质量奖（组织类）评审管理办法》《中国航天质量奖（组织类）评审标准》进行评选。

中国航天质量奖（项目类）奖项是借鉴国内外推行卓越项目管理的经验、做法和最新成果，结合航天工业型号管理的实践，从项目目标、领导力、人员、资源、过程、客户结果、人员结果、其他相关方结果、主要成就和项目结果九个方面规定航天卓越项目的评价要求，为航天项目管理团队追求卓越项目管理和绩效提供评价准则。依据《中国航天质量奖（项目类）评审管理办法》《中国航天质量奖（项目类）评审标准》进行评选。

### 2.5.3　中国航天质量论坛

中国航天质量论坛由中国航天工业质量协会承办，每两年举办一次，是航天行业总结交流航天质量管理实践经验，全面推广先进质量管理理念和方法，探讨航天质量管理后续思路的重要平台。每届航天质量论坛依照当时的质量形势和存在的问题，确定相应的主题，以寻找行业中的质量管理最佳实践。

如第三届航天质量论坛就在型号研制过程中的先进质量方法，航天质量管理模式建设与提升，安全与风险，质量分析与改进，卓越绩效管理模式，软件质量保证和其他等七个方面，收集并发布了124个最佳实践。第四届航天质量论坛主题为“创新方法追求卓越——中国航天质量发展之路”，汇集了航天质量管理模式与方法，质量分析与改进，风险管理，质量与可靠性技术，供方质量管理与控制，软件质量保证，质量创新活动与实践，航天质量文化等方面共143篇论文。

### 2.5.4 6S管理与生产现场管理

2003年，航天科技集团全面推进以“整理、整顿、清洁、规范、素养、安全”为核心的6S管理。航天科技集团先后召开视频动员大会和现场会，组织各单位对6S管理样板进行观摩学习和经验交流，颁布了集团公司6S管理评价准则和评分标准、集团公司6S管理检查验收管理办法等相关指导性文件。各研究院、直属单位先后开展6S管理工作，现场环境得到明显改善，员工精神面貌得到改观，工作效率和管理水平明显提高。

2015年，为规范现场管理，降低现场的低层次质量问题发生概率，航天科技集团结合航天产品特点，指导推进所属单位开展生产现场达标建设活动，经评价，对生产现场给出三星、四星、五星的评定等级。

航天生产现场建设旨在运用全面质量管理和航天精细化质量管理的管理思想、方法和手段，依据《航天生产现场管理实施指南》等要求，开展现场建设和评价工作。对现场各生产要素进行合理有效的计划、组织、协调和控制，实现优质、高效、安全、文明的生产作业。

截至2019年年底，全集团411个现场全部达到三星级以上，覆盖了全部生产现场，其中授牌五星级现场35个，形成了一批具有示范带动作用的生产现场，航天科技集团各厂/所的生产现场管控能力、管理水平大幅提升，生产现场建设工作成效显著。

### 2.5.5 质量案例教育

航天质量工作中形成的最佳实践，有很大一部分都是在处理各种质量问题的实践经验中总结出来的。将故障案例汇编成册，体现了航天人实事求是的态度，正视问题、直面差距的勇气。各类型号在工程研制和飞行运行任务中暴露的典型故障案例中，故障定位、针对问题所采取的有效措施和问题的启示，都是航天人付出巨大代价换来的宝贵经验，“前事不忘，后事之师”，这是航天人今后在工程研制中引以为戒、举一反三、预防和控制类似问题的重要财富。通过编制故障案例和警示，对培养和提高全体职工的质量意识，对航天人做好型号质量工作大有裨益。

航天科技集团各单位、各型号从故障案例入手，反思航天质量管理体系中的不足之处，结合航天工作的特点，在改进、完善航天的管理上下功夫，不断提升质量管理体系自我诊断、自我完善的能力，努力将航天特色质量管理要求固化于制、内化于心、外化于行。

为了加强质量问题信息的利用，促进质量问题举一反三工作的开展，航天科技集团编发了《星箭故障案例集》《载人航天工程质量问题案例集》和《故障启示录》等基于航天产品质量问题的案例集。此外，自 2006 年开始，航天科技集团每年都编发航天产品质量问题警示录，并依此拍摄警示片在航天科技集团范围内播放，供型号研制和管理人员学习，起到了很好的警示和借鉴作用。

近年来，各研究院也加大了对质量问题信息利用的力度，并组织相关单位和人员针对本单位发生的质量问题，编写诸如质量问题案例集、质量问题警示录等文本资料，供单位内部有关人员学习使用。如航天一院自 2011 年以来每年都编写《国内航天产品质量问题案例集》和《国外航天产品质量问题案例集》两个案例集以及型号质量问题警示录，并将此拍摄成警示教育片。自 2010 年开始，航天五院、六院每年都组织相关人员编写型号质量问题警示录，并制成警示教育片在单位内部播放；航天七院每两年、航天九院每年编写质量问题案例集，对本单位近期发生的典型的、有警示教育意义的质量问题进行汇编、整理，汇总到案例集中，下发到所属各单位。

### 2.5.6　群众性质量管理活动

QC 小组活动是航天企业质量领域开展时间最长、参加人数最多、取得成效最显著的一项群众性质量管理活动。航天科技集团定期组织各研究院开展 QC 小组活动，充分发挥各研究院质量管理小组推进者、班组长的主导作用，调动研制生产一线员工积极参与，立足本岗，结合身边的质量问题开展活动，运用科学方法解决了大量科研生产和管理中存在的实际问题，对提高产品质量和管理水平，做出了积极的贡献。

航天科技集团每年结合形势任务特点，开展一个主题鲜明的职工建功立业活动，将劳动竞赛、合理化建议等职工建功立业活动作为班组建设的重点工作，引导广大职工建功航天；开展了以“万人献万计、天天有改进、降本增效益”“创新、创效、创优”“一次劳动竞赛、一次技术比武、一次建言献策、一次成果发布、一次技术架桥”“我承诺、我奉献、我创新、我超越”等为主题的职工经济技术创新创效活动。

此外，航天科技集团还在班组中广泛开展学习型组织建设，坚持传帮带机制，传承科学作风，搭建实践平台，将工作经验和创新成果以“文件库”“软件库”等形式固化下来形成“货架技术”，推动职工之间的知识交流和经验共享。

# 第 3 章　航天质量管理体系建设

质量管理体系是在质量方面指挥和控制组织的管理体系，质量管理体系的基本要素包括：质量方针和目标、组织结构、职责和职权、过程、资源。采用质量管理体系是组织的一项战略决策，能够帮助其提高整体绩效，为推动可持续发展奠定良好基础。航天企业依据《武器装备质量管理条例》及《质量管理体系要求》《航天型号精细化质量管理要求》等法规、规章和标准的要求，构建以“零缺陷”理念、系统工程方法应用为主要特征的适应航天特点的质量管理体系，并持续改进，不断提升航天产品的质量保证能力，提升企业核心竞争力和绩效水平。

## 3.1　集团级质量管理体系建设

质量管理体系是企业管理体系的重要组成部分，具有整体性、系统性、协同性的基本特征。质量管理体系覆盖了质量工作的组织和队伍、制度和标准、流程和方法以及基础保证能力等方面。质量管理体系的成熟度和有效性体现了企业的管理水平，也决定了企业的产品质量保证能力。放眼国际，世界一流的公司都有与之相适应的科学高效的质量管理体系。

质量管理体系建设是一项十分重要的基础性工作，是一个持续改进的过程。航天科技集团一直以来都在持续推进质量管理体系建设工作，从质量管理组织建设到质量管理制度标准建设，从质量文化建设到质量基础能力建设，从加严质量管理到优化质量管理，集团级质量管理体系不断发展完善。目前航天科技集团基本形成了基于三级组织架构的质量管理体系。

### 3.1.1　集团级质量管理体系架构

航天科技集团组织架构采用三级管理模式，总部为第一层级，各研究院、专业公司、直属单位为第二层级，各研究院下属各厂/所、子公司为第三层级。集团级质量管理体系架构是以满足政府、顾客、供方和合作伙伴、员工、社会等各相关方需求和期望这一广义质量为目标，以质量文化理念引领，以航天工程全寿命质量过程控制为中心，以管理体系和质量基础能力建设为基础，将这些要素系统结合，保证航天工程任务的圆满完成和航天事业的科学发展。集团级质量管理体系框架如图 3－1 所示。

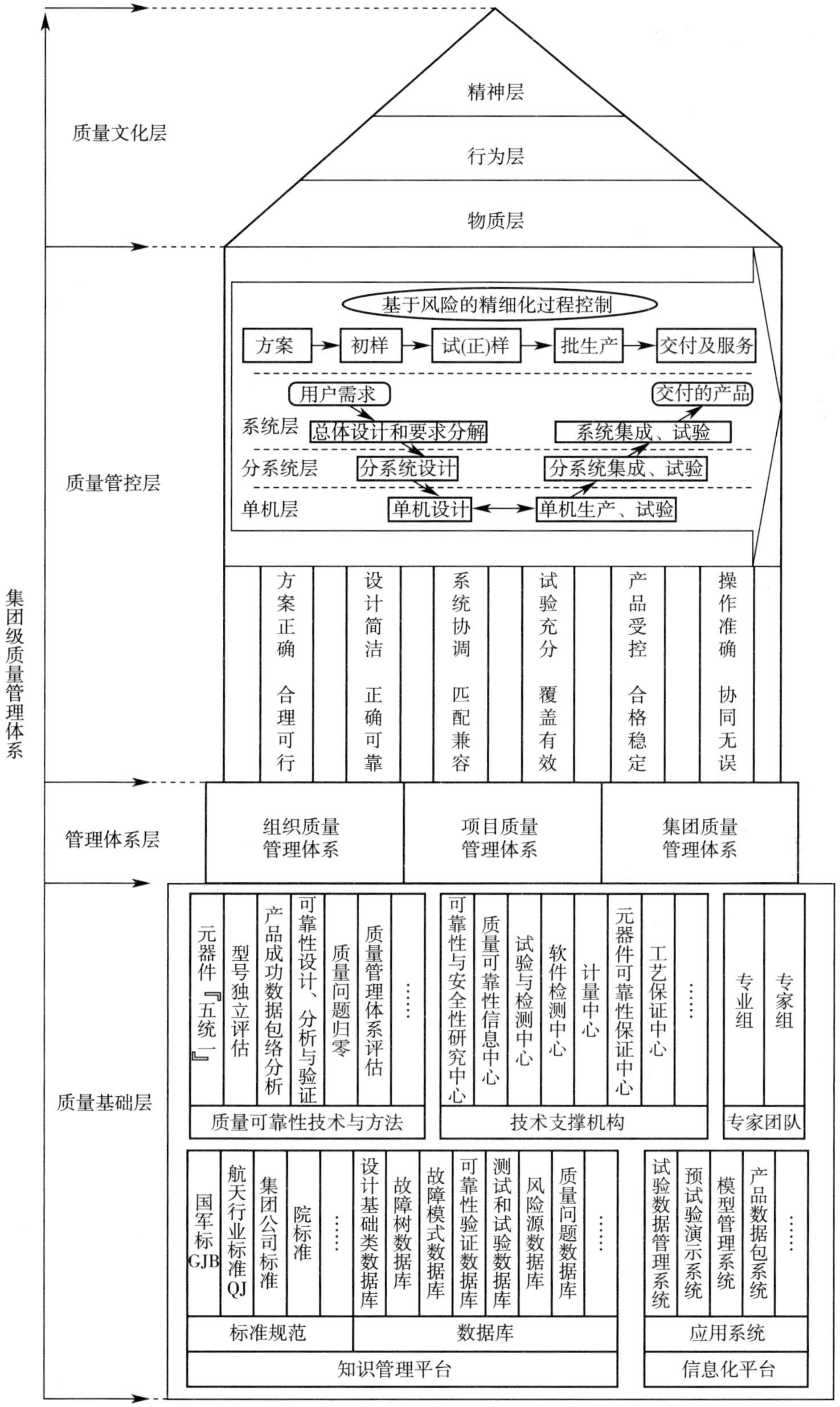


图 3－1　集团级质量管理体系框架

### 3.1.2 集团级质量管理体系构成

#### 3.1.2.1 质量文化层

中国特色的航天质量文化是中国航天创造力的体现，是中国航天人品格的体现。

航天科技集团秉承周恩来总理提出的“严肃认真，周到细致，稳妥可靠，万无一失”的十六字方针，围绕航天科技集团的使命和任务，发布了质量文化建设纲要和质量文化手册，提炼形成了“质量是政治、质量是生命、质量是效益”的质量理念，“严慎细实”的质量行为准则等，构建了由精神内涵、行为规范、物化体现三个层面组成的质量文化体系。

近年来，结合新的形势和任务要求，又发展形成了中国航天的“零缺陷”理念，它强调高标准、高要求，每一个岗位人员都应以零缺陷为目标，追求各项技术工作和管理工作第一次就做对、做好，力求型号研制、生产和服务的各环节、各零部件、各项操作全面优质、准确无误，保证型号研制大型地面试验、飞行试验等任务圆满完成。

从“十六字方针”，到“严慎细实”，再到“零缺陷”，既是对航天质量文化精髓的继承，又是立足新形势对航天质量文化内涵的丰富和发展，贯彻了“坚持、完善、发展”的思路，体现了航天质量文化一脉相承、与时俱进的品质，是航天事业发展历程中成功经验和失败教训的总结提炼，凝结着几代航天人智慧和劳动的结晶，是发展航天事业巨大的无形资产，为载人航天、探月工程等重大任务的成功提供了强大的精神动力与思想保证。

#### 3.1.2.2 质量管控层

航天科技集团坚持“从源头抓起、预防为主、全过程控制、系统管理”的原则，将航天质量文化理念落实到产品和服务质量上，摸索并实施了一整套基于风险的精细量化的过程控制方法，以保证产品质量的实现。

（1）实施航天型号系统工程管理

航天工程的复杂性要求必须建立一种高效、有序、管理系统的科学方法，即航天系统工程的V模型，如图3-2所示。航天型号研制过程即是运用系统思维，将比较笼统的初始研制要求逐步地变为成千上万个研制任务参加者的具体工作，并将这些工作最终综合成为一个技术上合理、经济上合算、研制周期短、能协调运转的实际系统，并使这个系统成为它所从属的更大系统的有效组成部分。整个型号研制生产过程是以质量保证为基础，以可靠性保证为重点。通过制定型号产品保证大纲，系统地开展型号产品保证策划，明确型号质量目标，并将其分层次、分阶段进行分解，对性能、质量特性、寿命周期成本进行综合权衡分析，确定可靠性、安全性、维修性、保障性等具体指标和工作项目，确定研制任务各阶段的关键节点、完成标志和考核方式，确定型号质量控制活动的内容、责任者和资源保障要求，并将大纲的内容纳入型号研制程序加以落实。

（2）遵循型号质量工作六项原则

为进一步强化型号质量工作，确保高质量地完成型号任务，通过对典型案例的剖析和型号质量工作经验的总结，航天型号研制确定了“方案正确合理可行、设计简捷正确可

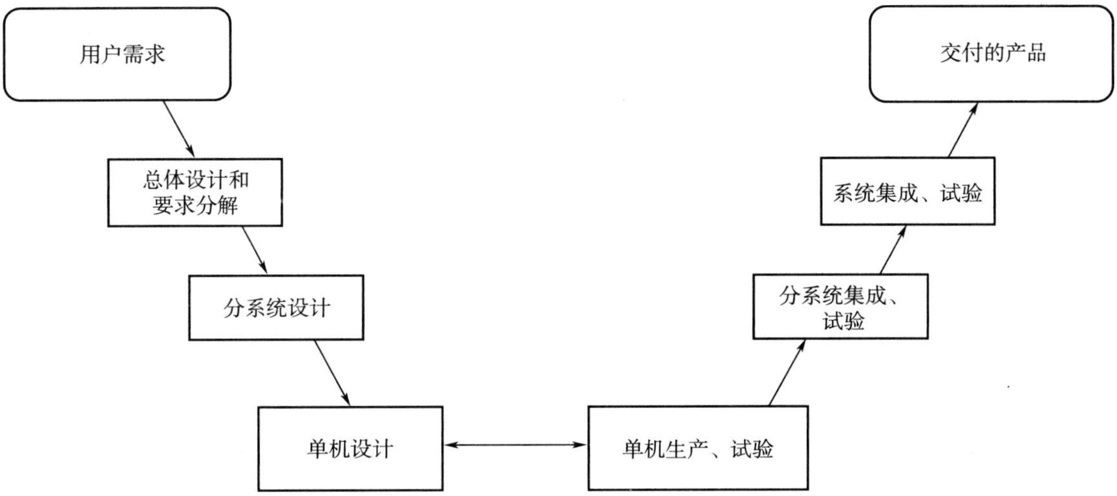


图 3－2　系统工程的 V 模型

靠、系统协调匹配兼容、试验充分覆盖有效、产品受控合格稳定、操作准确协同无误”的型号质量工作六项原则。

六项原则对方案、设计、系统协调、测试、生产过程、操作等提出了详尽的要求。例如，在“方案正确合理可行”中明确规定：方案的确立应建立在科学的理论基础之上，通过科学的理论分析和计算证明方案成立，并通过地面相关试验验证方案正确，确保方案不出现反复；在满足功能、性能要求的同时，方案应力求简单、实用、可靠。在方案阶段就应当充分考虑定型状态的要求，工程研制各阶段的产品技术状态原则上应保持一致，不搞中间过渡状态。在进行方案设计的同时，必须同步进行可靠性设计，兼顾安全性，维修保障性，技术继承性，原材料、元器件、工艺的可实现性以及经费、进度等各种因素，综合权衡，以实现设计方案的优化，达到方案正确、可行、合理的要求。

型号质量工作六项原则是型号研制的总体原则和指导思想，对保证型号研制质量的稳步提高，起到了积极的推动作用。

(3) 开展基于风险的精细化过程控制

通过不断总结型号研制生产中正反两方面的经验，逐步摸索并采取了一系列科学、独特的基于风险的精细化管理措施。这些措施包括：

1）系统性地开展产品保证工作。产品保证主要包括产品保证管理，质量保证，可信性保证（可靠性、可用性和维修性），安全性保证，空间环境适应性保证，材料、机械零件与工艺保证，电子、电气和机电元器件（简称 EEE 元器件）保证，软件产品保证等方面的内容。

2）强化风险识别与管控。为了系统防范、合理规避和有效控制型号技术风险，消除产品设计质量隐患，确保产品固有可靠性满足型号任务的要求，需要从产品设计分析入手，做到“三个吃透”：一是吃透技术，即充分认识和把握产品内在固有本质；二是吃透状态，即充分识别和验证产品使用过程中经历的所有环境及其影响；三是吃透规律，即不断研究和探索产品发展变化的规律。

3）创立技术状态更改“五项原则”。即“论证充分、各方认可、试验验证、审批完备、落实到位”，强调对提出的更改建议，必须充分验证更改的合理性，取得客观证据、做到各方认可，严格按照规定的职责和程序进行审查和批准，并把批准的更改落实到相关的文件和产品中，做到文文一致，文实相符。

4）进行测试覆盖性分析检查。按型号产品层次自上而下提出测试内容和要求，做到“单机测试项目覆盖分系统”“分系统测试项目覆盖系统”“发射场发射前测试覆盖发射和飞行状态”，以尽早暴露产品的质量问题，特别是在产品验收交付、发射场测试中及时发现异常，避免更大的损失。同时，在型号研制生产全过程中严格控制“不可测试项目”的数量和风险。

5）开展质量检查确认。把事后的质量复查转变为型号研制全过程中有计划、分阶段、全方位的质量检查和确认，将其纳入型号研制、生产计划具体实施，做好记录和对遗留问题进行跟踪处理。运用“质量交集”和 FMECA 分析方法，明确质量检查确认的重点，以确定质量问题的类型和处理级别，采取相应的质量控制措施。

6）实施质量问题双归零。质量问题双归零是中国航天的首创，是中国航天在总结几十年的经验教训的基础上提炼出来的。航天科技集团制定了《航天产品质量问题归零实施要求》《航天产品质量问题归零实施指南》等标准。质量问题技术归零“五条标准”是：定位准确、机理清楚、问题复现、措施有效、举一反三；质量问题管理归零“五条标准”是：过程清楚、责任明确、措施落实、严肃处理、完善规章。

#### 3.1.2.3　管理体系层

（1）建立三级联动的质量管理体系和持续改进机制

航天科技集团针对航天工程研制生产的特点，不断总结经验，在质量管理体系 ISO 9000 国际标准的基础上，增加航天工程的特殊要求，制定并实施了更加严格的质量管理体系 QJ 9000 航天行业标准。航天科技集团把质量管理体系建设与型号研制生产紧密结合起来，把型号质量问题的检查和分析与质量管理体系专项审核结合起来，把针对型号质量问题的纠正和预防措施纳入体系文件，不断完善第三层次文件和岗位规范。将与航天有关的质量制度、标准和规范要求及时纳入体系文件，做好质量管理体系文件的动态管理，不断细化完善各类程序文件和岗位操作规范，并持续改进，实现了体系与型号的紧密结合。

航天科技集团研究提出并实施了集团对研究院、研究院对研究所/工厂两级质量管理体系成熟度等级评估方法，按照“要求—落实—改进”的总体思路，对质量管理体系的每个评估要素和体系整体进行量化的成熟度等级评价，通过评估发现薄弱环节，挖掘和推广最佳实践，形成了以评促建、持续提升的改进机制。

（2）实施矩阵式项目质量管理体系

航天型号项目属于大系统复杂产品范畴，按照航天型号系统工程技术与管理模式，建立两条指挥线，落实技术和行政责任制。总指挥是主管型号的行政指挥系统的总负责人，负责该型号的组织实施，以确保该型号科研生产任务在给定经费指标下按时保质完成。总设计师担任技术总指挥，总设计师是主管型号技术决策与指挥的总负责人，是技术工作的组织者和指挥者，统一组织、协调、决策、指挥型号研制技术工作，工作中既对任命单位负责，也对同级领导负责。项目指挥系统、设计师系统两条指挥线协作分工、密切配合、统一领导，有效地开展型号研制工作。

（3）构建全覆盖的集团质量监督体系

质量监督把关系统独立于质量管理部门和型号系统，以监督检查规章制度执行情况、发现问题、查找薄弱环节为主要工作内容。质量监督代表制度坚持不干预正常的型号产品研制生产活动，不负责处理质量监督中发现的问题，不替代型号指挥系统和设计师系统决策，不改变型号指挥系统和设计师系统的质量责任。质量监督代表制度延续并发展至今，不断探索创新，建立了督察反馈制度，开展了专题监督，提出了“五个三”（即三依靠、三沟通、三结合、三坚持和三到位）的工作方式，为型号质量监督把关发挥了作用。

#### 3.1.2.4　质量基础层

通过强化制度建设和资源保障条件建设不断提高质量基础保障能力，实现了质量标准、方法、机构和队伍建设工作的精细化，为型号研制生产提供质量保障和技术支持。

（1）实施标准化工程，促进航天型号科研生产的规范化、精细化、科学化

航天科技集团制定并实施了标准战略，实施标准化工程建设，加强重大专项工程和重点型号的标准化总体策划，及时总结、固化技术成果和工程管理经验，按照“标准先行、标准先进、标准支撑”的原则，完善了标准体系，有效地提升了标准的技术水平和实用性。十年来制定航天领域国家（军用）标准 600 多项，航天行业标准 3 000 多项，发布了航天科技集团及所属单位标准 20 000 余项，对指导和规范航天重点工程和型号质量管理发挥了重要作用。航天科技集团全面开展“岗位实施标准工作”，使适用的标准应用到一线岗位，充分发挥标准对规范工作流程和引领技术创新的重要作用。如运载火箭按专业编制了设计模板，将标准内容通过具体设计步骤嵌入到设计工作的环节中，有效地规范了整个设计过程；卫星按专业形成设计指南，提升卫星可靠性设计水平，并以班组为单位纳入到员工的岗位培训中，建立标准实施与岗位培训相结合的工作机制，实现岗位实施标准的有效性和实效性。

（2）创建型号研制质量控制技术与方法，确保航天型号成功

随着一大批国家科技重大专项和重点航天工程型号工作进入高强密度研制生产试验状态，为确保航天型号成功，航天科技集团提出了一系列型号研制质量控制技术和方法，包括加强产品保证策划，开展“九新”分析；推进可靠性设计、分析和试验技术的应用；明确技术状态基线，严格技术状态更改控制；深化风险的识别和控制工作，设计复核复算，开展独立风险评估；加强关键件、重要件和关键工序等关键环节的控制，深化量化过程控制；规范产品数据包管理，明确三类关键特性表的编制要求；加强检测、试验数据的判读、比对和异常数据的分析工作；开展面向产品的质量分析，对问题的原因进行归类和深

入透彻的分析；深化质量问题技术归零，在开展技术归零的同时也要同步在管理上查找原因等。

(3) 建立健全质量专业机构体系，有力支撑航天型号产品保证工作

航天科技集团按照统筹规划、授权认可、加大投入、有效监督的原则，系统实施了质量专业技术机构建设，建立健全了质量专业技术机构体系，逐步建立了可靠性、工艺、元器件、试验、计量、软件等不同层次的 56 个专业机构，成立了中国航天标准化与产品保证研究院，基本形成了布局合理、专业齐套、满足型号和质量专业发展的质量专业机构。不断建立健全质量专业技术机构管理机制，完善质量专业技术机构工作规范，加强对质量专业技术机构的审核评价和动态管理，大幅度提升了质量专业技术机构开展产品保证工作和质量技术监督评价的能力。

(4) 建立健全专家队伍，充分发挥专家团队决策支持作用

航天科技集团着力加强质量专家团队建设，建立了集团级 23 个航天科学技术专业组和可靠性、元器件、软件、工艺、维修保障等 5 个专家组。航天科技集团注重发挥专家群体的作用，对型号技术性能、可靠性、安全性以及元器件、软件、工艺等进行技术评审，参与产品技术状态更改评审、设计复核复算、质量问题归零审查、独立评估等工作，充分发挥专家队伍在专业指导、技术把关、决策支持和集智攻关等方面的重要作用。

(5) 建立完善知识管理及信息化平台，系统总结提炼成功经验和失败教训

航天科技集团对多年来航天型号产品研制成功经验和失败教训进行系统总结提炼并形成知识积累，建立完善的知识管理平台，利用标准规范和相关数据库对航天型号技术风险控制提供知识保障；另一方面，充分发挥专业支撑机构的技术优势，为航天型号技术风险控制提供技术支撑；此外，综合运用信息化手段，建立基于流程、面向岗位的信息化平台和应用系统，提高型号产品技术风险控制能力和手段。

### 3.1.3 集团级质量管理体系的职责分工

#### 3.1.3.1 集团总部

集团总部落实国家和上级质量工作要求，制定航天科技集团质量发展战略、规划和质量规章，总体策划和组织实施集团一体化质量管理体系建设，建立集团一体化质量管理体系的评价与持续改进机制，监督研究院、厂/所级质量管理体系建设，组织开展航天科技集团质量形势分析以及重大质量事故的审查和归零评审。

#### 3.1.3.2 研究院

落实国家、上级以及集团质量方针政策和质量管理要求，细化制定研究院质量工作制度标准。落实集团一体化质量管理体系建设要求，建立研究院本级质量管理体系，确保研究院本级质量管理体系与集团一体化质量管理体系工作系统以及厂/所级质量管理体系有机衔接，对研究院质量进行一体化的运营管控，对厂/所级质量管理体系以及型号研制生产过程进行质量监督，组织开展型号研制关键节点的技术评审以及重大质量事故调查和质量问题归零。

研究院对本级质量管理体系、研究院整体质量保证能力以及型号、集成产品质量负责。

#### 3.1.3.3　厂/所

厂/所落实国家、上级以及集团、研究院质量工作要求，细化制定厂/所质量工作制度标准。落实集团一体化质量管理体系建设要求，建立并有效运行厂/所质量管理体系，组织实施承研承制型号（产品）质量管理，开展型号（产品）研制关键节点的技术评审、质量事故调查和质量问题归零，确保产品实现过程的质量。落实总体单位负总责、研制单位逐级负责、责任逐层传递、上游对下游逐级质量监督的要求。

厂/所对本单位质量管理体系以及产品横向技术要求一致性、技术状态一致性、质量保证措施一致性负责，对交付产品以及采购产品质量负责。

#### 3.1.3.4　专业机构

专业机构落实国家、上级以及集团有关质量工作要求，按相关标准要求建立并有效运行管理体系。专业机构应持续深入开展专业技术研究及成果推广，研究制定专业领域相关技术标准，建立专业信息数据库和专家数据库，组织开展专业技术培训与交流，具备独立开展质量监督、评价以及咨询服务能力，为集团发展提供专业技术支撑，为型号（产品）质量保证提供专业技术支持。

专业机构对其出具的报告和签署意见负责。

#### 3.1.3.5　各类人员质量职责

（1）单位和型号领导人员

院长对本单位质量体系的科学性、有效性负主体责任，对最终交付产品负总责；型号两总对本型号质量责任的纵向传递负主体责任；厂/所长对本单位质量体系以及产品横向技术要求一致性、技术状态一致性、质量保证措施一致性负主体责任，对本单位交付产品负主体责任。

（2）科研生产人员

设计师是型号产品设计质量的直接责任人，负责贯彻、执行设计标准和规范，编制型号产品方案设计报告、技术流程等技术文件，对技术文件的质量负责，对所设计型号产品进行风险识别与控制、技术状态控制。

工艺师负责会签产品设计文件，把关产品的工艺可实现性，执行工艺管理制度，编制型号产品工艺文件，负责产品生产过程中特殊过程和关键工序的识别、确认，及时解决生产过程中出现的工艺技术问题。

生产操作人员负责按设计文件、工艺文件和图样进行操作，对操作质量负责，执行工艺纪律，按规定的程序、方法和要求进行作业，并按规定要求做好质量记录，杜绝不合格产品流到下道工序。

（3）质量专业人员

试验人员负责会签产品试验文件，制定试验实施方案，确认试验设备、环境等条件满足工作要求，负责试验过程质量控制，严格试验产品的工序交接，确认产品技术状态，及时报告型号产品试验过程中出现的异常现象和质量问题。

检验人员负责严格依据设计文件、工艺文件、图样及相关规范要求开展检验工作，对生产现场的人、机、料、法、环进行监督、检查，按规定要求使用和保管检验印章，杜绝不合格产品流到下道工序。

质量师负责策划型号（产品）质量工作，编制质量保证大纲（质量计划），开展型号（产品）质量工作的协调、监督、检查，组织质量问题归零和技术状态的审查，组织型号（产品）转阶段、出厂和转场与发射评审，有权对型号（产品）质量管理中违反规定的行为提出意见或否决建议。

专业质量保证工程师负责与专业有关的质量保证工作策划，制定相应专业的质量保证大纲和计划，负责组织相关专业质量保证工作的开展，确保与本专业有关的质量保证大纲、计划得到落实，负责对产品研制活动提供专业技术指导和把关，负责相关专业质量保证工作的总结，在质量管理部门或技术支撑机构的统一组织下，开展专业技术研究和交流，对相关专业工作流程、标准规范和工具等提出改进建议。

## 3.2 研究院级质量管理体系建设

### 3.2.1 研究院一体化管理体系架构

研究院在对规章制度梳理的基础上，结合本级业务目前情况，通过职能化向模块化过渡，在跨职能管理过程中逐步实现流程化运作，将研究院全业务流程管理模块，覆盖所有业务和管理流程，将体系文件与现有规章制度和企业标准化体系整合，建立一个统一的文件化管理体系结构，基于研究院战略和卓越绩效模式的一体化可持续管理体系框架进行顶层设计，建立由决策系统、业务运行系统及支持保障系统（简称三大系统）构成的一体化管理体系架构，按 GJB 9001C—2017 质量管理体系换版要求确定 20 个管理模块和若干个流程。三大系统互为输入输出，通过流程化转型和标准化运营的有效结合，构成研究院一体化管理体系完整的闭环，并与研究院的整个业务、管理环节紧密结合和相互融合。研究院质量管理体系架构和管理模块如图 3－3 所示。

### 3.2.2 管理体系文件结构

研究院质量管理体系文件不再设置程序文件层级，用一系列流程、标准规范和规章制度支撑质量管理体系各过程运行，解决质量管理体系文件与院标准规范及规章制度有效融合的问题。研究院本级管理体系文件结构如图 3－4 所示。

按研究院本级与厂/所管理体系一体化建设目标，开展研究院与厂/所一体化质量管理体系建设工作，将研究院和厂/所作为承担型号任务整体，按照 GJB 9001C—2017 标准策划、建立并运行质量管理体系。建立研究院质量方针、质量目标，厂/所据此提出本单位的质量方针、质量目标；梳理研究院质量管理体系所涉及的研究院本部、事业部、型号

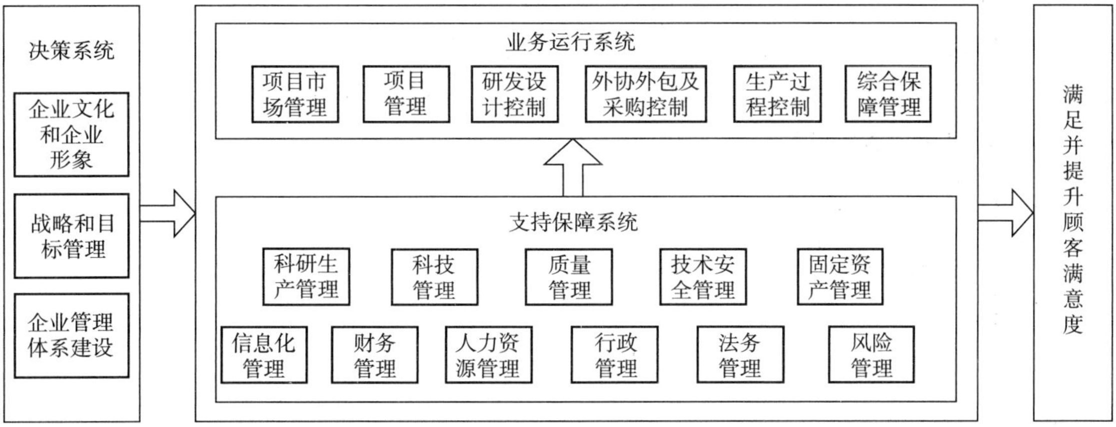


图 3－3　研究院质量管理体系架构和管理模块

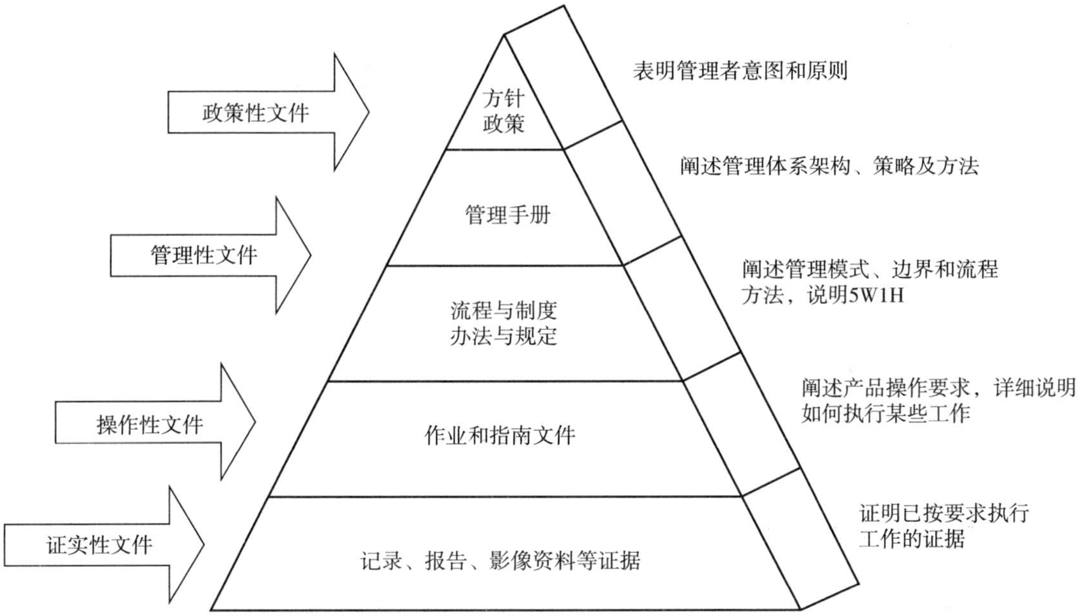


图 3－4　研究院本级管理体系文件结构

（项目）办和厂/所的管理流程和接口关系，并分配管理职能，确定质量管理体系各个过程的管理要求、绩效评价指标等，形成研究院质量管理体系文件；研究院属各厂/所以此为顶层要求，按 GJB 9001C—2017 标准要求策划和建立本单位的质量管理体系文件，支撑研究院质量管理体系各个过程的有效运行。研究院与厂/所一体化质量管理体系意味着研究院质量管理体系不再局限于本级管理和运营层面，同时也解决了研究院与厂/所在质量管理体系与行政隶属管理方面存在的不协调问题，纵向打通研究院与厂/所质量管理体系的管理接口，横向保证院属各厂/所质量管理体系在研究院质量管理体系统一的平台上管理和运行，构建以研究院质量管理体系为核心的全院质量管理体系管理网络，合力支持研究院质量方针和目标的实现，持续提升顾客满意度。

研究院与厂/所一体化质量管理体系文件分为两级四层，两级指研究院级、厂/所级，四层是质量管理体系文件的层次，研究院级文件是厂/所级文件的输入。研究院与厂/所一体化质量管理体系文件结构如图 3-5 所示。

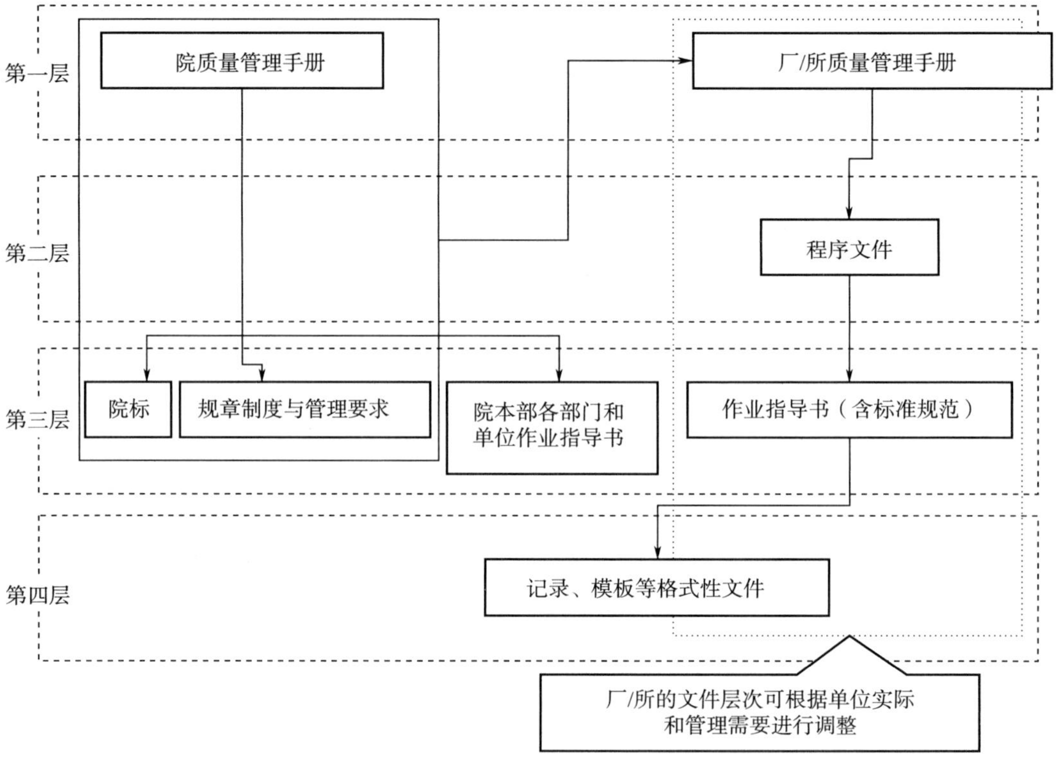


图 3-5　研究院与厂/所一体化质量管理体系文件结构

### 3.2.3　质量管理体系运行管理

研究院质量管理体系运行管理实施分级管理，充分落实各级组织的质量责任制，同时研究院要对厂/所质量管理体系运行情况进行监督管理。

#### 3.2.3.1　质量管理体系工作的策划与实施

研究院负责策划并组织实施全院年度质量管理体系工作计划；厂/所按研究院质量管理体系策划要求制定并实施本单位的年度质量管理体系工作计划。

#### 3.2.3.2　质量管理体系运行情况的自评

研究院质量管理体系通过内审和管理评审进行自我评价。同时为落实研究院本级单位对本单位质量管理体系的运行管理，研究院本级单位（研发中心、总体设计部、事业部、物流中心）还要通过本单位组织的内审和管理评审对其体系运行情况进行自我评价。院属厂/所质量管理体系通过本单位组织的内审和管理评审进行自我评价。

3.2.3.3　研究院对厂/所质量管理体系运行情况的监督管理

通过开展研究院对厂/所质量管理体系评估和专项审核，对厂/所质量管理体系运行情况进行评价和监督。

3.2.3.4　质量管理体系的认证管理

研究院本级、院属厂/所单独申请认证工作，并通过认证工作取得相应的认证证书，在证书有效期内独立接受认证中心的审核。

## 3.3　厂际质量保证体系建设

厂际质量保证体系是由承担装备系统、分系统研制或生产任务的总体单位或总承包单位牵头，有关协作配套单位参加，运用系统管理方法构成的跨单位质量保证工作体系，是以整机产品为对象，以保证和提高产品质量、满足使用需要为目的，按照科研、生产协作的客观要求，运用系统工程的观点，由整机总装单位和有关协作配套单位组织起来的横向质量保证的有机整体。开展厂际质量保证体系建设的目的是保障在产品研制过程中能够系统地策划、实施和控制各项质量工作，提高过程能力。按照产品功能级别和需要，配套单位也可建立各自的厂际质量保证体系。产品研制阶段由研制总体单位负责建立厂际质量保证体系；产品由研制阶段转入生产阶段后，生产总体单位负责建立厂际质量保证体系。

### 3.3.1　厂际质量保证体系组成与要求

厂际质量保证体系的组成包括体系领导小组、体系办公室和体系成员单位。

3.3.1.1　体系领导小组

研制任务厂际质量保证体系领导小组由项目负责人担任组长，副组长一般由项目技术负责人、项目质量负责人等担任，成员包括体系主要成员单位相关人员。

生产任务厂际质量保证体系领导小组由体系牵头单位领导担任组长，副组长由体系主要成员单位领导担任，成员包括体系其他成员单位质量负责人。

体系领导小组需承担的工作包括：

1）审定厂际质量保证体系建设方案、质量目标、体系文件和工作计划，总结部署年度工作；

2）协调解决厂际质量保证体系活动的资源，包括人员、经费等；

3）研究确定厂际质量保证体系的重大活动；

4）组织解决厂际质量保证体系中出现的重大质量问题；

5）决定有关奖惩事项。

3.3.1.2　体系办公室

体系办公室一般设在体系牵头单位质量管理部门，体系办公室主任一般由体系牵头单位的项目质量负责人担任，体系办公室成员包括体系其他成员单位的项目质量主管。

体系办公室在体系领导小组领导下，负责厂际质量保证体系的日常工作，需承担的工作包括：

1）拟制厂际质量保证体系建设方案、质量目标、体系文件和工作计划；

2）指导体系成员单位开展厂际质量保证体系建设，监督项目质量计划（质量保证大纲）的执行；

3）建立质量信息系统，组织对质量信息汇总、分析，促进体系成员单位之间质量信息的沟通；

4）监督责任单位进行质量问题归零，跟踪归零过程和结果，通报归零工作情况；

5）组织体系成员单位开展质量培训和交流；

6）考核体系成员单位的工作，评价厂际质量保证体系运行情况。

#### 3.3.1.3 体系成员单位

体系成员单位需承担的工作包括：

1）按照厂际质量保证体系的各项工作要求，组织制定相关的制度并落实，配置所需的资源；

2）参加厂际质量保证体系的有关活动，汇报计划完成情况；

3）向配套单位传递厂际质量保证要求并检查监督其落实；

4）及时报告本单位发生的质量问题以及需要协调解决的问题；

5）配合厂际质量保证体系的检查与考核工作。

### 3.3.2 工作内容

#### 3.3.2.1 质量目标

厂际质量保证体系需要建立质量目标，包括产品质量目标和工作目标。

#### 3.3.2.2 体系文件

厂际质量保证体系文件包括章程、专项管理制度、项目质量计划（质量保证大纲）、工作计划等。章程主要规定厂际质量保证体系的范围、组织机构和职责、质量目标、质量保证要求、体系工作要求等。专项管理制度包括质量信息管理专项管理制度、资源保障专项管理制度、过程质量控制专项管理制度、质量问题处理专项管理制度、质量考核奖惩等，将适用的要求纳入体系成员单位的质量程序文件。项目质量计划（质量保证大纲）则是按照产品质量保证大纲要求编制项目质量计划（质量保证大纲），将接口控制要求以及接口风险管理要求纳入项目质量计划（质量保证大纲），由体系牵头单位编制，作为体系成员单位编制项目质量计划（质量保证大纲）的依据。工作计划主要规定厂际质量保证体系的工作目标、项目质量计划（质量保证大纲）的具体实施计划等。

#### 3.3.2.3 质量培训

体系办公室负责组织厂际质量保证体系相关要求的培训，各成员单位根据所承担任务的特点，制订培训计划，对参与项目研制、生产任务的各类人员进行质量培训。

#### 3.3.2.4　信息管理

建立质量信息系统，明确质量信息收集、分析、传递、处理的要求和流程，确保质量信息得到有效的利用。质量信息包括质量问题、成员单位机构和人员等变化、质量目标实现和产品研制生产等方面的信息。质量问题信息主要包括涉及接口关系的质量问题、需要举一反三检查的质量问题和重大质量问题处理情况等；质量目标实现的信息主要包括产品达到的功能性能和质量工作计划执行情况；产品研制、生产的信息主要包括技术状态管理、接口管理、风险管理和供方控制等。体系成员单位定期汇总本单位的质量信息，并上报体系办公室。体系办公室组织开展质量信息分析，并将结果上报体系领导小组，通报体系成员单位；体系办公室定期编制体系工作简报和质量警示报告，发送上级管理部门、顾客和体系成员单位。

#### 3.3.2.5　接口质量控制

牵头单位将接口控制要求以及接口风险管理要求纳入项目质量计划（质量保证大纲），并传递到体系成员单位，体系成员单位分解落实项目质量计划（质量保证大纲）中的要求。

牵头单位按照系统接口控制要求组织体系其他成员单位共同开展设计、生产协调和接口控制工作，形成接口控制文件，并纳入技术状态管理中，确保设计的各种硬件和软件之间的兼容性，并对所负责的产品进行接口风险管理的策划，组织体系成员单位按研制阶段和产品层次开展接口风险识别、分析和控制工作。体系成员单位按照技术状态管理、技术状态管理监督要求和分配的技术状态基线，建立（保持）所负责产品的技术状态基线，并进行技术状态控制。技术状态更改需要取得所涉及的体系成员单位认可，并将更改落实到位。体系成员单位要确保本级任务书与上级任务书协调一致，提出的技术指标符合实际情况，合理可行，并在设计评审、工艺评审、产品质量评审以及可靠性、维修性、保障性、测试性、安全性、环境适应性、软件、元器件等专项评审过程中进行接口审查。

#### 3.3.2.6　质量问题归零

牵头单位组织建立质量问题归零机制，明确质量问题归零的职责、要求和程序。体系领导小组组织协调质量问题归零工作，分析质量问题的接口关系，确定相关单位的责任，组织实施改进措施，协调并落实改进后的产品技术状态；相关责任单位完成质量问题归零工作，并得到各相关方认可；体系办公室督促质量问题归零工作。体系办公室定期清理并通报归零工作情况，监督各相关单位开展举一反三工作。

### 3.3.3　考核与评价

体系办公室根据装备研制、生产任务和体系运行情况，对体系成员单位进行考核，对厂际质量保证体系进行自我评价。考核与评价工作完成后，体系办公室列出主要问题清单，向责任单位提出整改要求，并进行跟踪管理。责任单位需按要求完成整改，并将整改情况上报体系办公室。

考核与评价程序包括以下几方面。

### 3.3.3.1 评价准备

1）体系办公室制订评价计划和方案，并上报体系领导小组。

2）体系领导小组批准评价计划和方案，并提供资源。

3）体系办公室组建评价组，可邀请顾客代表参加。评价组一般由 4～10 名成员组成，组长由体系领导小组指定。

4）评价组长负责编制评价实施计划，包括以下内容：

a）评价的目的；

b）评价准则；

c）评价范围；

d）评价内容与分工；

e）评价日程安排；

f）评价方法；

g）评价资源保障；

h）评价预期的输出以及后续活动。

5）评价实施计划经体系办公室批准后，发给被评单位。

### 3.3.3.2 评价实施

1）评价组与被评单位相关人员进行座谈，了解厂际质量保证体系的各项工作如何开展落实，实施中存在的问题，以及需要改进的地方。

2）评价组审查的文件主要包括厂际质量保证体系的相关文件、落实要求形成的记录等。

3）评价组进行现场检查。

4）评价组及时记录情况，保证记录的真实、准确。每个评价要素均要填写一个记录单，格式见表 3－1。

**表 3－1 评价记录单**

评价人员： 评价时间：

| 评价要素 | 评价内容 | 关键评价项 | 满分分值 | | 实际得分 | | 发现的问题和有效做法 |
|---|---|---|---|---|---|---|---|
| | 1 | | | | | | |
| | 2 | | | | | | |
| | 3 | | | | | | |
| | 4 | | | | | | |
| | 5 | | | | | | |
| | 6 | | | | | | |

5）根据评价准则确定各评价内容分值。在评价的基础上，确定各评价要素分值以及

厂际质量保证体系等级。

6）评价组就评价以及记录情况进行沟通，确认所获得的信息是否真实、充分，并相互达成一致。评价组对所负责的评价要素进行打分并给出评价结论，包括问题的详细说明和有效做法。

7）评价组组长在评价打分的基础上，形成评价报告，通报被评价单位，上报体系办公室。评价报告主要内容包括：

a）厂际质量保证体系等级；

b）评价中发现的有效做法；

c）评价中发现的主要问题；

d）改进建议。

#### 3.3.3.3　总结改进

1）体系办公室对评价报告进行综合分析，总结有效做法，找出主要问题和薄弱环节，制订体系改进计划。改进计划主要内容包括：

a）改进内容和要求；

b）责任单位；

c）完成时间；

d）验证安排。

2）改进计划经体系领导小组批准后，由体系办公室下发到体系成员单位。

3）体系成员单位落实改进计划，并将实施情况报体系办公室。

4）体系办公室监督和验证体系成员单位的改进工作。

# 第 4 章　质量管理体系评估

质量管理体系评估是依据航天型号研制任务和质量管理要求，结合航天科研生产组织管理以及质量管理体系建设的特点，借鉴国内外质量评价模式和方法，而建立的质量管理体系评估机制，以实现航天质量管理体系的持续改进和提升。

## 4.1　评估模型

### 4.1.1　总体思路设计

质量管理体系评估采用成熟度等级的定量化评价方法对评估要素和质量管理体系的成熟度等级进行判定，评估模型和评估准则覆盖质量管理体系运行过程和结果，反映了航天质量管理特点、规律和要求，形成了集团、研究院、厂/所分级实施的系统完整的质量管理体系评估机制，以及完善的评估组织管理体系、系统的管理和技术文件体系以及健全的评估队伍体系。

质量管理体系评估总体框架如图 4－1 所示。

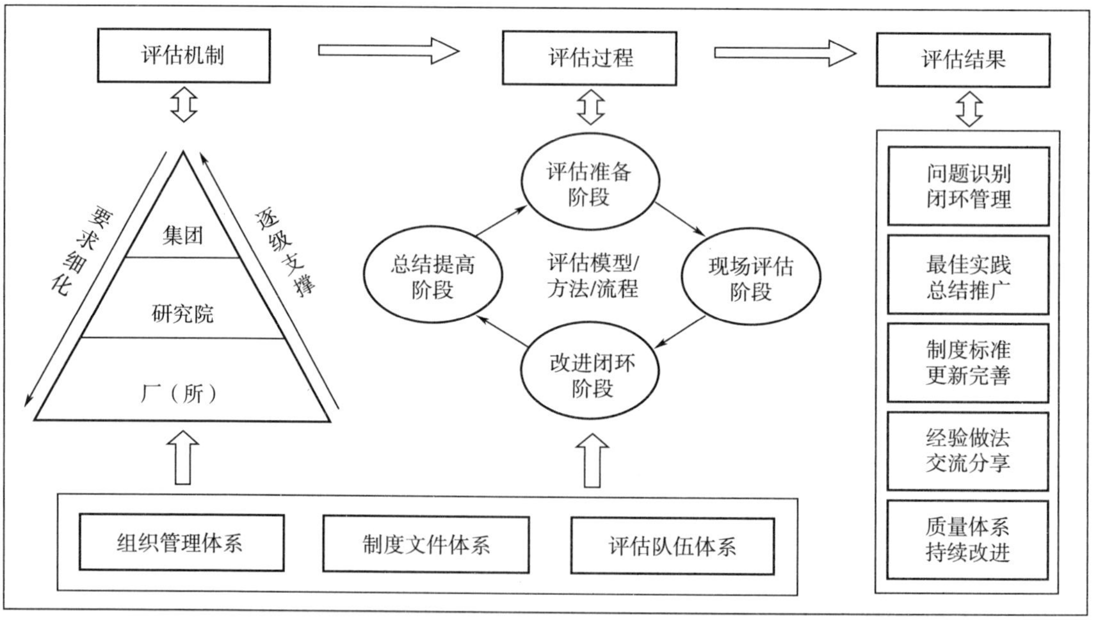


图 4－1　质量管理体系评估总体框架

### 4.1.2　质量管理体系评估模型

质量管理体系评估模型如图 4－2 所示。

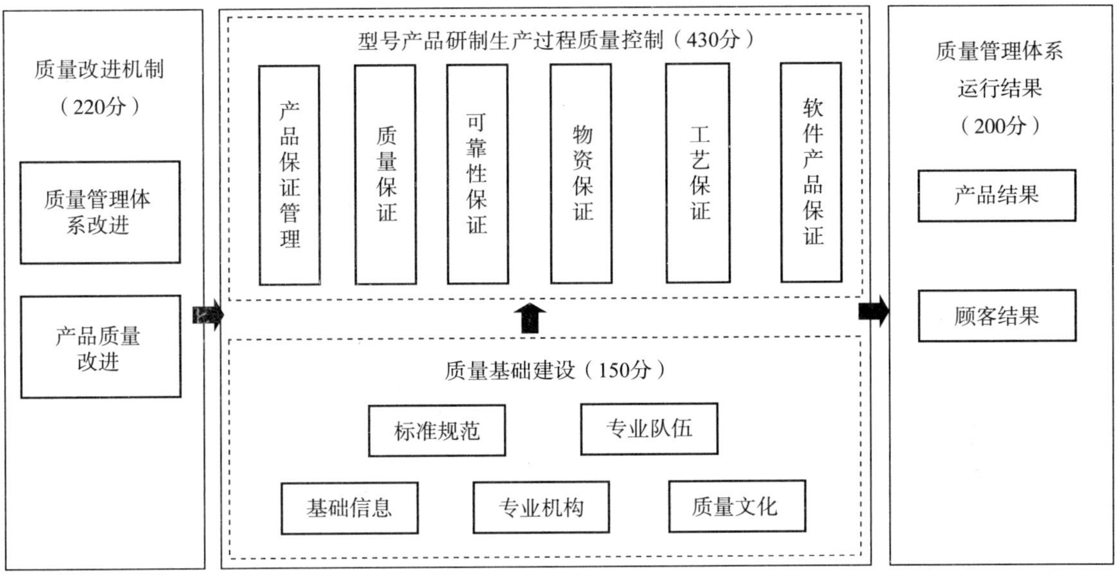


图 4－2　质量管理体系评估模型

注："可靠性保证"中"可靠性"指的是广义可靠性概念，包括可靠性、维修性、保障性、测试性、安全性、环境适应性等方面的内容。

评估模型主要包括过程和结果两个方面，其中，过程包括"质量改进机制""型号产品研制生产过程质量控制""质量基础建设"三个模块，这样的设置体现了航天质量管理的三方面重点工作，即质量改进、型号过程质量控制以及质量基础能力建设，结果包括"质量管理体系运行结果"一个模块。

"质量改进机制"模块，重点是从组织层面的质量管理和质量改进的角度来评估，包括"质量管理体系改进"和"产品质量改进"两个子模块："质量管理体系改进"子模块是对单位而言，是质量管理体系及改进机制建设方面的内容；"产品质量改进"子模块是提升产品成熟度的产品改进方面的模式和方法。"质量改进机制"模块的主要内容与 GJB 9001 标准的"领导作用"和"绩效评价与改进"相对应。

"型号产品研制生产过程质量控制"模块，重点是从项目层面的质量管理和过程控制的角度来评估，主要包括六个子模块，即产品保证管理、质量保证、可靠性保证、物资保证、工艺保证、软件产品保证，这六个子模块的设置是借鉴国外先进的面向复杂产品研制生产实施的产品保证思路确定的，覆盖了型号产品过程质量控制的主要工作。"型号产品研制生产过程质量控制"模块的主要内容与 GJB 9001 标准的"产品实现"相对应。

"质量基础建设"模块，重点是从质量基础建设的一些要素的角度进行评估，包括五个子模块，即专业机构、专业队伍、基础信息、标准规范、质量文化，这五个子模块对“型号产品研制生产过程质量控制”起基础支持、专业保障的作用。“质量基础建设”模块的主要内容与GJB 9001标准的“资源”相对应。

“质量管理体系运行结果”模块与上述三个模块是因果关系，包括两个子模块，即产品结果和顾客结果。“产品结果”子模块是指型号产品的实物质量，包括型号任务成败和质量问题情况；“顾客结果”子模块反映了顾客的意见和认可情况，不仅受产品质量影响，还受售后服务的影响，该模块的内容与GJB 9001标准的“绩效”相对应。

## 4.2 评估要素

评估要素确定的主要依据是《航天型号精细化质量管理要求》以及航天质量制度、标准规范要求。评估要素的确定一方面考虑了传统的质量管理体系的相关要素，如内审和管理评审、质量责任制、体系文件控制、产品检验、产品标识和可追溯性等，这些要素在通用质量管理要求的基础上，补充增加了航天质量管理的特殊要求，另一方面突出了航天质量管理的范畴和规律，反映了面向复杂航天产品质量管理和过程质量控制的重点，体现了航天质量管理的经验和成果，如共性问题的研究和解决、产品保证策划、产品数据包管理、质量问题归零管理、可靠性设计分析和验证、技术状态控制、产品验收管理、标准规范体系建设、专业技术支撑机构建设等。

评估要素会根据质量管理体系评估工作开展情况以及年度质量工作要点进行动态调整，以确保评估要素的适宜性。航天质量管理体系评估的评估要素一般为38个（包括过程类评估要素35个和结果类评估要素3个），评估要素及其分值分配情况见表4-1。

**表4-1 评估模块、子模块和评估要素及其分值**

| 评估模块 | 评估子模块 | 评估要素 | 要素编号 |
|---|---|---|---|
| 质量改进机制（220分） | 质量管理体系改进（150分） | 质量责任制（40分） | 1-1 |
| | | 质量管理体系文件的管理（30分） | 1-2 |
| | | 质量监督检查（20分） | 1-3 |
| | | 质量管理体系评估改进机制（60分） | 1-4 |
| | 产品质量改进（70分） | 面向产品的质量分析（40分） | 1-5 |
| | | 共性质量问题的研究和解决（30分） | 1-6 |

续表

| 评估模块 | 评估子模块 | 评估要素 | 要素编号 |
|---|---|---|---|
| 型号产品研制生产过程质量控制（430 分） | 产品保证管理（100 分） | 产品保证管理(20 分) | 2-1 |
| | | 技术风险分析与控制(20 分) | 2-2 |
| | | 推行量化控制(20 分) | 2-3 |
| | | 技术评审(20 分) | 2-4 |
| | | 产品数据包管理(20 分) | 2-5 |
| | 可靠性保证(50 分) | 通用质量特性设计、分析和验证(50 分) | 2-6 |
| | 工艺保证(30 分) | 工艺管理(30 分) | 2-7 |
| | 物资保证(30 分) | 物资的选用和质量控制(30 分) | 2-8 |
| | 软件产品保证(30 分) | 软件工程化(30 分) | 2-9 |
| | 质量保证(190 分) | 技术状态控制(30 分) | 2-10 |
| | | 设计验证试验管理(20 分) | 2-11 |
| | | 关键环节控制(30 分) | 2-12 |
| | | 外包产品质量管理(30 分) | 2-13 |
| | | 生产现场质量控制(30 分) | 2-14 |
| | | 产品检验及验收管理(20 分) | 2-15 |
| | | 质量问题归零管理(30 分) | 2-16 |
| 质量基础建设（150 分） | 标准规范(30 分) | 质量与可靠性标准规范(30 分) | 3-1 |
| | 专业机构(30 分) | 专业技术支撑机构建设(30 分) | 3-2 |
| | 基础信息(30 分) | 质量与可靠性信息管理(30 分) | 3-3 |
| | 专业队伍(30 分) | 质量与可靠性专业队伍建设(30 分) | 3-4 |
| | 质量文化(30 分) | 质量教育培训和群众性质量管理活动(30 分) | 3-5 |
| 质量管理体系运行结果（200 分） | 产品结果(180 分) | 任务成功率情况(100 分) | 4-1 |
| | | 质量问题情况(80 分) | 4-2 |
| | 顾客结果(20 分) | 顾客满意程度(20 分) | 4-3 |

## 4.3 评估准则

评估要素的评估准则是对评估要素现场评估的主要依据，评估准则的内容是结合评估要素的特点和规律，将该评估要素的上级法规制度、标准要求以及航天精细化质量管理要求进行有机整合，突出其中的关键环节和重点工作，尤其是针对目前存在的薄弱环节和问题提出要求，确保评估准则内容可执行、可评估。评估准则的内容随着年度评估工作的开展进行及时动态修改，不断完善，确保评估准则能够反映最新的质量管理要求。

评估准则分为两类，一类是针对过程类的评估要素编制的评估准则，称为“过程评估准则”；另一类是针对结果类评估要素编制的评估准则，称为“结果评估准则”。

过程评估准则明确了每个评估要素所包含的工作项目及要求。结果评估准则包括产品结果和顾客结果两个方面。产品结果主要通过任务成功率情况和质量问题情况来评估；顾客结果主要通过顾客满意程度来评估。

“面向产品的质量分析”的评估准则示例见表 4－2。

**表 4－2 “面向产品的质量分析”评估准则示例**

| 评估模块 | 评估子模块 | 评估要素 | 评估准则 |
|---|---|---|---|
| 质量改进机制<br>（220 分） | 产品质量改进<br>（70 分） | 面向产品的质量分析<br>（40 分） | 1. 按照要求建立了分级的面向产品的质量分析例会制度，明确了相关职责要求，开展了质量分析工作；<br>2. 在产品质量分析中，充分发挥了基层班组、车间（研究室）等科研生产一线人员的作用，基层班组、车间（研究室）的质量分析主题明确、分析透彻、措施到位、记录完整；<br>3. 在开展面向产品的质量分析中，对问题的原因进行归类和透彻分析，将关注点聚焦到共性、重复性、批次性问题及问题多发、关键和通用产品。对造成质量问题的深层次原因和产品的薄弱环节制定针对性的纠正和预防措施，并加以落实；<br>4. 定期对质量问题汇总、分析，完成质量问题综合分析报告并及时上报；<br>5. 质量整改措施得到及时落实，并进行了闭环管理 |

面向产品质量分析是针对航天质量管理的特点而研究提出的独特的质量管理做法和要求，因此将其作为“质量改进机制”模块中的一个重要评估要素。面向产品质量分析的核心是要深入分析产品的特点及过程关键质量控制点，识别质量风险，尤其是针对发生的质量问题，通过收集产品质量信息以及相关的研制生产过程质量信息，深入分析质量问题发生的根本原因，彻底查找产品研制或生产中技术（设计、工艺）、管理上的原因，识别并确定薄弱环节，提炼共性问题，在此基础上，制定有针对性的纠正、预防措施，改进产品质量，提升产品的稳定性和成熟度。目前，已经建立了集团、研究院、厂/所三级的质量分析例会制度，面向产品质量分析工作成为单位质量管理的重要内容，形成了相关的管理制度和程序文件。

综合相关制度、标准中对“面向产品的质量分析”工作的要求以及对面向产品质量分析工作实施过程中薄弱环节的分析，确定了“面向产品的质量分析”评估要素的评估准则，重点评价以下几个方面的内容：相关规章制度建设情况，各级要通过相关制度文件明确面向产品质量分析的职责、流程和工作要求；基层班组、车间（研究室）的质量分析工作开展情况；研究院、厂/所层面对质量问题的系统梳理和综合分析的深入情况；各级质量分析所形成的记录、报告的编写和上报情况；针对质量问题的整改措施的跟踪、落实情况。这几个方面的关注点是从要求的制定情况、要求的展开落实情况、问题的整改闭环情况三方面展开细化形成的。

“质量问题归零管理”的评估准则见表 4－3。

表 4-3　“质量问题归零管理”评估准则示例

| 评估模块 | 评估子模块 | 评估要素 | 评估准则 |
| --- | --- | --- | --- |
| 型号产品研制生产过程质量控制（430 分） | 质量保证（190 分） | 质量问题归零管理（30 分） | 1. 按要求制定了本单位质量问题归零管理的实施细则。技术归零和管理归零工作职责明确、流程清晰；<br>2. 对质量问题及时开展归零工作并实施闭环管理；<br>3. 对主要因技术原因造成的质量问题在开展技术归零的同时，必须同步开展管理归零工作，在管理上查找问题产生的原因；<br>4. 对质量问题归零工作按阶段进行清理和审查；<br>5. 对归零工作的待办事项的落实情况进行跟踪管理；<br>6. 结合质量问题归零工作，修订完善质量管理体系文件、规章制度、标准和规范 |

质量问题归零管理是航天总结多年来解决质量问题的经验而形成的具有航天特色的质量管理方法，通过质量问题归零工作的开展，对消除质量问题、深化对技术的认知和把握、梳理和优化管理流程发挥了重要作用。质量问题归零包括了质量问题技术归零和质量问题管理归零。目前，质量问题归零已经成为航天型号设计、生产、试验、服务全过程中针对发生的质量问题必须开展的一项工作，在型号研制的关键节点（出厂、转阶段）前还要开展质量问题归零的清理和专题审查，因此，将质量问题归零管理作为“型号产品研制生产过程质量控制”模块中的一个重要评估要素。

综合相关制度、标准中对“质量问题归零管理”工作的要求以及对质量问题归零工作实施过程中薄弱环节的分析，确定了“质量问题归零管理”评估要素的评估准则，重点关注以下几个方面的内容：质量管理归零相关的制度、标准制定情况，技术归零和管理归零的职责、流程是否明确；质量问题技术归零、质量问题管理归零的具体实施是否规范，是否技术归零的同时进行了管理归零；质量问题归零信息的定期清理情况，对质量问题归零情况及时跟踪；对质量问题归零中所提出措施落实情况的跟踪，是否实现了闭环；结合质量问题归零的开展，相关措施要求在制度、标准规范中的固化情况。这几个方面的关注点也体现了从要求提出到要求的展开落实再到问题闭环的思路。

## 4.4　评估方法

### 4.4.1　过程类评估要素评估方法

对照评估要素的评估准则进行评估。对照评估准则的每个条款的要求，依据查阅的资料及相关证实性材料，如实记录评估中发现的问题以及好的经验和做法，其中，对于发现问题的记录应明确具体，便于被评估方理解和整改，对于体现该评估要素超出评估准则的创新做法，作为最佳实践进行推广。在集团对研究院评估的过程中，对于很多过程类的评估要素，既要查阅研究院本级的相关资料，了解研究院在这方面的制度要求是否明确，同时，也要查阅院属厂/所的相关支撑性材料，以了解研究院有关要求在厂/所层面的具体贯彻落实情况，特别是对于“型号产品研制生产过程质量控制”模块的相关评估要素，一般以选择的“型号产品”为主线进行评估，以便系统了解和掌握相关评估要素的实施过程和效果。

判定各评估要素的成熟度等级。依据每个评估要素的评估准则，采用“要求—落实—改进”的评定方式来确定每个要素的成熟度等级，以定量化评定其符合性和有效性程度。其中“要求”主要是指对照评估要素的评估内容，查看单位的有关制度文件中是否明确了相关内容要求，“要求”是否落实了集团的有关规定并体现了单位自身的特点和需求，“要求”是否可落实、可检查；“落实”主要是指上述的制度文件中规定的“要求”是否得到规范和有效的贯彻落实，主要体现在“要求”的逐级传递、细化，相关人员对“要求”的准确理解和执行，相关实施记录详细完整，同时对“要求”落实情况有监督检查；“改进”主要是指“要求”贯彻落实过程中，对于出现的问题，能够及时采取纠正措施，并举一反三，进一步完善相关制度文件，建立促进“要求”贯彻落实的持续改进机制。

每个评估要素分为四个成熟度等级，即优秀、良好、达标和不达标。其中，不达标表示该项工作不能满足航天产品质量管理的基本要求；达标表示该项工作仅满足了航天产品质量管理的相关标准和文件的最基本要求；良好表示该项工作超出达标水平，能更加有效地满足航天产品质量管理相关标准和文件的要求；优秀表示该项工作在航天科技集团现有管理中达到相当完美的程度，其科学有效的做法和先进经验可以作为最佳实践在集团内推广。

每个成熟度等级对应着相应的成熟度系数，成熟度系数分值越高，该评估要素开展的工作越好。过程评估要素成熟度等级和系数判定指南见表 4－4。

**表 4－4　过程评估要素成熟度等级和系数判定指南**

| 成熟度等级 | 成熟度系数 | 成熟度评定要点 |
|---|---|---|
| 不达标 | 0,0.4 | 1. 针对该要素没有明确的要求；<br>2. 要求没有在相应的过程和部门得到落实；<br>3. 没有对问题的分析方法，只有就事论事的而且不彻底的处理 |
| 达标 | 0.5,0.6 | 1. 针对该要素的主要方面，有明确的要求和基本有效的方法；<br>2. 要求在主要过程和部门得到基本落实；<br>3. 有基本的分析和改进活动 |
| 良好 | 0.7,0.8 | 1. 针对该要素的全部方面，有具体的要求和有效的方法；<br>2. 要求在所有相应过程和部门都得到落实；<br>3. 有系统的分析和评价的方法，对关键过程实施有效的分析和改进 |
| 优秀 | 0.9,1 | 1. 针对该要素的全部方面，有系统、规范、详细的要求和先进、系统、高效的方法；<br>2. 要求在所有相应的过程和部门得到全面、彻底有效的落实；<br>3. 基于详细信息的、全面系统的分析、评价和深入、彻底的改进，形成持续改进的机制 |

在对过程类评估要素进行成熟度等级评定时，对于“优秀”“良好”“达标”三个等级的判定方法是：如果前两个评定要点，即要求和落实中有一个不能满足，成熟度等级则降到下一个等级；如果前两个评定要点，即要求和落实都满足，但第三个评定要点，即改进没有满足，成熟度系数则可达到该成熟度等级的下限值，即 0.5、0.7 或 0.9；如果三个评定要点，即要求、落实、改进都满足，则成熟度系数可达到该成熟度等级的上限值，即 0.6、0.8 或 1。对于“不达标”等级的判定方法是：如果符合评定要点前两项中的其中一

项规定，成熟度等级系数就判定为 0，其他情况的成熟度等级系数判定为 0.4。

每个过程类评估要素的实际得分为该评估要素的满分分值乘以其成熟度等级系数。

### 4.4.2　结果类评估要素评估方法

对照评估要素的评估准则进行评估。查看结果类评估要素的相关证实材料，一般结果类评估要素都有比较明确的量化数据支撑，重点是要系统、综合地分析这些数据的来源和覆盖面，确保数据的真实、准确、可靠。

判定评估要素的等级及系数。每个结果类评估要素的评估内容都分为 A、B、C、D 四个等级，对于“产品结果”的评估要素来说，总体院和专业院的评估内容有所区别。A、B、C、D 四个等级的系数分别为：A 级系数为 1，B 级系数为 0.8，C 级系数为 0.6，D 级系数为 0.4。根据对相关证实材料的综合分析结果判定结果类评估要素的等级，在此基础上确定系数的大小。

每个结果类评估要素的实际得分为评估要素的满分分值乘以相应等级系数。

### 4.4.3　评估结果的确定

过程类和结果类各评估要素得分之和为质量管理体系评估的最终得分。按照分值分布将评估结果分为 A、B、C、D 四个等级，其中，质量管理体系评估最终得分为 800（含）～1 000 分是 A 级，质量管理体系评估最终得分为 600（含）～800 分是 B 级，质量管理体系评估最终得分为 400（含）～600 分是 C 级，质量管理体系评估最终得分为 400 分以下是 D 级。

## 4.5　评估流程

航天质量管理体系评估是从厂/所、研究院、集团自下而上分级组织实施，以研究院、集团两个层面为例，评估工作的主要流程以及各阶段的实施要点如下。

### 4.5.1　研究院的质量管理体系自评估

#### 4.5.1.1　制定评估的制度文件，开展宣贯和培训

1）落实评估工作的主管部门和职责；

2）根据需要编制研究院的质量管理体系评估手册；

3）针对研究院特点来编制研究院的质量管理体系评估管理办法；

4）组建评估专家队伍，开展评估的培训。

#### 4.5.1.2　开展自评工作

（1）依据和范围

1）自评依据是航天科技集团质量管理体系评估手册和评估管理办法及研究院发布的相关文件、标准等；

2）自评范围是全要素的。

（2）评估组

1）评估组的专家参加过航天科技集团质量管理体系评估的培训；

2）可请研究院外专家参与评估组，以促进自评更加客观，并可学习院外经验；

3）集团可派专家对研究院的自评估情况进行调研，给予指导。

（3）实施要点

1）研究院制订详细的评估方案和计划，明确评估的方式和要求；

2）从研究院整体的质量管理体系来系统地评价，不仅是对厂/所质量管理体系，而且把研究院的综合质量管理同型号工作、厂/所的质量管理体系建设等贯穿起来；

3）自评可与日常管理工作、内审等相关活动相结合，充分利用质量管理日常掌握的信息；

4）评估活动要详细，深入基层一线，注重同有关人员的沟通交流；

5）注重自评与检查的区别，努力发挥自评的学习、梳理、督促、指导、总结和交流作用；

6）评估要深入细致，注重发现和暴露问题，深入剖析问题；

7）注重发现有效的做法和经验，提炼最佳实践；

8）评估过程要有详细、规范的记录。

#### 4.5.1.3 编写自评报告

（1）自评报告的基本结构

研究院自评报告主要包括以下几部分内容：

1）研究院本年度自评估工作开展的基本情况（含对所属厂/所现场评估情况，原则上，研究院对所属厂/所现场评估至少要做到两年一覆盖）；

2）上一年度质量管理体系评估发现的主要问题（薄弱环节）及建议的整改落实情况；

3）本年度评估发现的主要问题（薄弱环节）及工作亮点；

4）研究院质量管理体系自评估情况记录表（每个评估要素填写一张表格）；

5）后续工作意见和建议；

6）有关附件。

研究院要将对厂/所的评估情况纳入研究院的自评报告。

（2）评估要素的自评记录

评估要素的自评记录表中主要包括以下内容：

1）上次评估中发现的主要问题（薄弱环节）及建议；

2）本年度评估工作开展情况（含对上年度评估发现问题、薄弱环节、建议的整改落实情况）；

3）本次评估中发现的问题（薄弱环节）及建议；

4）本次评估中发现的好的经验和做法；

5）评估要素的成熟度等级判定结果等。

自评记录表填写过程中的要点：

1）详细、准确填写针对上一年度体系评估中发现的问题、薄弱环节，建议的整改落实情况；

2）针对现场评估的相关证实材料，综合分析，客观地判定评估要素的成熟度等级及系数；

3）对于成熟度等级系数判定结果不是“1”的评估要素，在自评记录表中必须填写评估中发现的问题、薄弱环节；

4）对于成熟度等级系数判定结果是“1”的评估要素，在自评记录表中必须填写评估中发现的好的经验和做法（也就是发现的亮点），亮点必须体现该评估要素在全面满足评估手册相关要求基础上所实施的具有独特性、创造性的工作、方法，并且这些经验和做法具有一定推广价值。

（3）评估报告的有关附件

1）作为证据的院内有关质量制度、标准文件清单。

2）已经列入集团评估的厂/所是否编制自评报告由研究院自行确定，但是这些厂/所对相关评估要素的自评材料（按要求填写自评记录表）要列入研究院自评报告的附件（这些材料主要是支撑对研究院的评估）。

3）可以比上述内容有所超出，尤其鼓励撰写最佳实践以及对重点问题进行分析和说明的专题报告作为自评报告的附件。

#### 4.5.1.4　评估准备

（1）准备评估有关证实性材料

1）按照评估工作的有关要求，评估证实性材料客观、全面地反映每个评估要素的相关工作及其达到的效果。

2）证实性材料可包括：管理制度、计划、会议纪要、工作总结、记录等管理文件；技术标准、规范、技术报告、记录等技术资料（包括研究院层面以及抽查厂/所的相关支撑性证实材料）。

3）按评估手册中的评估要素将证实性材料编号放在评估现场。

4）提供的评估要素相关证实材料要有目录，方便查找相关文件。

（2）落实现场评估配合工作的人员

1）被评估单位指定了解情况的技术人员或管理人员在评估现场。

2）陪同人员熟悉评估标准，了解本单位的评估工作。

3）陪同人员对与自己相关的评估要素能有答疑和解释的能力。

4）陪同人员能快速调阅证实性材料，很快找来熟悉情况的人员。

（3）注意事项

1）提供的记录、技术报告均为原始文件或复印件，不应为评估而修改。

2）配合评估人员在评估现场积极、真实地回答或解释评估工作人员提出的问题，不应有意掩盖问题。

4.5.1.5 改进提高阶段的主要工作

1）针对评估结果，研究院及厂/所及时制订整改计划，实施具体改进措施，并跟踪落实。

2）研究院在现场评估后一个月内将整改计划上报集团，集团将对整改计划落实情况进行跟踪。

3）研究院需要结合评估，深入、系统地总结、固化和推广先进、有效的做法和经验。

### 4.5.2 集团对研究院的质量管理体系评估

集团对研究院质量管理体系评估的主要流程如图 4-3 所示。

4.5.2.1 现场评估前的工作

1）集团下达年度评估工作计划，明确集团年度评估工作依据、重点、要求、工作计划安排。

2）组建评估专家组，针对年度评估工作的重点，开展对质量管理体系评估专家的培训。

3）集团将在对各研究院正式评估前下达对各院的评估实施计划，明确具体的评估日程安排、评估工作组组成以及重点评估的厂/所及型号等内容。

4.5.2.2 组建评估组

1）评估组由集团主管部门领导、评估专家以及评估办公室有关人员组成。

2）评估专家是在各研究院推荐的基础上，由集团根据需要筛选组建。各研究院推荐的人员应该是集团认可的质量管理体系评估员。评估专家总人数是 8～10 人。

3）集团指定评估组组长；评估组组长指定有着丰富经验的专家担任评估小组负责人。

4）评估组秘书由集团质量管理体系评估办公室的同志担任。

5）召开评估组会，宣布评估组组成及分工，介绍拟订的详细评估计划并征求评估组成员的意见。

4.5.2.3 审查自评报告

1）各研究院将自评报告在正式评估前上报集团，集团组织有关评估专家对自评报告进行审查。

2）集团质量主管部门根据日常掌握的信息对自评报告的真实性进行审查。

3）对具有严重不真实内容或过于简单的自评报告予以退回并按要求修改。

4.5.2.4 制订现场评估实施计划

1）制订详细的现场评估时间表。

2）明确评估组的分工。

3）根据各研究院具体情况明确评估关注的重点。

4）与被评估院沟通确定现场评估实施计划。

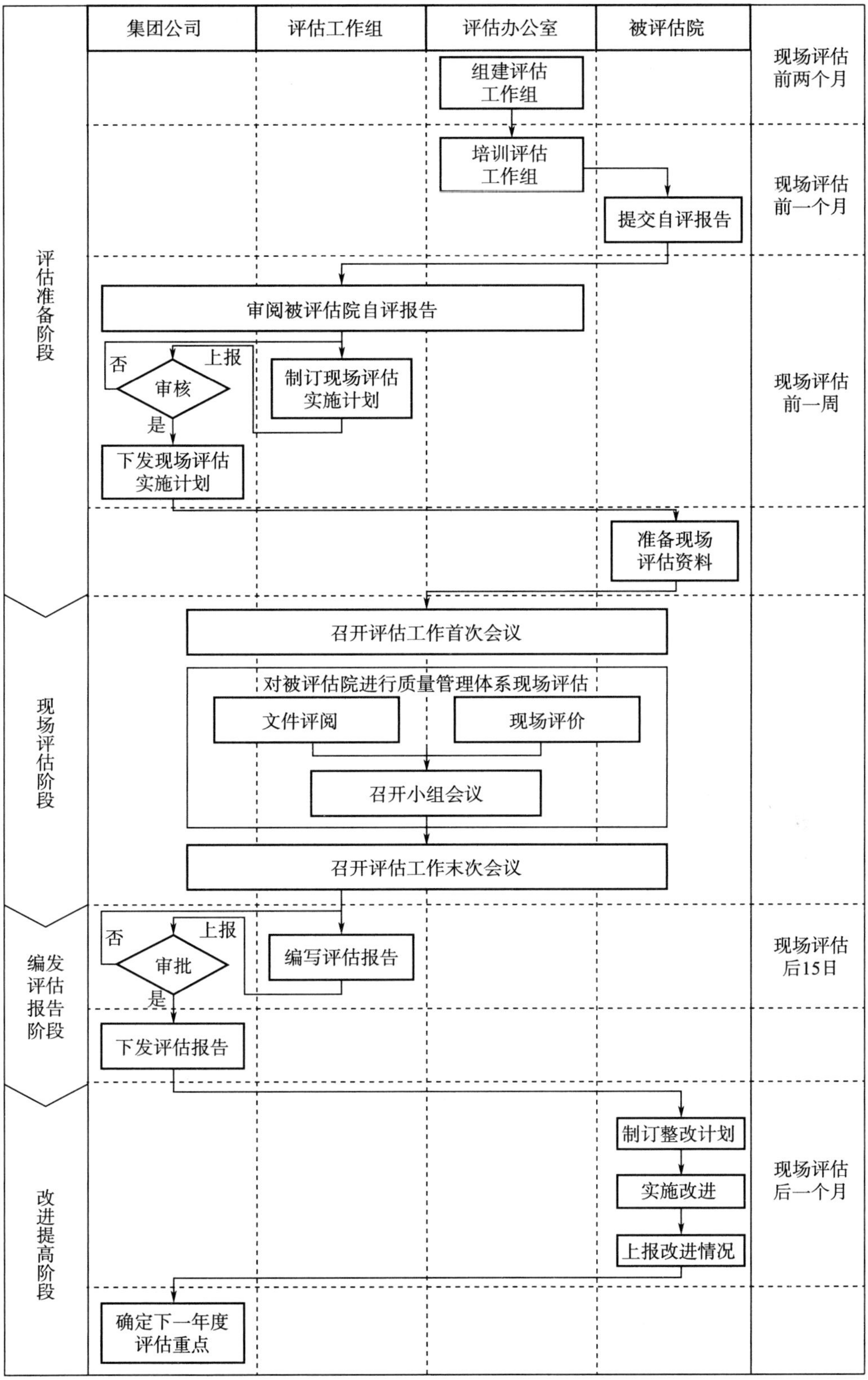


图 4－3　集团对研究院质量管理体系评估流程图

#### 4.5.2.5 进行现场评估

（1）评阅相关资料

1）评估组成员学习消化被评估院的自评报告及其他相关材料。

2）对于自评报告中高分（优秀）或低分（达标或不达标）的子要素，描述不清晰或证实不明确的内容，提出需要重点评估和现场评估核实的内容，以及要查阅的资料清单。

3）同被评估院沟通需要补充的相关证实材料。

4）必要时，提出调整现场评估计划安排的建议。

（2）现场评估首次会

1）参加人员包括：评估组成员和被评估院的主管领导，相关部门的负责人，涉及的有关厂/所、型号或产品的负责人，评估工作配合人员等。

2）评估组组长宣布评估的目的、范围、要求、评估组成员以及日程安排，并说明相关事项（保密要求等）。

3）被评估院的主管领导或评估主管部门负责人汇报：被评估院质量管理体系建设与运行情况，包括质量管理体系评估工作开展情况；一年内型号产品重大质量问题及归零情况；自评报告的必要说明；明确评估配合人员。

4）必要时，评估组简要回答被评估院的相关问题。

5）为节省时间，首次会可以简化：写入评估手册中的内容评估组长可不讲；写入自评报告中的内容被评估院汇报人可不讲。

（3）现场评估

1）评估组专家按照评估要素的分工进行现场评估。

2）现场评估的主要工作：对照评估要素的评估内容要求找出薄弱环节和发现好的经验和做法；填写现场评估记录表；确定评估要素的成熟度等级。

3）现场评估活动主要在研究院本级以及被抽查的厂/所进行，必要时，被评估厂/所和型号的相关资料可集中到研究院层面。

4）现场评估活动可考虑将评估小组安排在几个就近的会议室或办公室，以便调阅资料或找人了解情况，或通过内网查阅资料。

5）必要时，评估专家到研究室、试验室、车间、库房、失效分析等研制生产现场，带着问题和资料中提到的最佳实践下基层，深入了解情况，通过文件、计划、针对重点问题的原始记录和各级上报的文件，了解上级的要求是如何落实的，采取了哪些针对性的措施，效果如何。

（4）现场评估记录

在综合对研究院本级以及抽查厂/所和型号相关证实材料评估的基础上，每个评估要素填写一张现场评估记录表。现场评估记录表的主要内容包括：

1）主要评估活动；

2）评估中发现的主要问题及建议（填写要明确、具体，便于被评估方的整改落实）；

3）评估中发现的好的经验和做法（应是超出评估准则相关要求之上可以推广的最佳

实践）；

4）评估要素的成熟度等级等。

现场评估记录表是后续被评估方进行问题整改以及集团梳理共性问题、挖掘和推广最佳实践的主要依据。

（5）评估组内部沟通讨论会

1）评估组长组织评估组成员进行内部沟通，评估组专家结合现场评估记录表，对各要素评估情况进行汇报，尤其是对评价为“优秀”或“不达标”的要素的情况进行详细说明。

2）评估组对评价为“优秀”或“不达标”的评估要素进行重点讨论。

3）评估组对各评估要素成熟度等级的判定结果通过内部沟通，达成一致意见。

4）现场评估记录表要经过评估组组长的签字确认。

（6）评估末次会

1）参加人员：同首次会到会人员。

2）会议主要内容：评估组将评估中发现的问题和薄弱环节汇总后交被评估院，评估组同被评估院沟通交流评估中发现的问题以及好的做法和经验。被评估院的主管领导或主管部门负责人表态，说明针对薄弱环节的改进和总结提炼最佳实践的初步考虑，同时，可以对集团质量管理体系评估工作提出建议。

#### 4.5.2.6　改进提高阶段的主要工作

1）集团根据各研究院上报的整改工作计划，对各院的整改工作落实情况进行跟踪。

2）集团将各研究院整改工作情况纳入对研究院下一年度质量管理体系评估的重点内容。

3）总结梳理本年度集团质量管理体系评估工作的经验。

4）针对评估工作的总结以及对新的形势和任务要求的分析，根据需要修改质量管理体系评估手册及相关文件。

# 第 5 章　面向产品的质量分析

面向产品的质量分析是指发生质量问题后或对一定时期内某类产品发生的质量问题进行统计后，通过对产品及其结构、使用和技术条件、产品研制过程等进行系统的研究，以确定问题原因、识别薄弱环节、明确措施的过程。面向产品质量分析工作的目的是挖掘质量问题背后的深层次原因，总结提炼出针对本单位产品和质量管理体系运行中存在的共性问题和薄弱环节，并提出改进措施，以提高产品成熟度和推进质量管理体系的持续改进。

## 5.1　分析程序及分析方法

面向产品质量分析程序一般分为 3 个阶段、12 个基本步骤，如图 5－1 所示。

### 5.1.1　明确分析对象

在确定开展面向产品质量分析工作后，要首先明确被分析的产品，即分析对象。明确分析对象是整个分析活动的一个组成部分，也是整个分析活动的基础，因此，要尽可能对被分析的产品进行明确，以确保分析活动达到预期的目的。通常，面向产品质量分析的对象应是问题多发产品、关键和通用产品。分析对象可以是上级组织或本级组织领导以行政指令的形式明确的，也可以是组织自主通过使用相应的方法或工具而确定的。

一般来说，组织自主明确分析对象是建立在质量问题信息准确及时收集的基础上的。可以充分利用现有的质量信息快报系统和相关的质量信息系统，以及过程中办理的各种单据，利用分层法按照产品类别定期统计这些产品研制生产过程和交付后发生的问题信息；然后以产品类别为横轴，以问题数量为纵轴，绘制相应的排列图，聚焦问题多发产品，将其确定为面向产品质量分析的第一对象。也可以通过上级产品 FMEA 或关键特性分析等其他方法确定本级组织面向产品质量分析的对象。

#### 5.1.1.1　分层法

分层法又称分类法或分组法，即将收集到的大量质量数据按其来源进行分类后，再进行质量分析的方法。它可以和质量管理的其他方法联合使用，形成分层排列图、分层相关图等，以提高分析研究的效率和质量。在航天产品面向产品质量分析工作中，常用的分层标志包括责任部门、问题原因和产品类别，还可以根据实际需要增加其他项目。

（1）应用步骤

1）收集数据；

2）根据不同的目的，选择分层标志；

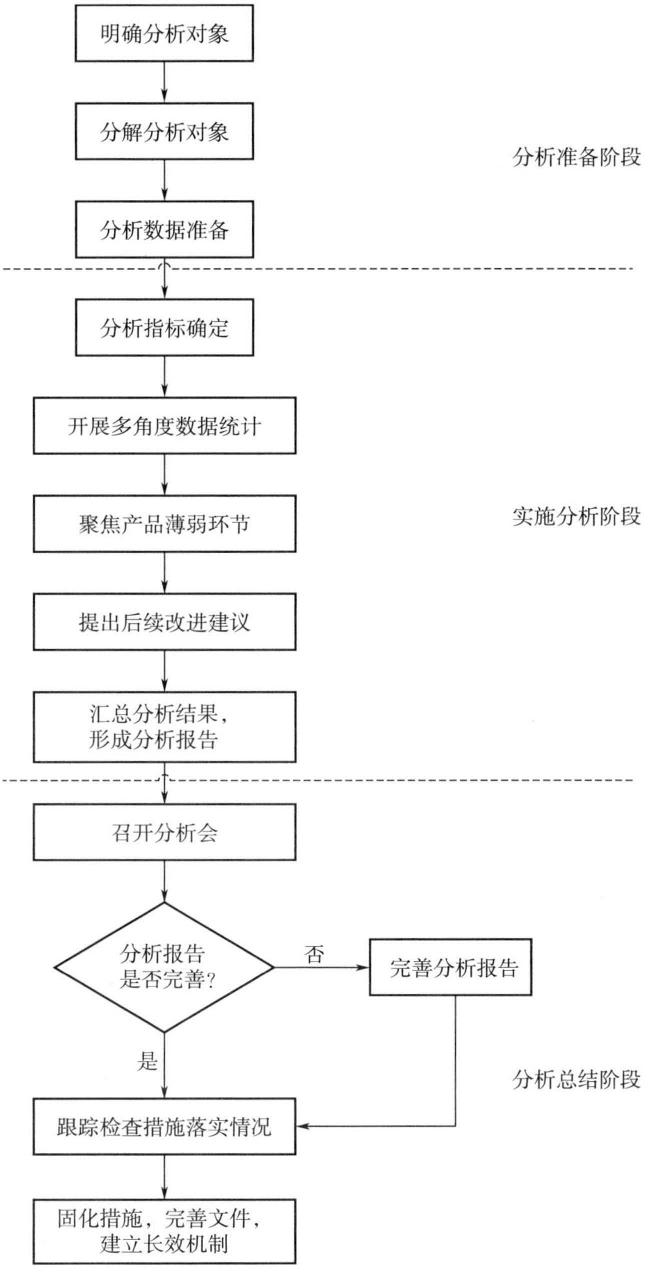


图 5-1　面向产品质量分析程序

3）根据不同分析标志对数据进行分层；

4）按层归类统计；

5）画分层统计图或分层进行统计分析。

（2）注意事项

1）对收集的数据进行分层时，应当按照一定的原则。a）按不同时间分：如按不同班次，不同日期分类；b）按操作人员分：如按新、老员工，男女工，不同年龄分类；c）按使用设备分：如按不同的机床型号，不同的工具分类；d）按操作方法分：如按不同的切削用量、温度、压力等工作条件分类；e）按原材料分：如按不同的供料单位、不同的进料时间、不同的材料分类；f）按其他分类：如按不同的使用单位、使用条件等进行分类。

2）进行分层时，需要考虑两个或多个不同因素之间的联系。

5.1.1.2　排列图

排列图也称帕累托图，是找出影响产品质量主要因素的一种简单而有效的图表方法。排列图由一个横坐标、两个纵坐标、几个按高低顺序排列的矩形和一条累计百分比（累计频率）折线组成。为了明确分析对象，可以以产品类别为横坐标，以问题发生数量为纵坐标绘制相应的排列图，从而很直观地聚焦到问题多发产品。排列图的一般形式如图 5-2 所示。

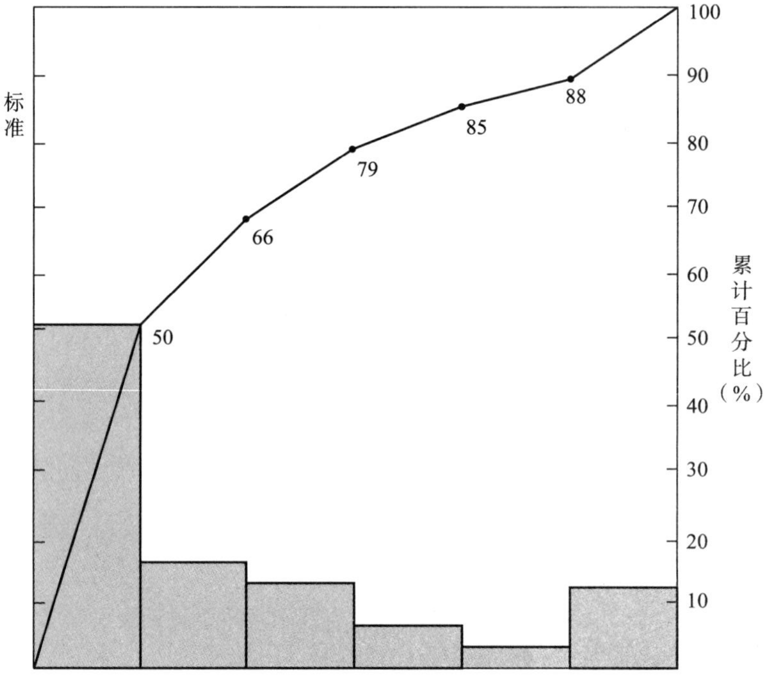


图 5-2　排列图的一般形式

（1）应用步骤

1）选择要进行质量分析的项目，如产品类别；

2）选择用于质量分析的度量单位，如出现的次数（频数）、成本、不合格品数、金额或其他度量单位；

3）选择进行质量分析的时间范围；

4）画横坐标；

5）画纵坐标；

6）在每个项目上画矩形，其高度表示该项目度量单位的量值，用以显示出每个项目的作用大小；

7）由左至右累加每一项目的量值（以百分比表示），并画出累计频率曲线，用来表示各项目的累计百分比；

8）利用排列图可以确定对质量分析最重要的对象。

（2）注意事项

1）选择质量分析的时间范围时，所选定的时间段要足够长，以使数据具有一定的代表性。

2）排列图法，提供了在没法面面俱到的状况下，去抓重要的事情，而这些重要的事情又不是靠直觉判断得来的，而是依据资料数据统计而来的。

3）画横坐标时，按质量单位量值递减的顺序自左向右在横坐标上列出项目，将量值最小的1个或几个项目归并为“其他”项，把它放在最右端。

4）画纵坐标时，在横坐标的两端画出两个纵坐标，左边的纵坐标按度量单位规定，其高度必须与所有项目度量单位的量值和相等，右边纵坐标要与左边纵坐标等高。

#### 5.1.1.3　其他方法

除上述所述方法外，还可采用FMEA和关键特性分析的方法来明确分析对象。FMEA和关键特性分析都是覆盖所有典型通用航天产品的工作，包括系统、分系统、设备、部组件等各个层次。通过上级产品开展FMEA或关键特性分析，可以识别其中的单点故障或关键（重要）特性，而包含单点故障或关键（重要）特性的产品即可确定为关键通用产品，从而明确面向产品质量分析的对象。

### 5.1.2　产品结构分解

在明确分析对象后，为了确保面向产品质量分析工作的覆盖性、全面性和有效性，需要对分析对象进行解剖，也就是要将确定进行分析的产品按照某个原则分解，以便能聚焦到问题的症结，以及制定针对性更强的控制措施。分解分析对象可以通过对产品自上而下的逐层分解来实现，或者按照产品研制流程进行分解。通常，可使用系统图和流程图完成该步骤的工作。

#### 5.1.2.1　系统图

系统图也称树图，是一种单目标展开的表示某一问题各要素间逻辑关系的图。系统图可用于分析对象展开分析，也可用于问题原因分析。在分解分析对象时，可以利用系统图将该分析对象分解成若干组成要素，根据从属关系排列起来，以显示出本级产品、下级产品、上级产品三者之间的逻辑关系，从而为寻找问题症结奠定基础。产品分解得是否到位，对面向产品质量分析工作是否有利都是建立在产品研制队伍是否对产品的组成有着全面清楚的认识的基础上的。产品研制队伍的经验越丰富，分解工作就会越有效；反之，如果产品研制队伍仅了解本级产品，而不清楚下级产品或者说对关键的下级产品不清楚，那么产品分解工作将会不到位，从而影响后续工作。系统图的一般形式如

图 5－3 所示。

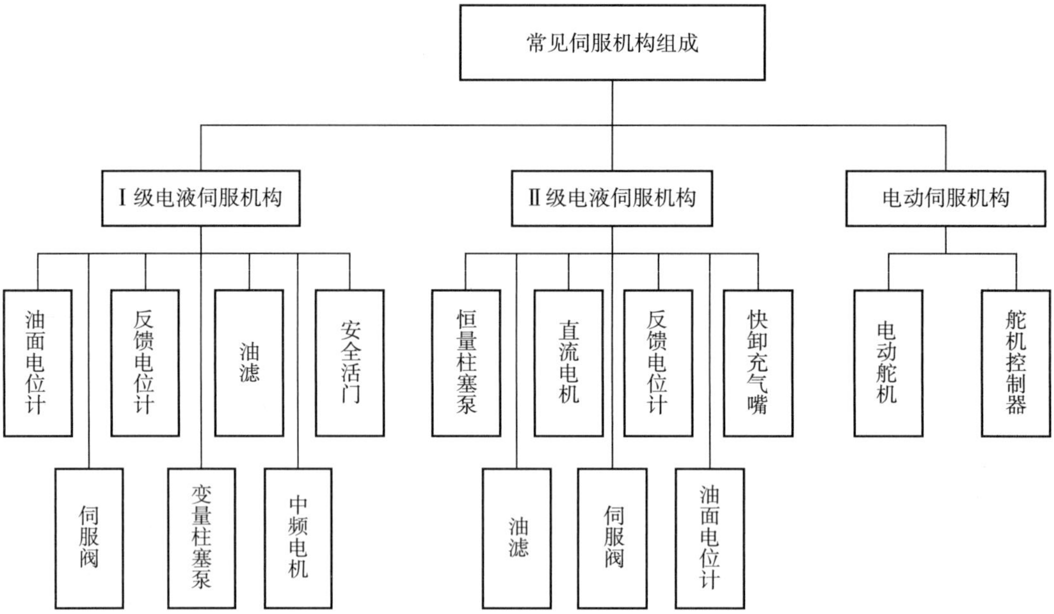


图 5－3　系统图的一般形式

（1）应用步骤

1）确定具体的目的或目标，如产品分解或原因分析。

2）确定主要层次，可以利用同类产品的研制经验或产品设计提出手段和措施。为了达到预定的目的、目标，召开会议，集思广益，提出必要的手段、措施，并依次记录下来。

3）进行评价。要对提出的手段、措施进行评价，每项手段、措施是否适当、可行或是否需要经过调查才能确认。

4）第一次展开，讨论出达成目的的方法，将其可能的方法写在卡片上，此方法如同对策型因果图中的大要因分析。

5）第二次展开，把第一次展开所讨论出来的方法当作目的，为了达成目的，讨论哪些方法可以使用，并将讨论内容写在卡片上，这些方法则称之为第二次方法展开。

6）以同样的要领，将第二次方法当成目的，展开第三次方法，如此不断地往下展开，直到大家认为可以具体展开行动，而且可以在日常管理活动中加以考核。

7）制作实施方法的评价表，经过全体人员讨论同意后，将最后一次展开的各种方法依其重要性、可行性、急迫性、经济性进行评价，评价结果最好用分数表示。

8）将卡片与评价表贴在白板上，经过一段时间（1 小时或 1 天）后，再集合小组成员检查一次，看是否有遗漏或需要修正。

9）系统图制作完毕后，须填入完成的年、月、日、地点、小组成员及其他必要的事项。

（2）注意事项

1）用于原因分析的系统图一般是单目标的，即一个问题用一张系统图；

2）运用系统图进行原因分析时，可以从 5M1E 展开，也可以从质量实际情况或逻辑关系去分析；

3）运用系统图进行产品结构分解时，要充分发挥研制团队的作用，各级产品要尽可能完整、准确。

#### 5.1.2.2　流程图

流程图就是将一个过程（如工艺过程、产品研制过程、质量改进过程等）的步骤用图的形式表示出来的一种图示技术。通过一个过程中各步骤之间的关系的研究，一般能发现问题存在的潜在原因，知道哪些环节需要进行质量改进。在进行产品结构分解时，也可以采用流程图的方法按照产品研制过程来分解，它是以产品技术流程为基础，梳理出影响产品质量与可靠性的环节，形成该产品的研制流程。一般情况下，产品研制流程中通常包含产品设计、工艺设计、生产准备、生产过程和验收交付等环节。流程图的一般形式如图 5－4 所示。

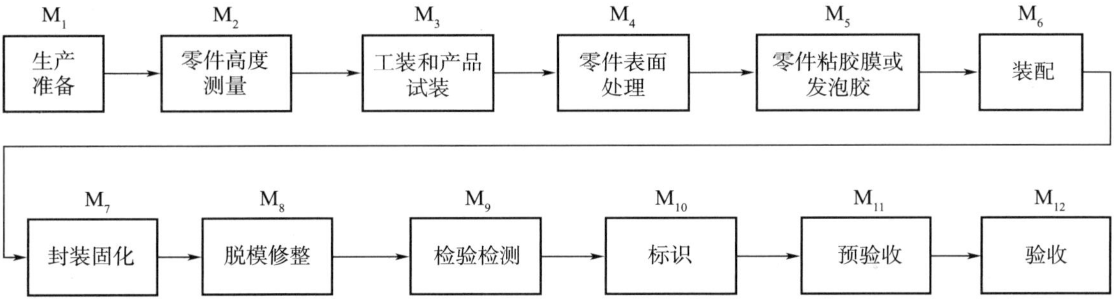


图 5－4　流程图的一般形式

（1）应用步骤

1）判别过程的开始和结束；

2）观察从开始到结束的整个过程；

3）规定该过程的程序（输入、活动、判断、决定、输出）；

4）画出表示该过程的流程草图；

5）与该过程所涉及的人员共同评审该草图；

6）根据评审结果改进流程草图；与实际过程比较，验证改进后的流程图；

7）注明正式流程图的形成日期，以备将来使用和参考。

（2）注意事项

1）流程图的详细程度要视分析对象具体情况而定，并非流程越详细越好；

2）用于产品结构分解的流程图的绘制一般以产品技术流程为基础。

### 5.1.3 分析数据准备

开展面向产品质量分析工作需要输入一些信息和数据，在完成了明确分析对象和产品结构分解两项工作之后，就可以进行下一步的工作了——分析数据准备。该步骤包括：

1）识别分析需求。结合分析对象的现状和产品结构分解情况，以及开展面向产品质量分析工作的目的，首先要识别本次工作的具体分析需求。一般来讲，具体的分析需求首先是共性的、重复性的问题。如将推进系统明确为分析对象后，迫切要解决的是焊接质量不合格的问题还是多余物控制的问题。

2）数据收集通知。分析需求明确后，可以根据需要的数据类型发布相应的通知收集数据，如质量信息季度采集卡、质量问题归零汇总表、设计/工艺更改汇总、偏离/超差申请表、一次交验合格率等。

3）收集数据。根据之前发布的通知要求，完成相应的收集整理数据工作。

### 5.1.4 分析指标确定

全面收集和产品有关的质量信息（包括产品承研数量、交付数量、合格率、过程中办理的单据、不合格、超差、偏离等信息），尤其是对发生的质量问题认真做好记录，包括文字、照片、录像等客观证据，然后确定分析指标。分析的指标可包括问题技术和管理原因，问题发生的部位，问题所处的研制阶段等。

### 5.1.5 开展多角度数据统计

为真实地反映质量问题的实质性原因和变化的规律，可以采用分层法对收集到的质量信息按照分析指标确定的多个维度进行统计。分层的目的在于使同一层内的数据波动尽可能小，而使层与层之间的数据差异尽可能大地反映出来，这样可以显示出不同角度的作用与效果。在应用分层法对质量信息进行分层时，须选择适当的分层标志，一般按照问题原因、产品类别、责任部门等分析指标作为分层标志。

### 5.1.6 聚焦产品薄弱环节

对收集到的质量信息按照发生阶段、问题原因等多个维度进行统计后，选择合适的质量分析方法，如排列图、因果图、关联图等进行分析。通过分析工作，将关注点聚焦到共性、重复性、批次性问题上，归纳提炼出产品存在的薄弱环节，为后续措施的制定奠定基础。

#### 5.1.6.1 因果图法

因果图法即因果分析图，又叫特性要因图、树枝图、石川馨图或鱼刺图，是分析质量问题与其影响原因之间关系的有效工具。运用因果图有利于分析问题产生的原因，识别存在的薄弱环节，便于采取相应的对策措施。

（1）应用步骤

1）分析问题描述中哪些是原因，哪些是结果。原因是输入或输入条件的等价类，结果是输出条件。给每个原因和结果赋予一个标志符，根据这些关系，画出因果图。

2）因果图上用一些记号表明约束条件或限制条件。

3）对需求加以分析，并把它们表示为因果图之间的关系图。

4）把因果图转换成判定表。

5）将判定表的每一列作为依据，设计测试用例。

（2）注意事项

1）画因果图时，分析人员要熟悉研制过程，开质量分析会。

2）大要因不一定是主要原因，主要原因可以用排列图或投票方法确定。

3）原因分析的层次要细到能采取措施为止，要针对主要原因采取措施，最后用排列图检查实施效果。

#### 5.1.6.2　关联图法

关联图法是用箭头的连线把表示事物因果关系的因素联系起来的图。它是利用关联图来分析事物各影响因素之间的复杂关系，从而找到主要问题的方法。一般用作原因识别的工具，但是其最主要的用途是在复杂、混乱的问题情境下识别出逻辑关系。在这种情况下，关联图的优势就是使这种逻辑关系可视化。关联图的主要目的是帮助识别那些不易被发现的关系。关联图的类型一般包括中心型关联图、单向型关联图。其中有的是多目的型（两个以上目的），有的是单目的型（单一目的）。

（1）应用步骤

1）确定选题，明确要解决的问题；

2）组织落实（成立解决问题小组）；

3）开会讨论，收集情报；

4）整理讨论结果，绘制关联图；

5）找出重点项目，在图上表示；

6）找出关键问题；

7）制订解决问题的措施和计划；

8）不断修订完善关联图。

（2）注意事项

1）绘制关联图的箭头时，箭头指向的方向和意义，由小组在制定关联图时预先规定。

2）尽可能广泛地收集数据，找出认为与此选题有关的所有因素。

3）尽可能用简明语言准确地表达。

4）小组成员一致同意后再制成图像。

5）为了突出重点问题，获得最佳图像，不惜反复修正图形。

6）制图或修改图时得到新想法，要立即通过现场调查并进行试验。能采取的措施马上采取。

7）认真分析层层环绕的因素关系，会不会在某个位置中断。

### 5.1.7 后续改进建议

针对识别出的薄弱环节，提出有效的解决措施，并明确责任部门、完成时间等。为了便于改进建议的追踪和落实，一般将改进建议以表格的形式集中列出。

### 5.1.8 编制分析报告

完成上述工作后，分析人员将面向产品质量分析过程完成的产品信息和分析图表等收集起来，便可着手编制产品质量分析报告。产品质量分析报告要明确所分析的对象、分析表格等，并提供分析出的薄弱环节和建议的措施。此外，还包括上次分析会议的待办事项及完成情况、质量问题汇总表、设计/工艺更改汇总表等。综上所述，产品质量分析报告一般包括：

1）概述，包括产品的主要功能、研制历程等；

2）产品结构分解；

3）质量问题信息统计；

4）薄弱环节分析；

5）改进建议；

6）上次产品质量分析会议确定的待办事项和措施落实情况；

7）后续工作计划安排。

### 5.1.9 召开分析会

产品负责人负责组织产品研制队伍及措施落实责任部门召开分析会，结合报告内容进一步分析讨论，重点审查薄弱环节的准确性、措施的有效性和措施的落实部门等。在召开分析会期间，要做好会议记录，并形成会议纪要，确定待办事项，明确落实部门和完成时间。

### 5.1.10 完善分析报告

综合考虑分析会上的讨论情况，对有效的观点要予以接受并完善到产品质量分析报告中。同时，将最终确定的措施落实计划纳入科研生产计划进行管理，确保措施有效落实。

### 5.1.11 跟踪检查措施落实情况

为确保分析会后形成的措施落实到位，可以分级对措施落实情况进行跟踪闭环。如可以将措施分为三类：仅涉及单一班组的纠正措施为Ⅰ级；涉及部门内多个班组但不涉及其他部门的纠正措施为Ⅱ级；涉及单位内多个部门的纠正措施为Ⅲ级。

对应不同类别的纠正措施，相应的落实责任人也有所不同，如：

1）Ⅰ级纠正措施落实的责任人为班组长，要根据措施实施难度进行立即整改或制订整改计划进行落实。

2）Ⅱ级纠正措施落实的责任人为部门正职，要根据措施实施难度进行立即整改或制订整改计划进行落实。

3）Ⅲ级纠正措施落实的责任人为单位主管领导，由质量管理部门根据措施实施难度组织进行立即整改或制订整改计划进行落实，并将相关信息通过单位内部综合会议进行通报。

通过措施分级管理，可以充分调动各级人员的积极性，使面向产品质量分析工作能真正落到实处。

### 5.1.12　建立长效机制

通过一段时期的运行后，对行之有效的措施进行固化，并完善与产品研制配套的第三层次作业文件、标准与规范、手段与工具、设施设备与生产线。不断提升产品实现队伍、班组成员的能力和水平，不断提高产品的竞争力及组织的竞争力，建立长效机制。

## 5.2　分析要求及工作重点

面向产品质量分析工作要做到“主题明确，分析透彻，措施到位，记录完整”，相关要求如下：

1）以产品为质量分析的对象，贯穿产品全寿命周期。分析的对象是典型通用宇航产品，以产品为牵引开展相应的分析工作。

2）以研制队伍为质量分析的主体，推动全员参与。产品负责人负责组织产品队伍对发生问题的产品采用不同的质量分析方法，开展相应的分析工作。

3）以问题信息为质量分析的重点，识别薄弱环节。分析的重点是产品研制过程中和交付后发生的质量问题、不合格、产品超差以及质量监督过程中发现的问题信息等。

4）以明确措施为质量分析的落脚点，提高产品成熟度。通过面向产品的质量分析，识别造成质量问题的深层次原因和薄弱环节，制定针对性的纠正和预防措施并加以落实，逐步提高产品成熟度。

面向产品质量分析是一个不断深化的过程，贯穿于产品全寿命周期，以产品研制队伍为分析主体，随着影响产品质量的因素的变化而持续改进。因此，面向产品质量分析工作要由一个团体来完成，而不单单是质量管理人员的工作。产品研制队伍对所分析产品的研制流程有全面的了解，把通过面向产品质量分析获得的有效信息反馈到研制过程，并及时有效地采取纠正和预防措施，确保产品质量。

### 5.2.1　建立质量问题分析例会制度

1）按厂/所、研究院、集团，自下而上逐级建立质量问题分析例会制度，并纳入到各级质量管理体系文件中，以实现面向产品质量分析工作的制度化和规范化。

2）各型号产品和单位提出开展面向产品质量分析工作的具体要求，落实相关职责。在产品的质量问题分析中，尤其要注重并充分发挥基层班组、车间（研究室）等科研生产一线人员的作用。

3）各研究院、厂/所每月，班组、车间每周组织召开质量问题分析例会。各研究院的质量问题分析例会要建立在厂/所、型号例会的基础上。厂/所的质量问题分析例会要建立在班组、车间（研究室）例会的基础上。

4）集团定期组织质量问题综合分析，每季度召开一次质量问题分析例会。各研究院参加例会并汇报本单位质量问题分析工作，集团质量主管部门在各研究院质量问题分析工作的基础上，进行全集团的质量问题综合分析。

### 5.2.2 重点围绕产品开展质量问题分析

1）各级单位全面梳理本单位承研承制的主要产品，以产品为对象和归属，对产品研制、生产和使用过程中发生的所有质量问题按时清理，拉条挂账，进行汇总统计，识别问题多发产品。

2）各级单位从设计、工艺、设备、器材、软件、操作和管理等方面，查找产品发生质量问题的原因，进行归类并深入透彻分析，找出导致问题发生的深层次技术和管理原因，识别薄弱环节，并制定针对性的措施，实施改进。

3）各级单位选择典型质量问题进行剖析，提出警示，要对本单位承制产品发生的共性问题、重复性问题进行全面的分析，查找质量管理体系运行方面的原因，提出改进的措施。

### 5.2.3 做好质量问题分析相关信息的管理

1）各级单位对发生的质量问题认真做好记录，包括文字、照片和录像等客观证据，确保记录的真实、准确、完整和可追溯。各级要做好质量问题分析的记录，并存档备查。

2）各级单位对本月质量问题进行汇总分析，检查清理上月质量问题归零情况，要做到彻底归零。要按既定的格式和内容要求完成质量问题综合分析报告。

3）各级单位按年度对产品发生的质量问题进行汇总、分析和比对，完成年度综合分析报告上报上级质量主管部门。

## 5.3 共性质量问题的识别、分析与治理

共性质量问题是指在一定范围内、一段时期内出现的多个具有某些共性因素的系列质量问题，且是可以通过相关治理工作解决的问题。共性质量问题具有关联度大、影响范围广、影响程度深等特点，历年来一直是航天科技集团各级单位质量管控工作的重点。

### 5.3.1　共性质量问题的分类

按照共性质量问题的表现形式、产生的原因、治理的方法、影响的范围和程度的不同，共性质量问题的分类方法有很多：

1）按照共性质量问题中共性因素类别的不同，可将其分为共因质量问题和共模质量问题。其中共因质量问题是指具有相同或类似原因（技术、管理）的共性质量问题，共模质量问题是指具有相同或类似表现形式的共性质量问题。

2）按照共性质量问题产生的原因不同，可将其分为技术类共性质量问题、管理类共性质量问题和混合类共性质量问题。

3）按照共性质量问题治理工作主抓单位级别的不同，可将其分为集团级共性质量问题、研究院级共性质量问题和厂/所级共性质量问题。

4）按照共性质量问题影响程度的不同，可将其分为轻微共性质量问题（值得关注的问题）、一般共性质量问题和重大共性质量问题。

### 5.3.2　共性质量问题的表现形式

一般来说，共性质量问题可能有以下几种表现形式：

1）同类产品的共性质量问题：同类产品在一段时期内多次出现的质量问题，但造成质量问题的原因可能是分散的，如某单位一段时间以来通用基础产品频繁出现质量问题，可能就是由技术、管理、人员、体系等多方面的原因造成的。

2）同类单位的共性质量问题：同类单位（同一个单位）一段时期内多次出现的质量问题，可能涉及不同的产品，且是由不同的原因造成的。这类共性质量问题大多是由于管理因素造成的，可能涉及该单位的质量管理体系、人员培训、资源保障等多方面的问题，如一段时间以来某单位外协、外购产品质量问题频发，可能就是由于在合格供应商选择、要求传递、下厂监制和入厂验收等多个方面都存在薄弱环节造成的共性质量问题。

3）同类原因的共性质量问题：一段时期内由某类原因引起的多个质量问题，造成这类问题的原因是明确的，技术类如空间单粒子翻转问题，管理类如人为原因造成的系列低层次质量问题等，以及接插件接插错误、器件装反等问题。

4）同一阶段的共性质量问题：一段时期内产品设计、工艺设计、生产过程、试验以及交付验收等某个实现环节多次出现的类似的质量问题，如地面试验中的设计方案问题，产品的检测检验方法问题等，这类问题集中爆发于产品实现过程中的某个阶段，原因可能涉及技术、管理、标准、规范等多个方面。

5）普遍存在的共性质量问题：一段时期内各单位、各型号普遍存在的质量问题，这类问题可能是由于相关标准、规范或制度不完善而引发的系列共性问题，也可能是涉及人员质量意识的、普遍存在的问题，如一直以来各单位、各型号普遍存在的误操作的问题，既有技术要求不完善、操作性不强的技术方面的因素，也有违章操作、质量意识不强等管理方面的原因。

6）其他类型的共性质量问题：以上几方面没有覆盖的，存在其他共性因素的质量问题。

### 5.3.3 共性质量问题识别与治理工作的流程

一般来说，共性质量问题的识别和治理工作可分为四个过程：一是识别过程，即通过多种渠道识别并确定各级、各单位存在的共性质量问题，做好策划工作；二是分析和治理过程，即针对需要解决的共性质量问题，根据其影响范围、影响程度，从集团、研究院、厂/所三个层面分别采取针对性的解决措施，实施改进，确保问题得到彻底解决；三是监督检查过程，对于重点问题、重点单位，相关单位要组织人员进行跟踪检查，确保共性质量问题的治理工作取得实效；四是措施闭环过程，要将治理过程中卓有成效的做法和工作通过完善技术和管理文件建章立制，防范类似问题的重复发生，持续提高质量管理水平。

### 5.3.4 共性质量问题识别与治理工作的原则

1）系统策划、统筹解决的原则：对于共性质量问题的识别与治理工作，首先要坚持系统策划、统筹解决的原则，即在识别、确定共性质量问题时要有统一的标准；在分析、治理共性质量问题时，工作抓总单位要有详细的工作计划，各级有关单位要通力配合，并提供必要的资源保证，确保共性质量问题的彻底解决。

2）分级识别、分级治理的原则：不同单位、不同产品可能会出现不同的共性质量问题，各类共性质量问题的影响范围、影响程度也不同，采取的治理措施也会多种多样。因此，对于共性质量问题要采取“分级识别，分级治理”的原则，针对问题的不同，厂/所、研究院和集团分别开展有针对性的识别和治理工作。各级可分别成立共性质量问题识别专家组、治理工作小组和监督检查专家组。

3）全面识别、重点突破的原则：各单位定期结合面向产品质量分析工作、质量管理体系评估工作，以及各类质量监督检查工作，通过多种途径在本单位范围内开展共性质量问题的识别与分析工作，分析的对象不应仅局限于产品研制、生产和试验等过程中发生的质量问题，还应涵盖研制生产过程中发生的不合格、偏离、超差等问题，质量管理体系内、外审中发现的不符合项，质量监督代表发现的质量隐患等，以及其他所有与质量有关的指标和事件，以便全面识别可能存在的共性质量问题。同时，在识别共性质量问题时还应坚持宽进严出的原则，做到不遗漏、不扩散，一段时期内一个单位确定的共性质量问题宜少不宜多，要做到集中力量、重点突破、有效解决。

4）深入分析、挖掘本质的原则：对于共性质量问题的原因分析工作，要坚持“从问题表象深入到问题本质”的原则，深入查找产品设计生产过程中存在的薄弱环节，分析造成问题的本质原因。对于确定为共性的质量问题，要开展进一步的分析工作，确定是什么性质、什么范围内的共性问题，确定产生共性质量问题的因素有哪些，尤其要重点分析共性质量问题背后可能潜在的共性管理因素，以便制定有针对性的解决措施，彻底根治共性质量问题，提升质量管理的水平。

5）举一反三、闭环管理的原则：各级单位建立共性质量问题快速传递和响应的机制，一旦确定为共性质量问题后要能够将相关信息及时传递到各有关单位，以便开展举一反三的工作；同时，各级单位建立共性质量问题监督检查和闭环管理机制，治理工作完成后，将治理过程中卓有成效的做法和工作通过完善技术和管理文件建章立制，以持续提高质量管理水平；定期对各级单位共性质量问题识别与治理工作进行监督检查，确保共性质量问题的治理工作实现闭环管理。

### 5.3.5 共性质量问题的识别模式

各级单位可结合各类质量活动分析自身可能存在的共性质量问题，如面向产品质量分析工作、质量管理体系评估工作，以及各类质量监督检查工作等，分析的对象要涵盖产品质量问题，生产过程中出现的不合格项，质量管理体系评审中发现的不符合项，监督检查中发现的质量隐患等各类与质量有关的事项。同时，为了保证全面识别各级单位可能存在的共性质量问题，可采取“由上到下”和“由下到上”相结合的识别模式。

1）“由下到上”的共性质量问题的识别模式，指由下级单位开始识别、确定自身存在的共性质量问题并报上级单位，上级单位在收到下级各单位报告的共性质量问题后要组织专家对其进行分析、汇总，确定本级存在的共性质量问题，并向更高级别的单位报告的识别模式。“由下到上”的共性质量问题的识别模式适用于下级单位容易发现的共性质量问题，或者是下级单位乐于暴露和治理的共性质量问题，如可能涉及技术改造、资源调配和技术攻关等的技术类共性质量问题，就是各级单位高度重视且乐于治理的共性质量问题，可采取“由下到上”的识别模式。

2）“由上到下”的共性质量问题的识别模式，指由上级单位开始识别，确定本级及其下级存在的共性质量问题，并通知下级单位按照上级的要求开展有关共性质量问题治理工作的识别模式。“由上到下”的共性质量问题的识别模式适用于那些难以发现、需要由上级单位组织专家研究后才能确定的共性质量问题，或者是下级单位不想暴露、需要由上级单位强制其治理的共性质量问题，如管理类共性质量问题一般可采取“由上到下”的识别模式。

3）“由下到上”和“由上到下”相结合的共性质量问题识别模式，可以全面识别各级单位可能潜在的共性质量问题，做到“不遗漏”；同时，由于下级确定的共性质量问题要报告给上级（备案）、上级确定的共性质量问题要交给下级开展治理工作，“上下”互动后，可进一步明确共性质量问题的共性因素、原因和影响范围，做到“不扩散”。

### 5.3.6 共性质量问题分级识别和分级确定的机制

1）厂/所级共性质量问题。一般来说，厂/所级共性质量问题的识别工作主要由厂/所、研究院级工作执行小组负责。不妨做如下规定：对于厂/所来说，三个月内质量问题数大于 10 个，或者是同一个产品的质量问题数，或由同类原因引起的质量问题数，或同一阶段（产品实现过程）出现的质量问题数，或可能存在其他类共性因素的质量问题数达到了 3 个，建议查找各质量问题之间是否存在共性因素。若共性质量问题治理工作可以由厂/所级单位抓总，且由厂/所级单位抓总可以完成的，可定为厂/所级共性质量问题；对于厂/所级共性质量问题工作抓总单位存在疑义的，由研究院级工作执行小组组织相关专家最终确认。

2）研究院级共性质量问题。与厂/所级共性质量问题的识别方法类似，研究院级共性质量问题的识别工作主要由研究院级、集团级工作执行小组负责。不妨做如下规定：对于规模较小的专业院来说，可参照厂/所级共性质量问题的确定原则，即三个月内全院质量问题数大于 10 个，或者是同一个产品的质量问题数，或由同类原因引起的质量问题数，或同一阶段（产品实现过程）出现的质量问题数达到了 3 个，就建议查找质量问题之间是否存在共性因素；对于总体院和规模较大的专业院来说，若三个月内同一个产品的质量问题数、同类原因引起的质量问题数、同一阶段（产品实现过程）出现的质量问题数、可能存在其他类共性因素的质量问题数达到了 5 个，建议查找各质量问题之间是否存在共性因素。

若共性质量问题治理工作必须由研究院级单位抓总，且由研究院级抓总可以完成的，可定为研究院级共性质量问题；对于研究院级共性质量问题工作抓总单位存在疑义的，由集团级工作执行小组组织相关专家最终确认。

3）集团级共性质量问题。集团级共性质量问题由集团级工作执行小组组织相关专家来确定，通过集团级的面向产品质量分析、质量管理体系评估、监督检查等工作来进行。与总体院的情况类似，不妨做如下规定：若整个集团三个月内同一个产品的质量问题数、同类原因引起的质量问题数、同一阶段（产品实现过程）出现的质量问题数、可能存在其他类共性因素的质量问题数达到了 5 个，建议查找各质量问题之间是否存在共性因素。一般来说，若共性质量问题的治理工作需要跨研究院协调解决的，单靠一个研究院无法完成治理工作的，可定为集团级共性质量问题。

### 5.3.7 面向厂/所、研究院和集团三级的共性质量问题识别流程

共性质量问题识别模式如图 5-5 所示。

1）“厂/所级→研究院级→集团级”的三级共性质量问题识别模式，即首先由厂/所确定自身存在的共性质量问题，并对其进行分类，确定哪些是厂/所本身能够解决的，哪些是需要报告研究院级单位、由研究院级单位抓总解决的，一并上报研究院级单位。各研究院工作执行小组要定期汇总所属各厂/所报告的共性质量问题，并结合自身的相关分析和质量工作，确定本院存在的共性质量问题，对其进行分类，确定哪些是由所属厂/所级抓总解决的，哪些是由研究院级抓总解决的，哪些是需要报告集团、由集团抓总解决的；集团工作执行小组要定期汇总各院报告的共性质量问题，并结合集团的相关分析和质量工作，确定集团存在的共性质量问题，并对其进行分析，确定哪些是由研究院级单位抓总解决的，哪些是由集团抓总解决的。

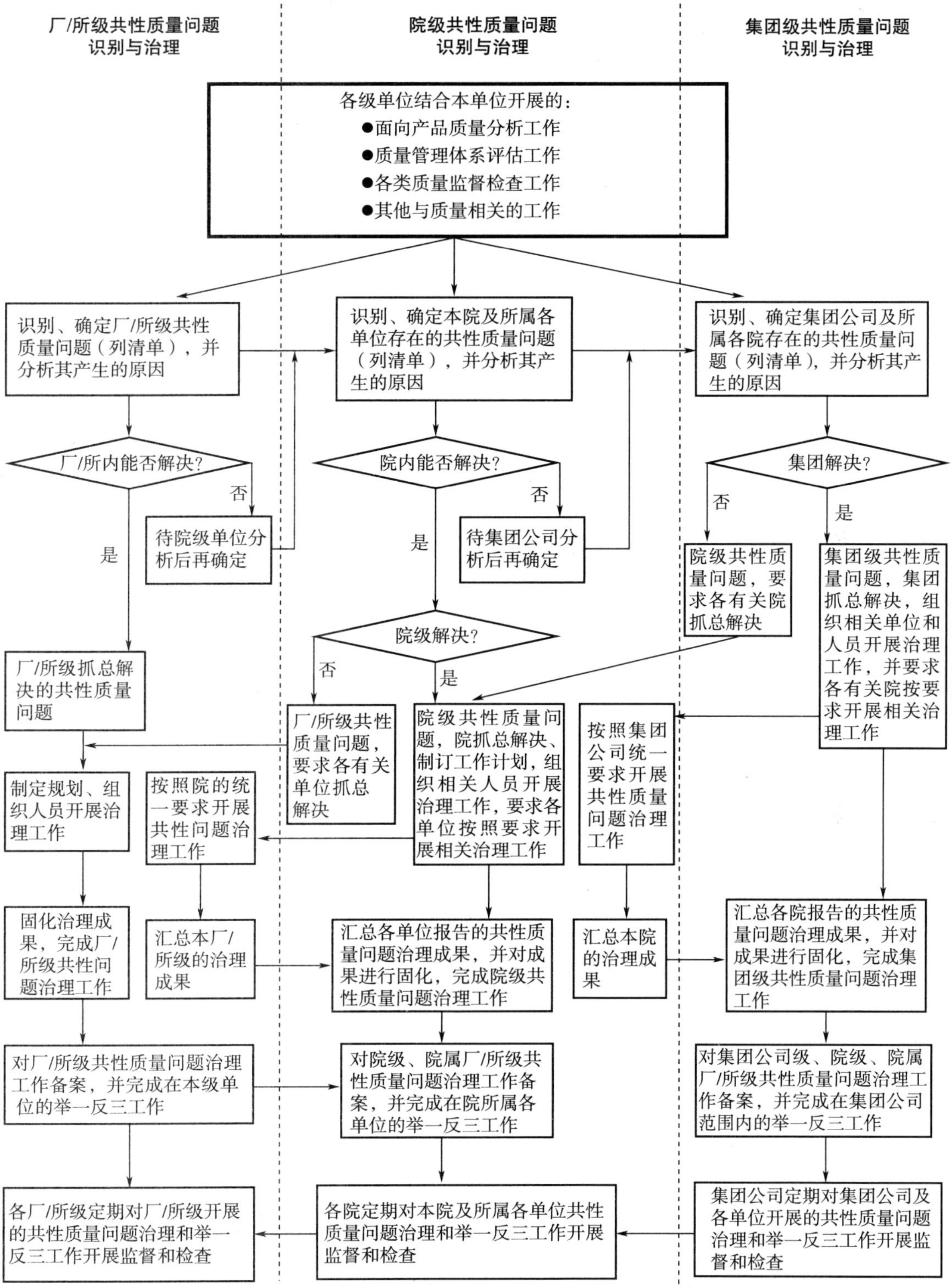


图 5－5　共性质量问题识别模式

2）“集团级→研究院级→厂/所级”的三级共性质量问题识别模式，即集团定期组织人员确定集团级、研究院级的共性质量问题，并要求各有关研究院开展共性质量问题治理工作。各研究院定期确定研究院级和厂/所级的共性质量问题，并要求各有关单位开展共性质量问题治理工作；各厂/所定期确定自身存在的共性质量问题。

3）在识别和确定共性质量问题之后，工作执行小组要将问题清单提交工作领导小组，以便各级工作领导小组策划、实施共性质量问题的治理工作。

### 5.3.8　共性质量问题统筹解决和分级管理的治理机制

对于识别出的共性质量问题，各级单位根据问题的性质，立即组织相关人员开展治理工作。一般来说，共性质量问题治理工作需要多个部门的通力配合才能完成，因此根据造成共性质量问题原因的不同，其治理工作的原则建议如下：

1）若为相对容易解决的纯技术类共性质量问题，建议由型号（产品）主管部门牵头组织治理，这类问题一般为研究院级和厂/所级共性质量问题，治理时牵扯的部门不会太多，较容易治理。这类共性质量问题一般可以通过技术改造、修订技术标准和规范等方式来解决。

2）若为纯管理类共性质量问题，建议由各级质量主管部门牵头组织治理，这类问题可能为厂/所级共性质量问题、研究院级共性质量问题，甚至是集团级共性质量问题。对于这类共性质量问题，一般可以通过制定质量管理要求、修订相关管理标准来解决。

3）若共性质量问题涉及技术、管理、计划、培训等多个原因，建议由所在单位的科技委（或更高一级单位）牵头组织治理工作。这类质量问题一般难度较大，可能涉及技术攻关、设备改造、人员培训、资源保障等多个方面，涉及的部门和人员也比较多，由科技委（或更高一级单位）联合多个部门来解决更为合适。

### 5.3.9　共性质量问题快速响应和举一反三的工作机制

各级单位可利用现有的“集团公司质量问题快报系统”，建立共性质量问题快速响应和举一反三的机制。在共性质量问题识别专家组确定共性质量问题后，以及质量问题治理工作小组治理工作取得阶段性成果后，相关单位要及时将相关信息逐级报告给质量主管部门和型号（产品）主管部门。各级质量主管部门在收到共性质量问题的相关信息后，要迅速下发到各有关单位，以便其开展举一反三工作。

### 5.3.10　共性质量问题监督检查和闭环管理的工作机制

集团、研究院级型号主管部门和质量主管部门，成立共性质量问题监督检查小组，定期对各单位共性质量问题识别和治理工作进行监督和检查，检查解决方案是否合理，措施是否可行，并对各单位共性质量问题举一反三工作开展情况进行检查。同时，共性质量问题监督检查小组对本级抓总的共性质量问题治理工作进行验收和评审，重点审查共性质量问题治理工作中固化成果情况，制修订的标准、规范和要求是否能够彻底解决问题，技术改造、技术攻关的成效是否明显等内容，做到闭环管理。

# 第 6 章　质量监督监理制度

实施质量监督是航天系统为确保型号研制生产质量所采取的重要举措。20 多年来，质量监督代表制度不断完善和发展，与航天型号的研制工作紧密相连，对于型号研制和发射任务的不断成功发挥了重要作用。

## 6.1　质量监督监理制度的发展历程

1995 年，党和国家对发展航天技术做出了一系列战略决策，航天工业进入了新的历史时期。一方面，一批型号立项进入攻坚时期，航天型号研制生产异常繁重；另一方面，质量问题频频发生，质量形势极为严峻，航天质量管理面临前所未有的挑战。航天工业面临的新形势、新任务，要求航天从战略高度来迎接新的挑战，实现管理工作观念和制度的转变，大胆改进和调整工作方法和工作制度，建立新的符合科学规律的思维方式和工作方法。同年 1 月，中国航天工业总公司首次提出要实施独立的质量监督要求，组织下派质量监督员，监督检查总公司、研究院和厂/所的质量规定执行情况，明确了中国航天工业总公司对建立质量监督代表制度的必要性、作用和工作方法的阐述和要求，建立并试行质量监督代表制度。9 月，总公司下发了《中国航天工业总公司派驻质量监督代表实施办法（试行）》通知，明确规定了质量监督代表工作的性质、任务、工作方式、特点和机构设置。10 月，总公司向有关单位派驻第一批质量监督代表。至此，正式开始质量监督代表制度的试点工作。总公司和研究院两级质量监督代表工作体系是独立型号研制系统之外的质量监督，工作重点是对总公司责任令上确定的型号任务实施质量监督。质量监督代表制度的建立，标志着航天型号研制质量管理迈入了一个新的阶段，形成质量管理工作立法、实施、监督、评价的良性循环。

1999 年 7 月，随着国防科技工业体制的改革调整，新组建的航天科技集团继续推行质量监督代表制度，并不断完善发展，制度逐步完善，队伍日益壮大，监督方法不断创新，监督成效更加明显，使质量监督工作逐步走上了“管理有制度、选聘有标准、监督有规范，工作有实效”的轨道。2001 年，为进一步完善质量监督代表制度，航天科技集团下发了集团派驻质量监督代表工作管理办法，根据质量监督代表工作实践，从性质、任务、职责、工作原则、工作方法等五个方面对质量监督代表工作予以明确规范。2003 年，航天科技集团对管理办法进行了适应性修订，进一步明确了质量监督的重点工作，提高了可操作性，使质量监督工作进一步规范化。同年，航天科技集团组织编写了质量监督代表培训讲义，对新颁布的型号研制有关标准进行了宣贯，提高了质量监督代表的业务水平。2006 年，航天科技集团组织编写了质量监督事例汇编，为深入开展质量监督工作提供了宝贵的经验。

2008 年，航天科技集团发布了《关于进一步做好质量监督代表工作》的通知，提出围绕定位，加强质量监督工作；突出重点，做好型号、产品、质量体系三方面的监督工作；进一步规范质量监督报告；加强管理，确保质量监督工作顺利开展以及加强质量监督代表队伍建设等 5 点要求。2011 年，航天科技集团又发布了《关于进一步加强独立质量监督和质量监督问题分析工作》的通知，要求派驻各研究院质量监督代表室深入做好独立质量监督工作，进一步加强对质量监督问题的分析，切实提高质量监督工作的“独立性、权威性、及时性、有效性、规范性”。2014 年，航天科技集团召开质量监督代表工作会暨换届会议，要求不断完善质量监督代表制度，忠实履行质量监督代表职责，突出重点，进一步深化和推进质量监督代表工作，提高质量监督代表的能力和水平。

2017 年年底，伴随着质量监督精细量化要求的提出，在持续开展质量监督工作的同时，航天科技集团对运载火箭试行质量监理，发布了运载火箭质量监理试行方案，向航天科技集团有关单位派驻了质量监理。以液体运载火箭为对象，建立独立的专职质量监理队伍，对型号研制生产全过程技术和管理活动开展独立的质量监理，强化型号研制生产全过程中的质量把关作用。

实施运载火箭质量监理是航天科技集团的一项创新措施，旨在采用更加严格的手段加强航天型号设计、生产、试验、交付验收全过程关键环节的质量把关，通过更加科学有效的质量监督方式方法，确保各项质量要求传递、落实到位。实施质量监理可以解决三个问题：一是对航天型号各项技术要求、质量要求的落实情况进行严格监督把关，避免有章不循、违章操作问题；二是在型号产品转阶段、出厂、质量问题归零、产品验收交付等关键环节把关，质量监理要提出独立意见，为质量决策提供有力支撑；三是对影响产品研制质量和任务成败的重大问题，质量监理可行使否决权，避免违规放行，以排除重大质量隐患。

## 6.2 质量监督代表制度

质量监督代表工作的开展和规范，每一步都与航天型号的研制工作紧密相连，在型号研制不断取得成功的道路上，质量监督代表工作也在组织机构、管理模式、规范监督等方面得以发展和完善，从最初的探索试点发展到成为航天型号质量管理不可或缺的组成部分，代表队伍不断充实，制度建设逐步完善，监督方法逐步规范，有效性不断提高。

### 6.2.1 组织管理

质量监督代表制度的实施是质量监督的一项重要举措。质量监督代表制度是指，集团在各研究院设立质量监督代表室并按权限派驻质量监督代表，代表集团对派驻单位型号研制生产开展质量监督工作的制度。派驻质量监督代表制度，是独立于型号研制生产系统的外部监督，是航天科技集团质量管理体系的重要组成部分。质量监督业务工作实行集团统一管理并与各研究院共同负责的管理体制。

6.2.1.1　派驻方式

集团向各研究院派出质量监督总代表、副总代表，各研究院按权限选派质量监督代表，组成质量监督代表室。

6.2.1.2　工作职责

（1）质量监督代表履行的职责

1）质量监督代表室对集团和被派驻单位负责。根据集团工作和被派驻单位有关型号研制管理规范、标准、质量文件和技术文件等，监督、评价被监督型号产品质量和被派驻单位质量工作情况；帮助和监督被派驻单位质量工作的持续改进。

2）负责监督被派驻单位以及重点厂/所和重点型号两总系统执行有关质量法规、管理规章的情况。

3）负责对被监督型号产品的设计、生产、试验过程的质量进行跟踪监督，对以下内容进行检查或抽查：

a）质量问题归零情况；

b）技术状态更改受控情况；

c）技术评审遗留问题落实情况；

d）产品出厂验收、评审遗留问题及待办事项落实情况；

e）型号出厂放行准则落实情况；

f）关键件、重要件，关键工序、特种工艺质量控制情况；

g）软件工程化落实情况；

h）元器件、关键原材料质量控制情况；

i）集团质量法规文件、航天行业标准贯彻执行情况；

j）集团和研究院交办的其他事项落实情况。

4）参与被派驻单位重大质量问题的调查和审查。

5）质量监督总代表对质量监督代表室的工作负责，依照管理办法组织领导质量监督代表完成质量监督任务，协调与被派驻单位的工作关系，参与对质量监督代表的考核，对质量监督代表提出任免意见。

（2）被派驻单位的职责

1）负责提出质量监督代表任免建议，负责质量监督代表队伍的建设。

2）向质量监督代表提供本单位制定的质量文件及相应实施细则，年度质量工作计划，被监督型号产品保证大纲、设计准则、放行准则、研制生产计划等文件资料。

3）负责协助质量监督代表查阅质量监督工作所需被监督型号产品设计、生产、试验的设计、工艺图样和文件，有关规范及标准。

4）负责提供本单位以及被监督型号产品内部质量信息报告、质量问题汇总表、质量问题归零报告、质量复查及复核复算报告。

5）负责通知质量监督代表参加与质量工作有关的会议，包括被监督型号产品质量复查、大型地面试验，质量问题和试验结果分析会、汇报会，转阶段评审、产品出厂评审和验收等有关的活动和会议，并提供相关会议资料。

6）对质量监督代表提出的问题，须及时研究，并将处理结果向质量监督代表反馈；对质量监督代表书面提出的问题，须书面反馈。

7）负责解决在职质量监督代表的工资、各种补贴和住房，并同等对待其职务晋升、职称评聘、工资调整及其他待遇。

8）负责指定本单位归口主管部门，并履行上述职责。

6.2.1.3 人员选聘与管理

质量监督代表室由质量监督总代表1人、副总代表1～3人和代表若干人组成。质量监督代表实行聘任制，质量监督总代表由集团选聘；副总代表由各研究院提名，经集团审核批准并予以聘任；代表由各研究院聘任，并报集团质量主管部门备案。质量监督代表需要具有良好的政治素质，坚持原则，秉公办事，团结协作，身体健康；熟悉型号产品研制程序，掌握质量管理专业知识，能够按照航天科技集团有关规章、制度独立履行质量监督职责；质量监督代表的聘期为2年，聘任期满，职务自行解除。质量监督代表任职期间，因考核不合格或因身体状况等其他原因不能正常履行岗位职责的，按聘任权限及程序办理解聘。

### 6.2.2 工作方式

质量监督代表室根据集团和被派驻单位型号工作重点，制订工作计划，报集团及被派驻单位。对型号产品的质量监督需明确监督的内容、工作方式和工作程序，分解计划，落实到人。可采取抽查的方式进行监督。对发现的问题，通知问题责任单位及时处理；对重大问题，须以“质量监督问题通知单”的形式，通知问题责任单位，并上报集团和被派驻单位；责任单位将处理结果以“质量监督问题处理情况反馈单”的形式向质量监督代表室反馈。对发现的严重质量问题，24小时内上报集团和被派驻单位；如发现质量严重失控，且不立即纠正将严重影响产品质量时，立即报集团和被派驻单位。质量监督代表室负责向集团和被派驻单位质量主管部门上报质量监督信息。月质量监督综合报告于每月上报（一式两份）；上半年工作总结于当年上半年上报；年度工作总结于当年年底前上报；被监督型号研制转阶段的情况、飞行试验产品出厂前的监督意见，须及时上报。质量监督信息和质量监督综合报告须由质量监督总代表签发。

### 6.2.3 工作方法

经过探索、总结，在积累经验中寻找规律，航天科技集团质量监督代表工作提出了“五个三”工作方法。

6.2.3.1 三依靠

一靠重视，领导重视是开展质量监督工作的动力和保障；

二靠支持，即靠被派驻单位的支持，这是开展质量监督工作的重要条件；

三靠自身，即靠质量监督代表自身努力，这是提高质量监督有效性的基础。

#### 6.2.3.2　三沟通

一是质量监督代表之间的内部沟通；

二是质量监督代表与被派驻单位的沟通；

三是质量监督代表与型号两总的沟通。

做好“三沟通”，可使质量监督信息及时传递，对发现的问题及时解决。

#### 6.2.3.3　三结合

一是产品质量监督与质量管理体系监督相结合；

二是过程监督与关键节点监督相结合；

三是个人监督与专题监督相结合。

“三结合”提高了质量监督的有效性。

#### 6.2.3.4　三坚持和三到位

坚持掌握标准，提出问题依据到位；

坚持严格要求，问题反映到位；

坚持跟踪监督，促进落实到位。

### 6.2.4　专项质量监督分类及重点工作

专项质量监督包括可靠性设计、技术状态更改控制、元器件、测试覆盖性、软件开发过程和质量问题归零等的质量监督。

#### 6.2.4.1　可靠性设计质量监督

（1）监督内容和方法

1）检查设计任务书中是否明确了可靠性定性和定量要求，总体是否通过任务书将可靠性指标分配到各分系统，分系统是否通过任务书将可靠性指标分配到单机。

2）检查是否按航天产品可靠性保证要求编制了型号可靠性大纲（措施）和工作计划，并明确型号研制各阶段可靠性关键节点的完成标志和考核要求。

3）检查分系统是否按航天产品可靠性设计准则编制本系统可靠性设计准则，并经过审批。

4）检查是否进行了航天产品故障模式、影响及危害性分析，找出设计薄弱环节，提出针对性措施，并经审批。

5）检查是否进行了产品特性分析，列出可靠性关键项目，并在设计图样上标识。

6）检查型号可靠性大纲规定的可靠性试验（可靠性增长试验、可靠性验证试验、环境应力筛选试验等）是否完成，试验结果是否满足试验大纲的要求。

7）检查设计评审（转阶段评审、关键点评审、专项评审）中是否将可靠性要求和可靠性实施情况作为重要评审内容，其中可靠性大纲规定工作项目是否完成，并有评审结论。

8）检查新型号是否开展可靠性复核复算工作，复核复算结果要作为转阶段评审和可靠性专题评审时不可缺少的内容。

(2) 监督要点

1) 检查是否编制了可靠性大纲（措施），可靠性大纲中是否明确研制各阶段可靠性关键点完成的标志和考核要求并经评审。

2) 检查是否进行了FMEA和FTA，分析报告中纠正措施是否落实到设计文件，分析报告是否经审批。

3) 检查规定的可靠性试验结果是否完成，试验结果是否满足试验大纲要求。

#### 6.2.4.2 航天产品技术状态更改控制质量监督

(1) 监督内容和方法

①工程更改的监督

1) 抽查更改申请报告、更改单、更改评审报告等，以及参加评审会，检查更改工作是否符合技术状态更改的五项原则和航天产品技术状态更改控制要求中规定的程序。

2) 检查更改依据是否明确，是否有文字依据。

3) 确定的更改类别是否符合航天产品技术状态更改控制要求中的规定。

4) 检查更改原因与更改内容是否相符，是否符合航天产品设计文件的更改规定。

5) 更改文件中型号代号、产品名称、图号，研制阶段的标识是否清晰、正确。

6) 更改文件是否齐全，是否符合航天产品技术状态更改控制要求中的规定。

7) 更改文件的审批级别和签署是否符合航天产品设计文件的更改规定。

8) 对已制品处理意见是否解决。

9) 评审遗留问题是否解决。

10) 抽查更改单和相关设计文件、工艺文件及产品生产记录，检查更改内容是否落实在设计文件、工艺文件及产品上。

②偏离的监督

1) 抽查技术通知单及申请报告、评审报告等，检查偏离工作是否符合技术状态更改五项原则和航天产品技术状态更改控制要求中规定的程序。

2) 检查偏离依据是否明确，是否有文字依据。

3) 检查偏离原因是否与依据相符，是否符合航天产品技术通知单的使用规定。

4) 对照航天产品技术状态更改控制要求，检查是否涉及灾难性及致命性的偏离。

5) 技术通知单中型号代号、产品名称、图号、研制阶段的标识是否清晰、正确。

6) 偏离文件是否齐全，航天产品技术状态更改控制要求中规定的重要偏离是否有申请报告及评审结论报告。

7) 偏离文件中规定的有效期限是否合理、可操作、无歧义。

8) 偏离文件的审批级别和签署是否符合航天产品技术通知单的使用规定。

9) 按航天产品偏离设计文件的规定检查是否存在相互套用偏离文件的现象。

10) 抽查技术通知单及产品生产记录，检查技术通知单内容是否落实在规定的产品上。

③超差的监督

1）通过抽查质疑单和参加质量分析会，检查超差处理工作流程是否符合航天产品技术状态更改控制要求中规定的程序。

2）超差原因是否准确，超差的影响分析是否到位。

3）质疑单中提出的改进措施是否可操作，并落实在相应的工艺文件中。

4）超差文件是否齐全，航天产品技术状态更改控制要求中规定的重要超差是否办理了审批手续。

5）超差文件的审批级别和签署是否符合航天产品技术状态更改控制要求和航天产品工艺文件管理制度中的相关规定。

（2）监督要点

1）工程更改的监督重点是 2、3 类更改，特别是 3 类更改。更改控制是否符合要求。

2）偏离的监督重点是重要偏离，是否涉及灾难性、致命性的偏离。

3）超差的监督重点是关键件、重要件的超差。

4）更改、偏离的要求是否落实在产品上。

#### 6.2.4.3　元器件质量监督

对元器件实施质量监督的项目包括二极管、晶体管、光电器件等分立器件；单片电路、混合电路、表面波器件等微电路；继电器、电连接器、晶体器件、电阻器、电位器、电容器、电感器、熔断器、开关等元件。

（1）监督内容和方法

1）按元器件质量管理要求抽查元器件的生产单位、型号规格和质量等级是否在型号总体单位制定的元器件选用目录或优选目录或重点型号用元器件优选目录中。

2）抽查选用目录外元器件是否办理了审批手续，有无漏报、漏批情况；抽查选用审批单的填写是否完整，附件是否齐全。

3）抽查选用新研制的元器件是否通过了集团组织的设计定型。检查定制电路是否通过了技术条件规定的试验考核，并经鉴定合格。

4）抽查关键产品使用进口电子元器件是否组织了专题论证。抽查进口元器件质量等级的选用是否符合进口电子元器件质量管理要求；若降低进口元器件的质量等级，则检查组织论证与审批的情况。

5）抽查是否选用了禁（限）用元器件。

6）对载人航天型号产品中使用的电子元器件，按载人航天型号电子元器件质量保证要求，抽查质量等级、禁用元器件选用情况、需经特别审批的元器件选用情况、目录外元器件以及目录外进口元器件的选用情况。

7）按元器件质量管理要求抽查元器件采购文件的评审情况以及由型号总体单位组织专门审查的情况；检查元器件订货合同与通过审查的采购文件是否一致；元器件的监制、验收方式、技术标准、信息提供以及质量问题的反馈等质量保证要求在合同中是否明确。

8）按元器件质量管理要求抽查元器件监制、验收人员是否有监制、验收资格；是否按合同规定的标准或协议到供货单位进行监制、验收；是否编写并归档了监制报告、验收报告。

9）按元器件质量管理要求抽查元器件补充筛选、复验是否在可靠性分中心进行或由分中心负责组织外协。

10）按元器件质量管理要求抽查元器件失效分析单位是否经集团认可；分析后是否给出了明确结论；涉及使用失效时，检查使用单位是否研究了使用失效的原因，是否针对原因采取有效措施。

11）按半导体器件破坏性物理分析（DPA）方法和程序抽查半导体器件是否进行了破坏性物理分析（DPA）。抽查超期复验的DPA是否按航天电子元器件贮存和超期复验要求实施。

12）抽查元器件工作人员有无岗位资格证书，是否三年确认一次。

13）根据集团、研究院/公司通报的元器件批次性质量问题，检查型号产品的举一反三情况。在归零监督中发现元器件失效，检查被监督单位是否及时上报信息。

（2）监督要点

1）抽查选用目录外元器件的申报与审批情况。

2）抽查使用超期元器件是否进行了超期复验，复验是否符合元器件质量管理要求。

3）检查首次使用新研制的元器件、定制电路，是否通过了设计定型、试验考核。

4）抽查失效元器件是否进行了失效分析，失效分析是否符合元器件质量管理要求。

#### 6.2.4.4 型号飞行试验产品出厂测试覆盖性的质量监督

（1）监督内容和方法

1）抽查单机、分系统和系统三级产品是否有测试覆盖性分析报告（若有规定）或进行了测试覆盖性分析工作。

测试覆盖性分析工作一般要在产品的设计完成后进行，在产品投产前进行监督抽查，对需要进行检查和测试的项目是否有相应的文件（报告），是否已用表格形式列出了需要测试和检查的项目，对不可测试项目是否有进行验证的分析和要求。

2）在单机或分系统产品出厂交付前，抽查验收测试大纲（或相应文件）和产品交付前的检验或测试报告，抽查已完成的测试、检查项目是否覆盖了技术规范的要求。抽查单机交付时测试的项目与环境试验后测试项目和结果的一致性，对于在最终产品阶段不能测试的项目，需要在单机调试（或生产）过程测试或检查的项目，是否完成了测试或检查，并有客观证据，抽查产品研制或研制质量报告，是否有满足测试覆盖性要求的明确结论。

3）各级在最终产品不能测试的项目，是否有“不可测试项目清单”，并有措施满足要求的旁证或满足要求的明确结论。

4）在型号出厂前，通过查阅型号出厂的有关文件，抽查下列有关测试覆盖性要求的完成情况：

a）型号系统的测试细则和其他的测试文件，核查测试或检查项目是否覆盖了发射场的测试项目和发射、飞行、在轨运行和返回的工作模式，抽查测试文件是否有判据，其判据是否符合规定的要求或进行了加严。

b）对型号系统需要在发射场进行装配的产品，出厂前是否进行了试装和必要的测试。

c）对冗余设计是否进行了测试，并有满足要求的结论。

d）在飞行型号出厂前，是否对地面测试设备的技术状态进行了检查，并有满足使用要求的结论，是否有检查记录。

e）在型号出厂前，对于火工品电路，抽查是否进行了测试。传感器是否进行了校准并在有效期内。

f）型号出厂前，抽查系统与其他系统的接口关系是否完成了匹配性、协调性测试。

g）型号出厂前，抽查备份单机等产品，是否进行了互换性检查。

5）系统级产品在型号出厂前，抽查型号总体单位是否完成了“飞行试验产品出厂测试覆盖性检查报告”，是否按型号飞行试验产品出厂测试覆盖性检查和评审管理要求，逐项完成了检查，检查表的填写是否完整、规范，报告是否有满足要求的明确结论。

6）检查型号出厂前对系统级产品的测试覆盖性检查结果是否组织了研究院级评审，是否有满足要求的明确结论。

（2）监督要点

1）抽查单机、分系统或系统产品是否有测试覆盖性放行报告，按其研制任务书、技术条件、测试细则、环境试验条件等技术文件，抽查测试项目是否具有覆盖性。

2）抽查单机、分系统产品交付前，是否有测试覆盖性检查结果报告，是否有满足要求的明确结论。

3）在型号出厂前，抽查型号总体单位是否按要求编制了系统测试覆盖性检查报告，并经过了评审，是否完成了逐项检查，检查表的填写是否规范。

### 6.2.4.5 软件开发过程质量监督

（1）监督内容和方法

1）根据型号软件产品配套表和相关的研制文件，检查沿用软件是否按规定办理了“沿用”审批手续。

2）检查软件研制文档的编制情况，根据软件文档清单，检查文档是否齐全，签署是否完整，对评审通过的文档是否实施了配置管理。

3）查阅软件研制技术流程，抽查关键研制节点（如用户需求或任务书、软件需要规格说明、概要设计、详细设计、测试计划、测试报告等）是否进行了评审，是否有满足要求的结论，评审的待办事项是否有跟踪完成的记录。

4）抽查 A、B 级软件的开发过程管理是否符合航天型号软件工程化管理要求。

5）抽查 A、B 级软件和重点型号的 C 级软件，是否通过了航天科技集团确认的软件第三方评测机构的评测，是否有满足要求的评测结论。

6）查阅软件研制总结报告，对第三方进行的软件走查、评测中发现的问题，是否进行了闭环处理（对提出的问题逐项说明解决方法：更改程序、更改文件或有不做处理的说明）。对需要更改程序的问题，在程序更改后是否对软件进行了回归测试，结果是否满足要求。

7）在确认测试和参加系统联试中出现问题，在更改程序并完成了归零后，抽查软件是否进行了回归测试，结果是否满足要求。

8）依据航天型号实施软件工程的技术规定，检查软件开发是否建立了三库，并制定相关文件，检查三库的设置、人员的配备、三库的管理是否符合航天型号软件配置管理规范、标准的规定。

9）根据软件配置管理要求，查阅软件的出、入库单的填写和有关记录，抽查参加确认测试和系统联试的软件是否来自受控库，交付参加飞行试验的软件是否来自产品库，“软件问题报告单”“软件更改单”和“软件出库单”等配置管理手续是否符合规定的要求。

10）抽查“软件证明书”和“软件履历书”的填写，是否符合航天型号软件产品证明书的编写规定和航天型号软件质量履历书的编写规定的要求。

（2）监督要点

1）根据软件文档清单，检查文档是否齐全，签署是否完整，对评审通过的文档是否实施了配置管理；根据型号软件产品配套表和相关的研制文件，检查沿用软件是否按规定办理了“沿用”审批手续。

2）查阅软件研制技术流程，抽查关键研制节点是否进行了评审，是否有满足要求的结论，评审的待办事项是否有跟踪完成的记录；抽查软件评测和测试结果，是否有满足要求的明确结论。

3）对第三方进行的软件走查、评测中发现的问题，是否进行了闭环处理（对提出的问题逐项说明解决方法：更改程序、更改文件或有不做处理的说明）。对需要更改程序的问题，在程序更改后是否对软件进行了回归测试，结果是否满足要求。

4）抽查在确认测试和参加系统联试中出现的问题，在更改程序并完成了归零后，抽查软件是否进行了回归测试，结果是否满足要求。

#### 6.2.4.6　质量问题归零质量监督

（1）监督内容和方法

①技术归零的监督内容和方法

1）通过参加技术归零的各项活动，检查归零工作是否符合技术归零五条标准和航天产品质量问题归零实施要求中的归零程序。

2）通过参加归零分析会和审阅归零报告、各种记录，检查问题定位及其依据是否准确并有唯一性；检查问题机理分析结论是否明确；查阅复现试验记录，检查复现试验结果与机理分析结果是否一致；检查归零措施是否落实到设计文件或工艺文件中，并在产品中落实和验证；根据归零报告和相应的活动，检查是否进行了举一反三工作及落实情况。

3）技术归零报告的内容是否符合航天产品质量问题归零实施要求，签署是否符合要求并经质量监督代表签署意见。

②管理归零的监督内容和方法

1）通过参加管理归零的各项活动，检查归零工作是否符合管理归零的五条标准和航天产品质量问题归零实施要求中的归零程序。

2）通过参加归零分析会和审阅归零报告及相关文件，检查问题发生的过程叙述是否清楚；归零报告中责任单位和责任人是否明确；产生问题的原因是否清楚，纠正措施是否有效并落实到位，归零报告中是否给出修订的文件名称；管理归零报告的内容是否符合航天产品质量问题归零实施要求的规定，归零报告的签署是否符合要求并经质量监督代表签署意见。

（2）监督要点

1）归零工作是否符合“双五条”标准。

2）纠正措施是否落实到位。

3）归零报告是否符合航天产品质量问题归零实施要求。

### 6.2.5　考核与奖励

集团负责对质量监督总代表进行年度专项考核；被派驻单位主管部门与质量监督总代表负责对其他质量监督代表进行年度专项考核工作。年度专项考核是对质量监督代表年度考核的重要组成部分。

集团和被派驻单位对工作业绩突出、做出较大贡献的质量监督代表给予奖励。

集团和被派驻单位共同负责对质量监督代表进行质量监督相关业务知识的培训，同时负责定期组织质量监督代表工作的经验交流，进行质量监督工作总结。

## 6.3　质量监理制度

2017 年年底，伴随着质量监督精细量化要求的提出，在持续开展质量监督工作的同时，航天科技集团在运载火箭领域试行质量监理制度，取得了显著成效，为实现高质量保证成功、高效率完成任务、高效益推动航天强国和国防建设发挥了重大作用。

### 6.3.1　组织管理

#### 6.3.1.1　派驻方式

航天科技集团在承担运载火箭任务的相关研究院设立质量监理室，每个质量监理室配置总监理、副总监理及监理若干人，质量监理人员在派驻单位工作。

#### 6.3.1.2　工作职责

（1）集团有关部门职责

1）集团质量主管部门归口管理运载火箭质量监理工作，负责组织制定质量监理规章制度、标准，监督检查质量监理管理制度及要求的落实情况，编报年度质量监理工作经费预算。

2）集团质量主管部门会同相关部门，负责组织质量监理人员选聘和任免，核定质量监理人员薪酬。

3）集团质量主管部门负责协调质量监理过程重大事项，对质量监理工作计划提出指导意见并监督实施，对质量监理人员选聘和考核提出意见。

（2）质量监理室职责

质量监理室履行独立的质量监理职责，对派驻研究院承研（制）的运载火箭型号及其配套产品开展质量监理，其主要职责包括：

1）实施质量总监理负责制，明确质量监理室人员分工和岗位职责，对质量监理人员进行组织管理，对质量监理人员业绩考核提出意见。

2）建立质量监理室管理制度，制定、实施质量监理细则和年度质量监理计划。

3）对运载火箭型号研制、生产、交付等过程中的重要节点、关键环节实施质量监理并做好监理记录。

4）对型号出厂出具独立质量监理报告，对型号研制转阶段、产品验收交付、质量问题归零以及型号正（试）样阶段2、3类技术状态更改，独立签署意见。

5）对配套的外包产品、外包工序的监理工作（未派驻监理的单位）要纳入质量监理计划。

6）对质量监理工作中发现的重大质量问题和重大质量隐患可行使否决意见，签发暂停令和复工令。

7）对质量监理意见的闭环情况进行跟踪确认，对于有明确书面监理意见的产品，必须经质量监理确认整改措施落实到位后，方可放行。

8）组织开展质量监理信息收集与分析，按月度及型号转阶段、型号出厂等关键节点向集团提交质量监理报告。

9）对签署的相关监理文件、报告以及其他上报的相关材料与信息的真实性、正确性负责，不得漏报、瞒报、虚报。

10）组织开展质量监理工作培训、交流、专题研讨。

11）参与重大质量问题的分析处理以及重大质量事故的调查处理工作。

12）对质量监理室的质量监理工作进行监视、测量和评价。

（3）被监理型号产品承研（制）单位职责

1）落实质量监理相关制度和标准要求；

2）明确与质量监理业务相关的联系部门；

3）建立与质量监理人员联系和信息传递的渠道；

4）在确定的见证点实施前提前通知质量监理人员参加见证；

5）按要求提供相关文件报告、质量记录和质量信息；

6）提前通知质量监理人员参加型号研制过程的重要活动及会议；

7）对质量监理人员提出的问题及时研究、处理和反馈；

8）为质量监理人员开展工作提供必要保障条件。

（4）质量监理管理办公室职责

集团成立质量监理管理办公室，负责质量监理工作的技术和管理支撑工作，主要职责包括：

1）质量监理相关制度标准研究；

2）质量监理信息收集、分析和通报；

3）质量监理人员管理；

4）组织开展质量监理工作培训交流；

5）协调质量监理过程相关事项；

6）协助集团开展质量监理工作监督检查。

#### 6.3.1.3　人员选聘和管理

（1）质量监理的选聘与考核

质量监理实行聘任制，由集团聘任。质量总监理、副总监理人选不在本单位产生，由集团相关部门按照专业性、跨单位的原则，提出质量总监理、副总监理人选配置方案，相关研究院根据方案推荐，经集团批准并予以聘任。监理可由本单位产生，各研究院根据资质要求进行推荐，人力资源部会同质量主管部门进行选聘。

集团负责质量监理人员的考核和调整。质量监理人员考核结果与运载火箭试验、交付、飞行结果挂钩。对出现的重大质量问题存在监理不到位的人员，实行责任追究。

质量监理人员的聘任周期一般为三年，聘任期满，职务自行解除。

（2）质量监理人员资质要求

质量监理工作具有管理和技术属性，为保证质量监理工作的有效开展，人员资质要求如下：

①基本条件

1）具有良好的思想政治素质、较高的专业技术水平，坚持原则，认真负责，秉公办事，团结协作。

2）熟练掌握所从事专业的专业知识，对从事的专业技术有较高的造诣，熟悉型号产品研制程序。

3）熟悉质量管理规章制度，能够按照航天科技集团有关规章制度履行质量监督职责。

4）身体健康，年龄原则上不超过 60 岁；总监理年龄可适当延长，但不超过 63 岁。

5）聘任总监理的人员，除满足上述基本要求外，还应具有较强的组织管理能力和协调能力。

②任职资格

1）质量监理：a）工程技术系列高级工程师及以上职称；b）副主任设计师（工艺）以上人员；c）专业技术人员从事型号设计、生产和试验专业技术工作 10 年以上；d）质量管理人员应有从事型号设计、生产和试验专业技术工作 8 年以上工作经验。其中 c）、d）满足一条要求即可。

2）质量副总监理：a）工程技术系列研究员；b）现任或曾任研究院级或厂/所级副总

师、主任设计师、副总工艺师等以上人员；c）专业技术人员从事型号设计、生产和试验专业技术工作 15 年以上；d）质量管理人员应有从事型号研制、生产和试验专业技术工作 10 年以上工作经验。其中 c）、d）满足一条要求即可。

3）质量总监理：a）工程技术系列研究员；b）现任或曾任研究院级部门主管技术领导、现任或曾任厂/所级主管技术领导、型号总指挥（副总指挥）、型号总设计师（副总设计师）、型号总工艺师；c）专业技术人员从事型号设计、生产和试验专业技术工作 20 年以上；d）质量管理人员应有从事型号研制、生产和试验专业技术工作 15 年以上工作经验。其中 c）、d）满足一条要求即可。

### 6.3.2 工作程序

#### 6.3.2.1 工作方式

质量监理人员主要采用见证、日常巡视检查等方式实施质量监理。

（1）见证点设置

质量监理见证点设置是质量监理工作的核心内容，见证点一般包括文件见证点（R 点）、现场见证点（W 点）和停止见证点（H 点）。设置见证点时，要考虑被监理型号产品和过程的重要程度、复杂程度、质量控制的难易程度、技术风险的高低、出现偏差引起后果的严重程度。

（2）见证方法

1）实施文件见证点（R 点）时，质量监理人员要对文件、记录进行审查，审查文件记录的一致性，与相关标准、要求的符合性，以及文件提交各级相关人员的审批情况。

2）实施现场见证点（W 点）时，被监理型号产品承研（制）单位要提前通知质量监理人员实施现场见证，对于设置的见证点，被监理型号产品承研（制）单位要做好相应的记录或报告，以备监理检查。

3）停止见证点（H 点）实施前，被监理型号产品承研（制）单位要提前通知质量监理人员到场，质量监理人员签署意见给予放行后，方可执行此见证点以后的工作。

4）对未设置见证点的型号研制环节或过程，质量监理人员要做好跟踪和日常巡视检查工作。

5）被监理型号产品承研（制）单位未事先通知质量监理人员而擅自执行 H 点、W 点以后的工作，质量监理人员可视具体情况向被监理型号产品承研（制）单位发出不符合项报告或暂停令。

#### 6.3.2.2 工作原则

航天型号质量监理工作遵循科学、公平、公正、规范、诚信的原则，恪守监理职责，行使监理权利，履行监理义务，其基本原则包括：

1）遵循监理行业的道德行为准则；

2）质量监理人员要按照国家和航天科技集团相关要求、标准和规范开展工作；

3）质量监理人员要以深入现场、把握关键、发现问题为主开展质量监理工作；

4）质量监理人员的工作不替代型号产品研制生产过程的技术和管理活动；

5）质量监理人员要以正直、公平、诚实的态度开展质量监理工作；

6）质量监理过程发现质量隐患或发生重大质量事故，要及时通知被监理型号产品承研（制）单位采取有效措施，并对措施落实情况进行跟踪把关；

7）质量监理人员在监理过程中要遵守有关保密的约定和规定，未经书面允许，不得泄露被监理型号产品的国家秘密、技术和商业秘密。

#### 6.3.2.3　工作依据

航天型号质量监理工作依据至少包括下列内容：

1）国家、航天科技集团的相关法律法规、制度、标准；

2）相关研究院的制度、标准；

3）研制总要求、合同或任务书；

4）型号产品技术和管理要求；

5）型号产品（质量）保证大纲；

6）被监理型号产品承研（制）单位的质量管理体系要求；

7）相关方规定的其他技术和质量控制要求。

#### 6.3.2.4　工作策划

（1）策划的输入

在开展质量监理活动前，质量监理人员根据国家、航天科技集团的相关法律法规、制度、标准和规范等开展质量监理活动策划，对质量监理工作以及被监理型号、产品、过程予以识别，明确质量监理活动所用方法、手段、质量标准、记录要求及所需的资源等，并形成文件。

（2）策划的输出

质量监理活动策划的输出一般包括质量监理细则、年度质量监理计划等。

质量监理细则是指导质量监理工作的规范性文件，一般结合具体的被监理型号产品特点编制，主要内容一般包括被监理型号产品（过程）特点、型号产品研制生产流程、质量监理依据、质量监理内容、质量监理方法和措施、相关记录表格等。

质量监理室按年度编制年度质量监理计划。年度质量监理计划主要内容一般包括：被监理型号产品、质量监理目标、职责分工、质量监理内容、质量监理依据、质量监理方法和措施（明确文件见证点、现场见证点和停止见证点等监理控制点和方式）及时间节点、质量监理室的组织管理（如培训、交流、专题研究等）、质量监理提供过程的控制、信息沟通等。

质量监理细则、年度质量监理计划经质量总监理批准后实施。年度监理计划实施过程中根据被监理任务的变化及时进行动态调整，并经质量总监理确认。

质量监理策划结果与被监理型号产品承研（制）单位进行监理交底。

#### 6.3.2.5　工作实施

航天型号质量监理工作依据策划的结果开展监理活动，质量监理的内容要覆盖设计、生产、试验过程以及型号出厂、型号转阶段、产品交付、技术状态更改控制、质量问题归零、可靠性、软件、元器件等关键环节，一般包括以下主要监理内容：

（1）设计过程质量监理

设计过程质量监理的重点内容一般包括：

1）设计方案合理性；

2）设计评审和设计验证情况；

3）设计输入、输出的各类资料、数据、标准、规范、接口文件等的完整性；

4）产品保证（质量）大纲以及可靠性等通用质量特性大纲的制定和执行情况；

5）新技术、新材料、新器材、新工艺的选用及其验证情况；

6）关键特性的识别分析情况及结果；

7）设计的工艺性分析、审查情况；

8）产品继承性分析情况；

9）设计更改控制情况；

10）测试覆盖性分析情况。

（2）生产过程质量监理

生产过程质量监理的重点内容一般包括：

1）与生产相关的标准、规范、设计文件、工艺方案等；

2）生产（含总装）准备状态检查情况；

3）关键/特殊岗位人员资格情况，尤其是特种专业人员资格情况；

4）加工设备和工装能力及状态、检测设备和装置的有效性；

5）环境控制（洁净度、静电防护等）措施执行情况；

6）工艺方案、工艺规程与设计要求、有关标准的符合性；

7）关键产品的开箱和验收工作；

8）关键、强制检验点设置、检验方法及实施结果；

9）不可测项目控制情况；

10）关重件、关重特性、关键工序、特殊过程控制情况；

11）生产过程各种工艺装备、工艺关键岗位人员等变动及控制情况；

12）新工艺鉴定和禁（限）用工艺控制情况；

13）极性检查情况；

14）电子装联过程质量控制情况；

15）关键零部件、单机设备的安装工艺措施执行情况；

16）包装过程、储运过程；

17）多余物控制措施及落实情况；

18）不合格品控制情况；

19）重要超差、代料的控制情况；

20）紧急放行审批和控制情况。

（3）测试过程质量监理

测试过程质量监理的重点内容一般包括：

1）测试准备状态检查情况；

2）测试大纲（细则）与要求的符合性；

3）测试设备、条件、人员等与要求的符合性；

4）测试记录、结果的完整性，签署的规范性；

5）测试设备清单及校准状态；

6）测试覆盖性检查结果；

7）极性测试及结果；

8）综合测试情况及其结果；

9）超包络参数分析情况；

10）不合格品控制情况；

11）紧急放行审批和控制情况。

（4）试验过程质量监理

试验过程质量监理的重点内容一般包括：

1）试验准备状态检查情况；

2）试验文件、试验技术方案与要求的符合性；

3）试验设备、条件、人员等与要求的符合性；

4）试验过程控制情况；

5）试验充分性保证措施及落实情况；

6）试验记录、结果的完整性，签署的规范性；

7）试验报告的规范性；

8）试验评审结果及其结论；

9）不合格品控制情况；

10）紧急放行审批情况。

（5）转阶段质量监理

转阶段质量监理的重点内容一般包括：

1）专项评审项目完成及结果；

2）前阶段研制工作完成情况；

3）规定试验项目完成情况。

（6）产品交付质量监理

产品交付质量监理的重点内容一般包括：

1）交付程序、组织管理与要求的符合性；

2）最终检验结果与要求的一致性；

3）产品数据包与要求的符合性；

4）产品履历书和产品证明书与要求的符合性；

5）超差/偏离特许审查情况；
6）交付正式评审结论及待办事项完成情况；
7）例外放行的审查情况；
8）超包络参数分析情况；
9）质量问题归零及举一反三情况；
10）产品交付评审及待办事项落实情况。
（7）型号出厂质量监理
型号出厂质量监理的重点内容一般包括：
1）专项评审项目及完成情况；
2）出厂评审具备条件情况；
3）备查文件审查情况；
4）研制过程监理意见、建议落实情况；
5）型号出厂报告与要求的符合性。
（8）外协、外包、外购产品质量监理
外协、外包、外购产品质量监理的重点内容一般包括：
1）外协、外包、外购产品供应商管理情况；
2）产品保证要求的传递、落实情况；
3）委托方和供方产品过程质量控制情况；
4）物资的目录外产品选用控制情况；
5）主要外购、外协、外包产品的质量证明文件；
6）关键原材料、标准紧固件入厂复验情况；
7）产品验收情况。
（9）元器件质量监理
元器件质量监理的重点内容一般包括：
1）元器件新“五统一”要求落实情况；
2）元器件选用评审和采购批准情况；
3）目录外元器件控制情况；
4）进口元器件选用、质量控制情况；
5）新型元器件选用、质量控制情况；
6）元器件质量保证相关问题的处理情况；
7）超期元器件控制情况；
8）元器件使用过程中相关问题的处理情况。
（10）软件质量监理
软件质量监理的重点内容一般包括：
1）软件研制文档编制情况；
2）软件研制关键节点评审及待办事项落实情况；

3）A、B 级软件开发过程管理执行软件工程化要求情况；

4）A、B 级软件和进入发射流程的 C 级软件通过第三方评测机构评测情况；

5）第三方进行的软件走查、评测中发现问题的闭环处理情况；

6）回归测试结果满足要求情况；

7）软件三库（开发库、受控库、产品库）的建立及管理情况；

8）软件出、入库过程管理情况及配置管理手续符合情况；

9）对成熟软件产品“沿用”“借用”的适用性分析情况；

10）“软件证明书”“软件质量履历书”填写情况。

（11）可靠性质量监理

可靠性质量监理的重点内容一般包括：

1）可靠性工作计划（大纲）的制订及执行情况；

2）可靠性设计分析情况；

3）可靠性试验验证情况；

4）可靠性关键项目的控制措施及落实结果；

5）可靠性评审开展情况及待办事项落实情况；

6）可靠性指标满足要求情况。

（12）风险分析与控制质量监理

风险分析与控制质量监理的重点内容一般包括：

1）型号风险管理工作计划及执行情况；

2）型号风险识别与分析情况；

3）型号产品成功数据包络线分析情况，超包络参数风险分析情况；

4）型号研制阶段风险控制情况（型号研制阶段残余风险评估结果）；

5）型号后续发射准备阶段、飞行试验（任务）阶段的风险管理策划及准备情况（风险评估情况、应急处置流程及在轨故障应对预案有效性验证情况）。

（13）技术状态更改控制质量监理

技术状态更改控制质量监理的重点内容一般包括：

1）技术状态更改控制五条要求落实情况；

2）技术状态更改验证充分性；

3）难以通过试验验证的技术状态更改项目分析和复核复算情况；

4）正（试）样阶段的 2、3 类技术状态更改控制情况。

（14）质量问题归零质量监理

质量问题归零质量监理的重点内容一般包括：

1）型号产品研制生产过程质量问题归零情况，包括归零报告的规范性和归零工作的符合性等；

2）型号转阶段前质量问题归零及举一反三情况；

3）产品交付验收前质量问题归零及举一反三情况；

4）型号出厂前质量问题归零及举一反三情况。

#### 6.3.2.6　问题处理

（1）一般质量问题的处理

质量监理人员在文件见证、现场见证及日常巡视检查过程中发现问题，及时在现场与被监理型号产品承研（制）单位有关人员做好沟通确认，对于发现并确认的问题，质量监理人员发放不符合项报告给被监理型号产品承研（制）单位，被监理型号产品承研（制）单位按要求进行整改，质量监理人员对整改情况进行闭环管理。

（2）重大质量隐患和问题的处理

质量监理过程发现的重大质量隐患和严重质量问题，质量监理人员与被监理型号产品承研（制）单位就暂停事实进行沟通，经质量总监理批准同意后，可签发“暂停令”。下达“暂停令”期间，被监理型号产品承研（制）单位按要求进行整改。完成整改后，提出复工申请，由质量总监理审批复工。

# 第 2 篇

## 航天精细化质量管理——方法篇

航天精细化质量管理的方法，是航天科技集团通过不断总结各型号研制生产中的质量管理实践、创新质量管理方法，形成的一系列独特的质量管控措施，是对设计、生产、试验和交付后服务全过程实施的细化量化控制，保证了航天重大工程任务的圆满完成。

本篇以航天典型型号研制各阶段质量管理活动要点为开篇，系统介绍了支撑航天型号研制的航天特色的质量管理工具方法，内容包括覆盖产品实现全过程的技术风险识别与控制、重大工程的独立风险评估、记录产品研制全过程各类信息的数据包管理、从专业技术上保证型号研制质量的产保工作体系、从技术和管理两方面彻底解决质量问题的质量问题归零“双五条”、以技术状态基线为控制基准的技术状态管理、确保型号软件质量的软件工程化管理、具有中国航天特色的可靠性工程技术与管理经验，以及其他在航天工程实践中产生并已被证明行之有效的航天特色风险管控方法，包括质量交集分析、产品飞行成功数据包络分析、飞行时序动作分析与确认、出厂评审和出厂专项评审、测试覆盖性分析、发射场“双想”、产品成熟度评价等。

# 第 7 章　航天精细化质量管理方法综述

为确保航天型号成功，型号研制和管理人员提出了一系列型号研制质量控制技术和方法，包括加强产品保证策划，开展“九新”（新技术、新材料、新工艺、新状态、新环境、新单位、新岗位、新人员、新设备）分析；推进可靠性设计、分析和试验技术的应用；明确技术状态基线，严格技术状态更改控制；深化风险的识别和控制工作，开展独立评估；加强对关键件、重要件和关键工序等关键环节的控制，深化量化过程控制；规范产品数据包管理，明确三类关键特性表的编制要求；加强检测、试验数据的判读、比对和对异常数据的分析工作；深化质量问题归零，在开展技术归零的同时在管理上查找原因，开展管理归零等。在航天型号研制质量管理过程中，形成了一批科学、有效的质量控制技术和精细化质量管理方法。

航天型号研制过程中，承制单位必须保证型号的设计及其制造工艺的质量符合研制任务书（或者技术协议书）和合同的要求，并根据有关规定和产品特点，制定具体的研制程序，明确划分研制阶段，实施分阶段质量控制。航天产品各研制阶段主要工作与质量管理活动矩阵见表 7－1。

## 7.1　论证阶段

论证阶段是指对将要开展研究的系统进行调查研究，明确研究目标，提出设计思想和初步方案，制定出系统工程工作的方针、政策和规划。

### 7.1.1　主要工作

论证工作是指为完成航天型号论证所进行的调查研究、资料收集、综合分析、科学实验、理论计算、讨论评审文件编制、组织协调等一系列实践活动的总称。

论证阶段的主要工作是对国内外同类技术和产品现状及发展趋势进行分析，开展需求分析工作，提出研制目标和发展思路，对总体初步技术性能指标实现的可行性进行分析和论证，确定总体初步技术性能指标，提出总体、分系统技术方案和可能采取的主要技术途径，并进行技术经济性分析和论证（包括不同方案的比较及确定），提出关键技术项目，进行关键技术的研究与分析，进行风险分析，提出初步大型试验项目，对拟采用的新技术、新材料、新工艺等及其解决途径的可行性进行分析；对拟采用的成熟技术、成熟工艺进行适应性分析；对拟采用元器件的现状进行分析；对国内相关应用技术研究进行分析，初步拟定可靠性和安全性要求，提出研制保障条件方案及配套大型设施的初步要求、研制周期及初步的实施计划安排、研制分工和协作定点建议，编制型号经费总估算，提出预期的经济效益和社会效益，编制方案阶段经费预算。

**表 7-1　航天产品研制阶段与质量管理工作矩阵**

| 研制阶段 | 论证阶段 | 方案阶段 | 初样阶段 | 试(正)样阶段 |
|---|---|---|---|---|
| 主要研制工作 | 1. 分析系统及任务要求；<br>2. 提出初步的技术指标；<br>3. 进行任务和系统分析、研究；<br>4. 提出可达到的技术指标，制定初步总体技术方案，编制研制经费、保障条件、研制周期预测的报告；<br>5. 进行总体技术方案评审、优化、权衡和选择，进行项目风险评估；<br>6. 提出系统研制总要求；<br>7. 进行方案的技术经济分析；<br>8. 提出研制周期及初步的实施计划安排；<br>9. 编制型号经费总估算和方案阶段经费预算等 | 1. 建立设计师系统和行政指挥系统；<br>2. 进行系统要求分析；<br>3. 进行系统定义(详细要求)；<br>4. 制订系统研制计划，系统设计和分解；<br>5. 提出组成部分技术规范，评价和选择分承制方；<br>6. 进行系统设计优化；<br>7. 样机设计、试制与试验，分系统设计、试制与试验，关键技术攻关；<br>8. 技术规范完善；<br>9. 编制研制任务书、技术规范、工作说明等；<br>10. 编制型号经费概算、方案阶段经费决算和初样阶段经费预算 | 1. 根据研制任务书和合同要求确定最终的研制计划、研制技术规范和系统要求；<br>2. 开展详细设计，制定系统验证和试验计划；<br>3. 试制及试验准备；<br>4. 进行试验，试验结果分析；<br>5. 结合试验结果对系统设计和技术规范进行改进和完善；<br>6. 对修改完善后的系统设计和技术规范，进行验证；<br>7. 确认满足要求后转入定型阶段；<br>8. 编制工程研制阶段经费决算，修订研制经费总概算等 | 1. 进行鉴定性地面试验和飞行试验；<br>2. 整理、鉴定设计文件和工艺文件；<br>3. 鉴定专用工装、设备；<br>4. 组织编制型号器材、工时消耗定额；<br>5. 组织编制型号经费决算，核算研制成本，做出投资分析；<br>6. 组织鉴定后的设计、工艺文件归档 |
| 主要质量管理工作 | 1. 对国内外同类技术和产品现状及发展趋势进行分析；<br>2. 开展需求分析工作，提出研制目标和发展思路；<br>3. 进行初步技术指标的可行性论证；<br>4. 提出关键技术项目，进行关键技术的研究与分析；<br>5. 提出初步大型试验项目；<br>6. 初步拟定可靠性和安全性要求 | 1. 编制型号研制技术流程和计划流程；<br>2. 编制产品(质量)保证大纲，提出质量保证要求，明确各研制阶段可靠性、安全性工作；<br>3. 编制标准化大纲，明确各研制阶段标准化工作；<br>4. 编制材料的选用范围和元器件的优选目录；<br>5. 进行总体方案设计，提出分系统方案设计要求；<br>6. 根据分系统方案设计要求，进行分系统方案设计；<br>7. 进行关键技术攻关；<br>8. 进行模样试制、原理性试验和模样试验，并进行总体协调和模装；<br>9. 编制工艺总方案；<br>10. 拟定大型地面试验和飞行试验的初步方案，并对发射场及测控系统等提出要求；<br>11. 总体向分系统、分系统向单机提出初样研制任务书等 | 1. 修改和完善型号研制技术流程和计划流程；<br>2. 进行总体、分系统、单机的工程设计；<br>3. 编制可靠性、安全性设计准则，开展可靠性、安全性设计分析等活动；<br>4. 修订并实施产品保证大纲和标准化大纲；<br>5. 根据分系统提供的性能和结构参数，进行总体和分系统协调；<br>6. 完成试制工艺准备，进行工程样机试制和模样总装；<br>7. 进行工程研制阶段各项地面试验；<br>8. 确定飞行试验方案 | 1. 进行生产质量策划，确定并改进产品质量保证要求及生产质量控制措施；<br>2. 完善并执行元器件保证、材料-机械零件和工艺保证的相关要求；<br>3. 修改完善可靠性、安全性、维修性设计与分析；<br>4. 执行生产质量保证措施和要求；<br>5. 执行元器件保证、材料-机械零件和工艺保证的相关要求；<br>6. 运用故障(问题)报告、分析及纠正措施系统(FRACAS)，对发现的问题进行监控和处置；<br>7. 实施技术状态控制；<br>8. 确定使用阶段的产品保证措施和要求 |

### 7.1.2　质量控制要求

论证阶段质量管理的主要任务是保证论证的科学、合理、可行，保证论证结果满足任务需求，质量控制的重点是对任务需求分析论证的管理。

型号立项前要组织总体设计方案论证，开展新技术、新器材、新工艺解决途径的可行性分析，进行可靠性、安全性、维修性和保障性预测分析，并对风险性预测分析，进行论证评审。初步设计的方案及主要技术途径的可行性、先进性、继承性和经济性的论证必须充分，要有预先研究的技术储备，技术关键项目必须明确，并具备解决的能力，为型号立项奠定基础。在论证阶段后期建立型号技术状态功能基线。

### 7.1.3　质量管理方法

针对论证阶段需要开展的工作，其适用的质量工程技术有 QC 新七种工具、质量功能展开、技术成熟度评估、故障树分析、故障模式、影响及危害性分析等。

## 7.2　方案阶段

在方案阶段，需要根据规划阶段提出的若干设计思想和初步方案，进行综合分析，提出具体计划方案并选择一个最优方案。方案阶段的主要工作是根据研制总要求进行方案论证、方案设计和模样研制，提出对各系统的初步技术要求，形成研制任务书。

### 7.2.1　主要工作

方案阶段的主要工作是方案论证、方案设计、模样研制、制定质量和可靠性保证大纲等纲领性文件及拟定大型试验的初步设计方案等，对关键的技术、单机和系统进行攻关，进行样机演示和初步性能鉴定。

### 7.2.2　质量控制要求

在方案阶段，要开展型号质量策划工作，制定型号产品质量保证大纲、方案阶段质量工作要求以及各类型号研制大纲，完成方案论证评审，开展方案设计、工艺可行性分析，进行关键技术原理性试验，明确型号总体方案及技术状态，完成方案转初样设计评审。

### 7.2.3　质量管理方法

为了将质量目标或用户的要求转化成型号的设计参数，针对方案阶段需要开展的工作，采用的质量管理方法包括：QC 新七种工具、质量功能展开、田口方法、技术成熟度评估，还有故障报告、分析和纠正措施系统，故障模式、影响及危害性分析等。

## 7.3 初样阶段

### 7.3.1 主要工作

初样阶段的主要工作包括：进行总体和分系统、配套产品的初样设计；完成试制工艺准备，进行初样试制和模样的总装；进行各种地面性能试验和可靠性、使用性能试验；根据试验数据，初步评估产品可靠性；制定产品质量保证大纲，组织实施质量控制；拟定试（正）样飞行试验方案，确定试（正）样投产数量；进行初样研制设计评审；确定试（正）样状态，总体向分系统提出试（正）样设计任务书。

### 7.3.2 质量控制要求

根据批准的初样研制任务书的要求进行初样的设计、试制、装调、试验和改进。在该阶段，须通过工程样机的试制、试验，验证设计和制造工艺的符合性和可行性，进一步完善设计方案，为试（正）样研制提供全面、准确的依据。

### 7.3.3 质量管理方法

针对初样阶段需要开展的工作，其适用的质量管理方法有 QC 新七种工具、QC 老七种工具、质量功能展开、田口方法、试验设计、统计过程控制、技术成熟度评估、过程能力分析、质量问题归零、故障树分析，还有故障报告、分析和纠正措施系统，故障模式、影响及危害性分析等。

## 7.4 试（正）样阶段

### 7.4.1 主要工作

试（正）样研制的主要工作内容包括进行总体和分系统、配套产品的试（正）样设计和评审；进行试（正）样试制、总装测试合练、遥测飞行；进行系统地面试验及发射场合练；进行研制性飞行试验；根据试验结果，进行产品可靠性评估；根据飞行试验结果，提出飞行试验结果分析报告；复查、整理试（正）样全套设计、工艺文件，进行工程研制阶段评审；修订鉴定性飞行试验方案，确定设计鉴定方法。

### 7.4.2 质量控制要求

试（正）样研制阶段是型号产品试验、飞试产品生产、验收及飞行试验的重要阶段，要完成试（正）样产品生产及验收评审，开展匹配试验、综合环境试验、总装测试、合练及飞行试验质量控制，完成飞行试验结果审查，试（正）样设计评审等工作。试（正）样阶段是通过型号飞行试验样机的设计、试制和试验，全面检查型号系统性能的阶段。

### 7.4.3　质量管理方法

针对试（正）样阶段需要开展的工作，其适用的质量工程技术有 QC 新七种工具、QC 老七种工具、质量功能展开、田口方法、试验设计、统计过程控制、技术成熟度评估、过程能力分析、质量问题归零、故障树分析，还有故障报告、分析和纠正措施系统，故障模式、影响及危害性分析等。

质量管理方法与型号研制阶段、产品层级的对应关系见表 7-2。该表是根据型号研制过程中各阶段的质量控制要求以及生产过程中各产品层次的特点，结合各种质量管理方法的特点和用途给出的。

**表 7-2　质量管理方法与型号研制阶段、产品层级的对应关系**

| 质量管理阶段 | 序号 | 质量管理方法 | 研制阶段 | | | 产品层级 | | 应用需求 | |
|---|---|---|---|---|---|---|---|---|---|
| | | | 论证阶段 | 方案阶段 | 工程研制阶段 | 单机及以下 | 分系统及以上 | 组织 | 型号 |
| 质量策划与分析 | 1 | 质量功能展开 | △ | √ | √ | √ | √ | | √ |
| | 2 | 工作分解结构 | △ | √ | √ | △ | √ | √ | |
| | 3 | 甘特图 | △ | √ | √ | △ | √ | √ | |
| | 4 | 质量交集分析 | | | √ | √ | √ | | √ |
| | 5 | 概率风险评估 | | √ | √ | √ | √ | | √ |
| | 6 | 产品飞行成功数据包络分析 | | √ | √ | √ | √ | | √ |
| | 7 | 飞行时序动作分析与确认 | | | √ | √ | √ | | √ |
| | 8 | 故障模式影响分析 | √ | √ | √ | √ | √ | | √ |
| | 9 | 故障树分析 | | √ | √ | √ | √ | | √ |
| | 10 | 单点故障模式识别与控制 | | √ | √ | √ | √ | | √ |
| | 11 | 测试覆盖性分析 | | √ | √ | √ | √ | | √ |
| | 12 | 潜通路分析 | | | √ | | √ | | √ |
| | 13 | 最坏情况分析 | | √ | √ | √ | √ | | √ |
| 质量控制与监督 | 14 | 设计复核复算 | | √ | √ | | √ | | √ |
| | 15 | 三级审签 | | | √ | √ | √ | | √ |
| | 16 | 供应商质量认证 | | | √ | √ | √ | √ | |
| | 17 | 技术状态管理 | | √ | √ | √ | √ | | √ |
| | 18 | 技术评审 | | √ | √ | √ | √ | | √ |
| | 19 | 元器件“五统一”管理 | √ | √ | √ | √ | | | √ |
| | 20 | 元器件破坏性物理分析 | | | √ | √ | | | √ |
| | 21 | 软件工程化 | | √ | √ | √ | √ | | √ |
| | 22 | 软件能力成熟度模型 | | √ | √ | √ | √ | √ | |
| | 23 | 精益生产 | | | √ | √ | √ | √ | |
| | 24 | 6S 管理 | | | √ | √ | √ | √ | |

**续表**

| 质量管理阶段 | 序号 | 质量管理方法 | 研制阶段 | | | 产品层级 | | 应用需求 | |
|---|---|---|---|---|---|---|---|---|---|
| | | | 论证阶段 | 方案阶段 | 工程研制阶段 | 单机及以下 | 分系统及以上 | 组织 | 型号 |
| 质量控制与监督 | 25 | 试验设计 | | | √ | √ | √ | | √ |
| | 26 | 防错技术 | | | √ | √ | √ | | √ |
| | 27 | 看板 | | | √ | √ | √ | | √ |
| | 28 | 统计过程控制 | | | √ | √ | △ | | √ |
| | 29 | 田口方法 | | △ | √ | √ | √ | | √ |
| | 30 | 抽样检验 | | | √ | √ | △ | | √ |
| | 31 | 批次管理 | | | √ | √ | △ | | √ |
| | 32 | 首件鉴定 | | | √ | √ | | | √ |
| | 33 | 强制检验点 | | | √ | √ | √ | | √ |
| | 34 | 不合格审理 | | | √ | √ | √ | | √ |
| | 35 | 质量检查确认 | | | √ | √ | √ | | √ |
| | 36 | 双想 | | | √ | | √ | | √ |
| 质量评价与改进 | 37 | 技术成熟度评价 | √ | √ | √ | √ | √ | | √ |
| | 38 | 制造成熟度评价 | | | √ | √ | √ | √ | |
| | 39 | 产品成熟度评价 | | | √ | √ | | | √ |
| | 40 | 顾客满意度评价 | √ | | √ | √ | √ | √ | √ |
| | 41 | 生产现场评价 | | | √ | √ | √ | √ | |
| | 42 | 型号独立评估 | | | √ | △ | √ | | √ |
| | 43 | 质量问题归零 | √ | | √ | √ | √ | √ | √ |
| | 44 | 面向产品质量分析 | | | √ | √ | √ | | √ |
| | 45 | 持续改善(KAIZEN) | | | √ | √ | √ | √ | |
| | 46 | QC 老七种工具 | | | △ | √ | | | √ |
| | 47 | QC 新七种工具 | △ | √ | √ | √ | | | √ |
| | 48 | QC 小组 | | | √ | √ | √ | √ | |
| | 49 | 平衡计分卡 | | | √ | √ | √ | √ | |
| | 50 | 质量成本管理 | | | √ | √ | √ | √ | |

注:√——推荐选用;△——根据需要选用。

鉴于各种常见常用质量管理方法和工具的易得性，本书中仅就具有航天特色的适用于系统工程范畴的几类航天精细化质量管理方法与工具进行梳理和阐述，包括技术风险识别与控制、重大工程独立评估、航天产品数据包管理、航天产品保证管理、质量问题归零管理等航天质量管理核心技术和方法。

# 第 8 章　技术风险识别与控制

技术风险是指造成航天型号技术指标不能满足要求，危害航天型号任务目标实现或导致航天型号任务失败的各种不确定性。其影响程度一般用技术风险的发生可能性和后果严重性综合度量。

技术风险识别与控制是产品保证管理的一项重要工作，是指按照预定的程序，采用一定的技术方法，识别航天型号技术风险项目，在分析风险发生的可能性与后果严重性的基础上确定风险综合等级，进而采取必要的应对措施，并随着航天型号研制工作的深入迭代开展，将风险消除或降低至可接受水平。技术风险识别与控制的目标是残余技术风险应在可接受范围。残余技术风险是指在针对已识别出的技术风险项目实施风险降低措施后，仍然存在的技术风险。对于不可接受的残余技术风险要采取相应的有效措施，将风险降到可接受的程度。

## 8.1　实施程序和要求

型号两总系统是航天型号系统技术风险控制责任主体，负责组织航天型号技术风险识别与控制的实施工作，各分系统、设备/单机承制单位对本级产品技术风险负责，并根据航天型号任务要求和产品特点，落实相关工作。产品承制单位是产品的技术风险控制责任主体，要结合产品成熟度等级来开展产品的技术风险识别与控制工作。

### 8.1.1　实施程序

技术风险识别与控制要遵循“系统策划，识别全面，分析准确，措施有效，风险受控”的原则，即航天型号各级产品承制单位要从方案设计阶段起对技术风险识别与控制工作进行系统策划，对技术风险进行全面识别，保证风险识别不漏项、对风险产生的原因清楚、风险控制措施得到有效验证、残余技术风险控制在可接受范围内。承制单位须明确各级产品责任人的责任，配备必要的资源，并充分发挥专业机构和同行专家的作用，按照策划、识别与评估、应对、监控的步骤，开展各阶段的技术风险识别与控制工作。技术风险识别与控制是一个反复迭代和不断完善的过程，具体实施程序如图 8-1 所示。

### 8.1.2　实施要求

#### 8.1.2.1　策划

技术风险识别与控制的策划工作要遵循“两总抓总、分级策划、逐级落实”的原则。

自立项起，对各级产品要在不同阶段初期对技术风险识别与控制工作的组织、职责、

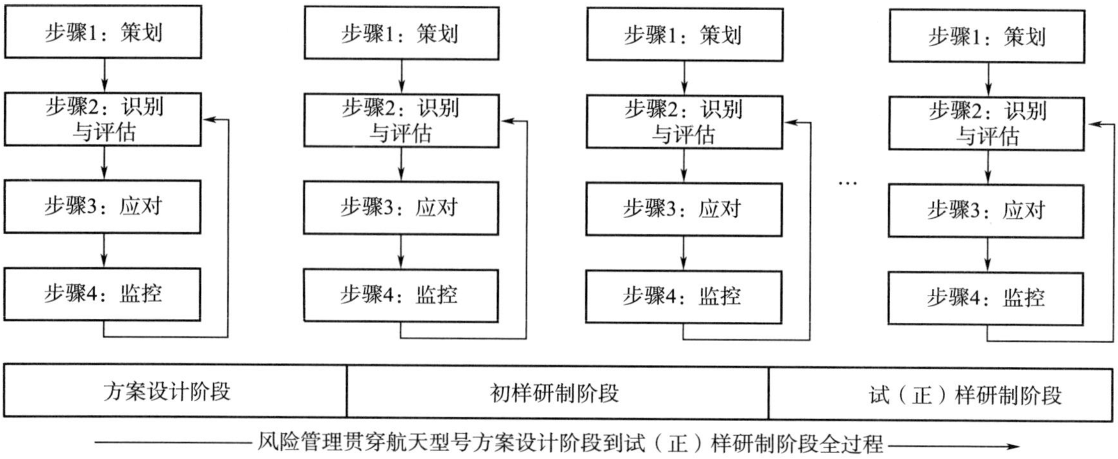


图 8－1　航天型号研制各阶段技术风险识别与控制实施程序

程序、方法、判别准则、接受准则、风险应对策略、风险监控方式等开展系统策划，编制技术风险识别与控制工作策划报告和计划报告，并纳入相应的航天型号策划报告和航天型号研制生产计划中。

航天型号各级产品要结合任务特点，与用户共同协商，具体确定风险判别准则和接受准则。

#### 8.1.2.2　识别与评估

风险识别包括确定风险源和风险产生条件，描述风险特征和确定有可能影响航天型号研制任务的风险事件。风险识别工作要在整个研制阶段内反复迭代进行。

型号两总系统根据航天型号任务要求，充分利用已积累的信息（含相关标准、规范等）和实践经验，组织开展全系统、全过程、全要素①的技术风险识别，对识别出的技术风险项目的全面性和准确性负责。两总系统须将识别出的技术风险项目汇总形成清单，并经评审确认。

根据航天型号特点和所处研制阶段选择技术风险识别与分析方法。型号两总系统及各级产品负责人结合航天型号及产品各研制阶段特点，对已确定的技术风险项目组织开展定性或定量评估工作，确定技术风险项目后果的严重性、发生的可能性以及风险综合等级，形成各级技术风险项目清单，并制定控制措施。风险后果严重性等级分类、发生可能性等级分类、风险综合评价矩阵和风险综合评级见表 8－1～表 8－4。

---

① “全系统”是指风险识别要覆盖航天型号系统级、分系统级及设备/单机级零部组件、基础产品等各级产品；“全过程”是指覆盖产品研制的设计、生产、试验等全过程。“全要素”是指覆盖各专业技术领域方面的风险因素。

**表 8－1　风险后果严重性等级分类**

| 程度 | 等级 | 风险严重性程度描述 |
| --- | --- | --- |
| 轻微 | A | 1. 基本不影响任务目标实现；<br>2. 无人员伤害 |
| 轻度 | B | 1. 系统极轻微损坏或仅次要功能丧失且可以立即修复；<br>2. 人员轻微伤害 |
| 中等 | C | 1. 阶段主要任务完成或达到的目标仅为任务的主要考核目标；<br>2. 系统轻度损坏或主要功能丧失且可以修复；<br>3. 人员轻度伤害 |
| 严重 | D | 1. 型号任务未达到主要试验目的；<br>2. 主要技术指标不能实现；<br>3. 影响任务转场、发射窗口推迟等重大节点；<br>4. 阶段任务部分完成或仅达到部分任务目标，且未达到的目标是任务的主要考核目标；<br>5. 分系统或重要设备/单机技术方案出现颠覆或重大反复；<br>6. 系统毁坏或主要功能丧失且无法修复；<br>7. 人员严重伤害 |
| 灾难 | E | 1. 型号任务失败；<br>2. 技术指标不能实现；<br>3. 阶段任务无法完成或达不到任务目标；<br>4. 总体技术方案出现颠覆；<br>5. 系统严重毁坏或全部功能丧失且无法修复；<br>6. 人员死亡 |

**表 8－2　风险发生可能性等级分类**

| 程度 | 等级 | 风险可能性程度表述 |
| --- | --- | --- |
| 极少 | a | 理论上属于小概率，实际上还未发生过，或几乎不发生<br>发生概率 $P<0.01\%$ |
| 很少 | b | 可能发生，需要触发条件，或很少发生<br>发生概率 $0.01\%\leqslant P<0.1\%$ |
| 少 | c | 在型号或其他型号偶尔发生过的故障<br>发生概率 $0.1\%\leqslant P<1\%$ |
| 可能 | d | 在本型号中或其他型号发生过，或频繁发生<br>发生概率 $1\%\leqslant P<10\%$ |
| 很可能 | e | 已经在多个型号中发生过、或本型号中发生多次，或很可能发生，发生概率 $P\geqslant10\%$ |

**表 8－3　风险综合评价矩阵**

| 可能性等级 | 严重性等级 | | | | |
| --- | --- | --- | --- | --- | --- |
| | A(轻微) | B(轻度) | C(中等) | D(严重) | E(灾难) |
| e | Ae | Be | Ce | De | Ee |
| d | Ad | Bd | Cd | Dd | Ed |

续表

| 可能性等级 | 严重性等级 | | | | |
|---|---|---|---|---|---|
| | A(轻微) | B(轻度) | C(中等) | D(严重) | E(灾难) |
| c | Ac | Bc | Cc | Dc | Ec |
| b | Ab | Bb | Cb | Db | Eb |
| a | Aa | Ba | Ca | Da | Ea |

注：▒表示低风险；□表示中风险；■表示高风险。

**表 8-4　风险综合评级**

| 程度 | 综合等级 | 风险综合评级指数 | 备注 | 接受准则 |
|---|---|---|---|---|
| 极低 | Ⅰ | Aa、Ab、Ac、Ba、Bb、Ca | 低风险 | 可接受风险 |
| 低 | Ⅱ | Ad、Bc、Cb | | |
| 中等 | Ⅲ | Ae、Bd、Be、Cc、Cd、Da、Db、Dc、Ea、Eb | 中风险 | 不希望有的风险，提交评审 |
| 高 | Ⅳ | Ce、Dd、Ec | 高风险 | 不可接受风险 |
| 极高 | Ⅴ | De、Ed、Ee | | |

#### 8.1.2.3　应对

型号两总系统根据风险综合评级结果，梳理确定高风险项目、中风险项目和低风险项目，有针对性地提出消除、降低或接受的应对措施，确保风险应对措施充分、有效和合理。对于采取措施后得到降低或消除的风险，要重新进行技术风险评估；对于新认识到的风险，要及时补充到技术风险项目清单中，确保每项风险控制措施得到落实。

对于高风险项目，型号两总系统及相关单位要制定消除或降低风险的应对措施，建立独立的技术风险项目控制表（见图 8-2），全面描述技术风险项目相关信息，明确风险减缓或控制措施、风险控制计划安排、风险控制结果及检查方式、风险控制责任单位等，并落实在航天型号研制生产的各个环节中；采取计算、分析、试验等手段，验证风险控制措施的有效性，加强对实施效果的评估，并对采取措施后的项目重新进行风险综合评级，保证在航天型号出厂前将风险降低至可接受水平。

对于中风险项目，型号两总系统及相关单位要将其作为节点质量控制和里程碑评审的重点内容，重点监控，在后续研制生产各环节中密切关注，并结合研制流程采取有效措施，保证在航天型号出厂前将风险降低至可接受水平。

对于低风险项目，型号两总系统及相关单位要进行必要的监控，跟踪并记录其后续状态变化情况，防止风险等级上升。

#### 8.1.2.4　监控

型号两总系统及各级产品承制单位要建立技术风险分析信息收集与传递系统，指定专门人员负责全面收集和掌握技术风险项目状态信息、风险趋势信息、风险应对措施及实施效果信息，及时通报相关单位和部门，并对风险管理过程信息进行动态监控。

项目办在航天型号转阶段前、出厂前，均须对技术风险识别与控制评价报告进行审查。

## 高等级技术风险项目控制表

表单编号：

<table>
<tr><td colspan="2">型号：</td><td colspan="3">分系统：</td><td>单机：</td></tr>
<tr><td colspan="2">责任单位：</td><td colspan="3">责任人：</td><td>登记日期：</td></tr>
<tr><td>风险编号：</td><td colspan="5">风险项目名称：</td></tr>
<tr><td>风险描述：</td><td>风险的后果：</td><td>风险来源：</td><td>提出的风险控制措施：</td><td>风险控制计划(计划完成时间)：</td><td>控制措施落实责任单位/责任人：</td></tr>
</table>

<table>
<tr><td rowspan="3">采取措施前的风险评级</td><td colspan="3">后果的严重性</td><td colspan="3">发生的可能性</td><td colspan="2">风险综合评级</td></tr>
<tr><td>中等</td><td>严重</td><td>灾难</td><td>少</td><td>可能</td><td>很可能</td><td>极高</td><td>高</td></tr>
<tr><td>C □</td><td>D□</td><td>E□</td><td>c □</td><td>d □</td><td>e □</td><td>Ⅴ □</td><td>Ⅳ □</td></tr>
<tr><td colspan="9">风险可接受情况：可接受风险 □　需要消除的风险 □　需降低的风险 □　需转移的风险 □</td></tr>
<tr><td colspan="9">期望的控制结果：</td></tr>
<tr><td colspan="3">已采取的风险控制措施及结果/完成时间：</td><td colspan="3">验证方法：</td><td colspan="3">形成的客观证据文件/记录名称及编号：</td></tr>
</table>

<table>
<tr><td rowspan="3">采取措施后的风险评级</td><td colspan="5">后果的严重性</td><td colspan="5">发生的可能性</td><td colspan="5">风险综合评级</td></tr>
<tr><td>轻微</td><td>轻度</td><td>中等</td><td>严重</td><td>灾难</td><td>极少</td><td>很少</td><td>少</td><td>可能</td><td>很可能</td><td>极高</td><td>高</td><td>中等</td><td>低</td><td>极低</td></tr>
<tr><td>A □</td><td>B □</td><td>C□</td><td>D□</td><td>E□</td><td>a □</td><td>b □</td><td>c □</td><td>d □</td><td>e □</td><td>Ⅴ □</td><td>Ⅳ □</td><td>Ⅲ □</td><td>Ⅱ □</td><td>Ⅰ□</td></tr>
<tr><td>应对措施有效性评价</td><td colspan="4">效果明显 □</td><td colspan="6">效果一般 □</td><td colspan="5">基本无效 □</td></tr>
<tr><td>风险监控结果</td><td colspan="4">已消除 □</td><td colspan="3">已降低 □</td><td colspan="3">已转移 □</td><td colspan="5">基本无效 □</td></tr>
<tr><td>是否可接受</td><td colspan="7">是 □</td><td colspan="8">否 □</td></tr>
<tr><td colspan="3">各级产品主管设计师：</td><td colspan="6">产品保证经理(产品保证工程师)：</td><td colspan="7">单位行政负责人或项目技术负责人：</td></tr>
</table>

图 8－2　高等级技术风险项目控制表样式

# 8.2 重点工作项目

## 8.2.1 概述

技术风险识别与控制在研制各阶段有所侧重。在方案设计阶段，需保证风险识别全面，确保方案正确、降低固有风险；在初样研制阶段，需保证风险控制措施验证到位，解决测试、试验验证不充分带来的风险；在试（正）样研制阶段，需保证过程风险控制到位，重点解决过程控制不到位的风险。风险管理重点项目见表 8－5。对经历方案设计、初样研制和试（正）样研制全过程的航天型号，应结合风险接受准则，对所有重点工作项目进行综合分析，确定具体工作。对不需要完全经历方案设计、初样研制和试（正）样研制全过程的航天型号，可结合航天型号特点和研制阶段，对表 8－5 中的重点工作项目进行删减，开展相关的针对性工作。

需要特别强调的是，这些重点工作项目不能全面体现航天型号技术风险的所有工作，具体应用时还应根据型号产品特点和研制阶段的特点加以补充和完善。

**表 8－5　风险管理重点项目**

| 序号 | 重点工作项目 | 方案设计阶段 | 初样研制阶段 | 试(正)样研制阶段 |
|---|---|---|---|---|
| 1 | 任务特点分析 | ▲ | ▲ | — |
| 2 | 方案正确性分析 | ▲ | ▲ | — |
| 3 | 继承性分析 | ▲ | ▲ | — |
| 4 | 新技术分析(技术成熟度分析) | ▲ | ▲ | — |
| 5 | 新工艺分析 | ▲ | ▲ | — |
| 6 | 新器件、新材料分析 | ▲ | ▲ | — |
| 7 | 新产品分析 | ▲ | ▲ | — |
| 8 | 新单位分析 | ▲ | ▲ | — |
| 9 | 新人员分析 | ▲ | ▲ | ▲ |
| 10 | 曾经发生过影响成败问题的航天型号产品分析 | ▲ | ▲ | — |
| 11 | 关键特性识别和设计裕度量化分析 | ▲ | ▲ | ▲ |
| 12 | 各级产品接口的协调性和匹配性分析 | ▲ | ▲ | ▲ |
| 13 | 试验验证和仿真分析的全面性、充分性、有效性分析（测试覆盖性分析） | ▲ | ▲ | ▲ |
| 14 | 环境适应性分析与设计 | ▲ | ▲ | ▲ |
| 15 | 单点故障识别及强制检验点设置充分性和控制有效性分析 | — | ▲ | ▲ |
| 16 | 抗单粒子防护和供电安全措施有效性分析(空间飞行器) | □ | ▲ | ▲ |
| 17 | 技术状态更改影响分析 | — | ▲ | ▲ |
| 18 | 产品最终使用状态分析 | — | — | ▲ |
| 19 | 数据超差与临界分析 | — | ▲ | ▲ |
| 20 | 质量问题归零和举一反三的检查与分析 | — | ▲ | ▲ |

续表

| 序号 | 重点工作项目 | 方案设计阶段 | 初样研制阶段 | 试(正)样研制阶段 |
|---|---|---|---|---|
| 21 | 故障预案充分性及其验证情况分析 | — | ▲ | ▲ |
| 22 | 过程控制分析 | □ | ▲ | ▲ |

注:“▲”表示“必做项目”;“□”表示“评估后选做项目”;“—”表示“不做项目”。

### 8.2.2　任务特点分析

任务特点分析主要针对各级产品设计，梳理航天型号产品的特点、难点和关键点，分析选用（借用）产品的使用环境，在此基础上识别与分析航天型号产品的固有技术风险。

各阶段初期，各级承制单位要针对航天型号任务需求，依据建造规范、系统级（分系统级或设备/单机级）产品研制及使用要求，从实现航天型号总体技术目标的约束性、预测性及可实现性等方面入手，梳理出可能影响项目任务目标实现的固有技术风险及其主要风险因素。在此基础上，针对各分系统研制技术要求、产品运行环境条件和产品使用状态，从技术成熟性、技术复杂性、接口依赖性、技术可行性及技术状态控制等方面入手，分析航天型号所采用技术的特点、难点和关键点，对可能影响航天型号任务目标实现的固有技术风险及其主要风险因素进行系统识别与分析，以保证航天型号实施技术方案的可实现性，为确定航天型号产品功能基线提供依据。

任务特点分析的风险管理工作包括：航天型号项目立项初期，项目办要识别与评估航天型号固有技术风险，对已识别的技术风险及时采取规避或防范措施，并制定初始技术风险控制方案；航天型号固有技术风险识别与评估工作，要随着方案设计工作的不断深入和关键技术攻关工作的逐步推进不断进行迭代更新，项目办要逐步修订和完善初始技术风险控制方案，进一步分析航天型号产品研制基线设置的合理性；航天型号产品转阶段前，总体单位负责组织对项目办完成的初始技术风险控制方案进行审查，并将此报告纳入转阶段评审备查文件清单。

### 8.2.3　方案正确性分析

方案正确性分析的工作内容包括：提出航天型号总体方案，即将用户要求转换成型号要求的正确性分析；提出能满足用户技术指标要求的方案设想；初步提出分系统组成及分系统可行性方案；提出各分系统在总体方案设计阶段需要突破的关键技术。对多个总体方案进行综合评价，选取最佳方案，根据最佳方案初步制定航天型号研制技术流程和计划流程。

方案正确性分析的风险管理工作要求包括：识别与评估方案设计中存在的技术风险；制定与实施技术风险控制措施。

### 8.2.4　继承性分析

继承性分析工作内容包括：对系统级（分系统级）产品要开展初步方案设计、选择比较基线、继承性要素比对分析、继承性评审等方面的继承性分析工作；对设备/单机级产品要开展技术指标确定、继承性要素比对分析、产品鉴定状态确认、产品鉴定状态评审等方面的继承性分析工作。

继承性分析的风险管理包括：对系统级、分系统级、设备/单机级产品在方案设计阶段和初样研制阶段开展继承性分析工作，识别与评估相应的技术风险；制定与实施技术风险控制措施。

### 8.2.5 新技术分析（技术成熟度分析）

新技术分析（技术成熟度分析）工作，即结合航天型号自身特点和要求，开展新技术分析（技术成熟度分析），识别相应的技术风险。在方案设计阶段论证评审前，方案设计转初样研制阶段、初样研制转试（正）样研制阶段的转阶段评审前，试（正）样研制阶段出厂评审前均须设置评审点，将分析结论作为论证评审、转阶段评审和出厂评审的重要依据。

新技术分析（技术成熟度分析）的风险管理工作包括：在方案设计阶段，重点分析拟采用的新技术原理及实现总体技术方案可供选择的技术途径、新技术风险分析的充分性及预研项目工程适用性，明确技术攻关的途径，支持论证工作多方案选择和优化；分析新技术方案中的关键技术攻关完成情况，判定其成熟度水平、存在的技术风险；在初样研制阶段，依据工程项目研制试验结果，重点评估工程样机在模拟使用环境进行验证的情况，分析新技术经过试验验证后的成熟程度，判定是否达到转阶段相应的技术成熟度等级，以及存在的技术风险；在试（正）样研制阶段，确认系统性能测试中的技术缺陷是否均已清除，技术参数是否满足任务书要求，并判定其存在的技术风险；制定与实施技术风险控制措施。

### 8.2.6 新工艺分析

新工艺分析工作包括：对新工艺要进行分析，建立工艺与设计相结合的机制，实现新工艺与航天型号产品同步策划、同步预研、同步论证、同步攻关；制定工艺保证大纲和工艺保证计划，对产品工艺实施全过程进行有效的工艺质量控制，以满足设计与标准规范要求，满足任务要求。分析新工艺的设计合理性、验证充分性、文件完备性。

新工艺分析的风险管理工作包括：识别与评估新工艺设计不合理的技术风险；识别与评估新工艺验证不充分的技术风险；识别与评估新工艺文件不完备的技术风险；识别与评估工艺不稳定的技术风险；制定与实施技术风险控制措施。

### 8.2.7 新器件、新材料分析

新器件、新材料分析工作，即结合产品的任务特点和使用环境，对未经飞行验证的新元器件、新原材料和新机械零件进行分析。对于新元器件、新原材料和新机械零件的选用要进行试验验证，确保验证充分、选用合理、使用正确。

新器件、新材料分析风险管理工作包括：识别与评估新原材料认定工作不充分的技术风险；识别与评估新机械零件鉴定工作不充分的技术风险；识别与评估新元器件验证工作不充分的技术风险；识别与评估新原材料的选用不合理、不正确的技术风险；识别与评估新机械零件的选用不合理、不正确的技术风险；识别与评估新元器件的选用不合理、不正确的技术风险；制定与实施技术风险控制措施。

### 8.2.8　新产品分析

新产品分析工作内容包括：分析新产品的功能和性能能否满足产品的任务要求，确认产品的质量保证、可靠性、安全性和操作符合性。对选用的通用产品，要明确其成熟度等级，确认成熟度等级及数据包完全满足产品研制要求。开展数据超差与临界分析，并在初样研制阶段针对新研产品开展分析确认。

新产品分析的风险管理工作包括：明确新产品的功能和性能量化指标，依据新产品完成任务的要求逐一识别功能和性能量化指标不符合的技术风险，识别新产品试验验证不充分的技术风险；识别新产品在可靠性、安全性、质量保证以及操作符合性等方面工作项目不完整、有漏项的技术风险；识别通用新产品相应成熟度等级产品数据包不完备的技术风险，新产品数据超差与临界的技术风险，以及新产品试验验证不充分的技术风险；制定与实施技术风险控制措施。

### 8.2.9　新单位分析

新单位分析工作内容包括：分析新单位的基础设施与设备、质量保证能力、进度保证能力以及任务承担能力的情况。

新单位分析的风险管理工作包括：识别新单位的基础设施和设备不能满足航天型号产品研制生产需要的风险；分析新单位的质量管理制度、法规和标准的建设不完善的风险；分析新单位的进度保证能力不足的风险；分析新单位的任务承担能力不足的风险；制定与实施技术风险控制措施。

### 8.2.10　新人员分析

新人员分析工作内容包括：对首次承担航天型号产品研制生产的上岗人员进行分析，分析单位科研、生产和管理关键岗位的设置的合理性，分析关键技术岗位从业新人员的专业素质、综合素质和能力；分析关键岗位的职责、权限及新人员资质的要求；分析新人员的培训计划及取得的相应资质。

新人员分析的风险管理工作包括：识别与评估单位在承担航天型号产品的任务前，没有设置科研、生产和管理关键岗位带来的技术风险；识别与评估关键岗位的新人员及其职责不明确带来的风险；识别与评估新人员培训不到位带来的技术风险；识别与评估关键岗位未制定年度培训计划，不执行持证上岗制度带来的技术风险；制定与实施技术风险控制措施。

### 8.2.11 曾经发生过影响成败问题的航天型号产品分析

对曾经发生过影响任务成败的航天型号产品进行复查和分析。对其他相似航天型号产品发生的影响任务成败的质量问题进行举一反三分析。

### 8.2.12 关键特性识别和设计裕度量化分析

关键特性的识别包括：航天型号总体、分系统和设备/单机产品关键特性参数要进行量化管理，主要包括关键特性参数识别与确认、量化记录与控制等内容。航天型号各级产品承制单位，要以 FTA、FMEA、ETA、PRA 和测试覆盖性分析等量化分析工作为基础，组织本单位所负责承制产品的关键特性量化分析、验证和出厂前的确认工作。系统梳理和识别影响成败和性能的关键特性，对新研产品的关键特性要做到 100%的量化分析。航天型号各级产品承制单位要从本级产品的设计、工艺、过程控制三方面入手，组织开展产品关键特性参数的识别、分析及量化管理工作。产品设计关键特性要重点围绕用户要求、任务保障、系统兼容、环境适应性、可靠性、测试性、维修性、保障性、安全性等方面的分析来确定。产品工艺关键特性要重点围绕产品设计关键特性的工艺实现及不可检测项目来确定。产品研制过程控制关键特性要重点围绕产品设计关键特性和工艺关键特性的生产实现来确定。航天型号产品关键特性参数量化管理主要包括关键特性参数管理工作策划、关键特性参数识别与分析、关键特性量化参数确定、关键特性量化参数状态监测、关键特性参数量化评估与确认等。

关键特性识别的风险管理工作包括：识别与评估产品关键特性参数识别和验证不充分的技术风险；制定与实施技术风险控制措施。

设计裕度量化分析包括：关键特性参数的裕度设计要在关键特性分析和确认工作的基础上进行。要根据关键特性，建立系统完整的关键技术指标体系；各产品承制单位要根据总体要求和产品设计状态，从性能符合性、环境适应性、接口匹配性、设备/单机安全性等方面，详细梳理出各设备/单机的关键特性参数，以便在设备/单机研制、调试、测试和试验等过程中开展设计裕度确认工作。自方案设计阶段起，开展设计裕度量化分析工作，考虑产品在飞行过程中所经历的空间环境等极端条件下的关键特性参数的可能变化情况，充分覆盖各种条件下的实际使用状态。设计裕度量化分析和确认要以设备/单机级、分系统级、系统级三个层次的分析及鉴定试验结果为基础，并经系统级综合分析后对其设计裕度及鉴定试验充分性进行确认。初样研制阶段结束前要完成对关键性能参数及其设计裕度要求的确定和 100%验证工作，试（正）样研制阶段设备/单机交付前和整星/箭/器出厂前要结合设备/单机和系统实际测试和试验数据对裕度充分性进行 100%确认。

设计裕度量化分析的风险管理工作包括：识别与评估设计裕度不量化的技术风险；识别与评估设计裕度验证不充分的技术风险；制定与实施技术风险控制措施。

### 8.2.13 各级产品接口的协调性和匹配性分析

各级产品接口的协调性和匹配性分析工作内容包括：接口分析要按航天型号所规定的

产品层次进行，即系统、分系统或设备/单机层次各功能要素间接口；人机接口；硬软件接口；系统与测试系统之间的接口测试功能。

接口分析的风险管理工作包括：识别与评估系统、分系统或设备/单机层次各功能要素间接口故障的技术风险；识别与评估人机接口的技术风险；识别与评估软硬件接口的技术风险；识别与评估系统与测试系统之间的接口测试功能的技术风险；制定与实施技术风险控制措施。

### 8.2.14　试验验证和仿真分析的全面性、充分性、有效性分析（测试覆盖性分析）

试验验证和仿真分析的全面性、充分性、有效性分析（测试覆盖性分析）工作是“自上而下”与“自下而上”相结合进行的，其包括：分析可测试项目的状态与产品实际工作状态的差异性；检查不可测试项目的过程控制记录；确认地面无法验证的飞行运行工作状态仿真分析的有效性；分析质量问题归零的试验验证的充分性；分析关键特性指标的测试覆盖性及试验验证的充分性。

试验验证和仿真分析的全面性、充分性、有效性分析（测试覆盖性分析）的风险管理包括：识别与评估天地差异可能带来的技术风险；识别与评估可测试项目的状态与产品实际工作状态的差异性的技术风险；识别与评估缺少不可测试项目的过程控制记录和检查的技术风险；识别与评估地面无法验证的在轨工作状态仿真分析的有效性的技术风险；识别与评估质量问题归零的试验验证不充分的技术风险；识别与评估关键特性指标的测试覆盖性及试验验证不充分的技术风险；制定与实施技术风险控制措施。

### 8.2.15　环境适应性分析

开展的环境适应性分析须包括：系统级力学环境分析，要综合考虑航天型号机械性能、电性能、热性能以及光学性能等因素之间的相互影响，权衡航天型号的系统功能和性能指标是否满足工程大总体要求；设备/单机级力学环境分析，要分析确保各机械部件、电子设备/单机及其连接环节在经受准静态过载、正弦振动、随机振动和冲击中满足相关规范与准则要求；系统级热分析，要分析在给定轨道、姿态、构形与结构、仪器设备/单机布局、热功耗等条件下，采用合适的方法，控制航天型号内、外热交换，使航天型号结构及其设备/单机的温度、温度差、温度稳定性等技术指标满足总体技术要求；设备/单机级热分析，要分析在给定的安装边界及辐射环境下，通过调节元器件、零部件散热路径和热阻，将元器件、零部件工作时产生的热量传给机箱壳体或安装面等热设计，使零部件温度控制在规定的范围内，使元器件、零部件满足温度降额要求，或是减小零部件温度交变的幅度或温差，满足设备/单机性能指标要求，确保设备/单机产品可靠运行；航天型号系统内的电子设备/单机分析，要分析在预期的电磁环境，按规定的电磁干扰安全裕度实现设计的工作性能，不应给环境（或其他设备/单机）带来不可接受的电磁干扰，也不应因电磁干扰而受损或产生不可接受的性能降级，从而确保航天型号系统和设备/单机工作安全、可靠；航天型号系统级、设备/单机级均应对其运行区域的空间环境具有良好的适应性，要对可能影响其正常工作和安全的太阳紫外辐射、地球磁场、中性大气、原子氧、带电粒子辐射等空间环境及其效应进行分析，采取适应性设计，确保航天型号系统和设备/单机在轨道空间环境中工作安全、可靠；对一些诱导环境，例如羽流环境、微振动环境进行分析，确保航天型号系统和设备/单机在诱导环境下工作安全、可靠。

环境适应性分析的风险管理工作包括：在方案设计阶段，识别与评估抗力学环境任务分析、航天型号分析模型精度、航天型号系统级抗力学环境试验条件、航天型号力学环境试验计划等方面的技术风险；在初样研制阶段，识别与评估航天型号力学环境预示结果、力学环境条件、抗力学环境设计、试验项目覆盖性等方面的技术风险；制定与实施技术风险控制措施；在试（正）样研制阶段，对技术风险控制措施的落实结果进行确认。

### 8.2.16 单点故障识别及强制检验点设置充分性和控制有效性分析

单点故障识别及强制检验点设置充分性和控制有效性分析工作内容包括：各级产品承制单位要结合技术评审、产品验收、质量复查、转阶段评审、出厂评审等，对单点故障模式识别的充分性和准确性、强制检验点设置的充分性和控制的有效性进行确认。按照《航天型号单点故障模式识别与控制要求》的规定开展单点故障模式识别与控制工作。

单点故障识别及强制检验点设置充分性和控制有效性分析的风险管理工作包括：在方案设计阶段，由项目办组织总体、分系统和设备/单机承制单位开展FMEA、FTA工作，形成初步的产品单点故障模式清单、关键项目清单，并将其分析和控制结果纳入技术风险分析报告；在初样研制阶段，识别与评估未形成系统级（分系统级、设备/单机级）产品的单点故障模式清单、系统级（分系统级、设备/单机级）强制检验点清单和不可测试项目清单的技术风险；在初样研制阶段转试（正）样研制阶段之前，识别与评估系统级Ⅰ类（灾难的）故障模式和重点控制的Ⅱ类（致命的）故障模式控制措施不到位的技术风险；识别与评估未形成系统级试（正）样产品强制检验点清单和不可测试项目清单的技术风险；航天型号出厂前，识别与评估关键项目和不可测试项目的控制措施不量化的技术风险；制定与实施技术风险控制措施。

### 8.2.17 空间飞行器抗单粒子防护和供电安全措施有效性分析

空间飞行器抗单粒子防护包括：进行空间高能粒子环境对FPGA影响的量化分析、SRAM型FPGA单粒子翻转和单粒子功能中断的防护设计；对平台长期加电且装有FPGA、DSP、CPU、SRAM等单粒子敏感器件的设备/单机进行设备/单机使用和单粒子翻转防护设计；进行主动防护与在轨自主防护设计；确认系统层面采取的防护措施；进行防护措施有效性地面验证；验证易锁定器件的限流和自动断电措施，确保锁定发生后不会造成设备/单机永久损坏；对DSP和SRAM型FPGA器件，要采取单粒子翻转防护措施，包括三模冗余、定时刷新、逻辑探针、EDAC、FPGA转ASIC等，确保将翻转发生后对设备/单机功能性能的影响降低到可接受水平；对于关键设备/单机的关键控制参数要采取定时刷新等措施。

空间飞行器抗单粒子防护的风险管理工作包括：各航天型号要针对任务需求及空间运行环境，识别与评估元器件选用和空间高能粒子环境对 FPGA 影响的技术风险；制定器件选用、电路设计、整机设计三个层面的技术风险控制措施；航天型号在出厂前，要结合飞行空间环境、单粒子敏感器件使用的部位和特点，以及以往在轨航天型号的验证情况，针对单粒子敏感器件所采取的技术风险措施进行全面确认，并形成确认结论，确保单粒子效应带来影响的技术风险降到可接受水平。

供电安全措施有效性分析包括：产品设计阶段，承制单位要重点关注产品的可靠性及安全性设计、整星/箭/器负载短路保护及对母线的影响分析、所有用电设备/单机内部过流保护设计、Ⅰ类和Ⅱ类故障模式清单、功率传输环节二次绝缘和散热设计、不同电压电源母线间的隔离状态、关键设备/单机工艺设计、系统冗余设计、高压继电器的使用、电源控制、间隙设计、二次绝缘、接地方式、产品存储条件及运输环境条件的适应性等；产品承制单位要按照相关标准和文件的要求开展航天型号供配电分系统级及设备/单机级产品的供电安全措施有效性分析工作。

供电安全措施有效性分析的风险管理工作包括：产品设计阶段，承制单位要重点识别与评估供电产品在可靠性及安全性设计方面的技术风险，制定与实施技术风险控制措施；产品承制单位要对技术风险控制措施落实结果进行确认。

### 8.2.18　技术状态更改影响分析

技术状态更改影响分析的工作内容和相关要求要符合航天产品技术状态更改控制要求的规定，着重关注技术状态更改可能带来的隐患、质量问题或举一反三。

技术状态更改影响分析的风险管理工作包括识别与评估以下因素的改变带来的技术风险：产品设计的改变包括使用范围，环境适应性、可靠性、维修性、测试性、保障性、安全性，组成、尺寸、表面状态、形状、配合、公差、重量等；材料的改变，包括材料牌号、材料状态、材料技术条件以及关键材料的生产单位；元器件的改变，包括元器件功耗变化、元器件工作速度变化、元器件接口阻抗变化等；工艺的改变，包括工艺方法、关键工序的工艺参数、关键工序的工艺装备（仪器、设备与工装）、特殊工艺的工艺参数、生产环境的改变；试验方法的改变，试验后测试方法的改变，试验设备与测试仪器设备的改变，测试环境的改变；承制单位的改变，包括产品外协单位、工序外协单位和试验外协单位的改变。制定与实施技术风险控制措施，对技术风险的控制措施落实结果进行确认。

### 8.2.19　产品最终使用状态分析

产品最终使用状态分析工作包括：设备/单机级产品和软件产品的承制单位要对产品的实现状态、交付状态与设计文件、图纸的一致性进行确认。对设备/单机级产品和软件产品验收时，通过验收测试、产品检验、数据包审查及接口联试等对设备/单机级产品和软件产品的状态进行量化确认，并形成验收过程实测记录和验收评审结论。分系统级产品承制单位要组织设备/单机级产品的验收工作。通过设备/单机级产品验收测试、检验、数据包审查和分系统联试等工作，对本分系统各设备/单机级产品的实际交付状态、接口状态、使用状态及验证状态与设计文件、图纸的一致性进行确认，并形成确认结论。航天型号总装测试前，总体单位要组织各分系统级产品的验收工作。通过分系统级产品验收测试、数据比对、检验、数据包审查和分系统间联试等工作，对分系统级产品的实际交付状态、接口状态、使用状态及验证状态与设计文件、图纸的一致性进行量化确认，并形成确认结论。航天型号出厂前和进场后，总体单位要组织有关单位对总装测试阶段和发射场阶段开展的安装、热控、连接、绑扎、固定、走向、保护等环节的状态与文件、图纸的一致性进行量化分析确认，并形成确认结论。在此基础上，总体单位要组织有关单位对所有产品的各阶段验收、测试数据进行比对，并对产品的最终状态进行确认，形成确认结论，以确保所有产品的最终状态与设计状态相一致。各航天型号按整星/箭/器总装和发射场技术流程工作项目，并结合自身特点，分别对出厂前和发射场阶段最终状态检查和确认项目进行详细策划，细化检查确认表格，明确时机、鉴证材料和责任人，并严格落实。

产品最终使用状态分析的风险管理工作包括：按照整星/箭/器总装和发射场技术流程工作项目，结合各航天型号自身特点，识别与评估出厂前和发射场阶段最终状态检查。承制单位识别与评估设备/单机级产品和软件产品的实际状态与设计文件、图纸一致性的量化确认工作的技术风险。总体单位和总装测试单位识别与评估航天型号总装测试和发射场阶段开展的安装、热控、连接、绑扎、固定、走向、保护等环节的状态与文件、图纸的一致性及数据比对的一致性量化分析的技术风险。航天型号出厂前，项目办要组织各级产品承制单位识别与评估各级产品的使用状态与设计状态、验证状态一致性的技术风险。航天型号进场后，由发射场试验队识别与评估安装、热控、连接、绑扎、固定、走向、保护等环节的状态与文件、图纸的一致性及数据比对的一致性量化分析的技术风险。制定与实施技术风险控制措施。航天型号发射前，由发射场试验队对所有产品的最终状态进行确认的技术风险控制措施落实结果进行确认。

### 8.2.20 数据超差与临界分析

数据超差与临界分析工作包括：对关键特性参数的量化记录进行分析，对关键特性参数的记录要100%量化，对于数据记录不完整的情况，必要时，进行实物检查，完善数据。关键状态、关键环节要留下照片或录像，照片或录像要针对具体的风险及控制措施落实结果进行拍摄。成功数据包络指已成功完成地面试验及飞行试验的航天产品各项参数的上、下边界范围，包括产品本身参数包络和产品对飞行任务剖面适应性包络。对于同一关键通用产品的关键特性数据，产品承制单位要将历次飞行试验中同一工作状态下的实测数据绘制成正常工作状态下的参数包络线，在航天型号出厂前和在发射场测试的两个阶段，测试人员要将测试数据与其包络线进行比对分析。当测试数据在包络线范围内时，视为正常。当测试数据在包络线范围以外时，要进行深入分析，查找数据偏离的原因，并形成明确的分析结论。

数据超差与临界分析的风险管理工作包括：产品初样研制和试（正）样研制阶段，各级产品承制单位要开展数据包的管理工作，分阶段生成数据包数据记录和检查确认记录，识别与评估产品研制和生产过程数据记录不全面、不正确和不可追溯的技术风险，制定与实施技术风险控制措施。在产品出厂前对技术风险控制措施的结果进行确认。航天型号出厂前，测试人员要将测试数据与其包络线进行比对分析。当测试数据在包络线范围内时，视为正常。当测试数据在包络线范围以外时，要进行深入的技术风险分析，查找数据偏离的原因，并形成技术风险可接受的明确结论。航天型号进场后和发射前，发射试验队要组织有关人员对数据判读和比对情况进行确认，对数据偏离和差异的机理进行分析，对让步使用的超差项进行影响分析和确认，对数据临界项进行变化趋势及技术风险分析。

### 8.2.21　质量问题归零和举一反三的检查与分析

质量问题归零和举一反三的检查与分析工作包括：就质量问题影响范围而言，归零工作的重点是共性技术问题归零彻底并进行举一反三；就故障影响严重程度而言，归零工作的重点是关键分系统（设备/单机）质量问题归零彻底并进行举一反三；就具体质量问题而言，定位准确是归零工作的前提和重点。按阶段梳理航天型号产品发生的质量问题，开展归零工作，严格执行技术归零五条要求和管理归零五条要求（以下简称“双五条”要求），对其他航天型号发生的质量问题进行举一反三，确认采取措施的有效性，并按《航天产品技术状态更改控制要求》进行技术状态更改控制。不应以技术归零代替管理归零。对主要因技术原因造成的质量问题，在开展技术归零的同时，也应同步在管理上查找原因。

质量问题归零和举一反三的风险管理工作包括：梳理航天型号各级产品在各研制阶段发生的全部质量问题，形成质量问题归零汇总表，按照“双五条”要求逐个识别与评估归零不彻底的技术风险；对照评审证明书检查归零评审中专家意见和建议的落实情况，识别与评估技术归零措施验证不充分的技术风险；各级产品从产品在各航天型号使用范围角度识别与评估归零不彻底的技术风险；针对集团下发的举一反三通知，识别与评估举一反三工作不到位的技术风险；制定与实施技术风险控制措施。

### 8.2.22　故障预案充分性及其验证情况分析

故障预案充分性及其验证情况分析工作包括：各航天型号要根据用户需求及飞行程序，结合航天型号在轨功能实现保证链分析工作，自上而下地组织梳理故障模式，制定故障预案，并对故障预案的全面性、可行性及验证的情况进行确认。各分系统和设备/单机依据系统故障预案开展相关的工作。针对发射段、入轨段及在轨运行段等不同阶段分别制定故障预案，各航天型号要重点关注入轨段的分离、展开、推进等故障预案和在轨运行段的供配电、姿轨控、测控、数管、推进等关键分系统故障预案。通过加强航天型号在轨自主管理设计，提高在轨故障自动识别、隔离、处理的能力，降低对地面管理的依赖程度，减小对用户正常使用的影响。故障预案要结合航天型号特点，针对发射段飞行事件和在轨运行段工作，故障预想全面，对策和判据合理正确，对策协调、可实现。各分系统在分系统测试时应力争模拟所有故障及实施对策，验证充分、有效；对不能验证的故障，要展开充分的仿真分析。在整星/箭/器测试期间，要对整星/箭/器所有指令进行遍历测试。针对系统级的故障预案和在轨自主安全模式，在确保航天型号安全情况下，要进行验证测试。对于不具备整星/箭/器测试条件的故障预案，要进行分系统级别的验证测试或专项仿真分析。航天型号出厂前和进场后，总体单位组织各级承制单位对航天型号故障预案的全面性和充分性进行确认，对故障对策的协调性、可实现性进行确认，确保故障预想、对策和判据合理正确，对策协调、可实现。

故障预案充分性及其验证情况分析的风险管理工作包括：识别与评估故障预案不充分可能存在的技术风险；根据各航天型号情况，分析在航天型号发射段主要飞行事件的初始状态、事件中航天型号的主要动作及其需要重点监视的飞行参数，识别与评估参数设定不准可能带来的技术风险；按各个飞行事件的时间顺序依次列出故障预想，识别与评估发射段各个故障的处理对策、相应的故障处置操作程序（指令或指令链）、故障处置（指令或指令链执行）的时机和处理时间以及因故障处置的结果判定不充分可能带来的技术风险；识别与评估二次故障或故障蔓延可能带来的技术风险；制定与实施技术风险控制措施。

### 8.2.23 过程控制分析

过程控制分析工作内容包括：对生产、试验、测试过程中的操作程序、操作细则制定规范和量化的操作表格模板，明确各项操作的量化要求和注意事项，禁止出现二义性或要求不明确的内容，彻底杜绝因设计、工艺未量化导致的操作质量问题发生。建立完整的多余物控制的技术体系，建立电子产品静电防护体系等。

过程控制分析的风险管理工作包括：识别与评估电子产品生产过程的各工艺参数没有通过工艺试验或工艺鉴定的技术风险；识别与评估机械产品零件加工过程中，所用材料的最终状态、各零（组）件的几何尺寸及表面物理特性与设计要求不符的技术风险；识别与评估机械产品装配过程没有螺纹连接紧固力矩量化指标的技术风险；识别与评估机电产品电气连接不安全、安全间距不合理的技术风险；识别与评估安装极性、电极性和控制极性容易接反的技术风险；识别与评估多余物控制不到位的技术风险；识别与评估静电对产品造成损伤的技术风险；制定与实施技术风险控制措施。

## 8.3 技术风险控制表单管理

通过建立和实施技术风险控制表单，可确保技术风险得到有效识别和控制，使风险控制工作规范有序开展。

### 8.3.1　技术风险控制表单

（1）表单内容

技术风险控制表单包括技术风险项目清单、技术风险项目控制检查表、高等级技术风险项目控制表。

（2）技术风险项目清单

技术风险项目清单用于识别和确定技术风险项目，明确其风险综合评级和需采取的控制措施，需经过评审确认。表单格式见图8-3。

（3）技术风险项目控制检查表

技术风险项目控制检查表用于技术风险控制过程中，动态评估通过技术风险项目清单确定的各技术风险项目的控制措施的实施效果，并对采取措施后的技术风险项目重新进行风险综合评级。表单格式见图8-4。

各级产品承制单位要根据技术风险项目清单，针对风险评估点总结技术风险控制情况，完成本级产品技术风险项目控制检查表。

（4）高等级技术风险项目控制表

高等级技术风险项目控制表适用于风险综合评级为Ⅲ级以上的技术风险项目。表单格式见图8-2。

（5）技术风险控制表单审签

技术风险控制表单由产品主管设计师编制，产品保证经理或产品保证工程师审核，单位行政负责人或项目技术负责人批准（系统级为项目技术经理批准）。各级产品保证经理或产品保证工程师负责组织评审并进行过程监控，确保每项风险控制措施得到落实。

### 8.3.2　管理程序

（1）表单形成

各级产品要从项目立项开始进行技术风险识别与控制工作，按照技术风险识别与控制步骤要求，形成技术风险识别与控制策略，根据各研制阶段特点在各阶段开展如下工作：在方案设计阶段，要在方案设计报告中对技术风险进行分析，可不单独形成技术风险项目清单。初样设计完成后，识别技术风险，确定技术风险综合评级，确定风险降低措施，形成初样技术风险项目清单。在航天型号转试（正）样研制阶段，根据初样技术风险的控制或消除情况，以及试（正）样设计技术风险的识别情况，形成试（正）样技术风险项目清单。出厂前，根据试（正）样技术风险控制或消除情况、发射场技术风险识别情况，形成出厂技术风险项目清单。在这三个节点组织对技术风险项目清单进行评审并发布。在整个研制过程中，可根据风险项目的变化情况（新增或取消）对技术风险项目清单进行修订，实施动态管理。

技术风险项目清单

型号名称：　　　　型号代号：　　　　研制阶段：

| 序号 | 风险项目编号 | 风险项目名称 | 所属分系统（单机） | 风险项目描述 | 风险后果描述 | 风险发生可能性 | 风险发生严重性 | 风险综合评级 | 识别风险项目方法及文件名称（编号） | 控制措施 | 责任单位 | 备注 |
|---|---|---|---|---|---|---|---|---|---|---|---|---|
| | | | | | | | | | | | | |
| | | | | | | | | | | | | |

编写：　　　　审核：　　　　批准：

图 8-3　技术风险项目清单

技术风险项目控制检查表

型号名称：　　　　型号代号：　　　　研制阶段：

| 序号 | 风险项目编号 | 风险项目名称 | 所属分系统（单机） | 风险项目描述 | 采取措施前的风险评估 | | | 已采取的控制措施/完成时间 | 鉴证文件名称/编号 | 采取措施后的风险评估 | | | 责任单位/责任人 | 备注 |
|---|---|---|---|---|---|---|---|---|---|---|---|---|---|---|
| | | | | | 可能性等级 | 严重性等级 | 综合评级/是否可接受 | | | 可能性等级 | 严重性等级 | 风险综合评级/是否可接受 | | |
| | | | | | | | | | | | | | | |

编写：　　　　审核：　　　　批准：

图 8-4　技术风险项目控制检查表

要在技术风险项目清单确定后建立技术风险项目控制检查表和高等级技术风险项目控制表，根据航天型号研制需求对技术风险进行排序，确定解决技术风险的顺序；及时跟踪技术风险的控制情况，动态更新技术风险项目控制检查表和高等级技术风险项目控制表。按月或根据项目办要求反映在产品保证信息报告中或单独上报，在产品验收、转阶段、出厂等节点反映在产品研制质量总结报告、技术风险识别与控制评价报告等报告中。航天型号转试（正）样和出厂前，要将技术风险控制情况（技术风险项目控制检查表）反映在产品保证总结报告、航天型号研制和质量总结报告和航天型号技术风险识别与控制评价报告中，在转阶段评审和出厂评审时，组织专家对前阶段技术风险的控制情况进行评审。

（2）信息传递

设备/单机级产品承制单位按项目形成设备/单机级技术风险项目清单，并报送分系统级产品承制单位；分系统级产品承制单位以各设备/单机级技术风险项目清单为基础，结合分系统级技术风险分析工作，按项目形成分系统级技术风险项目清单并报送总体单位；总体单位以各分系统级技术风险项目清单为基础，结合系统级技术风险分析工作，在系统层面形成航天型号技术风险项目清单。经评审确认后，由项目技术经理批准后下发执行。

技术风险项目清单形成后，各级技术风险项目的责任单位按月或根据项目办要求以技术风险项目控制检查表和高等级技术风险项目控制表的形式逐级向上传递技术风险的动态控制情况。

（3）信息汇总

各级产品承制单位可根据技术风险项目控制表单，按设备/单机风险类型、分系统风险类型、系统风险类型，综合评级等分类原则进行分类统计及排序，确定风险控制策略。

（4）风险控制

型号两总系统在各研制阶段中实施风险降低措施，根据措施的有效性和航天型号研制进展对技术风险项目表单进行动态更新，识别新的技术风险，闭环可接受的技术风险，对措施有效性未达到预期效果的技术风险进行分析，并制定新的风险降低措施。

根据技术风险项目清单确定的风险综合评级结果，梳理确定高风险项目、中风险项目和低风险项目，并分别有针对性地提出消除、降低或接受的应对措施，确保风险应对措施充分、有效和合理。

### 8.3.3　管理职责

（1）设备/单机级产品承制单位

设备/单机级产品承制单位负责设备/单机技术风险识别与控制，向分系统报送设备/单机级技术风险项目清单，定期或按项目办和分系统承制单位要求报送设备/单机级技术风险控制情况，对设备/单机级技术风险项目控制检查表和高等级技术风险项目控制表进行动态更新，在产品验收、转阶段、出厂等关键节点完成设备/单机级技术风险识别与控制评价报告或纳入研制质量总结报告、产品保证总结报告。

（2）分系统级产品承制单位

分系统级产品承制单位负责分系统级技术风险识别与控制，收集和确认设备/单机级技术风险项目清单，定期或不定期检查设备/单机级技术风险控制情况，在开展分系统级技术风险分析和识别的基础上，结合设备/单机级技术风险项目清单，形成分系统级技术风险项目清单，并向总体单位报送分系统级技术风险项目清单，制定分系统级技术风险项目控制检查表和高等级技术风险项目控制表，定期或按项目办要求报送分系统技术风险控制情况。对分系统级技术风险项目控制检查表和高等级技术风险项目控制表进行动态更新，在产品验收、转阶段、出厂等关键节点完成分系统技术风险识别与控制评价报告或纳入研制质量总结报告、产品保证总结报告。

（3）总体单位

总体单位负责系统级技术风险识别与控制，收集和确认分系统级技术风险项目清单，定期或不定期检查分系统技术风险控制情况，在系统级风险分析与识别的基础上，结合分系统级技术风险项目清单，形成系统级技术风险项目清单，制定系统级技术风险项目控制检查表和高等级技术风险项目控制表，定期按上级机关要求总结系统级技术风险控制情况，对系统级技术风险项目控制检查表和高等级技术风险项目控制表进行动态更新，在转阶段、出厂等关键节点完成系统级技术风险识别与控制评价报告并纳入研制质量总结报告或产品保证总结报告。

# 第 9 章　重大工程独立评估

航天型号独立评估是为确保国家专项工程、重点型号以及首飞型号任务成功而开展的一种深入、权威、独立的系统级风险评价活动。它是以航天系统工程思想为指导，由任务提出方组织全行业具有丰富工程研制经验的权威专家，围绕型号工程总体方案设计、关键技术、系统接口和研制过程控制等方面，通过开展专题调研、现场交流、复核复算、试验验证以及问题跟踪闭环等工作，在型号关键研制阶段持续实施，及时帮助指导型号研制队伍识别管控重大风险，为确保实现型号任务成功提供支持和帮助。

## 9.1　评估模型

航天型号研制生产过程是跨部门、跨领域、跨专业大协作的复杂的系统工程，具有高技术、高投入、高风险的特点。新形势下航天重大工程和重点型号任务的相继实施，技术难度更大，高密度发射、高可靠性要求呈现新特点，保成功、保交付面临更大挑战，对实施更加有效的风险识别与控制模式方法也提出了更高要求。

航天科技集团按照“大胆质疑、小心求证、关注细节、眼见为实”的思路，创新提出了航天型号独立评估机制，评估模型如图 9－1 所示。

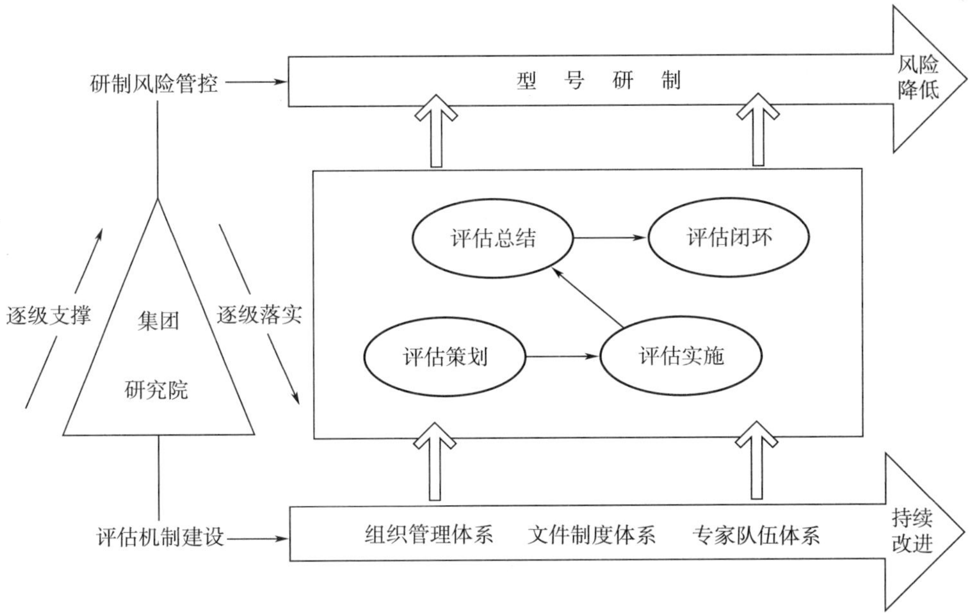


图 9－1　航天型号独立评估模型

航天型号独立评估思路是：通过构建高效运行的组织管理体系，调配评估资源，制定完善的文件制度、体系规范保障评估活动，建设权威独立的专家队伍体系保证评估效果，以型号研制任务书和研制过程技术文件为评估双方沟通交流的基础，按照策划、实施、总结、闭环四个步骤，运用文件查阅、实物考证、交流质询和试验验证等多种形式，从识别风险的角度，对技术方案、产品设计、试验验证、可靠性、故障预案以及关键技术突破情况等方面进行独立、客观、深入的专业评估，达到有效管控系统级型号研制风险的核心目标。

## 9.2 评估程序

航天型号独立评估不同于通常意义上的论证、评审，具有持续时间长、介入程度深、与型号联系紧的特点。

从评估工作启动开始，专家组要深入型号研制单位、研制队伍和研制现场，熟悉研制工作情况。围绕型号关键技术风险点，评估双方通过交流提问、型号答复、实施整改、效果评价等环节和上述流程的多轮迭代，确保风险充分识别，确保风险管控措施有效，确保问题闭环。

首先，评估组深入了解型号研制情况，提出评估组关注问题清单，并反馈给被评估型号。

其次，型号系统组织开展相应工作，对评估组提出的问题进行书面答复，两总和设计师系统提供有效的资料和依据。必要时提供证实性材料。

评估组听取问题答复，亲自核验关键问题涉及的图纸、试验报告、结果、数据，做到眼见为实。对重点关注问题进行分析研究后提出需要进一步核实的问题，型号系统进一步开展复核复算、试验验证等工作，再次反馈情况。评估双方进行充分交流，直至评估组与型号系统就风险识别的充分性，风险管控的有效性和故障预案的正确性、可靠性达成共识，实现风险管控措施落实，完成评估问题和评估建议闭环。

在出厂评审或转阶段评审过程中，评估委员会对评估报告进行检查确认，确保评估问题和建议闭环。

评估工作分为策划、实施、总结、闭环四个阶段，评估流程如图 9 - 2 所示。

### 9.2.1 评估策划阶段

本阶段的工作思路是解放思想，集思广益，主要任务是紧密结合型号特点完成组建独立评估委员会，确定独立评估委员专家成员。同时组织型号系统开展技术风险识别和分析，初步确定独立评估重大项目及对应组建专项评估组。策划阶段结束的标志是召开评估委员会首次会议。评估委员会首次会上听取型号两总汇报，制定独立评估工作计划，明确评估内容、工作分工和进度安排。

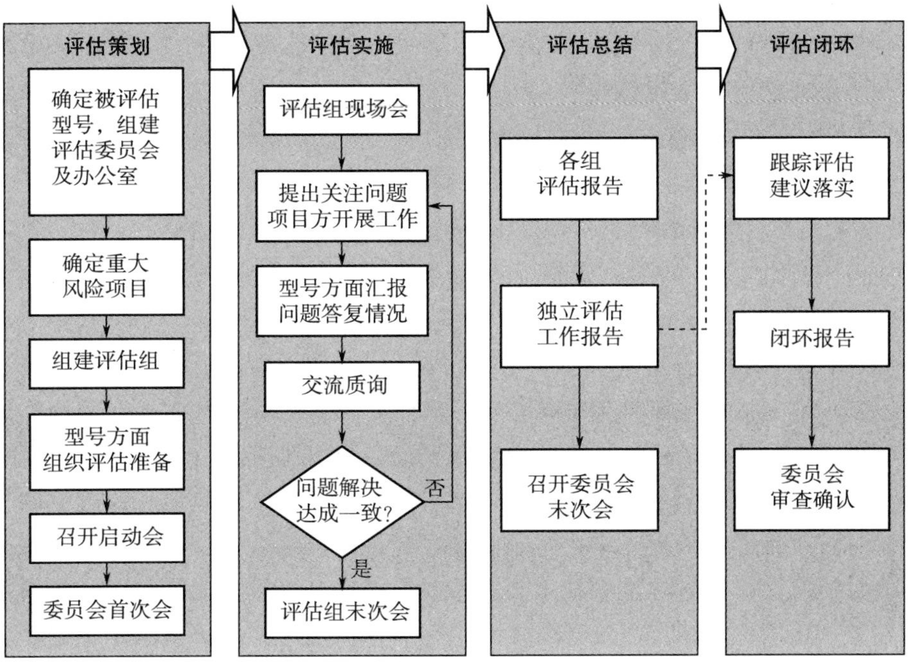


图 9-2　评估流程

### 9.2.2　评估实施阶段

本阶段的工作思路是“大胆质疑、小心求证、关注细节、注重证据”，本阶段的工作任务重点是：各专项评估组围绕确定的评估内容，通过专题调研、现场交流、复核复算、试验验证等方式开展评估，帮助型号研制单位发现问题，提出解决问题的建议。本阶段工作结束的标志是各评估组召开末次会议，梳理重点关注问题及风险点解决情况，总结评估任务完成情况，形成初步评估结论与建议。

### 9.2.3　评估总结阶段

各专项评估组系统梳理评估工作成果，紧紧围绕评估组关注的风险点，回顾分析评估过程所提问题和型号系统对问题的书面答复，对风险的识别和管控措施有效性给出正式评估结论和评估建议，按照统一评估文件要求，编制完成专项评估报告。在此基础上评估办公室汇总整理各专项评估组评估报告，初步编写完成独立评估工作总结报告，提请评估委员会讨论通过，针对型号设计方案正确性、试验充分性、测试覆盖性等方面，给出最终评估结论和评估建议。

### 9.2.4　评估闭环阶段

评估闭环是体现航天型号独立评估工作深入性的重要特点，评估工作总结会结束后，针对型号研制方仍未完成评估问题答复和评估建议未完全落实的情况，评估办公室会持续与型号研制方沟通，跟踪问题答复和建议落实情况，督促型号两总系统负责形成报告，完成风险识别管控工作闭环。

评估闭环阶段的主要工作包括：

1）跟踪评估建议的落实情况并形成报告。

2）将评估组验证认可后的报告报项目管理部门。

3）评估委员会对提出的问题和建议闭环情况进行确认。

## 9.3 评估内容

独立评估工作紧密围绕航天型号核心任务实现，将风险管控理念贯穿到独立评估工作全过程，对影响任务成败的重大技术薄弱环节和潜在技术风险进行全面识别，以系统工程研制的专业视角，全面评估各子系统技术方案、故障预案、试验验证和过程控制等方面的风险点，确认技术指标一致性，审查系统间接口考核验证的全面性，以及重大关键技术及重大工艺攻关情况、研制过程重大技术状态更改控制情况、重大质量问题归零情况、转阶段遗留问题处理情况、关键产品设计裕度合理性、评估可靠性设计方案的正确性、分析和验证工作的合理性及充分性、环境条件设计的合理性以及仿真模型的正确性和计算结果的合理性等，帮助型号研制单位识别出所有可能影响型号任务成功的重大风险项目、重大技术薄弱环节和潜在技术风险，提出建议和措施，为系统工程风险管控工作提供系统、权威的评估意见。

### 9.3.1 评估要点

1）方案可行性、合理性和正确性；

2）技术指标满足任务要求情况；

3）关键技术成熟度情况；

4）新技术、新材料、新工艺等情况；

5）可靠性、安全性和环境适应性设计、分析、试验、评估的正确性及有效性；

6）系统接口的协调性和匹配性；

7）试验验证、仿真分析的全面性、充分性以及测试覆盖性情况；

8）关键软件研制、关键元器件保证等情况；

9）技术状态控制、生产过程质量控制和质量问题归零等情况；

10）其他薄弱环节和潜在技术风险。

### 9.3.2 评估方式

评估活动一般通过听取汇报、查阅资料、实物考证、分析研究、交流质询、复核复算、试验验证等方式开展。

1）听取汇报。评估组听取型号系统研制方案、风险管控、试验验证等专题汇报，并与型号系统深入交流技术问题。

2）查阅资料。评估组查阅型号系统提供的方案设计、产品研制、专项试验、归零报告等技术文件，也可根据评估工作提出需查看的其他相关文件资料。

3）实物考证。评估组从产品、专业、单位等角度开展实物考证工作，证实型号任务完成与技术方案实现情况。

4）分析研究。评估组根据被评估型号提供的技术资料等客观证实文件，对重大风险项目进行分析与研究，综合考虑设计、试验和生产等方面的风险要素，梳理形成评估组关注问题清单。

5）交流质询。型号系统针对评估组提出的重点问题开展相关工作，将工作结果反馈给评估组，评估组就反馈情况与被评估型号系统进行沟通。

6）复核复算。评估组根据型号系统提供的数据，对重要技术指标组织开展复核复算工作。

7）试验验证。评估组可要求型号系统做进一步试验验证，必要时，评估组可安排第三方进行试验验证。

## 9.4　评估要求

航天型号独立评估工作一般在型号研制生产的初样、试（正）样阶段开展，相关工作列入型号研制计划。独立评估工作结果是型号出厂、首飞前评审或决策的重要参考依据。

1）根据航天型号特点和研制工作需要，由上级或用户等提出拟开展独立评估的项目，原则上由项目研制单位上级主管质量部门负责组织实施。

2）独立评估工作遵循独立、专业、客观、深入的工作原则。

3）独立评估由独立于被评估项目研制任务的同行专家实施，以被评估项目的技术资料、产品实物、研制过程等为客观依据，深入分析问题的技术细节。

4）独立评估工作一般在项目研制生产的初样阶段开展。被评估单位按评估要求，配合评估工作实施，具体包括：

a）协助提出重大风险项目清单；

b）向评估组派出技术秘书，协助承担技术支持工作；

c）组织研制情况汇报，提供评估所需技术资料，答复评估组提出的问题；

d）根据评估组意见，开展试验、计算、验证等工作；

e）对评估组所提建议，给出是否采纳的意见并说明原因，负责遗留问题的处理，完成评估内容的闭环；

f）提供必要的保障条件，明确专人负责沟通联络、活动安排、文件传递、后勤保障等。

5）参与评估工作的所有专家严格遵守保密法律法规要求，履行保密义务，尊重和保护被评估项目承研承制单位的知识产权和商业秘密。

## 9.5 评估组织

航天型号独立评估组织设有评估委员会，委员会下设办公室，根据型号特点设立若干专项评估组，其组织关系如图 9-3 所示。

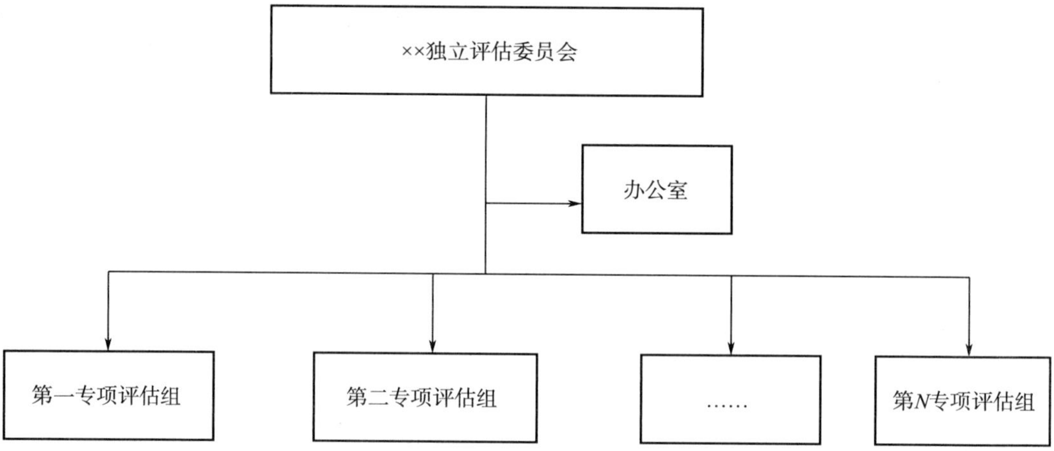


图 9-3 航天型号独立评估组织

### 9.5.1 评估委员会

9.5.1.1 评估委员会组成

评估委员会设主任 1 名，副主任视需要设定，成员为型号及国内相关专业领域的专家。

9.5.1.2 评估委员会职责

1）针对航天型号可能的重大技术风险确定评估内容并制定相应的独立评估工作计划；

2）组建评估组，明确评估组组长及成员；

3）组织开展独立评估工作；

4）审议各评估组专项评估报告；

5）开展评估工作总结，提出独立评估结论和建议，形成航天型号独立评估总结报告；

6）跟踪闭环工作。

### 9.5.2 评估办公室

9.5.2.1 评估办公室组成

评估办公室设主任 1 名，副主任、秘书视需要设定。成员一般由职能部门、型号管理部门、科技委以及主要研制单位和专业有关人员组成。

9.5.2.2　评估办公室职责

1）落实评估委员会独立评估工作要求，组织实施评估工作；

2）组织召开评估工作会议；

3）协调评估专家参加评估活动；

4）协调各被评估单位落实评估委员会和评估组要求，做好各项保障工作；

5）协助评估组开展评估实施工作，收集和整理评估过程技术资料；

6）编写航天型号独立评估总结报告。

### 9.5.3　专项评估组

9.5.3.1　专项评估组组成

各专项评估组设组长 1 名，由相关领域专家担任，副组长视需要设定，设技术秘书和综合秘书各 1 名。评估组成员组成综合考虑被评估型号的专业覆盖范围等因素，根据评估需求进行动态调整。

9.5.3.2　评估组职责

1）制定评估组工作计划，确定评估内容、工作方式、专业分工和进度安排等；

2）对重大风险实施评估；

3）开展评估组工作总结，提出评估结论和建议，编写评估组总结报告；

4）对提出的问题进行闭环确认；

5）技术秘书负责评估工作记录和评估组总结报告的编制工作，综合秘书协助评估组长组织评估工作。

# 第 10 章　产品数据包管理

航天产品数据包是指在航天产品设计开发、生产制造、产品验收交付等过程中形成的各类信息的集合，是产品实现过程和产品保证活动开展情况的全过程客观记录，主要反映产品接口规范、履历、性能指标实现情况、交付后使用说明和相关保障条件，以及和用户协商一致的其他交付文件，并最终随产品交付。

## 10.1　数据包的内容

### 10.1.1　数据包的作用

航天产品数据包具有规范、证实、追溯和成熟度提升等四个方面的作用，并且是贯穿航天产品工程管理全过程的管理工具，其应用的核心是将航天产品全过程的管理和控制活动，通过航天产品数据包的策划、记录、应用、完善和再利用等工作予以落实，并逐步实现精细化管理的目标，如图 10－1 所示。

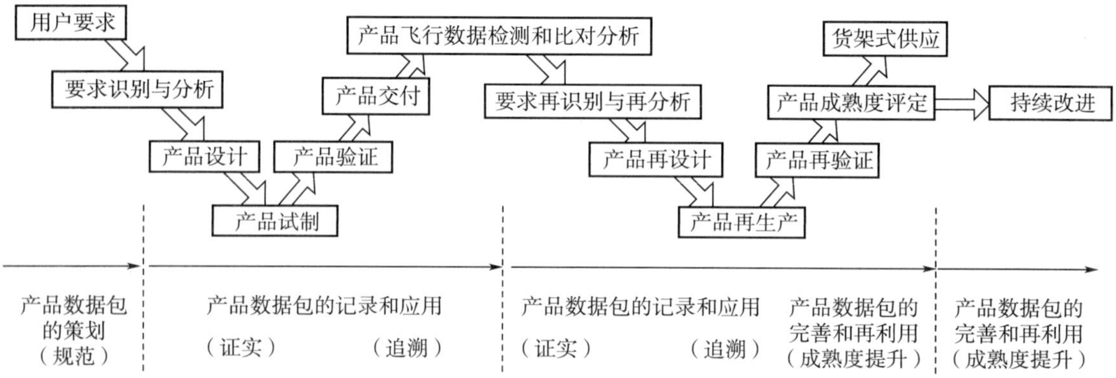


图 10－1　航天产品数据包的作用

#### 10.1.1.1　规范

用户或总体单位对航天产品功能性能等提出要求后，承制单位对产品要求进行识别和分析，确定产品实现过程所需的资源，同时将产品实现所需的过程控制要求转换成支持产品实现的产品数据包配置。

通过策划和建立产品数据包中的相关要求，产品数据包能够为各个过程提供规范、量化的指导和依据。

#### 10.1.1.2　证实

航天产品功能构建即产品的实现，包括产品设计、产品生产加工、产品测试、产品验证，直至产品验收与交付使用等各阶段，在产品功能构建过程中形成产品数据包，数据包中的各项客观记录及由其组成的有机整体，能够为航天产品过程的执行情况及其与预期要求的符合程度提供准确、可信的证据，同时，将产品历次试验、飞行数据检测结果与产品功能、性能指标进行比对分析，对其是否满足用户或总体预期要求进行验证评价。

#### 10.1.1.3　追溯

航天产品数据包中的数据和信息可以构成完整的证据链，从而保证产品全生命周期过程的可追溯性。

#### 10.1.1.4　成熟度提升

应用产品数据包有助于实现航天产品工程管理由粗放的定性管理逐步向精细化的定量管理转变。通过产品数据包的反复应用和持续完善，逐步实现技术、产品、管理等方面成熟度的不断提升。例如产品测试、飞行数据和指标要求比对分析结果，对产品进行设计特性分析，找出产品需改进的设计薄弱环节，开展关键特性的“再设计”“再验证”工作，进而改进完善设计，提升产品设计质量和生产质量。

### 10.1.2　主要内容

产品数据包的内容是随航天产品研制过程的推进逐步形成的，并以各种载体形式存在的各类工程信息的集合。在工程的不同阶段，产品数据包的内容随应用的目的和关注的重点也不相同。如用于产品转阶段评审的转阶段评审数据包，用于产品批生产的生产数据包，用于产品交付验收的交付验收数据包等。

产品数据包的内容范围一般包括产品的设计文件、工艺文件、生产加工文件、测试和检验文件、试验和验证文件、产品保证文件、质量改进关键特性相关文档等，同时，包括产品研制生产试验全过程实施上述各类文件的结果记录、图像音像记录及总结类评价记录等，以及产品交付后提供使用、装配的相关文件和资料。航天产品数据包的内容范围一般包括：

1）产品设计类文件；

2）产品保证类文件；

3）产品关键特性相关文件；

4）产品工艺文件；

5）产品生产加工文件；

6）产品测试和检验文件；

7）产品试验和验证文件；

8）产品研制过程质量控制类文件；

9）产品验收和交付文件等。

## 10.2 数据包的建立

产品研制单位是建立航天产品数据包的主体，负责航天产品数据包工作的策划和实施。航天产品数据包的建立按照全面策划、系统分析、模板确定、形成记录、确认验证、持续改进6个过程实施。

### 10.2.1 全面策划

上一级产品抓总单位或型号项目办与各单位充分协调确认单机交付数据包的内容，并在产品研制任务书、合同、技术要求、验收大纲和产品保证要求等文件中明确。

产品研制单位结合产品的特点，对各层级产品技术要求、产品保证要求、相关管理制度要求进行系统梳理，形成若干产品保证工作项目，并对每一个工作项目提出明确、具体的内容要求，明确其记录要求与载体形式，如文件、表格、照片等，使每一个工作步骤都有细化、量化的要求，并明确责任人。

### 10.2.2 系统分析

产品研制单位针对不同层次的产品开展系统分析，深入开展技术风险识别、FMEA、关键特性识别等工作，识别对产品最终质量与可靠性有决定性影响的项目和环节，合理设置关键检验点、强制检验点（用户确定的检验项目），针对产品的共性问题和薄弱环节制定针对性的措施并加以改进等。上述内容作为规避、控制风险的措施，在经过评审确认后转换为对数据包的要求。

### 10.2.3 模板确定

产品研制单位将要求转化为需开展的工作项目，各项工作项目均纳入产品研制流程和产品保证计划，通过确定产品基线文件清单及生产过程数据包模板等使相关工作项目系统化、规范化、表格化，并明确其记录要求及其载体形式（如文件、表格、照片等），使每一个工作步骤均有细化、量化的要求，形成数据包清单（或模板）。

编制数据包模板时，依据产品特性分析报告、技术要求、工艺文件等，在数据包模板中明确图像采集时机，重点是不可检测项目、不可逆过程、产品装配最终状态等控制结果，例如芯片落焊后、单板或整机固封前后、整机固封前内部走线状态、主体结构或关键件固封后、关键（强制）检验点等重要关注点。同时在数据包模板中规定图像采集要求，包括图像上传位置、图像采集数量、图像拍摄要求等。

### 10.2.4 形成记录

产品研制单位将确定的数据包清单（或模板）通过管理文件、设计文件、工艺文件、生产加工文件、调试测试细则等分解到不同的岗位，各责任人在产品研制生产过程中分别采集相关数据，并对数据进行分析处理，按照清单（或模板）要求形成相应的纸质文档、电子文档或影像资料等。在产品研制各阶段均按照数据包清单（或模板）内容要求完成记录。

### 10.2.5　确认验证

在产品设计、生产过程及交付等环节，通过评审、审核、检验、验收等方法对产品数据包项目及其内容进行确认。

### 10.2.6　持续改进

利用产品研制过程技术状态更改、版本升级以及转阶段、成熟度提升等时机，对数据包清单（或模板）等进行完善，通过改进、完善、重复应用和验证及固化等活动，持续改进产品数据包的相关内容，实现技术继承和对产品的精细化管理，并最终支持产品设计质量和生产质量的提升。

## 10.3　数据包的形成

### 10.3.1　产品设计阶段

在产品设计工作开展之前，产品研制单位按照产品数据包形成准则，对支持产品实现的文件需求进行策划，输出产品文件配置清单。后续随产品研制进行记录和信息采集，形成完整文档，将全部文档汇总即形成产品数据包。

产品研制部门结合研制任务输入，制定产品研制技术流程，逐步开展产品详细设计过程，完成产品详细设计、形成产品相关技术说明文件、开展仿真计算，设计图纸、物料清单、工艺文件、接口文件等，作为产品生产过程的基本输入。

一般来说，在设计阶段，产品研制单位重点开展以下分析工作：

1）开展故障模式及影响分析（FMEA），根据单机和分系统 FMEA 结果，对照关键项目、关重件识别准则，对可能导致任务失败或重要功能、性能不能满足用户要求，造成重大经济损失和严重影响研制进度的项目进行识别和确定，形成关键项目清单和关重件清单。制定消除或降低风险发生的措施。

2）按照产品保证大纲的要求，开展可靠性、维修性、保障性（RMS）设计相关工作，主要包括热设计、抗力学环境设计、元器件降额设计、电磁兼容设计、抗辐射设计、防静（放）电设计、FMEA、可靠性安全性设计与分析等工作。

3）开展不可测试项目的识别和控制工作，对产品进行全面测试覆盖性分析，形成测试覆盖性分析报告。对不可测试项目进行识别，形成不可测试项目清单，并针对每项不可测试项目分别制定相应控制措施。

### 10.3.2　产品制造阶段

在产品投产前，由产品整机工艺师开展产品实现设计，明确工艺鉴定要求，落实三类关键特性表要求，编制形成工艺总方案。产品各专业工艺师编写各类工艺文件，落实工艺总方案、相关技术要求，落实强制/关键检验点，落实关键工序“三定”（定操作人员、定设备、定工艺方法）要求。

### 10.3.3 产品组装、调试测试、试验阶段

1）产品生产加工部门记录装配过程，实施关键/强制检验点，实施关键工序。

2）产品研制部门编写整机调试、测试细则，落实不可测试项目测试控制措施；对调试、测试情况进行总结，形成调试测试报告。开展数据符合性、一致性分析。开展测试覆盖性检查工作。

3）产品研制单位制定验证试验方案，并对试验方案进行评审。按照试验实施方案开展验证试验，并对验证试验工作进行总结，对比可靠性安全性分析报告，梳理完成情况。从产品功能、性能、裕度等方面对产品进行评价，并明确遗留问题。

### 10.3.4 产品验收交付阶段

1）产品研制部门编制验收细则，落实验收大纲要求。明确各验收项目的测试方法。

2）产品研制部门开展自验收，检查研制技术流程各工作项目的完成情况，检查技术文件的齐套性，检查数据包过程记录完整性、规范性。

3）产品研制部门对产品的设计、生产、试验工作及技术状态控制情况进行总结，开展产品保证总结，对产保计划规定的全部产品保证活动开展情况进行总结。向用户提交验收。

## 10.4 数据包的管理

### 10.4.1 航天产品数据包组织管理

航天产品研制生产单位是建立航天产品数据包工作的主体，负责产品数据包工作的总体策划，明确工作内容及相关要求，并负责形成内容完整的航天产品数据包，建立管理制度并纳入到本单位体系文件中。

有外协任务的单位负责对外协产品提出航天产品数据包管理要求，并将相关要求纳入到产品研制任务书、合同、技术要求、验收大纲和产品保证要求等技术和管理文件中，签署完整后发外协单位执行。外协产品交付验收时，按任务书、合同和验收大纲、产品保证要求提交合格的外协产品有关的数据包项目内容。

### 10.4.2 航天产品数据包形成要求

产品研制单位在产品研制策划初期阶段，结合产品的特点，对各层级产品技术要求、产品保证要求、相关管理制度要求进行系统梳理，形成初步的航天产品数据包清单。在产品工程样机阶段，随各项产品保证工作要求逐步细化，对数据包中的每一工作项目提出更

明确、具体的要求，并明确其记录要求及其载体形式，如文件、表格、照片等，使每一个工作步骤都有细化、量化的要求，明确责任人。在产品工程样机结束时，形成较为完整的航天产品数据包。

### 10.4.3　航天产品数据包建立过程管理

在航天关键通用单机产品研制各阶段，均要形成记录，记录的数据要满足产品技术要求、产品质量与可靠性保证要求，航天关键通用单机产品数据包的数据项目及其内容，要能充分反映航天关键通用单机产品研制生产过程的质量控制情况及其结果。

此外，航天关键通用单机产品数据包内容在发生更改的时候，必须实施技术状态控制，确保航天关键通用单机产品数据包更改的过程受控。更改的资料要妥善保管，保证其可追溯性。

### 10.4.4　航天产品数据包中数据记录策划要求

产品研制单位在建立数据包过程中，依据产品特性分析报告、产品测试覆盖性分析报告、技术要求、工艺文件等，在数据包模板中对不可测试项目、不可逆过程、产品装配最终状态等数据记录要求进行明确，例如：

1）落实Ⅰ类不可测试项目的过程控制措施。

2）合理设置Ⅱ类不可测试项目的测试或检验时机，获取相应的测试或检验记录作为客观证据。

3）对确认的Ⅲ类不可测试项目，以文件形式向分系统或系统级明确测试项目和要求，在分系统或系统级测试中进行落实，并索取测试或验证结果。

4）对于芯片落焊后、单板或整机固封前后、整机固封前内部走线状态、主体结构或关键件固封后、关键（强制）检验点等重要关注点，可在数据包中规定图像采集要求等。

### 10.4.5　航天产品数据包的验收管理

上一级产品抓总单位或型号项目办与单机产品研制单位充分协调、确认交付数据包的内容，并在产品研制合同（或任务书）中明确。产品抓总单位负责对交付数据包的完整性、正确性和可追溯性进行检查。

单机产品在制造完成后、交付验收前，由产品保证工程师或产品保证经理组织设计人员、工艺人员、检验人员等形成交付数据包。交付数据包分为备查和随机流转两部分，备查部分在交付验收时提交审查，随机流转部分随产品一同交付。

单机产品交付验收时，上一级产品抓总单位对数据包进行100%检查，对检查出的问题跟踪落实，并在相关验收记录中形成对数据包检查的结论和遗留问题的处理意见；型号总体验收组在验收分系统产品时对分系统验收单机的数据包检查结果进行确认，并对数据包进行抽查，对三类关键特性表进行100%覆盖性检查；验收组在对数据包内容进行检查和确认过程中，如发现产品数据包不满足相关要求，拒收产品。

### 10.4.6 航天产品数据包的存档管理

航天产品数据包相关文档纳入技术档案管理系统进行管理，并按相关规定及时存档和流转。航天产品数据包文档的保存条件和存档期限要符合一般航天产品文档的存档管理要求。

航天产品数据包文档原则上打包集中存放，以便于提取和查阅。对于因某种原因不能打包集中存放的文档，需在明细表中明确存放地点，确保可查阅。

产品研制生产单位对航天关键通用单机产品数据包的查询、借阅、移交、调拨、交流、转让和报废等制定相应的管理办法和程序，经批准后办理。此外，航天产品数据包的管理要符合相关知识产权及保密管理规定。

# 第 11 章　产品保证

产品保证是为使人们确信产品达到规定的质量要求，在产品研制、生产全过程，所进行的一系列有计划、有组织的技术和管理活动。航天产品保证的重点是对航天型号研制过程的技术风险进行充分的识别和控制，保证航天产品满足要求，保证航天型号任务成功。

## 11.1　产品保证工作的内涵

### 11.1.1　产品保证工作的目标

产品保证工作的目标是：

1）保证产品达到规定的型号任务目标；

2）作为高风险复杂产品风险管理的重要内容，通过强化风险管理，确保在工程约束条件下对产品的技术风险进行充分的识别、分析和控制；

3）通过产品保证工作的实施及相应标准的制定和执行，提高产品研制的质量。

### 11.1.2　产品保证工作的基本原则

产品保证工作的基本原则是：

1）在研制之初，建立产品保证组织，明确产品保证队伍；

2）系统分析产品研制与使用条件、技术特点，全面梳理产品研制技术与管理方面要求、产品研制过程存在的风险因素，确保风险的透明度和产品质量的可追溯；

3）制订系统、完整、清晰、明确的产品保证要求，产品保证要求要覆盖从系统到元器件的每一个层级产品，并得到有效实施；

4）明确产品保证工作程序和方法，产品保证依据的标准规范、使用的工具和资源，确保产品保证过程的科学严密。

### 11.1.3　产品保证工作与质量管理体系的关系

质量管理体系是面向组织建立的通用要求，是提升组织管理能力 、建立有效质量管理机制的基础；而产品保证是面向项目的具体分解与落实，强调的是具体技术风险的识别和控制，是提升项目管理能力、推进质量要求一线落地的有效方法。

产品保证侧重于《质量管理体系要求》强调的“基于风险的思维”，是一套严密的产品实现过程的保证程序和方法，是针对高风险复杂系统和产品提出的一套先进的质量管理工作模式，并且已在国外航天领域成功应用。

## 11.2 产品保证工作体系

为了支持型号全面规范实施产品保证工作，需在组织层面建立单位的产品保证部门，在项目层面建立跨单位的产品保证工作组织体系，建设专业化的产品保证队伍、严密规范的产品保证文件、配套的产品保证标准体系，以及支撑产品保证专业技术发展和专题活动开展的产品保证专业技术机构，形成健全的产品保证工作体系，支持以航天型号项目研制和产品开发为对象的产品保证工作的全面规范开展。

产品保证工作体系建设内容主要包括产品保证组织体系建设、队伍体系建设、文件体系建设、标准体系建设和专业技术机构建设等。

### 11.2.1 产品保证组织和队伍体系建设

产品保证组织建设为产品保证队伍建设、型号产品保证工作规范有序开展、产品保证技术发展和能力提升等提供强有力的组织保障。产品保证队伍建设是产品保证能力建设的核心，是型号产品保证工作全面规范开展的关键，产品保证队伍主要负责产品保证技术研究与发展、产品保证程序建立和方法改进，是型号产品保证活动的组织者、实施者，在型号产品保证工作中起着决定性作用。

#### 11.2.1.1 产品保证组织体系建设

从事航天型号项目研制的企业要建立产品保证部门，健全产品保证方面的工作职能。产品保证部门负责策划和建立本单位产品保证工作体系和工作机制，建立产品保证工作程序、标准、方法与工具，并持续改进，组织开展产品保证技术研究，支持和监督本单位的产品保证工作全面规范开展。

产品保证部门负责本单位各级各类产品保证人员的行政管理或业务管理。产品保证经理、产品保证工程师等一般隶属于产品保证部门，由产品保证部门直接管理；可靠性与安全性、软件、元器件、空间环境、材料、工艺等专业产品保证工程师，可以直接隶属于产品保证部门，也可以隶属于产品研制部门或专业技术机构，当其组织关系不隶属于产品保证部门时，产品保证部门要负责这类人员的业务归口管理。产品保证部门负责配合人力资源部门开展产品保证人员的选拔、培训、聘任、考核和评价等工作。

在组织层面，产品保证部门不受航天型号项目和产品研制团队的制约，产品保证部门领导直接向企业行政领导负责，保证独立行使职责的权利；在项目层面，产品保证部门向每个型号项目派驻产品保证经理，产品保证经理在项目办工作，对项目经理形成支持关系，但可以独立于项目办，直接向产品保证部门领导和单位领导汇报。

产品保证部门代表组织对本单位航天型号项目和产品研制过程实施的产品保证工作进行监督和指导。当产品保证工作过程中出现重大或共性问题，产品保证部门要负责协调相应的资源予以解决。航天企业的产品保证部门还应对外协外购单位的产品保证能力进行审核和评价，对产品保证工作的规范性、符合性进行监督。

为了持续提升产品保证能力，产品保证部门要组织产品保证队伍强化产品保证技术研究、研讨和交流，对产品保证工作中积累的经验、方法等进行总结、固化，总结最佳实践，完善产品保证要求，改进产品保证工作程序和方法，健全产品保证标准规范，规范产品保证文件，形成支持产品保证工作开展的文件模板、表单等，并持续改进。此外，产品保证部门还要研究开发适合本单位产品保证工作开展的信息化工作平台和工具，提高产品保证工作的效率和效益。

航天型号项目研制涉及众多的产品承研单位，项目办公室需建立覆盖各级产品承研单位的产品保证组织体系，建立涵盖各类技术风险的产品保证专业技术队伍和专家队伍。

各承研单位的产品保证部门负责向本单位的项目（产品）研制部门派出产品保证人员，总体单位产品保证部门需向项目办公室派出型号项目产品保证经理，分系统承研单位产品保证部门负责向分系统抓总的部门派出分系统产品保证经理，单机承研单位产品保证部门负责向产品研制和生产部门派出单机产品保证工程师。航天型号项目的产品保证工作在各级项目产品保证经理的直接领导下全面规范开展。

典型的航天型号项目产品保证组织体系如图 11－1 所示。

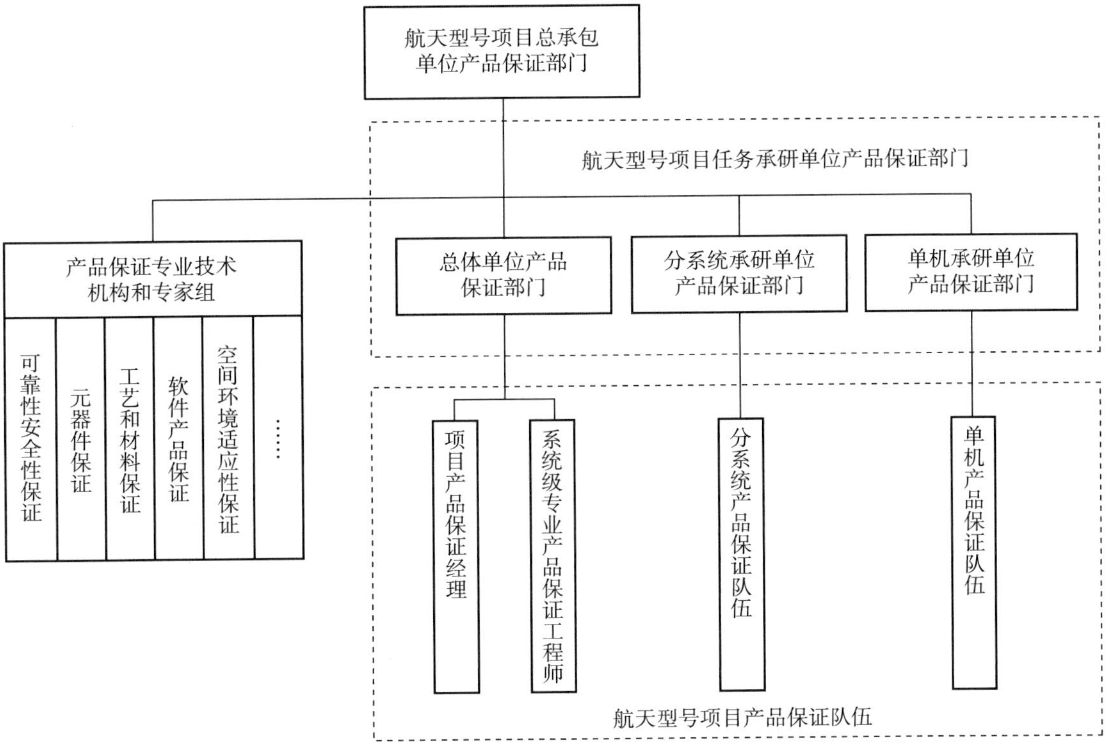


图 11－1　航天型号项目产品保证组织体系

#### 11.2.1.2　产品保证队伍体系建设

专业化的产品保证队伍是全面实施产品保证工作的关键，产品保证队伍的专业技术能力决定了产品保证工作开展的水平。

产品保证队伍中的产品保证人员是从工程技术队伍中分离出来的，经专业的产品保证知识和方法培训形成的专业化的产品保证人员。

产品保证人员是既有丰富的工程技术知识和产品研制经验，又熟悉产品保证程序和方法，以技术风险识别与控制工作为重点，并承担相应管理职能的专业化的工程技术人员。产品保证人员既隶属于产品保证部门，接受产品保证知识与方法培训、能力评价、业绩考核，参与产品保证技术研究和标准编制等工作，同时又是型号研制和产品开发队伍的一部分，密切参与型号研制和产品开发活动，组织产品保证工作策划，对工程技术人员的工程技术活动提供指导、支持，对工作的规范性、正确性等进行监督和管理。

从型号研制队伍中分离出一部分工程经验丰富的人员，从事产品保证工作，可促进型号研制和管理队伍的优化配置，进一步推进队伍的专业化建设，保证技术性很强的产品保证活动可以专业化开展，同时也解决了传统质量管理工作中，机关性质的管理人员与型号联系不密切，参与型号产品研制活动不够，对型号研制和产品开发活动支持保证和监督管理不到位等问题。

航天项目的产品保证队伍一般包括项目产品保证经理、项目产品保证助理、分系统产品保证经理、单机产品保证工程师以及各级的专业产品保证工程师。

航天型号项目办公室要设置专职的项目产品保证经理，并根据需要配置相应的专业产品保证工程师。项目产品保证经理由产品保证部门向每个型号项目派驻，在项目办公室工作，但可以独立于项目办公室，直接向高层管理人员汇报。专业产品保证工程师对应的专业通常包括质量保证、可靠性保证、安全性保证、电子、电气和机电元器件（简称 EEE 元器件）保证、材料保证、工艺保证，以及软件产品保证等。为了使产品保证工作顺利开展，航天型号系统一般要配置一名项目产品保证助理，协助项目产品保证经理开展工作，同时兼任质量保证工程师。分系统项目可参照系统项目配置产品保证队伍。

在航天型号总装测试阶段，需设置总装测试经理和总装测试产品保证经理等角色。总装测试经理统筹负责总装测试全过程的技术、产品保证、计划和资源管理，对项目经理负责。总装测试产品保证经理负责总装测试全过程（从总装测试开始一直到地面交付）的产品保证管理，对项目产品保证经理和总装测试项目经理负责，并与用户、总装测试技术人员、项目技术人员等存在工作接口关系。总装测试产品保证主要活动包括总装测试程序和方法的符合性检查、地面支持设备保证、定义检验点并保证检验点的落实、执行强制检验点、异常和不合格项管理等。

产品保证队伍的工作具有独立性和权威性。产品保证人员由单位的人力资源部门进行资格评定并聘任，并由产品保证部门派驻到研制部门。其日常业务工作对相应层级的项目负责人负责，接受项目负责人和单位产品保证部门的双重领导，对于重大问题可直接向单位行政领导汇报。

组织要建立各级各类产品保证人员的基本资格要求，一般项目产品保证经理要具有十年以上型号总体、分系统主要设计或产品保证岗位的经历，分系统产品保证经理要具有五年以上型号分系统、单机主要设计或产品保证岗位的经历，单机产品保证工程师要具有五年以上单机产品研制经历，专业产品保证工程师要具有五年以上相应专业的工作经历。

人力资源部门要按照组织规定的基本资格要求，在产品保证部门的配合下，从有经验的航天型号产品研制技术队伍中选拔产品保证人员，开展系统的产品保证专业知识和业务培训，组织产品保证队伍进行专业培训及闭卷考试，成绩合格后颁发资格证书，持证上岗。产品保证人员上岗后还需参加产品保证部门组织的经常性的岗位培训，包括产品保证新知识和新方法培训，针对产品多发问题、型号研制薄弱环节或新型航天型号特殊风险管控等方面的专题培训等。人力资源部门协同产品保证部门对产品保证人员的工作业绩和能力进行考核评价。

### 11.2.2　产品保证文件体系建设

产品保证文件规定了型号产品保证工作的程序、内容、方法及结果要求等，对型号产品保证工作的全面有序开展起着重要的规范作用。

产品保证文件是各级、各类航天型号项目产品开展产品保证工作的直接依据。通过建立和实施产品保证文件，可确保产品保证策划系统全面，产品保证工作规范有序开展，与产品质量有关的技术风险得到有效识别、分析和控制。

产品保证文件包括策划、过程、总结三类文件。策划类文件主要有产品保证大纲、产品保证计划、产品保证要求；过程类文件主要有技术风险表单和技术风险控制表、关重项目清单和关重件明细表及相应控制表、不合格清单和不合格报告、产品保证信息报告、产品数据包等；总结类文件主要有型号或产品研制各阶段的产品保证总结报告等。

#### 11.2.2.1　产品保证策划类文件

（1）产品保证大纲

产品保证大纲是对用户提出的产品保证要求的承诺，也是对产品保证工作系统全面的策划。航天型号项目在启动时必须根据用户的产品保证要求、上级主管部门和本组织的产品保证有关制度和要求，在对型号任务特点和研制风险进行深入分析的基础上，制定本型号的产品保证大纲。产品承研单位结合上一级产品承研单位提出的产品保证要求，按型号制定本单位的产品保证大纲，如有必要也可以按产品单独编制产品保证大纲。

产品保证大纲需明确本级产品的产品保证工作目标、思路与措施，明确产品保证队伍及职责，对拟开展的产品保证活动及所需要的资源进行策划，保证完成规定的任务，满足用户要求。

（2）产品保证计划

各级产品承研单位必须根据本单位制定的产品保证大纲和上一级产品承研单位的产品保证要求，在产品研制各阶段启动时制定产品保证计划，明确产品保证阶段目标，对该研制阶段任务特点和风险进行更加深入的分析，对产品保证活动项目内容进行科学细致的策划，确保产品保证工作规范有序开展。

各级产品保证计划要纳入本级产品研制和生产计划中统一管理。上一级产品承研单位有权对下一级产品承研单位制定的产品保证计划进行审查。

(3) 产品保证要求

各级产品承研单位落实上一级产品承研单位的产品保证通用和专用要求及本单位产品保证有关制度和要求，在充分分析研究下一级产品或任务特点的基础上，面向下一级各产品承研单位提出产品保证要求，明确下一级产品要开展的产品保证工作项目及控制要求。

各级产品承研单位制定的产品保证大纲、产品保证计划、产品保证要求等产品保证文件逻辑关系如图 11-2 所示。

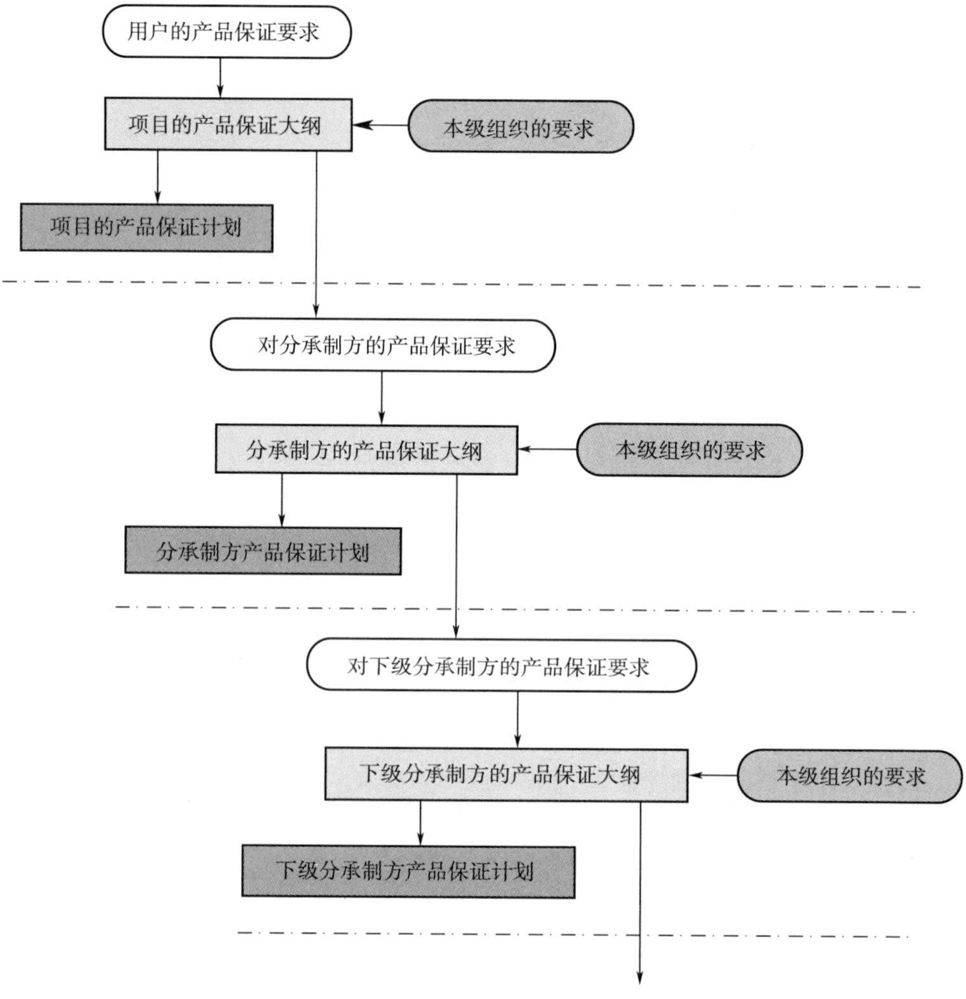


图 11-2　产品保证文件逻辑关系

#### 11.2.2.2　产品保证过程类文件

产品保证过程类文件主要包括技术风险表单和技术风险控制表、关重项目清单和关重件明细表及相应控制表、不合格清单和不合格报告、产品保证信息报告、产品数据包等，这些文件对于产品保证过程的规范性和有效性起到关键作用。

(1) 技术风险表单和技术风险控制表

航天型号各级产品承研单位要针对影响产品质量和任务目标实现的技术风险进行全面识别和梳理，对于每项已知风险，评估其发生可能性和后果严酷度，确定风险评估指数和风险等级，形成技术风险表单。对于高等级的技术风险，要建立风险控制表。对每项高等级技术风险均建立独立的风险控制表，明确风险减缓或控制措施、风险控制计划安排、风险控制结果及检查方式、风险控制责任单位等，详见 8.3 节。

（2）关重项目清单和关重件明细表

航天型号各级产品承研单位通过故障模式及影响分析、测试覆盖性分析确定关重项目，通过产品关键特性和重要特性的分析确定关重件，建立并管理关重项目清单和关重件明细表。各关重项目和关重件责任单位要制定关重项目和关重件控制措施，明确控制计划安排、结果形式与检查方式等，形成关重项目和关重件控制表，对每个关重项目或关重件均要建立独立的控制表。当关重项目和关重件为高等级技术风险项目时，控制表可以与技术风险控制表合并。

（3）不合格清单和不合格报告

航天型号各级产品承研单位建立本单位承研产品所涉及的不合格清单，以完整地记录产品研制和生产期间出现的所有不合格状态。该清单在产品保证总结报告中要作为独立附件进行描述。对严重不合格状态的审理要有上一级产品承研单位参加，如需归零的按照质量问题归零要求进行处理。

（4）产品保证信息报告

各级产品承研单位每月编制产品保证信息报告并逐级上报型号项目办。产品保证信息报告主要内容包括：产品保证重要活动开展情况，技术风险表单和技术风险控制表建立和动态管理/变化情况，关重项目和关重件控制措施落实情况，不合格发生与处理情况，质量问题归零情况，引进产品的质量控制情况，阶段产品保证工作评价等。

对于突发的重大质量问题，或对型号研制工作可能产生重要影响的不合格部分，要建立和实施产品保证信息快报制度。

（5）产品数据包

建立和实施产品数据包管理制度，对航天型号产品数据包进行策划、实施和管理，确保数据包的完整性、正确性和可追溯性。航天产品数据包应包含交付和备查两个部分。其中，备查数据包由承研单位留存并归档管理，在产品强制检验、验收和质量问题归零等必要的情况下提供备查，产品数据包项目及内容必须涵盖产品在研制全过程中形成的所有文件、记录、数据和影像等信息；交付数据包应随产品交付，产品数据包项目及内容应满足上一级产品承研单位的要求。

#### 11.2.2.3　产品保证总结类文件

航天型号项目各级产品承研单位在产品转阶段、产品交付或出厂等重要节点要对产品保证工作进行阶段性总结，编制产品保证总结报告。报告内容要涵盖产品保证大纲和计划规定的全部产品保证活动开展情况，并对其结果进行分析和评价。产品保证总结报告由各级产品保证经理或产品保证工程师负责组织编写，并作为产品交付数据包内容。产品接收单位在产品验收时对报告中涉及的产品保证工作落实情况、客观证据及产品质量的符合性结论进行检查和确认。

### 11.2.3 产品保证标准体系建设

产品保证标准是组织长期以来对积累的经验与知识进行的总结、提炼和固化，是组织形成的产品保证技术和方法的载体，是产品保证工作正确、精细、有效开展的基础。

产品保证标准在航天型号项目任务实施过程中起到重要的规范与保证作用，其建立能够在众多企业参与复杂重大任务实施的过程中起到很好的协同作用。层次清晰、结构科学、覆盖全面的产品保证标准体系，保证了产品保证工作的每一个要素，每一个工作项目均有对应的工作依据，可确保产品保证实施的正确性。

在组织层面，需要对项目研制过程中的工程技术风险进行全面梳理和系统总结，从产品保证工作的各个方面进行风险识别，并对风险控制程序和方法进行规范，建设支持产品保证工作有效开展的标准体系，支持产品保证各方面要求在产品开发活动中的有效落实。

产品保证标准要尽可能在更高层级建立，直至形成完善的国家行业标准，以使航天型号项目各参与方均采用统一的、规范的、严格的产品保证模式，按照统一的产品保证标准开展研制。一个企业的产品保证标准要实行“统一规划、分层实施、逐步完善、严格落实”的方针。

航天型号产品保证标准体系结构如图 11－3 所示。第一层次标准为产品保证目标和原则；第二层次标准包括产品保证管理，质量保证要求，可靠性保证要求，安全性保证要求，EEE 元器件保证要求，材料、机械零件和工艺保证要求，软件产品保证要求等；第三层次标准是第二层次标准实施所需的支持性标准。

第二、第三层次产品保证标准除明确工作目标、工作体系与职责外，还应遵循风险管理原则，明确该项工作已经认识到的主要风险、风险分析和识别的程序与方法、风险控制措施与要求等。

### 11.2.4 产品保证专业技术机构建设

产品保证专业技术机构是产品保证专业技术发展、队伍专业化培训、型号产品保证工作专业化开展的组织支撑。

航天型号项目产品保证具有多学科、跨专业的特点，为了在专业上对产品保证队伍进行必要的支撑，需要建立相关专业的产品保证专业技术机构。各机构一般对应产品保证的各技术要素，如可靠性和安全性保证、EEE 元器件保证、工艺和材料保证、软件产品保证、空间环境适应性保证等。产品保证专业技术机构是相应产品保证专业技术研究、技术支持和人才培养的实体，各航天型号项目根据需求委托产品保证专业技术机构开展相关专业产品保证工作。

由于单个单位的专业技术能力往往比较受局限，因此通常由航天型号项目总体单位牵

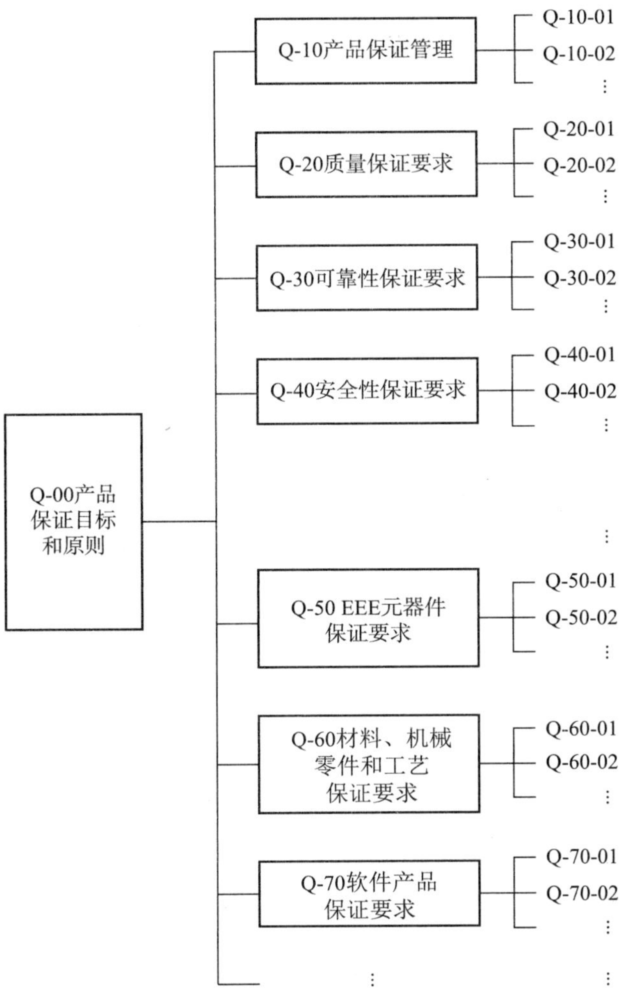


图 11－3　航天型号项目产品保证标准体系结构

头，相关专业技术单位参加，建立产品保证专业技术机构。

同时，应充分依托相关专业单位的产品保证专家力量，成立各个专业的产品保证专家组，与对口的产品保证专业技术机构共同对项目提供专业支持。

各专业技术机构负责制定项目专业产品保证工作流程、标准规范、方法、工具、基础数据库等，针对项目需求开展产品保证专业技术研究，解决多项目重大或共性技术问题，培养并向项目派出专业产品保证工程师，并支持其在项目中开展工作；专业技术机构和专家组受各项目委托，开展项目研制的支持工作，参加项目评审、检查、归零等产品保证活动；负责为项目研制队伍提供专业培训。

各要素应相互关联和支撑，形成有机的工作体系。产品保证工作体系各要素的支撑关系如图 11－4 所示。

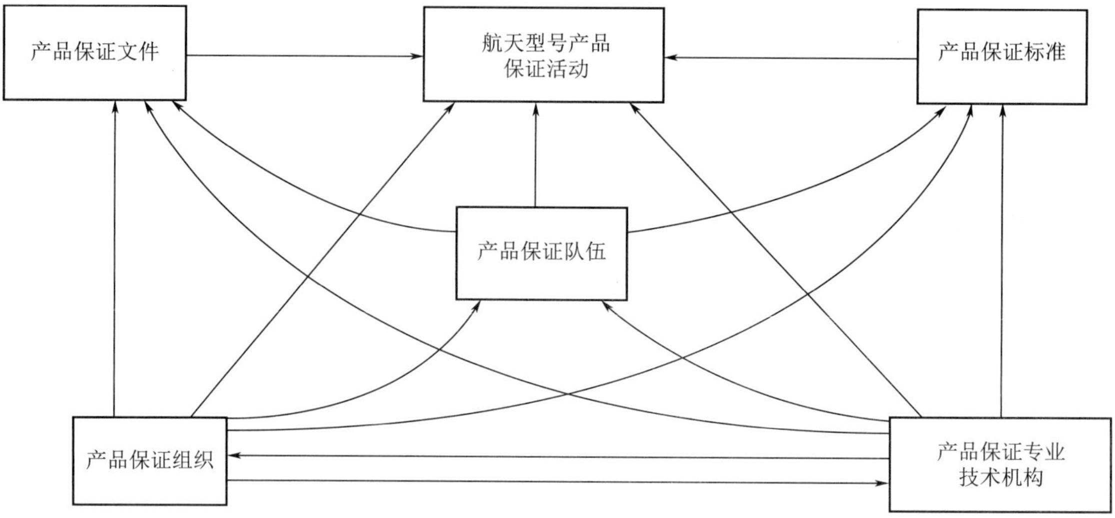


图 11-4　产品保证工作体系各要素的支撑关系

## 11.3　产品保证内容

产品保证主要包括产品保证管理，质量保证，可靠性保证，安全性保证，材料、机械零件和工艺保证，EEE 元器件保证，软件产品保证等方面的内容：

（1）产品保证管理

产品保证管理是航天型号项目顶层的质量管理活动，其目标是要确定产品保证工作目标，建立产品保证组织和队伍，明确各级各类产品保证人员的职责，明确主承包商和分承包商的责任和权利，完成对分承研单位的管理，产品保证要求的制定和落实，设计验证管理，产品鉴定管理，关键项目管理，关键特性管理，风险项目管理，评审管理，产品验收管理，产品数据包及产品保证信息管理等。

（2）质量保证

质量保证就是在航天型号项目实施和产品研制全过程全面落实质量管理体系要求，主要包括文件和数据管理，人员培训和认证，外协供方管理，采购控制，生产控制，生产环境（洁净度、污染、多余物、静电等）控制，产品极性控制，检验管理，搬运、储存、保管、包装和运输控制，评审、检验、测试覆盖性管理、鉴定，不合格管理与质量问题归零，质量信息管理等内容。

（3）可靠性保证

可靠性保证就是从产品设计阶段开始，明确可靠性保证工作项目，制定可靠性工作策划与可靠性保证工作计划，可靠性分配与预计，可靠性设计与分析（力学、热、EMC、抗辐射设计、静电防护设计，冗余设计，裕度设计，FMEA 与 FTA，潜通分析、共模和共因分析、最坏情况分析等），可靠性措施确定与实施（降额、容错、冗余及裕度设计等），可靠性关键项目管理，可靠性试验验证，可靠性定量评估等。

（4）安全性保证

安全性保证主要包括识别、分析危险源与危险因素（如火工品、推进剂、压力容器、微波与辐射产品、易燃品、刺激品以及由于故障引起的危险等），确定和控制安全性关键项目，制定和实施安全性保证措施（如容错、隔离、防故障扩散、最小风险设计等安全性设计准则），开展安全性设计与验证等内容。

（5）材料、机械零件与工艺保证

材料、机械零件与工艺保证主要包括使用材料、机械零件与工艺清单管理，禁限用材料、机械零件与工艺管理；材料稳定性、相容性管理；非金属材料放气率控制、金属材料应力腐蚀裂纹控制；未经飞行试验验证的材料与工艺（或经过飞行试验验证但使用状态或应用环境发生变化）控制；新材料、机械零件与工艺鉴定管理；工艺设计与工艺验证；质量问题多发工艺控制、产品成品合格率低或质量不稳定的工艺控制；材料和工艺技术状态更改控制；关键工艺与工序控制等内容。

（6）EEE元器件保证

EEE元器件保证主要包括航天型号项目合格元器件目录管理；装星/箭/器产品元器件清单管理、元器件装机信息管理；装星/箭/器元器件质量等级管理；元器件选用、采购、监制与验收、筛选与复验、失效分析管理；新品元器件、目录外元器件、质量等级不符合要求元器件、超期复验元器件、失效元器件等例外管理；元器件储存、传递、发放管理等内容。

（7）软件产品保证

在软件开发和应用全过程开展风险控制活动，主要包括软件配置管理；关键等级确定；开发及评审管理；沿用与重用软件管理；关键软件模块开发控制、更改控制；测试及测试覆盖性管理、第三方评测管理；三库管理、版本控制等。

# 第12章　质量问题归零管理

质量问题归零是指对在设计、生产、试验、服务中出现的质量问题，从技术上、管理上分析产生问题的原因、机理，并采取纠正和预防措施，以避免问题重复发生的活动。质量问题归零是实现质量问题闭环控制的一种方法，在质量问题归零过程中，通过对标准规范和规章制度的不断完善、人员意识的不断提升、条件的逐步改进，实现质量管理的升华。

## 12.1　归零的发展历程

推行质量问题归零，是航天质量工作在同质量问题的不断斗争中，自我完善、持续改进的需要。其发展历程如下。

从20世纪90年代初开始，在不断从解决质量问题的方法探索以及学习国外的先进质量管理经验的过程中，各单位都在总结解决质量问题的方法。

1995年8月17日，中国航天工业总公司在《中国航天工业总公司质量问题归零的管理办法》中，第一次明确提出了“质量问题归零管理要求”。从质量问题定位、机理、性质、责任、措施等方面，提出了质量问题“归零五条标准”的最初概念。

1996年，中国航天工业总公司下发了《关于进一步做好质量问题归零监督检查工作的通知》，概括性地提出了质量问题归零的要求：“定位要准确，机理要清楚，故障要复现，问题的性质和责任要清楚，措施要可行、有效，举一反三”。由此勾画出了质量问题“归零五条”的基本内容。同年10月，中国航天工业总公司再次提出，要树立严谨科学的工作作风，检查的标准就是确保所有质量问题真正归零，符合“定位准确、机理清楚、问题复现、措施有效、举一反三、杜绝重复故障发生”的要求，第一次系统、明确地提出了质量问题的“归零五条”。

此时的“归零五条”实则是针对技术问题提出的，随着管理归零的相继提出，前者被称为“技术归零五条”。“技术归零五条”要求非常适合于类似航天工程这样的系统性产品，其价值在于确定了从技术上彻底解决质量问题的原理和路径。“技术归零”的实践对提升航天产品质量起到了关键、突出的作用。但事实上，有相当多的质量问题是由于管理不到位造成的，如无章可循、有章不循、职责不清等。为此，1997年10月，中国航天工业总公司下发了《关于认真做好质量问题在管理上归零工作的通知》，首次提出管理归零五条要求，即“过程清楚、责任明确、措施落实、严肃处理、完善规章”。至此，航天质量管理系统完整提出了技术、管理“双归零”“双五条”要求。

2002年，航天科技集团颁布了《航天产品质量问题归零实施要求》标准，以集团标准的形式对质量问题归零工作进行制度化、规范化管理。技术归零是指针对发生的质量问题，从技术上按照“定位准确、机理清楚、问题复现、措施有效、举一反三”的五条要求逐项落实；管理归零是指针对发生的质量问题，从管理上按照“过程清楚、责任明确、措施落实、严肃处理、完善规章”的五条要求逐项落实。

2003 年，航天行业制定并发布了行业标准《航天产品质量问题归零实施指南》。《航天产品质量问题实施要求》的发布明确了质量问题归零的组织管理、工作程序和评审等方面的要求。《航天产品质量问题归零实施指南》使质量问题归零在国防军工行业进一步推广，质量问题归零的程序方法不断完善。

2009 年，航天科技集团提出在严格执行技术问题归零标准的基础上，必须同步开展管理归零工作，在分析技术问题的同时，查找管理不到位的因素，即通常说的“双归零”要求。

2011 年，航天科技集团发布《加强型号质量问题快速归零和举一反三工作有关要求》，进一步明确质量问题信息快报的要求。

2012 年，在集团标准的基础上，发布实施国家标准 GB/T 29076—2012《航天产品质量问题归零实施要求》。

2015 年，以质量问题技术归零五条为核心，中国航天标准化与产品保证研究院主导制定国际标准 ISO 18238：2015《航天系统——质量问题归零管理》（Space Systems—Closed Loop Problem Solving Management）。

质量问题归零方法的提出经历了一个不断发展、完善、规范的过程，其科学性和有效性已经被航天工程的成功实践所证实，成为航天产品确保质量的法宝，形成了较系统、完善的实施质量问题归零的机制和方法，并在国防科技工业得到推广应用。目前，质量问题归零已经成为航天科技集团所属单位和型号必须开展的一项常规工作，相关的归零评审和监督检查工作也有序实施。通过有效实施质量问题归零，保证了航天产品质量的不断提高，以及以载人航天工程、探月工程为代表的重点型号飞行试验的圆满成功，提升了航天研制队伍的技术和管理水平，为单位质量管理体系的持续改进提供了有效途径。

## 12.2　归零的定义与内涵

质量问题归零是从技术上、管理上运用适当方法，分析问题的原因、机理，并采取纠正和预防措施解决已发生的质量问题，同时通过开展举一反三，避免问题重复发生的闭环管理活动。航天质量问题归零分为技术归零、管理归零两个方面，质量问题“双归零”如图 12 - 1 所示。

总体来说，质量问题归零是以航天零缺陷为目标，应用闭环管理模式，举一反三消除潜在质量问题，最终达到“预防为主，一次成功”。

质量问题归零就是理清发生问题的过程，确定问题发生的部位，找到发生质量问题的根本原因，采取有效的纠正措施，达到彻底解决问题的目的，通过举一反三，进而达到避

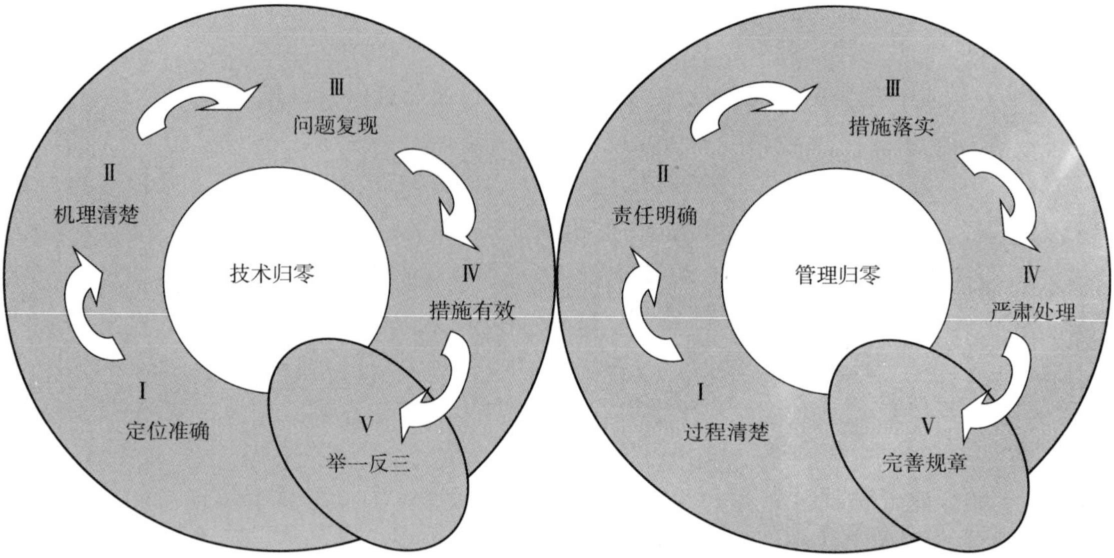


图 12－1　质量问题“双归零”

免问题重复发生的预防效果。“五条标准”是对质量问题治“本”的方法。

### 12.2.1　技术归零

“质量问题技术归零”是针对发生的质量问题，从技术上按“定位准确、机理清楚、问题复现、措施有效、举一反三”的五条要求逐项落实，并形成技术归零报告或技术文件的活动。技术归零的五条要求内涵如下。

（1）定位准确

“定位准确”是指要确定质量问题发生的准确部位。明确问题发生的准确、具体部位是解决问题的前提条件。发生问题，首先要找到问题发生在哪里或哪个环节、哪个产品、哪个部件、哪个零件或哪个电子元器件；是什么故障模式。准确定位就是确定解决问题的对象。受损的产品或零部件可能是一个，也可能是几个，都要确定出来。

（2）机理清楚

“机理清楚”是找到问题发生的根本原因和演变过程。明确为什么会发生问题，找到发生问题的根源，才能以治本的方法解决问题。梳理问题和原因的因果关系，支持并证明所发生问题原因分析的正确性，为制定措施提供依据。机理清楚是彻底归零的关键，对提升技术水平和解决问题能力是非常重要的。

（3）问题复现

“问题复现”是通过试验或其他验证方法，复现质量问题发生的现象，验证定位的准确性和机理分析的正确性。问题复现是采取纠正措施的初步试验。按照对问题的定位和原因分析结果，进行地面试验，如果不采取纠正措施，故障（或问题）复现；如果采取纠正措施，故障（或问题）不再复现，说明对定位和机理分析是正确的，是对问题定位和原因分析正确性的证实。对某些显而易见的失误而造成的产品损伤等问题，可无须进行复现试验；对于无法进行问题复现的故障模式（或者破坏性的故障模式），可以通过分析或者仿真来证实故障发生的现象。

（4）措施有效

“措施有效”是针对发生的质量问题的原因，采取纠正措施并验证，确保质量问题得到解决。一个问题可能由几个原因造成，因此解决问题的措施也要同时针对几个原因。例如，某电子元器件因外应力失效，有工艺设计不完善，也有操作和检验不到位等问题，纠正措施除了完善工艺设计外，还要改进操作和检验方法。纠正措施是解决问题的手段和方法，措施有效，应不仅能纠正本次的问题，还必须能够全面解决发生问题的根本原因。

（5）举一反三

“举一反三”是把发生质量问题的信息反馈给本型号、本单位和其他相关型号以及相关单位，检查有无可能发生类似故障模式或机理的问题，并采取预防措施。通过“举一反三”，把解决本产品本次发生问题的纠正措施，落实到同批次、同样机理设计的其他产品上，使具有相同原理设计的产品都能避免同类问题的发生。这对还未发生问题的产品来说，是一种预防措施的落实。

对技术归零来讲，定位准确是归零的前提，找到问题发生的准确部位，才能明确解决问题的对象；机理清楚是归零的关键，只有找到发生问题的原因，才有治本的依据；问题复现是归零的手段，是验证定位和机理分析的有效措施；措施有效是归零的核心，是解决问题的落脚点；举一反三是归零结果的延伸，是防止同类质量问题重复发生的有效方法。

### 12.2.2　管理归零

“质量问题管理归零”是针对发生的质量问题，从管理上按“过程清楚、责任明确、措施落实、严肃处理、完善规章”的五条要求逐项落实，并形成管理归零报告和相关文件的活动。管理归零的五条要求内涵如下。

（1）过程清楚

“过程清楚”就是要查明质量问题发生和发展的全过程，从中找出管理上的薄弱环节或漏洞。“过程清楚”就是要清楚发生问题的时间、地点、工作工况、运行程序、问题现象和结果，清楚产生问题的管理环节、岗位和管理原因，清楚管理工作程序或制度中的漏洞、薄弱环节。

（2）责任明确

“责任明确”是指根据质量职责分清造成质量问题的责任单位和责任人，并分清责任的主次和大小。“责任明确”是实施改进措施的前提，只有明确了哪个部门、哪些岗位的责任要改进落实，管理改进工作才能做到有的放矢。依据问题发生的过程，明确问题涉及的相关责任单位、相关人员，直接责任和间接责任，主要责任和次要责任，领导责任和执行责任等，涉及多部门、多岗位、多人员时，要逐一明确。

（3）措施落实

“措施落实”是针对管理上的薄弱环节或漏洞，制定并落实有效的纠正措施和预防措施。“措施落实”要有结果，管理的措施落实要体现在完善规章、教育培训、合理处置等，关键是提高认识，提高管理能力。措施要具体、可操作、可检查。措施落实要有计划和保障条件，明确责任人，要有落实的客观证实材料和监督检查的记录。

（4）严肃处理

“严肃处理”是对由于管理原因造成的质量问题要严肃对待，从中吸取教训，达到教育人员和改进管理工作的目的。对重复和人为责任质量问题的责任单位和责任人，要根据情节和后果，按规定给予处理。严肃处理重在严肃对待，通过归零工作扩大受教育面，从中吸取教训，达到提高认识、改进管理的目的。严肃处理的最终目的是教育人和改进工作，只有对重复性质量问题和人为责任质量问题的责任单位和责任人才给予一定的行政处罚和经济处罚，这种处罚的目的依然是加深教育，预防质量问题的再次发生。

（5）完善规章

“完善规章”是针对管理上的薄弱环节或漏洞，完善规章制度，并加以落实，从规章制度上避免质量问题发生。“完善规章”是结合质量问题管理归零措施，识别现有规章制度中不完善的地方，把归零工作的措施固化到相关的规章制度、作业指导文件、标准或规范中。规章制度的改进是质量管理体系改进的基础，是单位质量改进的有效资源，是组织提升管理能力的源头，也是管理归零实现闭环的归宿。

对管理归零来讲，过程清楚是基础，只有了解清楚问题发生、发展的全过程，才能准确找到产生质量问题的薄弱环节和管理上存在的漏洞。责任明确是前提，只有明确阐明问题发生在哪个环节，明确责任单位（部门）、岗位，管理改进才能有的放矢。措施落实是核心，不仅要落实到管理文件上，更要落实到工作职责上。严肃处理是手段，通过加强质量管理制度的宣贯和发生质量问题的教训，教育职工提高自身的质量意识，提高管理者的责任心，同时，对严重违章者也必须给予适当的行政或经济处罚，以加深教育的作用。完善规章是结果，将取得的经验教训用规章、制度进行固化和推广应用，起到预防的效果。

对于单位的质量管理体系而言，质量问题归零是弥补质量管理体系缺省链的重要方式，通过将归零措施纳入相关管理文件或技术标准，落实预防为主的方针，正所谓“吃一堑，长一智”。

实施质量问题归零管理，使质量问题解决有章可循，为彻底解决和防止质量问题重复发生提供了一套比较系统、科学的程序、方法和工作机制。通过质量问题归零，能够促使研制队伍深入认识问题产生的原因、机理，吃透技术，发现质量体系的薄弱环节，不断完善质量规章制度或标准规范，培养员工严慎细实的作风，提高技术和管理的水平。

质量问题归零“五条标准”的实施，不仅是解决研制、生产问题的有效方法，也是促进技术进步和管理水平提升的有效途径，通过对发生问题的技术分析，扩展了对技术改进方法的认识，不断完善规章和制度，使管理更加精细量化。

# 12.3　归零的范围及实施步骤

## 12.3.1　质量问题归零的范围

一般而言，对技术原因为主的问题，主要从技术上完成归零工作，实现技术改进，提高产品的固有质量与可靠性。但是同时，也应查找管理上的薄弱环节，在管理方面进行完善和改进，促进技术归零成果的有效落实。而对于管理原因为主的问题，主要按管理归零的要求完成归零工作，同时，对发生问题的产品也要从技术上进行归零处理。

管理归零是技术归零的延续，是技术归零后在更深的层面上铲除质量问题重复发生的根源，是提高质量管理水平的手段。大多数的质量问题或多或少均存在管理上的不足或问题，主动查找管理上的不足是提高产品质量与可靠性的有效方法，也是在提高产品设计技术、工艺技术的同时，提高管理水平的重要环节，所以在航天型号研制过程中，若发生质量问题，既要开展技术归零，也要开展管理归零。

### 12.3.1.1　技术归零的范围

1）影响研制进度、造成与其他单位的接口设计修改、造成性能指标下降、造成生产返工的设计质量问题；

2）造成重大经济损失的设计和生产质量问题；

3）因技术原因，造成批次性和重复性的生产质量问题；

4）因技术原因，造成批次性电子元器件、原材料质量问题；

5）造成试验失败或损坏产品的试验技术问题；

6）单机、系统（分系统）交付后出现的因技术原因造成的质量问题；

7）产品在发射场或外场出现的因技术原因造成的质量问题；

8）因技术原因造成的装备交付后影响使用的质量问题；

9）卫星、飞船在轨运行和回收中的故障，或影响任务完成的因技术原因造成的质量问题；

10）上级部门、型号指挥系统和设计师系统确定需技术归零的质量问题。

### 12.3.1.2　管理归零的范围

1）重复性质量问题；

2）人为责任质量问题；

3）无章可循、规章制度不健全造成的质量问题；

4）技术状态管理问题；

5）行政领导和型号指挥系统确定需管理归零的质量问题。

## 12.3.2　技术归零的实施步骤

### 12.3.2.1　现场记录、确认和报告

质量问题发生后，要立即采取措施防止质量问题扩散。在不影响产品、设备和人员安

全的情况下，问题发生单位的岗位人员要保护好现场，并做好记录，填写质量问题报告单，或以口头方式（情况特别紧急时）按要求逐级上报质量问题信息。

报告内容一般要包括以下内容：

1）质量问题发生的时间、地点等；

2）发生质量问题的产品所处的工作状态，环境条件；

3）产品质量变化过程和现象的详细描述。

#### 12.3.2.2　故障定位和机理分析

出现质量问题后，项目负责人要立即组织有关方面的技术人员确认质量问题的现象和部位，进行初步的问题定位，并确定技术归零的责任单位（部门）。在难以分清是设计质量问题还是生产质量问题，或且难以分清是哪个系统时，由项目负责人组织相关单位分析查找原因，责任初步分清后由责任单位具体组织实施质量问题归零。

在具体进行问题定位时，对有些质量问题，问题现象和部位比较直观，可以很容易确定问题部位，例如断线、短路、加工错误、尺寸超差等。而有些问题产生的原因和部位不能直观看出来，例如系统工作不稳定等，就需要用质量分析工具（如故障树、鱼骨图等）进行分析，找出产生问题的原因，必要时，需要专业机构进行鉴定，对有些复杂产品，要做试验进行分析。

在质量问题定位之后，要组织有关方面的技术人员，通过试验和理论分析等手段，弄清故障发生的基本过程，搞清楚故障的模式，从而确定质量问题发生的根本原因。只有彻底查明问题的原因机理，才能解释问题发生的过程，才能提出有针对性的纠正措施。

机理分析是一件极其重要，却又非常困难的工作。影响机理分析的准确性的因素比较多，主要有：

1）思想上的顾虑，因为问题的原因涉及责任；

2）数据和资料收集不全，质量事故的现场没有保护好；

3）分析人员的水平、经验和客观性的限制；

4）单位负责人的态度和作风；

5）分析设备的功能和精度；

6）监督机制的完备性；

7）奖惩机制的合理性。

针对某一特定的质量问题，特别是重大的质量事故，要成立问题分析小组，其成员包括参与产品设计、生产、试验和使用等有关的单位和部门代表、专业失效分析机构和质量可靠性部门的代表。其任务是负责问题调查、分析工作，做出分析结论等。

#### 12.3.2.3　进行质量问题的复现试验

复现试验，是确认定位和机理分析的正确性。但对某些显而易见的失误造成的产品损伤等问题，可无须进行复现试验。

对质量问题进行复现是一个迭代的过程，复现试验验证机理分析是否正确如图 12－2

所示。只有通过复现确认机理已经分析清楚，方能进入下一步制定具体的措施进行问题的纠正和预防。假设复现试验不能复现发生的故障，则认为故障未能定位清楚，机理分析可能不正确，需要重新进行故障的定位和机理的分析。

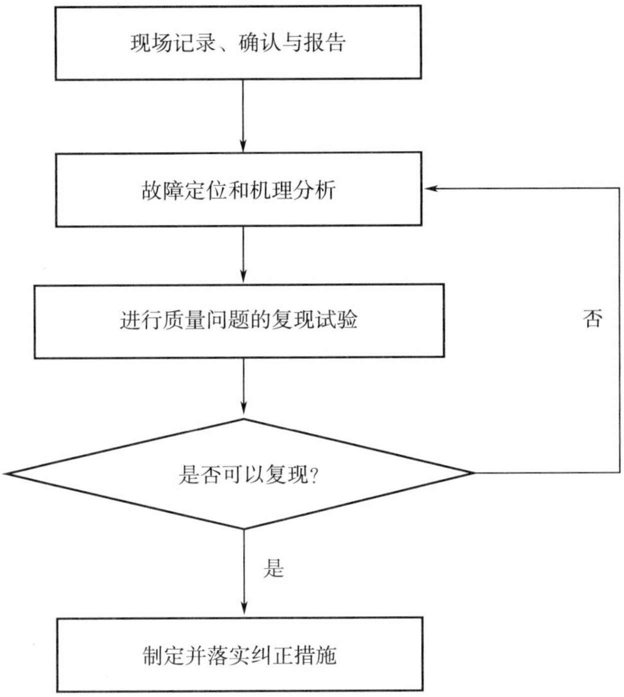


图 12-2　复现试验验证机理分析是否正确

有些复现试验涉及面广，耗资巨大，且可能很难进行复现试验，如火箭发射失利。在这种情况下，可以利用模拟方法、仿真方法进行验证，或通过原理性试验来验证。

在航天产品质量问题归零中，除了对大型破坏性试验可以用理论分析和数字模拟外，一般均要求进行实物仿真试验，以保证之前各个环节的正确性。

#### 12.3.2.4　制定并落实纠正措施

根据质量问题的原因，采取相应的改进措施。对一些复杂问题要认真分析，制定改进的实施方案和验证方法，并通过必要的试验验证确认改进措施有效和合理，将措施固化到相应的设计文件或工艺文件中。

一般而言，措施可以分为两类：

1）应急处理。更换有质量问题的零部件，把系统恢复到正常的工作状态，这种更换只对有质量问题的产品采取了措施，不能提高产品的固有质量。

2）防止再发生。在问题原因分析清楚的基础上，采取纠正和预防措施，改进产品的设计、工艺、试验程序，消除产生质量问题的根本原因，从而提高产品质量。

#### 12.3.2.5　开展举一反三工作

各级质量管理部门要将归零信息上报上一级质量管理部门。上一级质量管理部门明确举一反三的要求，并以通报的形式反馈给相关单位和相关型号开展举一反三。各单位、各型号要根据通报内容组织本单位的举一反三工作。

举一反三工作内容主要可以分为两个方面：一是本型号范围内开展举一反三。要检查相同产品范围内，特别是本批次产品范围内是否存在类似的质量隐患，如果存在，都要进行改进，并办理相应的手续和文件。二是对本单位和其他单位同原理设计生产的其他产品也要进行检查和改进，以防同类问题在其他产品上再次发生。

设计问题的举一反三从以下几点考虑：

1）设计输入，设计输出；

2）可靠性、安全性、维修性设计；

3）设计质量管理程序。

工艺问题的举一反三从以下几个方面开展：

1）工艺设计的优化性、合理性；

2）工装设计的合理性和制造上的系统缺陷；

3）产品实际质量的稳定性。

#### 12.3.2.6 编写技术归零报告

编写质量归零报告是归零工作的重要一环。归零报告是归零工作的成果，也是航天型号研制的宝贵经验和财富。通过质量归零报告所提炼的研制警示，可为今后产品研制工作提供有益借鉴，也是年轻一代研制人员极有价值的学习教材。

技术归零报告由责任单位编写，按三级审签要求进行签署，质量监督代表会签。外包单位归零报告要经订货和任务书提出单位会签审查。

一般而言，技术归零报告的主要内容包括：

1）问题概述——描述问题发生的现象；

2）问题定位——阐述问题定位的过程及结果；

3）机理分析——阐述故障原因及机理；

4）问题复现——阐述为验证定位及机理分析的正确性所进行的模拟试验情况；

5）采取措施及验证——阐述对所采取的纠正措施在产品上落实的情况；

6）举一反三情况——阐述对举一反三发现的问题所采取的纠正措施和预防措施；

7）结论——明确该问题是否归零的结论。

#### 12.3.2.7 技术归零的评审

完成技术归零报告之后需要组织对技术归零工作进行评审。评审组织一般由责任单位质量部门负责，根据质量问题重要性、接口关系等综合因素考虑评审组的组成。涉及用户的均应邀请用户代表参加。

技术归零评审重点评审以下方面内容：

1）故障的定位和机理的分析是否正确有效；

2）纠正措施是否落实，纠正措施的效果必须经过充分验证，并将纠正措施落实在设计、工艺文件和产品实物上，确保在产品上做到真正归零。

12.3.2.8　归零信息的管理

质量问题发生后，责任单位按规定填报“航天产品质量问题信息采集卡”。采取月报、季报等定期统计分析质量归零信息，质量信息中心及时发布共性质量问题和产品质量趋势。形成质量问题快速收集、反馈、准确分析处理、充分利用及共享的有效的质量信息管理系统。归零评审完成后，要及时将归零报告、故障信息等归档，更新质量问题归零信息库。

### 12.3.3　管理归零的实施步骤

12.3.3.1　查明质量问题发生的过程和责任

质量问题发生后，在不影响产品、设备和人员安全的情况下，问题发生单位的岗位人员要保护好现场，并做好记录，填写质量问题报告单，按要求逐级上报质量问题信息。

质量问题是由管理原因造成的，由责任单位责任人进行管理归零工作。分析造成异常因素的过程管理和控制文件的规定、执行方面的原因，查找管理上的薄弱环节和漏洞。

12.3.3.2　制定改进措施，完善规章制度

对造成质量问题的管理原因，要针对薄弱环节采取纠正措施。归零措施要通过完善质量管理体系文件、规章制度、标准等形式固化。凡属于规章制度不健全的问题，需明确完成规章制度制（修）定时间和具体内容要求。

制定的归零措施要具体、细化、可操作、可检查，且措施中每一项工作要明确责任部门和责任人，对于中长期措施要有明确的计划和节点。

12.3.3.3　问题处理

依据过程管理和控制文件的规定、执行和记录情况，确定相关组织和相关人员要承担责任的主次和大小等。对确属重复性质量问题和人为责任质量问题的责任单位和责任人，以及弄虚作假、隐瞒不报的有关责任人，要按照责任和影响大小，给予一定的处分或处罚。对预先发现规章制度或流程不完善、不健全等管理薄弱环节，能够主动归零并提出可操作、可落实、可检查措施的责任单位和责任人，根据情况给予奖励。

12.3.3.4　编写管理归零报告

管理归零报告要经质量管理部门和相关部门会签、本单位行政正职批准。

一般而言，管理归零报告的主要内容包括：

1）过程概述。描述问题发生的现象。

2）原因分析。按管理环节和职责，分析管理方面的原因，明确有关人员和部门的职责。

3）采取的措施和落实情况。

4）处理情况。说明对责任部门和责任人处理方法、结果及依据。

5）完善规章。通过管理原因分析，明确哪些规章制度需要进一步完善或建立。

6）归零的结论。

7）管理归零的证明资料清单。

#### 12.3.3.5　管理归零的评审

在完成质量问题管理归零后，要组织质量问题归零评审。质量问题归零评审是对归零工作的正式审查。管理归零的评审由责任单位质量管理部门归口管理和组织，有关部门参加。对于双归零的质量问题，管理归零评审可与技术归零评审结合进行。

管理归零评审重点评审以下方面内容：

1）质量问题发生的过程是否清楚；

2）发生问题的主要原因和问题性质是否明确；

3）主要责任单位和责任人是否清楚，相关单位是否认可应承担的责任并采取了改进措施；

4）是否结合出现的质量问题对人员进行了教育，并对责任单位和责任人进行了相应处罚，处罚是否得当；

5）属无章可循或规章制度不健全的问题是否完善了规章。

# 第 13 章　技术状态控制

航天型号研制更新换代快，多种型号并举，技术状态各异，发射任务密集。为保证型号研制工作按预定的目标顺利进行，严格技术状态更改控制是十分重要的。技术状态管理是系统工程管理的重要组成部分，技术状态控制是技术状态管理的核心，技术状态更改控制则是实施技术状态控制的重要内容，严格控制技术状态更改是提高产品性能指标，保证科研工作顺利进展的有效手段。

## 13.1　技术状态管理

产品的技术状态是在技术文件中规定的、并在产品中达到的功能特性和物理特性。其中，功能特性指产品的性能指标、设计的约束条件和使用保障要求。物理特性指产品的形体特征，如尺寸、形状、公差和重量等。

技术状态管理是技术和管理的活动过程，技术状态管理的准则就是要做到文文相符，文实一致。文文相符是指设计文件、图纸、技术资料以及工艺规程等所有文件之间的协调一致；文实一致是指最终研制出的系统产品同技术文件要求的一致。技术状态管理实施的过程主要包括技术状态标识、技术状态审核、技术状态控制和技术状态记实四个主要的活动，当然其成功实施的关键与一个有效的技术状态管理组织及其制定的有针对性的技术状态管理计划是密切相关的，航天产品技术状态管理活动如图 13－1 所示。

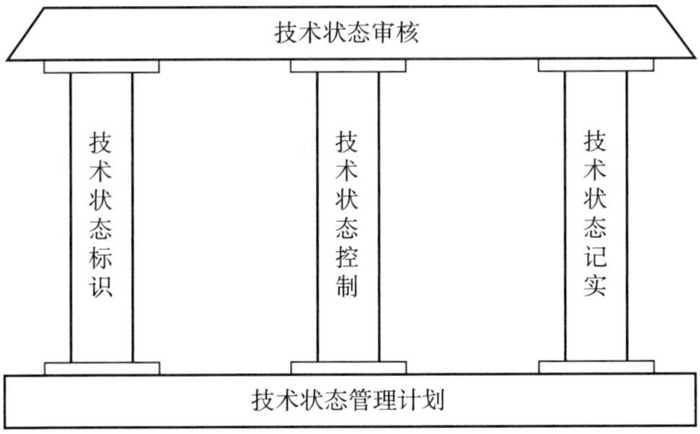


图 13－1　航天产品技术状态管理活动

技术状态标识要确定产品结构，选择技术状态项目，将技术状态项目的功能特性和物理特性及接口和随后的更改形成文件，为技术状态项目及相应的技术状态文件分配标识符，定义各阶段产品的技术状态基线。所以，技术状态标识是技术状态管理的基础，它为技术状态控制、技术状态记实和技术状态审核提供了确定的文件依据。

技术状态控制用于控制技术状态项目的更改，是实施技术状态管理的核心，它为产品技术状态的演变和追溯性提供证明和保证。

技术状态记实是指记录和报告技术状态管理活动的过程，是技术状态标识、控制、审核等技术状态管理活动过程的信息库，它是技术状态管理过程的真实写照，为技术状态管理提供了决策性意见。

技术状态审核是指对技术状态标识和控制有效性的确认，是产品技术状态满足规定要求的保证，为实现技术状态管理的文文相符、文实一致的最终目标提供了保证。

上述四项活动中，技术状态标识的主要活动为："选择技术状态项目，确定每个技术状态项目所需的技术状态文件；指定技术状态项目及规范文件（包括内部和外部接口文件）的标识号；发放技术状态文件；建立技术状态基线。"技术状态控制的主要活动为："技术状态基线建立后，为控制技术状态项目的更改而对提出的更改建议（工程更改、偏离、超差）所进行的论证、评定、协调、审批和实施的活动。"技术状态记实的主要活动为："对已确定的技术状态文件、提出的更改状况和批准更改的执行情况所做的正式记录和报告。"技术状态审核的主要活动为："为确定技术状态项目是否符合其技术状态文件所进行的检查。"

技术状态更改是影响产品技术状态变化的工程更改、偏离和超差。技术状态更改控制是技术状态基线建立后，为控制产品技术状态变化的工程更改、偏离和超差而对提出的更改建议进行的论证、评定、协调、审批、实施和验证的活动。在产品研制过程中，工程更改、偏离和超差都可能使产品的技术状态发生变更，但不是所有的工程更改、偏离和超差都能使产品的技术状态发生变更。

## 13.2 技术状态基线

技术状态基线是在产品研制过程中的某一特定时刻被正式确认，并被作为今后研制、生产活动基准的技术状态文件。对产品一般要建立 3 条技术状态基线，即功能基线、分配基线和产品基线。不同层次的产品形成的技术状态基线不同。对系统级产品而言是功能基线、分配基线和产品基线；对较低层次的产品而言是分配基线和产品基线。基线在技术状态管理中是一个十分重要的概念。技术状态标识的主要作用就是建立基线，技术状态控制的核心是控制基线的更改。基线与产品的研制阶段相关。航天产品的功能基线要在方案研制阶段初期建立；分配基线要在初样研制阶段初期建立；产品基线要在定型（鉴定）研制阶段后期建立。

确定 3 条基线的依据，是不同研制阶段编制的、能全面反映产品在某一特定时刻批准的技术状态的文件。功能基线的建立标志是系统总要求和研制任务书；分配基线的建立标志是设计任务书和总技术条件；产品基线的建立标志是图样、设计文件、工艺文件、材料规范和产品规范等。

技术状态控制开始于功能基线确立之时，继而贯穿于产品研制、生产的全过程。技术状态控制的对象是技术状态基线，其不同于设计文件在成为基线之前的更改。技术状态更改过程如图 13－2 所示，大体上分为更改申请、更改影响评估和更改实施与验证三个过程。

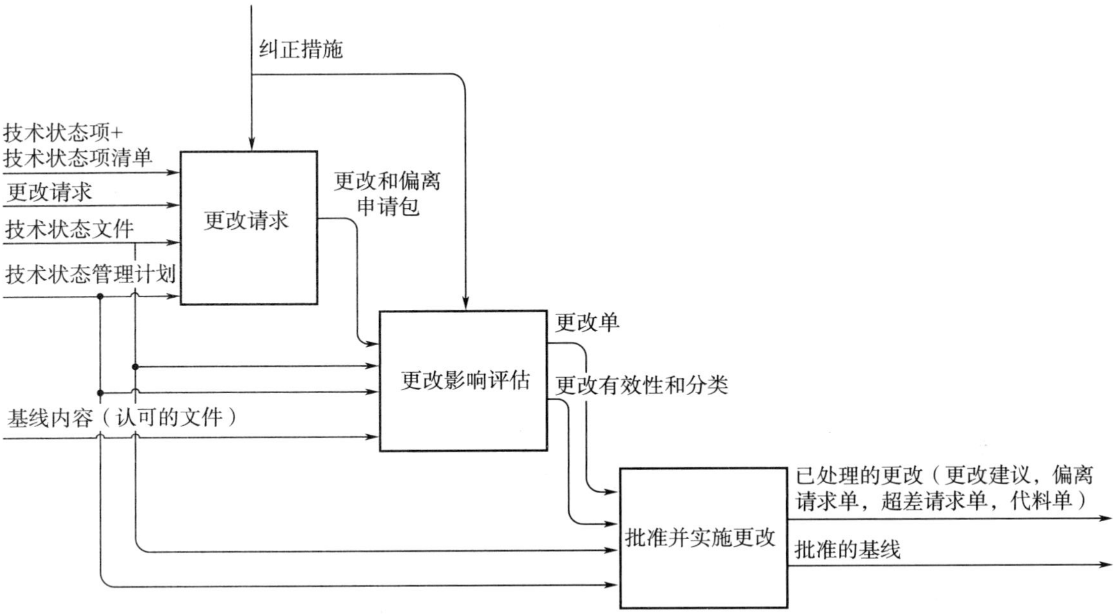


图 13－2　航天产品技术状态更改过程

航天产品技术状态控制内容包含工程更改、偏离许可和超差三大类。工程更改是在产品研制、生产过程中，对已正式确认的现行技术状态文件所做的更改，即对基线所做的更改，是对已冻结的技术状态的更改。工程更改分为三大类，不涉及产品实物状态变更的为 1 类更改，涉及产品技术状态变更的一般更改为 2 类更改，涉及产品技术状态变更的重大更改或对进度、经费有较大影响的更改都属 3 类更改。偏离是产品制造之前，对该产品的某些方面在指定的数量或者时间范围内，可以不按其已被批准的现行技术状态文件要求进行制造的一种书面认可。超差是在制造期间或检验验收过程中，发现某些方面不符合已被批准的现行技术状态文件规定要求，但不需修理或用经批准的方法修理后仍可使用的一种书面认可。

## 13.3　工程更改

### 13.3.1　工程更改的定义及分类

工程更改是航天产品在研制、生产过程中，对已正式确认的现行技术状态文件所做的更改。航天产品技术状态文件包括研究试验文件（如合同、任务书、大纲等）、设计文件（如图样、明细表、技术条件等）、工艺文件（如工艺规程、工序卡等）及软件文档（如需求分析、编程）等，即涉及产品功能特性和物理特性的所有文件。

更改类别的正确判定直接关系到更改方案的具体实施、过程控制方法和控制结果的有效性，因此要引起文件更改者的高度重视。根据更改对产品技术状态的影响程度（包括使用性能和研制周期等），结合航天产品多年的实施情况，航天产品的工程更改分为 3 类。工程更改分类见表 13－1。

**表 13－1 工程更改分类**

| 类别 | 定义 | 范围界定 |
|---|---|---|
| 1 类更改 | 不涉及产品实物状态变更的更改 | 不涉及产品功能特性和物理特性的文件性更改。如：文字错误、增加视图、统一标注、改变阶段标记等 |
| 2 类更改 | 涉及产品技术状态变更的一般更改 | 涉及产品功能特性和物理特性的一般更改。如：提高使用性能，改善表面状态，改变非协调尺寸，不涉及接口特性、电磁兼容性、可靠性、安全性、维修性和不影响相关产品正常工作的一般性更改 |
| 3 类更改 | 涉及产品技术状态变更的重大更改，或对进度、经费有较大影响的更改 | 涉及产品功能特性和物理特性的重大更改。如：任务书或合同要求的更改，设计方案、性能指标、接口特性、电磁兼容性、热特性、协调尺寸、外形尺寸、重量、重心、惯性矩、可靠性、安全性和维修性的更改 |

表 13－1 中，第 1 类工程更改不涉及产品功能特性和物理特性的文件性更改。这类更改不涉及产品的技术状态，故不要求进行论证和试验验证，由设计者填写更改单实施更改。第 2 类和第 3 类更改，涉及产品功能特性和物理特性的更改。这类更改涉及产品的技术状态，要按规定的要求进行控制。

### 13.3.2 工程更改控制流程与步骤

工程更改控制流程如图 13－3 所示，控制步骤如下。

#### 13.3.2.1 提出工程更改的必要性

工程更改的提出单位必须对更改的必要性、可行性及更改带来的影响进行全面、系统、充分的论证，在论证的基础上判定更改的必要性。论证的内容一般包括：

1）是否必须进行更改才能满足预期的性能指标要求或/和使用要求，或者对此有明显的改善；

2）提出的更改技术上是否合理，更改方案是否稳妥，工程上是否可行；

3）更改对产品的可靠性、安全性、互换性、维修性、电磁兼容性及接口的影响；

4）更改对合同、进度、经费和后勤保障工作的影响；

5）更改对与其相关的其他项目及文件的影响；

6）更改对生产、检验、试验工作的影响。

#### 13.3.2.2 确定工程更改的类别

工程更改提出者要严格按照工程更改分类的规定确定更改类别。

#### 13.3.2.3 提出工程更改建议（申请）

若经判定，更改属于第 3 类工程更改和型号定型（鉴定）后的第 2 类工程更改，及航天器试（正）样阶段和运载火箭首飞成功后的第 2 类更改，由更改责任者填写《工程更改

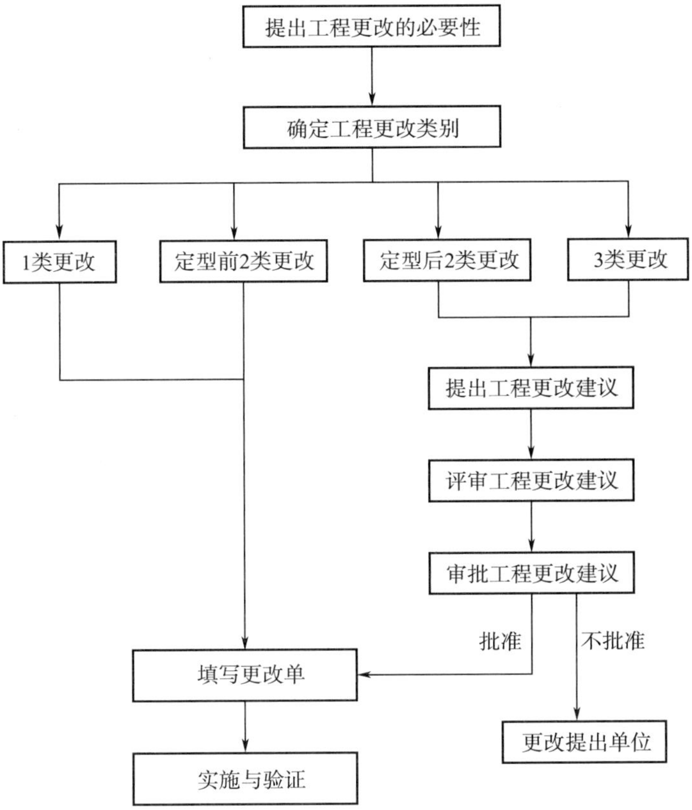


图 13－3　工程更改控制流程

建议（申请）》，填写内容一般包括更改原因、更改的具体内容、更改带来的影响及必要的分析证明材料等。对属于第 3 类工程更改和型号定型（鉴定）后的第 2 类工程更改，必须附论证报告或质量问题归零报告一同提交评审。

#### 13.3.2.4　工程更改建议的评审

填写完整的工程更改建议（申请）由本单位审批后，采取适当的方式进行评审（如提交相应级别的技术状态控制委员会或小组进行审查）。审查的主要内容包括：

1）更改必要性、更改理由的充分性；

2）更改方案的正确性；

3）更改方案所选择的技术途径的可行性；

4）更改方案满足可靠性、安全性、维修性技术指标要求的程度；

5）更改方案经试验验证（或演示）情况；

6）实施更改方案的风险分析及费效分析结果；

7）更改的影响等。

审议的结果要形成批准或不批准的判断，并给出意见或建议。

#### 13.3.2.5　工程更改建议的审批

工程更改建议（申请）要由相应级别的项目负责人批准后通知工程更改提出单位。

#### 13.3.2.6 填写更改单

工程更改建议提出者依据批准的工程更改建议编制更改单，更改单经审批签署，签署由更改单编制者负责征集，更改单的格式和填写内容按相关标准的有关规定执行。审批不完备问题由更改提出单位负责，未按规定的审批职责签署者要对签署失职造成的后果负责。

#### 13.3.2.7 实施与验证

实施包含文件更改和产品实现两个方面，由设计单位、生产单位、信息管理部门共同完成。实施和验证要把握好以下环节：

1）实施更改时，设计单位要考虑更改引起的相关文件的变更，要对相关文件同时进行更改，严防文件的漏改、错改，做到文文一致；

2）科技档案部门要依据更改单对设计文件的使用性认真核查、补充，确保更改执行者都能得到现行文件的有效版本；

3）生产单位要按更改后设计文件的要求，对相应的工艺文件和工艺装备满足设计更改的需求进行审查和必要的更改，以满足设计更改的需要；

4）生产单位要按更改后的文件组织生产，严格执行自检、互检、专检和首件检验制度，对制成品满足更改文件的要求负全责。

验证是对提出的更改方案的可行性、充分性和有效性进行的验证。根据产品的研制阶段、产品状态不同，可以采取不同的验证方法，如模拟、仿真等。

## 13.4 偏离

### 13.4.1 偏离的定义及分类

偏离是产品制造之前，根据某一特定需要，对该产品的某些方面在指定的数量和时间范围内，不按其已被批准的现行技术状态文件要求进行制造。当这一要求被书面认可时称为偏离许可。允许偏离时，对其已被批准的现行技术状态文件不做相应更改。偏离分为一般偏离和重要偏离，涉及以下因素的偏离为重要偏离：人身健康，性能指标，产品的互换性、可靠性、安全性、保障性、维修性，有效的使用性和可操作性，重量和重要尺寸，关键和重要特性。

### 13.4.2 偏离控制流程与步骤

偏离控制流程如图 13－4 所示，控制步骤如下。

1）判定偏离的必要性。由问题提出单位根据偏离的必要性及偏离的影响进行判定。

2）确定偏离类别。由问题提出单位根据一般偏离和重要偏离的界定进行判定。

3）提出偏离申请。经确定属于重要偏离的，由偏离提出单位提出偏离申请，经单位负责人批准。

4）评审偏离申请。填写完整的偏离申请由提出单位批准后采取适当的方式进行评审。

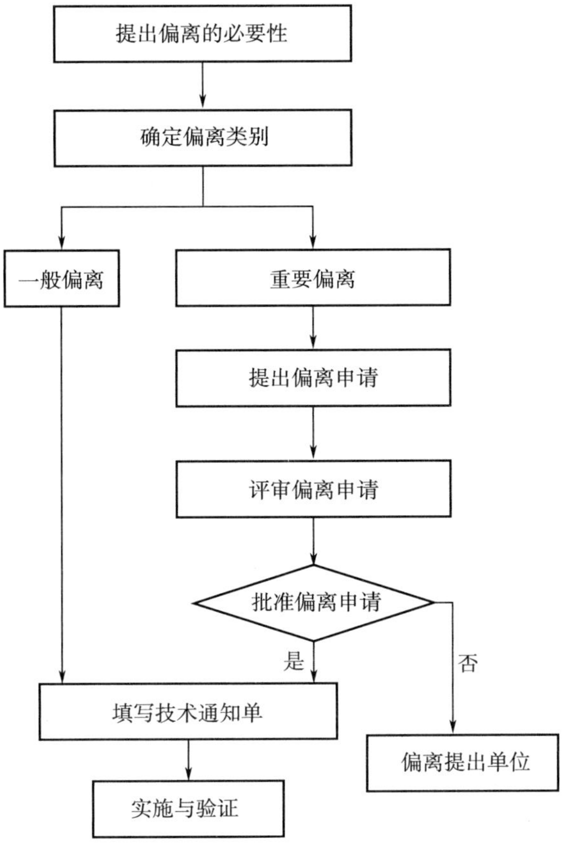


图 13－4　偏离控制流程

5）偏离申请的审批。偏离申请经评审后，提出批准或不批准的结论性意见，由负责人签署后及时返回给偏离提出单位。

6）形成偏离文件。设计者按规定填写技术通知单底图，并送交各级签署，签署要与被更改的技术文件的签署一致，并将签署完整的技术通知单交档案部门接收。

7）实施与验证。执行偏离时，由科技档案部门按需要制备技术通知单复印图，按要求发送到相关单位。各相关单位将收到的技术通知单附在相应的技术文件上使用，技术通知单与技术文件是产品制造和验收的共同依据。执行偏离前要进行必要的试验验证，要保持实物与文件的相符性。

## 13.5　超差许可

### 13.5.1　超差许可的定义及分类

航天产品在制造期间或检验验收过程中，发现某些方面不符合已批准的现行技术状态文件的要求，即为超差。经审理后不需要修理或用经批准的方法修理后仍可使用的书面认可为超差特许或让步接收。

超差分为一般超差和重要超差。根据超差对制品的影响程度，涉及以下因素的超差为重要超差：人身健康，性能指标，产品的互换性、可靠性、安全性、保障性、维修性，有效的使用性和可操作性，重量和重要尺寸，关键和重要特性。重要超差要由责任单位办理超差申请，超差申请需经本单位审批并经设计单位认可。技术状态对不合格品控制的重点是超差特许。除特殊情况外，一般不能申请涉及灾难性及致命缺陷的超差特许和影响交付使用或维修的超差特许。经审批完备的超差申请或/和超差单是产品超差特许、验收的依据，要汇总并妥善保管。

### 13.5.2　超差许可处理意见

超差就意味着不合格，根据质量管理体系标准的规定，对发现的不合格品，经审理后可提出几种处理意见：

1）返工：为使不合格产品符合要求而对其所采取的措施，经返工后的产品将会成为合格品；

2）返修：为使不合格产品满足预期用途而对其采取的措施，经返修后的产品不会成为合格品，但能满足预期的使用要求，故对该类产品要加强技术状态方面的控制；

3）降级：为使不合格产品符合不同于原有的要求而对其等级的改变；

4）报废：为避免不合格产品影响原有的预期用途而对其所采取的措施；

5）超差特许：对使用或放行不符合规定要求的产品进行的书面许可，是对不合格品的特殊处理，是技术状态控制的重点之一。

### 13.5.3　超差控制的流程与步骤

超差控制流程如图 13－5 所示，控制步骤如下：

1）判定超差情况。由问题提出单位的检验人员进行判定。

2）确定超差类别。提出单位依据超差分类的规定确定超差类别。

3）提出超差申请。经判定属于重要超差的，由生产单位提出超差申请，单位负责人批准。

4）评审超差申请。填写完整的经单位负责人批准的超差申请提交“技术状态控制委员会（不合格审理小组）”进行评审。

5）审批。经评审的超差申请给出批准或不批准的意见或建议。经项目负责人批准后及时返回给申请提出单位。

6）填写超差单。生产单位依据批准的超差申请填写超差（代料、质疑）单，并经设计单位签署认可后生效。

7）让步接收要求。让步接收是技术状态控制的重点，执行让步接收时，由责任单位按批准的超差（代料、质疑）单要求执行，超差（代料、质疑）单附在相应的技术文件上使用，超差（代料、质疑）单与技术文件是产品让步接收和验收的共同依据。

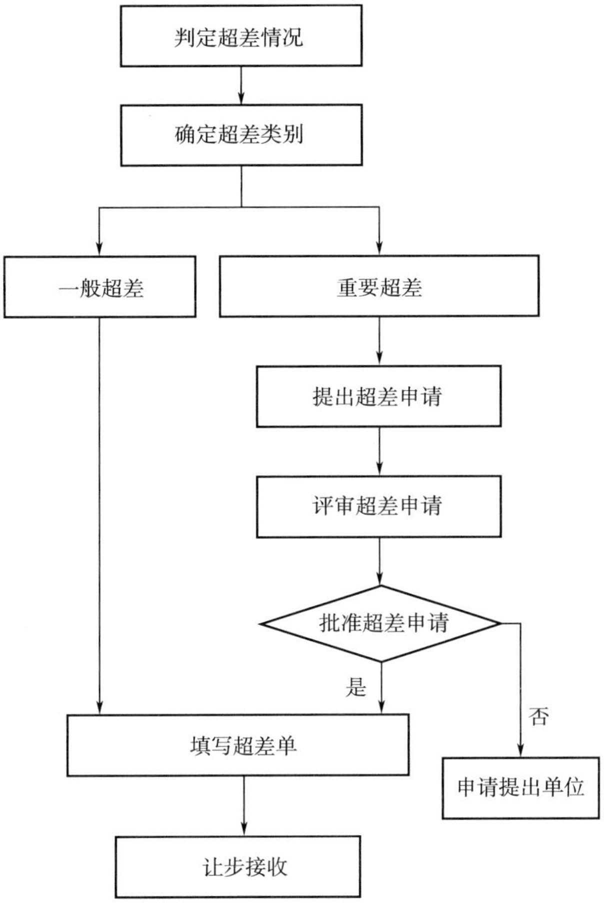


图 13－5　超差控制流程

## 13.6　技术状态更改控制

产品的质量是制造出来的，不是检验出来的。产品质量由设计奠定、生产实现、试验验证、使用证实，而这一活动过程的协调一致是由科学的管理来保证的。产品研制，设计是源头，设计更改的必要性、正确性、协调性，直接影响产品质量和可实现性，所以必须以严谨科学的态度面对。航天型号管理规定要求，“要严格控制技术状态。凡满足任务书要求、经考核验证并经技术评审确定的技术状态，不得随意更改。如确需更改，必须按‘论证充分、各方认可、试验验证、审批完备、落实到位’五条原则执行”。“论证充分、各方认可、试验验证、审批完备、落实到位”的五条原则（下称五条原则）是多年来航天型号研制实施技术状态更改控制的经验总结，是航天型号研制过程中实施技术状态更改必须遵守的基本原则。

五条原则规范并指明了更改控制活动的管理模式，通过贯彻执行这一系统、规范的管理模式，可以预防设计更改的失误，预防不合格品的发生，保证试验过程的稳妥可靠。事实证明，未经论证、认可、验证、审批和落实的更改会造成不可估量的损失。贯彻实施五条原则，就是把产品质量控制的重点转移到预防为主、过程把关、事先控制上来，将问题消灭在萌芽之中，把不合格品消灭在产品形成过程，这样既保证了产品质量，又节约了经费和时间。贯彻实施五条原则，严格控制技术状态更改，是保持技术文件正确、完整、协调，防止产品技术状态异变的有效手段。同时，也使更改过程形成的记录准确、完整，使文件与文件一致，文件与实物相符，一旦发生问题，过程和状态可以追溯。

### 13.6.1 论证充分

技术状态更改是为了改进设计，满足任务书规定的要求。更改方案的选择决定了这一目标的实现程度。为了保证更改是必要的，方案是正确、可靠和可行的，决策方案的制定和选择要建立在系统研究和论证的基础上。故“论证充分”是指“在提出更改建议（申请）前，提出单位对更改的必要性、正确性和可行性及更改带来的影响进行的全面、系统的论证。”

技术状态更改的论证工作要在提出更改建议（申请）前进行，目的是保证更改方案的稳妥可靠、正确可行。同时，在论证时，首先要考虑更改的必要性，可改可不改的不要更改，影响进度和经费的更改要慎重，必须更改的要做到严肃认真、论证充分、方案可靠。考虑到航天型号系统的复杂性，论证要充分研究需要解决的问题、发展变化过程、问题产生的原因，全面考虑系统内部各要素的相互联系和影响，保证系统在相对稳定状态下进行，防止决策方案的盲目、随意和草率，做出科学负责的决策。

具体而言，技术状态更改论证主要从以下几个方面着手：

1）是否必须进行设计更改才能满足预期的性能指标要求和（或）使用要求，或者对性能指标或使用方面有明显的益处；

2）提出的更改方案，技术上是否合理，方案上是否可靠，工程上是否可行；

3）更改对产品可靠性、安全性、互换性、维修性、可测试性、电磁兼容性及接口的影响；

4）更改对合同、进度、经费的影响；

5）更改对与其相关的其他项目及文件的影响；

6）更改对生产、工艺、检验、试验工作的影响等。

### 13.6.2 各方认可

“各方认可”是指“更改所涉及的各相关部门和（或）相关技术系统要对更改的必要性及更改方案的可行性有清楚的认识并形成共识”。各方认可是集体智慧的综合和提炼，是对更改机理的进一步认识并形成共识的过程。

各方认可中的各方指更改所涉及的各相关方。包含任务提出单位、使用单位及承制方的设计单位、生产单位和试验单位等；“相关技术系统”是指在同一型号研制中，与某更改相关的技术接口单位，包含系统、分系统、设备及技术保障系统。在形成共识的过程中，各方要对更改的必要性及更改方案的可行性机理了解清楚，包含对方案的肯定、否定、部分肯定等的共同认知。

### 13.6.3　试验验证

"试验验证"是指"以试验等方式来证实更改方案的正确性、可行性、有效性"。为了证实更改方案的正确性、可行性和有效性，适时对更改方案进行必要的验证是十分重要的。

通过试验验证，可为更改方案的实施提供决策，可证实更改方案的正确、可行和有效。在更改方案实施前，可采用试验、评估、模拟和仿真等方法对更改方案进行初步验证；在更改方案实施过程中，以检验、测试、试验的方法对更改效果及实物与文件的符合性进行验证；对按更改方案实施后的产品要充分考虑进行地面试验的可能性，以对更改方案的可靠性实施再验证。

试验验证的方式是多种多样的，要根据不同的更改方案要求、客观环境和条件，选取适宜的方式进行。验证项目要求，方法的合理性、正确性和结果的有效性，资源（如经费）的许可情况，风险、进度要求等都会影响到试验验证方式的选择。试验验证的环境条件要尽可能与实际运行环境一致或相近，覆盖要素全面，试验频次和样件数量满足需要。

### 13.6.4　审批完备

"审批完备"是指"对所有涉及更改的技术状态文件，均要按规定的职责和程序完成审查和批准，并签署完整。"更改涉及的技术状态文件包括：

1）对更改的必要性进行评审、协调形成的文件，如评审纪要、记录及结论；

2）提出更改的文件，如工程更改建议（申请）、更改单、技术通知单、超差单等；

3）更改所涉及的技术文件，如图样、试验大纲等。

审批签署要在履行技术职责的基础上按程序进行。签署完整要求一般包含设计、校对、审核和批准，必要时还应有会签。审批完备不同于各方认可，审批完备是各级审批人对审查结果的确认，而各方认可是表示各方对更改的认知程度。

### 13.6.5　落实到位

"落实到位"是指"对已批准的技术状态更改要求，各相关部门要贯彻执行、落到实处。"为实现预期的更改目的，对已经批准决定的更改，各相关单位均要采取有效措施并贯彻实施，实施的结果要达到接口协调、文实相符。落实到位包含文件更改到位、产品实现到位和落实情况监测到位。

文件更改到位包含：

1）设计单位要充分考虑更改对相关系统接口文件的影响，对这些文件同时提出更改要求，进行更改，实现文件与文件的协调一致性；

2）文件更改的执行者，要严格按照更改单的要求对需要更改的文件实施更改，确保被更改文件的正确、完整，严防漏改和/或错改；

3）科技档案部门要依据更改单的要求，将更改后的文件或要求更改的信息及时发往相关单位，确保更改执行者都能获得现行文件的有效版本。

产品实现到位包括更改要求的在制品和已制品。生产单位要根据更改要求，必要时按规定的程序变更相应的工艺文件和工艺装备，以满足设计更改的需求，实现文实相符。

为实现更改落实情况监测到位，各单位要建立技术状态更改信息监测系统，对更改是否落实到位的情况进行监测。

## 13.7　技术状态更改的组织实施

明确技术状态控制的组织和职责，是有效实施技术状态控制的保障。航天产品的技术状态控制由型号项目办（或产品研制单位）负责按照集团和各研究院、厂/所的相关规定组织实施，依据产品类型实施分级、分阶段管理。

型号项目办负责组建系统级产品技术状态控制工作组，一般由总师（技术经理）任组长，副总师（技术副经理）/产品保证经理任副组长，成员主要有：项目经理、总体主任设计师、各分系统主管设计师和质量主管人员等。工作组职责主要为制定型号系统级产品的技术状态管理计划，对型号系统级产品各研制阶段的技术状态基线建立和技术状态更改实施控制和确认，确保型号产品的技术状态满足型号研制技术要求。

分系统、单机和部组件产品研制单位负责组建承研产品的技术状态控制工作组，一般由产品首席专家/技术负责人担任，成员主要有产品设计师和有关职能部门的代表，负责制定本级产品的技术状态管理计划，并对产品各研制阶段的技术状态基线建立和技术状态更改实施控制和确认，确保产品的技术状态满足研制技术要求。

型号总体和分系统要分层次建立技术状态控制委员会（小组）。技术状态控制委员会（小组）由相应级别的指挥系统、设计师系统成员及相关部门的代表组成，项目负责人担任技术状态控制委员会主任（组长）。

一般情况下，型号各级产品在初样研制阶段的3类工程更改，试（正）样研制阶段的2类和3类工程更改，均应先按照“技术状态更改五项原则”完成相关的验证并编制技术状态更改论证报告，由产品承研单位的技术状态控制委员会审定，填报“技术状态更改申请表”提交上级产品研制单位进行审查和确认，必要时提交型号项目办进行批准。征得同意后，产品承研单位要以“更改单”形式落实技术状态基线文件的更改，由产品承研单位负责对技术状态更改落实情况进行追踪，组织完成“技术状态更改落实情况检查表”的填写。初样阶段的1类和2类工程更改，以及试（正）样阶段的1类工程更改，均可以直接采用“更改单审批”的方式实施文件更改。

定型产品的2类技术状态更改由产品研制单位的技术状态控制委员会负责审理与批准，并应有相关总体单位参与；定型产品的3类更改要由研究院技术状态控制委员会负责审理与批准，相关总体单位参与。

型号产品的技术状态更改项目应随时发生随时办理更改控制和记实，并按阶段进行清理和审核。一般情况下，型号产品在研制阶段末期，均依照本阶段的技术状态基线，对技术状态更改情况（包括工程更改、偏离和超差等）进行梳理，形成汇总表，逐一进行复查和确认，必要时召开专题审查会。型号系统级产品还需在出厂评审前，完成技术状态专项审查。

### 13.7.1　更改建议申请者的职责

更改无论是谁提出的，只有项目的设计者有权填写正式的更改建议申请单。设计者是实施技术状态更改的主体，对技术状态的更改负全责，主要职责包括：

1）确定更改的必要性和更改类别；

2）拟定更改方案，对更改方案的可靠性、安全性、保障性、继承性、经济性和可行性负责；

3）对更改项目的功能和物理特性要满足任务书和合同的要求负责；

4）对更改文件的正确性、合理性、协调性、工艺性和完整性负责；

5）更改文件要签署完整，并负责解决签署过程中提出的问题。

### 13.7.2　会签者的职责

会签是进行技术协调、确保更改质量的有效手段。技术状态更改会签主要包括设计会签、工艺会签和必要的质量会签，会签者对技术状态的更改要负有责任：

1）对被会签的技术状态更改事宜，对所辖范围内技术状态文件和项目的正确性、合理性、协调性、可行性负责。

2）按更改文件的要求，对所辖范围内的技术状态更改负责组织实施、处理实施过程中出现的问题以及相关的技术协调工作。会签者要代表会签部门行使职权。进行设计会签时，要关注接口关系的变化、影响以及实现的可能性；进行质量会签时，要重点关注更改事项是否会对装备的可靠性、维修性、安全性和保障性产生影响。工艺会签是对技术状态更改的工艺性进行的检查，要关注：a）更改后的技术状态项目结构，在满足规定功能及质量标准的基础上，并在目前生产条件（含人员技能、设备保证、检验手段）下进行制造和检验的可行性、经济性；b）更改在工艺方面的可实现性、加工的合理性和采用的标准及验收准则的适宜性；c）更改在技术接口上的协调性，对装配过程及使用维修方面的影响等。

### 13.7.3　审批者的职责

技术状态更改审批者要对技术状态更改的结果负有以下责任：

1）更改理由的充分性、更改的必要性、重要参数和技术指标满足任务书要求的情况；

2）更改方案选择的正确性和可行性，接口关系的协调性及项目的功能性、安全性、可靠性、经济性方面的影响；

3）更改依据的可靠性、更改类别的正确性和更改文件签署的完整性；

4）对技术状态更改的完整性和落实情况负责。

### 13.7.4 更改执行者的职责

更改执行者是指按更改指令对相关文件进行更改和将更改要求落实到具体产品上的人员，更改执行者对技术状态的更改负有以下责任：

1）按更改指令的要求对相关文件进行更改，要保证文件更改的协调一致性；

2）在更改实施过程中，要保持实物与文件要求的相符性；将更改的正确性、可行性、接口关系的协调性及项目的功能性、安全性、可靠性等方面发现的问题及时反映给相关部门。

# 第 14 章　软件管理

随着型号产品数字化和智能化程度的不断提高，软件在型号产品中的应用越来越广泛，其质量与可靠性对整个型号任务的影响也越来越大。落实航天型号精细化质量管理要求，实施软件全生存周期管理对提升型号软件的开发效率，确保型号软件的质量，指导型号软件研制队伍中的设计、生产、测试，指导各级管理人员从事相关研制与管理工作具有重要的实际意义。

## 14.1　型号软件的特点

航天产品是高精确度的大型复杂产品，而软件产品正是实现航天产品高精度的重要手段之一，对航天任务的成败具有重大影响。航天型号软件因其所在系统的特殊性，其特点表现在以下几个方面：

1）可靠性、安全性是航天软件的生命线。航天软件如发生故障，有可能造成任务失败，还可能会发生人员伤亡、设备损坏和环境破坏等事故。

2）规模大、功能复杂是航天产品软件的重要特征。目前，航天型号产品不断向智能化、集成化、信息化发展，信息技术在航天产品研制的各个环节都得到了广泛应用，这使得航天产品与航天软件之间形成了不可分割的依存关系，航天软件的功能复杂、实现多样、规模大的特点日益突出。

3）软件正确运行、实现既定功能是确保型号产品质量、完成航天任务的关键。航天型号大部分属于强实时系统，具有严格的实现要求，软件须在特定的工作时间内完成相应的处理，系统处理结果要求用时间、时序正确可靠来保证。

4）航天软件运行环境复杂、硬件安置场地多样，运行环境复杂。高温、潮湿、振动、高压等环境条件，来自外部的电磁辐射、离子干扰以及一切可能出现的未知异常，都对航天软件提出了严峻考验。为此，航天软件要具备极强的故障定位与恢复、异常识别、诊断与处理等能力。

5）航天软件“专用”特点明显。我国航天软件是伴随着航天产品自主研发过程产生的，这些软件都是为解决航天产品研制过程中某些专业技术领域问题、执行某些特殊任务而专门设计的，主要功能和用途都有十分明显的专业性，在应用上也相对呈现专用的特点。

## 14.2　型号软件研制流程

由于型号软件在完成型号任务中的重要性以及型号软件功能的复杂性，与型号的其他部件相比，型号软件的研制更加系统化、工程化，在实际型号软件研制过程中必须严格遵循系统的研制流程，型号软件系统的研制流程如图 14－1 所示，包括型号软件系统分析与设计（$M_1$）、软件配置项研制（$M_2$）、系统测试（$M_3$）、运行维护（$M_4$）等四个过程以及软件系统设计说明评审（$Q_1$）和软件出厂专项评审（$Q_2$）两个阶段评审。

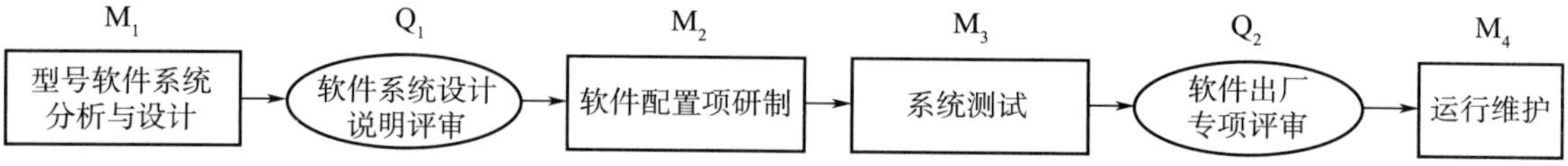


图 14－1　型号软件系统的研制流程

### 14.2.1　型号软件系统分析与设计

在方案阶段，型号两总组织型号系统，初步确定整个型号的型号软件系统组成和待开发的软件配置项，同时初步明确分系统间的接口关系。

（1）初样阶段

在初样阶段，首先根据型号总体的技术要求，进行软件任务全景分析和系统策划；并根据系统拓扑结构建立整体信息流（包括数据流、指令流及接口关系），规定软件产品代号和安全关键等级，同时确定软件基线状态和软件研制类型，进而完成软件产品配套表。

根据型号总体安全性大纲，进行系统级初步危险分析，识别并确定危险源，确定危险控制对策，制定系统级安全性可靠性设计要求。

（2）试（正）样阶段

在试（正）样阶段过程中需要完善型号软件系统分析与设计工作。型号软件系统分析与设计输出包括型号软件系统设计说明、型号软件系统接口设计说明、型号软件系统危险分析报告。

### 14.2.2　软件配置项研制

软件研制类型见表 14－1。航天型号软件研制需要根据各自的特点，根据表 14－1 中的相关规定来选择合适的研制类型，执行相应的技术流程，并与型号研制周期相协调。

**表 14－1　软件研制类型**

| 类型编号 | 类型名称 | 说明 |
|---|---|---|
| Ⅰ类 | 沿用 | 已完成沿用可行性分析与审批，不加修改即可再次使用的软件 |
| Ⅱ类 | 仅修改装定参数 | 不修改软件可执行代码的内容，仅修改软件装定参数即可满足任务要求的软件 |
| Ⅲ类 | 适应性修改 | 根据任务要求需进行适应性更改、完善设计的软件 |
| Ⅳ类 | 新研制 | 不属于上述三类的新研制的软件 |

注：装定参数通常包括编译时绑定的宏和常量定义，以及固化时写入的配置文件；装定参数的修改应不引起软件二进制机器码中的可执行代码的改动。

不同研制类型的软件具体技术流程包含以下内容：

1) Ⅰ类软件技术流程如图 14－2 所示。

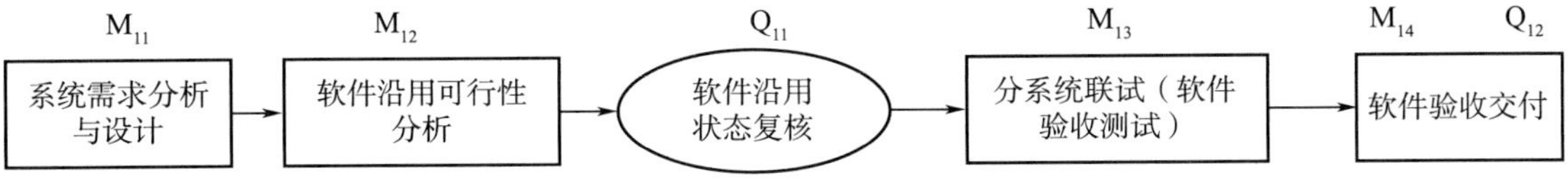


图 14－2　Ⅰ类软件技术流程

注：图中的 $M_{mn}$ 为软件生存周期阶段的工作，$Q_{mn}$ 为主要质量控制节点。

2) Ⅱ类软件技术流程如图 14－3 所示。Ⅱ类软件需要与被修改软件的软、硬件及外部接口环境、功能和使用方式上均保持一致；被修改软件的研制过程需要满足软件工程化要求，在飞行试验过程中未出现过问题，且不存在其他型号“举一反三”涉及的问题。

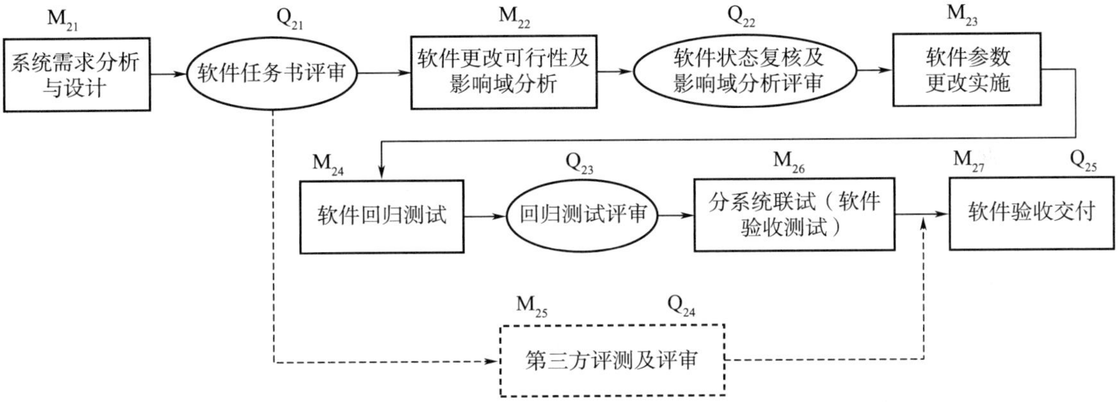


图 14－3　Ⅱ类软件技术流程

注：图中的 $M_{mn}$ 为软件生存周期阶段的工作，$Q_{mn}$ 为主要质量控制节点；虚线框是 A、B 级软件和重点型号的 C 级飞行软件的工作要求。

3) Ⅲ类软件技术流程如图 14－4 所示。Ⅲ类软件需要与被修改软件在功能和使用方式上保持一致；相对被修改软件仅进行适应性更改，不影响原有软件的体系结构；被修改软件的研制过程也应该满足软件工程化要求。

4) Ⅳ类软件技术流程如图 14－5 所示。

### 14.2.3　系统测试

在软件的系统测试过程中，交办方依据型号系统测试计划来验证软件系统设计是否满足任务要求，并编写系统测试报告。在这一过程中，承制方有责任提供必要的协助。

系统测试时，应按系统设计说明的规定，逐项测试系统的功能、性能等特性；测试系统接口的匹配性；同时，参加系统测试的软件需取自于产品库，测试中出现错误或缺陷的软件则需进入软件纠正过程。对经过更改后的软件应进行回归测试。

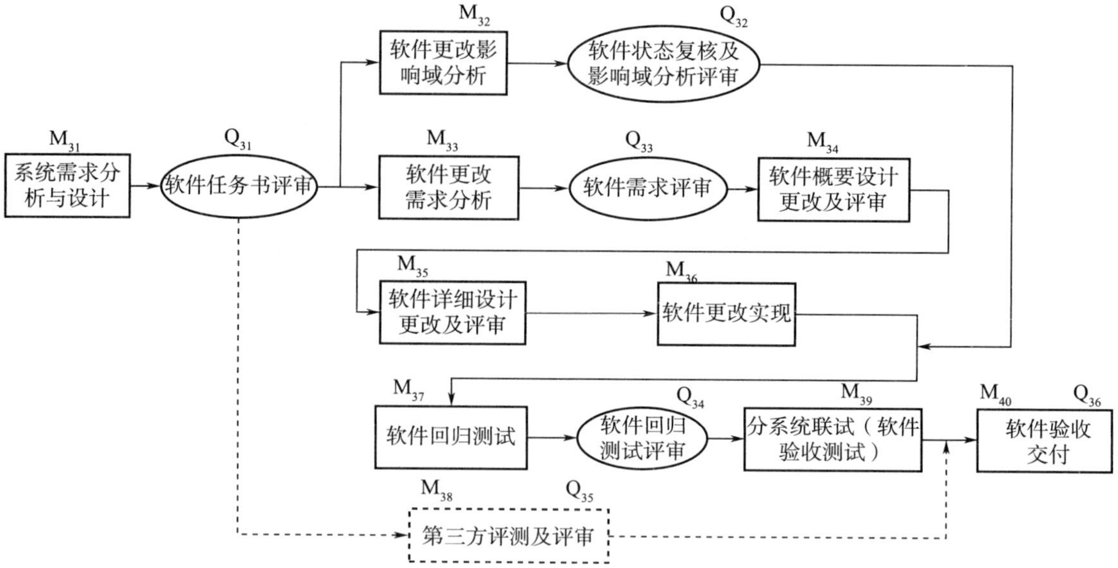


图 14－4　Ⅲ类软件技术流程

注：图中的 $M_{mn}$ 为软件生存周期阶段的工作，$Q_{mn}$ 为主要质量控制节点；虚线框是 A、B 级软件和重点型号的 C 级飞行软件的工作要求。

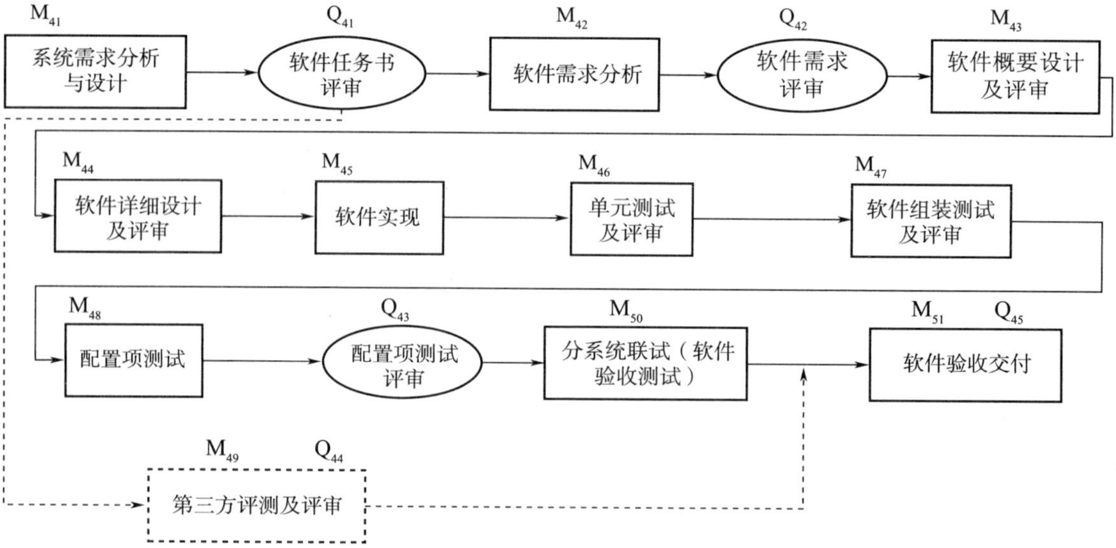


图 14－5　Ⅳ类软件技术流程

注：图中的 $M_{mn}$ 为软件生存周期阶段的工作，$Q_{mn}$ 为主要质量控制节点；虚线框是 A、B 级软件和重点型号的 C 级飞行软件的工作要求。

## 14.2.4　运行维护

1）在完成软件产品的交付后，承制方需要承担下列维护任务：

a）改正性维护——对软件在运行中出现的问题进行修改；

b）适应性维护——为适应运行环境的改变，对软件进行修改；

c）改善性维护——为改善性能或扩充功能，对软件进行修改。

其中，改正性维护需要依据软件问题报告单，进入纠正过程；提出更改报告单，经批准后实施修改；对修改后的软件必须进行回归测试。

进行适应性或改善性维护时，需要依据修改后的软件任务书来启动部分或全部开发过程。当修改规模较小时，可按改正性维护的内容和要求实施；一切修改活动都要在软件配置管理控制下进行，并做到文文一致，文实相符。

2）填写软件质量履历书。

3）承制方在软件生存周期内具有下列保障能力：

a）提供软件产品（含配套使用的非开发软件）；

b）实施软件的安装和维护；

c）对用户进行培训。

### 14.2.5　软件研制各阶段主要工作内容

型号软件研制各阶段主要工作见表 14－2。

**表 14－2　软件研制各阶段主要工作**

| 阶段 | 输入 | 主要工作 | 输出 | 质量管理要求 |
|---|---|---|---|---|
| 软件系统分析与设计 | 总体任务要求 | 1. 分配软硬件需求；<br>2. 确定软件技术解决途径；<br>3. 确定软件系统分析与设计；<br>4. 进行软件系统安全性分析；<br>5. 确定关键资源 | 1. 软件系统方案设计报告；<br>2. 软件系统安全性分析报告 | 1. 软件系统方案评审；<br>2. 软件系统安全性分析报告评审；<br>3. 过程审核和工作产品审核 |
| 系统需求定义 | 系统设计要求 | 1. 分析系统需求和使用环境；<br>2. 确定软件任务要求和测试要求；<br>3. 进行初步危险分析 | 1. 软件任务书；<br>2. 软件初步危险分析报告 | 1. 软件任务书评审；<br>2. 对系统需求定义阶段进行里程碑评审；<br>3. 软件初步危险分析报告评审；<br>4. 过程审核和工作产品审核 |
| 软件需求分析 | 软件任务书 | 1. 确定开发与测试环境；<br>2. 进行软件项目策划；<br>3. 确定功能、性能、接口、数据、可靠性安全性和测试要求；<br>4. 进行软件安全性分析，确定安全关键功能；<br>5. 编制软件需求规格说明 | 1. 软件项目开发计划；<br>2. 软件质量保证计划；<br>3. 软件配置管理计划；<br>4. 软件需求规格说明 | 1. 项目开发计划、质量保证计划、配置管理计划、软件需求规格说明及里程碑评审；<br>2. 过程审核和工作产品审核 |

**续表**

<table>
<tr><th colspan="2">阶段</th><th>输入</th><th>主要工作</th><th>输出</th><th>质量管理要求</th></tr>
<tr><td colspan="2" rowspan="2">软件设计</td><td rowspan="2">软件需求规格说明</td><td>1. 进行软件体系结构设计，细化软件部件和单元；<br>2. 定义各单元间接口</td><td rowspan="2">1. 软件设计说明</td><td rowspan="2">1. 软件设计评审；<br>2. 过程审核和工作产品审核</td></tr>
<tr><td>1. 设计各单元内部的算法和逻辑；<br>2. 进行安全性设计，确定软件安全关键单元</td></tr>
<tr><td colspan="2">软件实现</td><td>软件设计说明</td><td>1. 编写源程序；<br>2. 进行调试；<br>3. 编制软件使用说明</td><td>1. 源程序；<br>2. 软件使用文件</td><td>1. 代码走查；<br>2. 过程审核和工作产品审核</td></tr>
<tr><td rowspan="3">开发方测试</td><td>单元/部件测试</td><td>1. 软件设计说明；<br>2. 软件源代码</td><td>1. 制定单元/部件测试计划；<br>2. 搭建软件单元/部件测试环境；<br>3. 设计单元/部件测试用例；<br>4. 执行软件单元/部件测试；<br>5. 分析软件单元/部件测试结果；<br>6. 编写软件单元/部件测试报告</td><td>1. 软件单元/部件测试计划；<br>2. 软件单元/部件测试说明；<br>3. 软件单元/部件测试报告</td><td>1. 测试计划、测试说明和测试可进行项目级审查；<br>2. 过程审核和工作产品审核</td></tr>
<tr><td>配置项测试</td><td>1. 软件需求规格说明及其相关文档；<br>2. 软件设计说明；<br>3. 软件源代码</td><td>1. 制定配置项测试计划；<br>2. 搭建软件配置项测试环境；<br>3. 设计配置项测试用例；<br>4. 执行软件配置项测试；<br>5. 分析软件配置项测试结果；<br>6. 编写软件配置项测试报告</td><td>1. 软件配置项测试计划；<br>2. 软件配置项测试说明；<br>3. 软件配置项测试报告</td><td>1. 测试计划、测试说明和测试报告可进行项目级审查；<br>2. 过程审核和工作产品审核</td></tr>
<tr><td>系统联试</td><td>1. 软件任务书及其相关文档；<br>2. 软件使用说明</td><td>按系统测试要求开展工作</td><td>系统联试分析报告</td><td>1. FRACAS(故障报告、纠正措施系统)；<br>2. 系统联试大纲、报告评审；<br>3. 过程审核和工作产品审核</td></tr>
<tr><td colspan="2">第三方测试</td><td>1. 第三方测试要求；<br>2. 软件任务书；<br>3. 软件需求规格说明；<br>4. 软件设计报告或软件设计更改及影响域分析报告；<br>5. 软件源代码</td><td>1. 制定第三方测试计划；<br>2. 搭建软件第三方测试环境；<br>3. 设计第三方测试用例；<br>4. 执行软件第三方测试；<br>5. 分析软件第三方测试结果；<br>6. 编写软件第三方测试报告</td><td>1. 软件第三方测试计划；<br>2. 软件第三方测试说明；<br>3. 软件第三方测试报告</td><td>1. 测试计划、测试说明和测试报告应进行评审；<br>2. 过程审核和工作产品审核</td></tr>
</table>

**续表**

| 阶段 | | 输入 | 主要工作 | 输出 | 质量管理要求 |
|---|---|---|---|---|---|
| 生产、验收和交付 | 生产 | 软件产品生产作业文件 | 1. 生产；<br>2. 检验 | 1. 检验合格的软件产品（包括固化软件产品）；<br>2. 产品质量证明文件；<br>3. 软件生产质量跟踪卡 | 1. 软件产品检验、验证；<br>2. FRACAS |
| | 验收 | 软件开发过程文档及记录 | 1. 进行验收测试；<br>2. 对软件开发过程进行检查确认，完成软件研制报告；<br>3. 整理提交软件项目过程的文档和记录 | 1. 软件研制报告；<br>2. 软件验收结论报告 | 1. 对软件产品验收阶段进行里程碑评审，一般为正式评审；<br>2. FRACAS；<br>3. 过程审核和工作产品审核 |
| | 交付 | 软件交付清单 | 按型号配套进行交付 | 1. 软件产品；<br>2. 交接单 | 不合格品处置（若有） |
| 运行与维护 | | 软件使用说明 | 1. 使用；<br>2. 记录运行状态与问题 | 1. 问题报告单；<br>2. 修改报告单 | 1. 问题追踪；<br>2. FRACAS；<br>3. 技术状态变更控制 |

## 14.3　型号软件质量管理

当前，航天软件质量管理进入了精细化管理时代。在航天软件研制实践中，一方面遵循 GJB 5000A 体系要求，另一方面，积极探索 GJB 9001 质量管理体系在软件研制中的具体实施方法，形成了一套以工程化研制为主线，以过程管理为辅助的两种体系紧密融合的软件质量管理体系，如图 14－6 所示。围绕软件产品实现全过程，以“工程化研制”为主线，分别从组织、项目、质量保证等方面开展相应的管理活动，组织层面通过“组织过程管理”对软件产品的开发实施支持与指导，通过“项目管理活动”对软件项目实施策划与监控，通过“质量保证活动”对过程实施保证，所有过程的输出通过“配置管理活动”实施技术状态管控。

### 14.3.1　项目策划

策划即围绕项目目标，在各级约束条件下，对各项资源进行策划，以提高项目目标值实现的可能性。在软件研制之初，项目组根据不同项目的特点，结合系统给出的交付进度、质量、技术等约束条件，对项目的规模、工作量、成本、资源、进度、风险等进行估计，制定项目开发计划，并按照计划开展对过程的监视与测量，以达到优化资源配置、控制研制风险的目的，并保证项目目标的实现。软件项目策划的流程如图 14－7 所示。

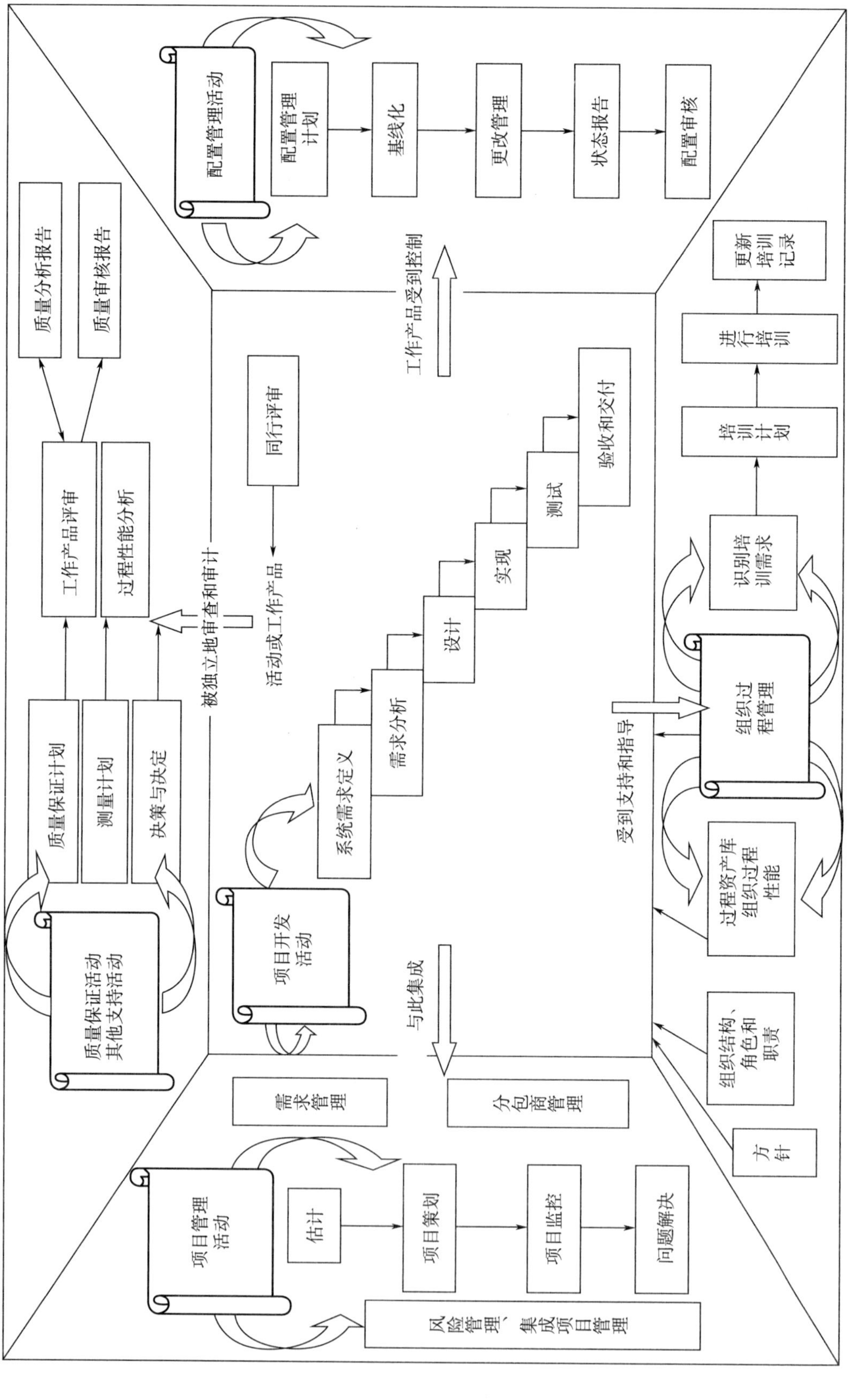

图 14-6　软件研制流程及过程管理

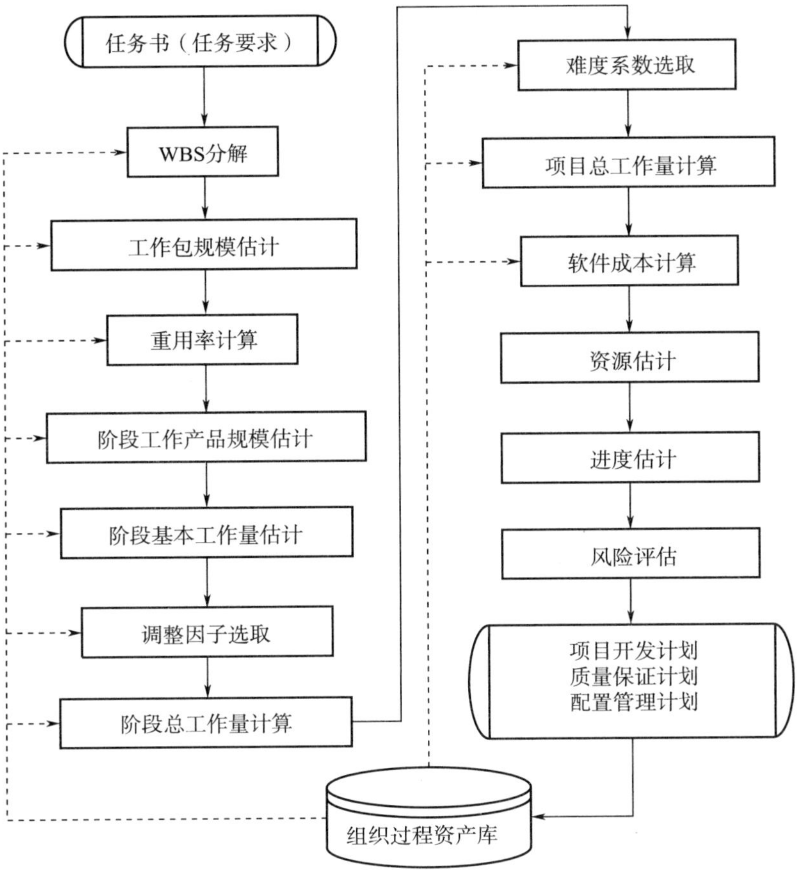


图 14－7　软件项目策划的流程

### 14.3.2　项目监督与控制

软件项目的研制是否能够按照计划要求保质保量地完成各项任务，直接关系到整个型号研制任务的顺利开展，影响客户对承制单位研制能力的评价。为了确保能够按计划实施，应对软件项目实施“项目监督与控制”，通过实时收集研制过程的测量数据，定期跟踪项目进展情况，当项目进展与计划存在偏差时，管理层能够及时采取有效措施，使项目研制有效推进，尽最大可能保证计划进度。

项目监控活动流程如图 14－8 所示。首先软件项目负责人将经各方认可的项目开发计划分解给各项目组成员，各项目组成员根据计划开展工作，同时，每天填写当日工作完成情况，每周上报一次本周任务完成情况。软件项目负责人每双周需要召集项目成员、质量保证和配置管理等相关人员召开项目例会，全面了解各个软件项目的进展、出现的质量问题、需要的资源保障、完成任务存在的风险等，确保计划按期执行。当实际工作与计划出现较大偏差时，需立即分析原因、提出解决办法，并尽力在下双周将计划的偏差减小；同时，项目组每月需要对软件项目进度、工作量、成本、质量问题等测量数据进行统计分析，形成度量分析报告，及时发现项目运行的一些趋势并采取处理措施；根据度量分析的情况，项目负责人需形成本月项目运行的月度分析报告，当与计划出现较大偏差，超出项目内部可控制的范围时，需报上级领导，确定后续应采取的措施，并修订项目开发计划。同时，项目在分阶段结束和里程碑结束时，也需要对本阶段项目进展情况进行跟踪、分析。

对软件项目的过程监督与控制过程，就是按照上述日志、周报、双周例会、月度分析、阶段和里程碑控制等分层次控制的方式，将软件研制的进展透明、可视化，让各层管理者均能及时了解项目情况，并对项目出现的偏差及时调整，确保软件项目的研制按计划执行。

### 14.3.3 软件配置管理

航天工程是多个系统协同工作的工程，任何一个环节的失效都可能导致不可估量的损失。如何能够有效地控制各个分系统的技术状态，使各个分系统协同工作，是系统工程中一直面临的一个难题。软件配置管理作为对软件技术状态进行控制的方法，在多年的发展中不但形成了完善的管理标准，而且还建立了相应的配置管理系统。这一系统有效地控制了软件的技术状态变化，为提供高质量的软件产品奠定了基础。

#### 14.3.3.1 构建三库管理模式

三库的配置管理模式主要体现了对软件产品由弱到强的分层级管理的理念。在软件研制的初期，由于技术状态的不确定性，软件的变更比较频繁，此时的管理应该主要在开发库中，一般由主任设计师或技术负责人进行技术状态的控制；而当软件状态稳定后（如可以提供综合试验或第三方测评时），此时应该对软件产品进行相对严格的受控库管理（如由专门的人员管理，发生变更后由相应级别的人员审批等）；当软件产品经过了各种测试和验证，达到交付的条件后，应该进入产品库管理。三库结构示意如图 14－9 所示。

#### 14.3.3.2 实施变更控制

通过对软件的变更实施严格控制和审计，有关人员能够及时发现技术状态变更过程中容易引发的错误，从而杜绝因技术状态控制不到位引起的低层次质量问题。软件变更控制过程如图 14－10 所示。

### 14.3.4 软件产品保证

（1）软件产品保证管理

航天型号软件产品保证管理是通过工作体系的建立、完善和有效运行来实现的，包括软件产品保证大纲的实施、问题管理系统的建立、风险管理、外协和出口管理、文档与产品数据包管理等方面。

在方案阶段或初样研制阶段早期，应依据型号研制总要求及技术特点，参照航天软件产品质量保证要求制定软件产品保证大纲，并监督其实施。

软件产品保证大纲应包含以下内容：

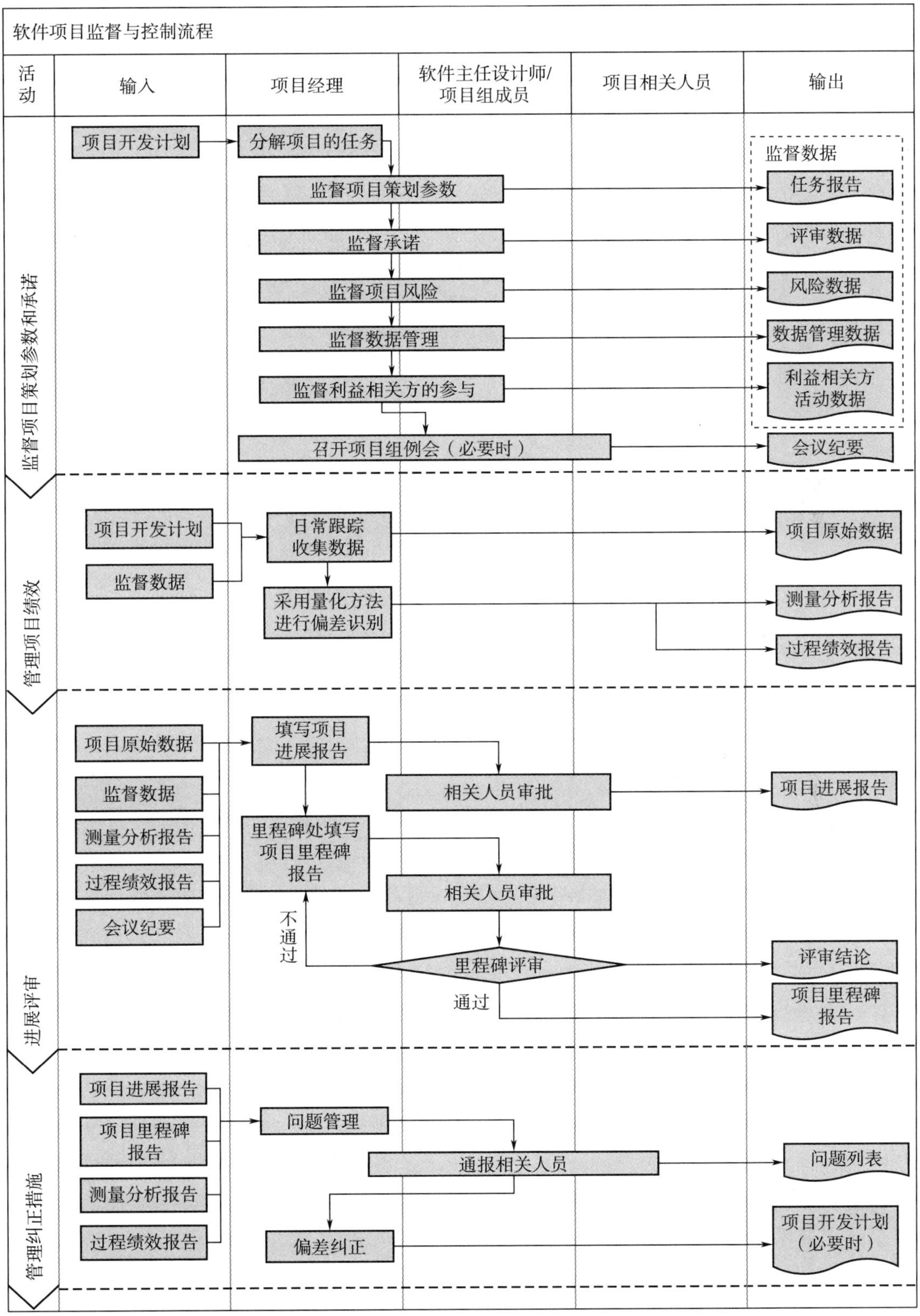


图 14－8　项目监控活动流程

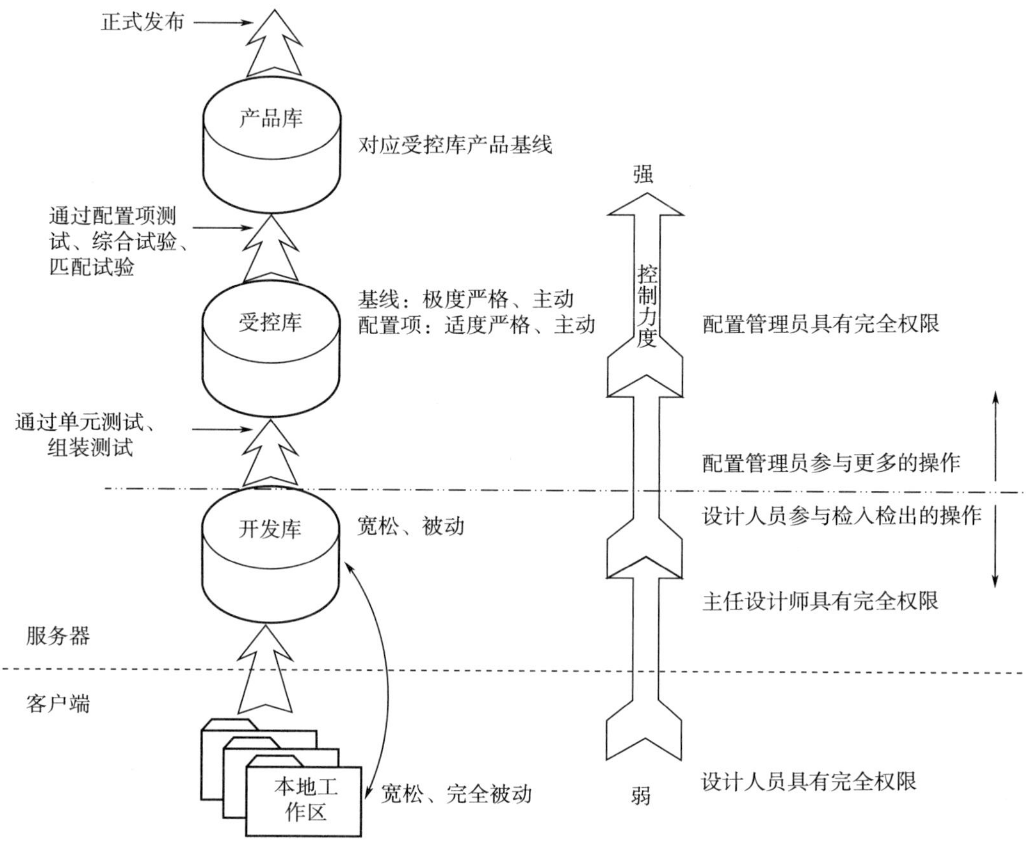


图 14-9　三库结构

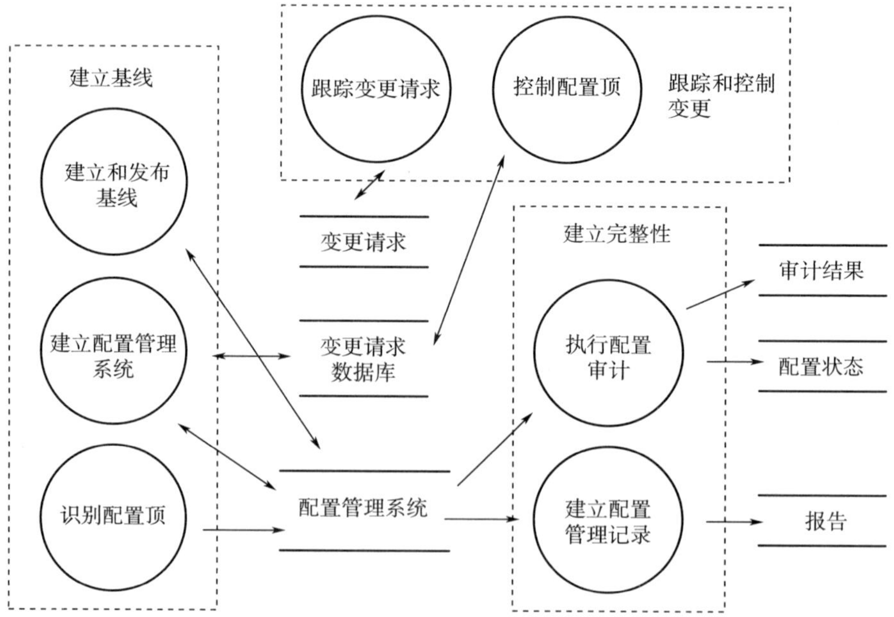


图 14-10　软件变更控制过程

1）软件产品保证工作目标与原则；

2）有关职能部门的任务、职责和接口关系；

3）应遵循的标准、规范和约定；

4）软件总体策划与设计情况，软件分级分类管理要求；

5）软件可靠性、安全性及安全保密要求；

6）软件编程语言和编译系统；

7）推荐的软件开发方法、技术和工具、工具质量保证方法；

8）软件研制技术流程及质量控制节点；

9）质量信息的收集、传递、分析、处理、反馈和归档要求；

10）外购、外协和重用软件管理要求；

11）测试和第三方评测要求；

12）软件配置管理要求；

13）产品数据包要求；

14）风险因素及控制措施；

15）岗位人员技术培训要求等。

（2）软件产品保证技术

软件产品过程保证是在软件生命周期的全过程进行保证，保证其符合规定的标准、规程，保证过程中软件产品的正确性、标准规范的符合性、系统需求的可追溯性等，包括软件可靠性与安全性分析、配置管理等。

（3）软件产品质量保证

软件产品质量是衡量软件产品满足用户使用要求的程度。软件产品质量保证是保证软件产品满足用户使用要求的一系列活动，包括产品质量度量、验证和确认等。

### 14.3.5　各阶段主要任务

航天型号软件的开发一般要符合软件生存周期要求，应与型号研制周期协调一致，同时根据型号研制的不同阶段，软件的研制任务各有侧重。型号研制阶段软件开发的主要任务见表 14－3，在模样阶段初步建立软件设计方案，在初样阶段为航天型号软件的主要研制阶段，在试（正）样阶段可根据需求情况执行部分或全部开发阶段的任务。型号经过定型后方可交付用户。

**表 14－3　型号研制阶段软件开发的主要任务**

| 型号研制阶段 | 软件开发的主要任务 |
|---|---|
| 方案（模样） | 根据软件初步的系统需求建立软件原型，并确定软硬件功能分配、运行环境、体系结构、信息流、通信和接口，最终明确初样阶段软件任务要求 |

**续表**

| 型号研制阶段 | 软件开发的主要任务 |
|---|---|
| 初样 | 根据软件初样的系统需求细化软件需求，并设计和开发软件产品，完成全面的验证和确认活动，完成验收与交付，使产品的功能、性能、可靠性、安全性等满足初样任务要求，最终明确试（正）样阶段软件任务要求 |
| 试（正）样 | 根据软件试（正）样系统需求完善软件设计，对软件产品进行全面的验证和确认，控制软件的技术状态，完成验收与交付，通过型号出厂软件专项评审，确保软件产品的质量满足飞行试验（或软件交办方）要求 |
| 定型 | 在软件试（正）样的基础上，根据用户需求和试验情况完善软件设计，通过定型鉴定试验考核，固化软件技术状态，最终通过定型验收 |

软件安全关键等级见表 14－4，软件规模分类见表 14－5。同时，在配置项研制过程中，根据软件安全关键等级和规模分类进行裁剪。

**表 14－4　软件安全关键等级**

| 软件安全关键等级 | 软件危险程度 | 软件失效可能的后果 |
|---|---|---|
| A | 灾难性危害 | 人员死亡、系统报废、任务失败、环境严重破坏 |
| B | 严重危害 | 人员严重受伤或严重职业病、系统严重损害、任务受到严重影响 |
| C | 轻度危害 | 人员轻度受伤或轻度职业病、系统轻度损害、任务受影响 |
| D | 轻微危害 | 低于轻度危害的损伤，但任务不受影响 |

注：软件失效可能的后果有多个描述，它们之间是“或”的关系，即只要一项描述满足就可以确定关键等级。若某个软件失效有多种影响，则按照影响的最高等级确定关键等级。

**表 14－5　软件规模分类**

| 软件规模 | 嵌入式软件源代码行数 $n$ | 非嵌入式软件源代码行数 $n$ |
|---|---|---|
| 巨 | $n \geqslant 100\ 000$ | $n \geqslant 500\ 000$ |
| 大 | $10\ 000 \leqslant n < 100\ 000$ | $50\ 000 \leqslant n < 500\ 000$ |
| 中 | $3000 \leqslant n < 10\ 000$ | $5\ 000 \leqslant n < 50\ 000$ |
| 小 | $300 \leqslant n < 3\ 000$ | $500 \leqslant n < 5\ 000$ |
| 微 | $n < 300$ | $n < 500$ |

原则上，微、小规模软件的文档可适当合并，有关剪裁合并的规定应在软件开发计划中明确。

对于不同关键等级的软件，可对其测试要求和测试充分性要求进行裁剪，软件测试活动裁剪要求见表 14－6，软件测试充分性要求见表 14－7。

**表 14－6　软件测试活动裁剪要求**

| 测试级别 | 测试类型 | 软件等级 | | | |
|---|---|---|---|---|---|
| | | A | B | C | D |
| 单元测试 | 静态分析 | △ | △ | △ | △ |
| | 代码审查 | △ | △ | △ | ○ |
| | 功能测试 | △ | △ | △ | △ |
| | 性能测试 | ○ | ○ | ○ | ○ |
| | 逻辑测试 | △ | △ | ○ | ○ |
| 部件测试 | 静态分析 | △ | △ | ○ | ○ |
| | 代码审查 | △ | △ | ○ | ○ |
| | 功能测试 | △ | △ | △ | △ |
| | 性能测试 | ○ | ○ | ○ | ○ |
| | 接口测试 | △ | △ | △ | △ |
| | 逻辑测试 | △ | ○ | ○ | ○ |
| 配置项测试 | 静态分析 | △ | △ | ○ | ○ |
| | 文档审查 | △ | △ | △ | △ |
| | 代码审查 | △ | ○ | ○ | ○ |
| | 功能测试 | △ | △ | △ | △ |
| | 接口测试 | △ | △ | △ | △ |
| | 余量测试 | △ | △ | △ | △ |
| | 边界测试 | △ | △ | △ | △ |
| | 安全性测试 | △ | △ | ○ | ○ |
| | 强度测试 | ○ | ○ | ○ | ○ |
| | 人机界面测试 | ○ | ○ | ○ | ○ |
| | 恢复性测试 | ○ | ○ | ○ | ○ |
| | 安装性测试 | ○ | ○ | ○ | ○ |
| | 逻辑测试 | △ | ○ | ○ | ○ |
| 系统联试 | 功能测试 | △ | △ | △ | △ |
| | 性能测试 | △ | △ | △ | △ |
| | 接口测试 | △ | △ | △ | △ |

说明：在表中“△”表示必选项目，“○”表示可选项；对必选项进行的裁剪必须说明理由，需在开发计划中明确，并经过两总审批。

**表 14－7　软件测试充分性要求**

| 测试项目 | A | B | C | D |
|---|---|---|---|---|
| 单元测试 | 语句覆盖 100%<br>分支覆盖 100%<br>MC/DC 覆盖 100% | 语句覆盖 100%<br>分支覆盖 100%<br>MC/DC 覆盖 100% | AM | AM |
| 部件测试 | 调用覆盖 100% | AM | AM | AM |

**续表**

| 测试项目 | A | B | C | D |
|---|---|---|---|---|
| 配置项测试<br>（开发方） | 需求覆盖 100%<br>目标码覆盖 100% | 需求覆盖 100% | 需求覆盖 100% | 需求覆盖 100% |
| 配置项测试<br>（第三方） | 需求覆盖 100%<br>语句覆盖 100%<br>分支覆盖 100%<br>目标码覆盖 100% | 需求覆盖 100%<br>语句覆盖 100%<br>分支覆盖 100% | AM | AM |
| 系统联试 | 功能性能覆盖 100%<br>接口覆盖 100% | 功能性能覆盖 100%<br>接口覆盖 100% | 功能性能覆盖 100%<br>接口覆盖 100% | 功能性能覆盖 100%<br>接口覆盖 100% |

注：1. “AM”是指由软件交办方和软件承制方协商确定，但应与软件产品的质量要求相一致；

2. 单元测试中的 MC/DC 覆盖（修正的条件判定覆盖）仅针对高级语言编写的程序代码；

3. 目标码覆盖仅针对使用高级语言编写的嵌入式软件；

4. 对未达到覆盖率要求必须进行分析说明，必要时采用分析、审查、评审等方法补充说明情况和影响；

5. A、B 级软件的配置项测试应对语句覆盖和分支覆盖情况进行分析。

# 第 15 章 可靠性管理

可靠性是指产品在规定的条件下和规定的时间内，完成规定功能的能力。可靠性着眼于减少或消灭故障，以安全性为前提，以环境适应性为基础，以维修性为补充和延续，通过测试性进行故障监测和隔离，并依赖于保障性予以支持。一般来说，可靠性是通用质量特性的基础和关键，提高可靠性可以降低对测试性、维修性的需求，也有利于促进保障性和安全性的提高。可靠性工作既是航天产品研发过程中的一项重要工作内容，也是组织加强基础能力建设的一个重要方面。

## 15.1 可靠性管理的概念

航天可靠性管理是从系统工程的角度出发，对型号寿命周期内所需开展的一系列可靠性工程活动进行科学计划，通过建立健全的组织机构和工作制度，开展有效的协调、控制与监督工作。

航天型号可靠性管理的目的是确保型号产品的固有可靠性和任务可靠性，确保型号的任务成功，减小维修保障所带来的人力、物力及财力的压力。从型号的角度出发，可靠性管理的目标是以最合适的费用实现型号的可靠性要求。

### 15.1.1 可靠性管理工作遵循的基本原则

1）可靠性是型号重要的技术指标，从型号论证阶段开始，就要将功能性能、可靠性、费用、进度、风险等因素进行综合权衡，以获得最佳的效费比，这是开展好型号可靠性工程管理的基础和前提。

2）型号可靠性管理是系统工程管理的重要组成部分，要将可靠性工作统一纳入型号论证、方案、工程研制、交付等流程，与其他各项工作密切协调地进行。

3）建立型号可靠性工作系统，做到组织落实、职责明确，以推进可靠性管理工作。可靠性管理工作中重视和加强可靠性信息工作和型号故障报告、分析和纠正措施系统。

4）可靠性管理遵循预防为主、早期投入、关注过程的方针，将预防、发现和纠正论证过程、设计过程、生产过程、试验过程及元器件、原材料工艺选用过程等过程缺陷作为管理重点，采用成熟的可靠性设计、分析、试验技术，以保证型号固有可靠性水平。

5）型号的可靠性管理所需的经费，根据型号的类别、性质和寿命周期阶段，分别纳入各自渠道，予以有效的保证；制定和实施可靠性奖惩政策，明确规定奖惩条款，实施优质优价，劣质受罚的激励机制。

### 15.1.2 可靠性管理的基本方法

可靠性管理的对象是型号在论证、研制、试验、定型和生产过程中与可靠性有关的全部工程活动。管理工作是运用反馈控制原理去建立和运行一个管理系统，通过这个系统的有效运转，保证可靠性要求的实现。管理的基本方法是计划、组织、协调、控制和监督。

1）计划：进行管理首先要分析和确定目标，制定每项可靠性工作的具体要求与计划，估计这些工作所需的资源、人力、时间及费用。

2）组织：指定型号可靠性工作的总负责人并建立管理机构。要有一批专职和兼职的可靠性工作人员，明确其职责，形成可靠性工作的组织体系和工作机制，以完成计划确定的目标和任务；对各级各类人员进行必要的培训和考核，使其能胜任所承担的职责，完成规定的任务。

3）协调：制定可靠性工作计划时要综合考虑可靠性项目、可靠性指标与性能、可靠性工作与“六性”及其他研制工作的关系，并进行协调管理，工作项目尽可能结合，减少重复。

4）控制：通过制定各种标准、规范、指南，建立实施程序，指导和控制各项可靠性工作的开展。设立一系列检查、控制点，使产品在研制和生产过程中的可靠性工作均处于受控状态。建立闭环的可靠性信息系统，及时反馈、分析和评价产品的可靠性状况，制定改进措施并对其有效性进行监控。

5）监督：利用报告、检查、评审、验证、鉴定等活动，及时获取信息，以监督各项可靠性工作按计划按要求进行。同时，利用转承制合同、订购合同、现场考察、参加评审和产品验收等方法，对转承制单位和供应单位的可靠性工作进行监督。

### 15.1.3 可靠性管理的主要工作内容

#### 15.1.3.1 可靠性工作计划

在型号产品研制工作开始时，应根据型号可靠性要求和费用、进度的约束，选择和确定可靠性工作，细化每项工作的实施要求，制定工作流程，设立评审、监控点，形成切实可行的可靠性工作计划，并纳入整个型号的研制计划，保证必要的人力、资金和时间，明确各方面的关系，落实责任单位和责任人。

可靠性工作计划的制定与实施相关要求主要包括：

1）研制单位根据所承制产品的特点，制定可靠性工作计划，并纳入产品研制计划，保证开展可靠性工作所需的各项资源，制定相应的管理措施。

2）可靠性工作计划的主要内容包括：

a）编制依据；

b）职责分工；

c）基本要求；

d）各项可靠性工作项目及其实施要求；

e）各项可靠性工作项目的进度要求、完成形式和保障条件，与研制计划中其他工作的协调；

f）可靠性数据、信息资料的收集与传递要求；

g）可靠性评审安排；

h）风险及应对措施。

3）型号可靠性工作计划要经评审和订购方认可，要随着型号研制的进展而完善。

#### 15.1.3.2　对转承制方和供应方的监督与控制

承制单位对其承研产品的可靠性负责。要保证承研产品的可靠性，必须把承研产品可靠性要求和责任进行层层分解，落实到所有参与协调研制的转承制方和供应方，并对其实施监督和控制，以保证转承制方和供应方的产品可靠性达到规定的要求。

对转承制方和供应方的监督与控制实施要点主要包括：

1）通过技术协议、合同等方式明确承制方、转承制方和供应方的可靠性工作职责，凡由于承制方对转承制方和供应方提出的可靠性要求与可靠性工作项目要求不明确，或对其监控不力，承制方要负相应的责任。

2）转承制产品和供应品的合同内容，都应包括承制方和订购方有权对转承制方和供应方的可靠性工作进行审查和评价，并有权对转承制方和供应方的下属配套单位进行监控的内容。

3）通过技术协议、合同或有关工作说明，确保转承制方的可靠性工作计划要与整个型号的可靠性工作计划相协调。

4）承制方要及时监控转承制方的可靠性工作进展情况和各项可靠性工作项目的实施效果，以便尽早发现问题并采取必要的措施。

#### 15.1.3.3　可靠性评审

在型号研制过程中，按相应的研制程序、产品层次和管理级别实行分阶段、分层级的可靠性评审，以确保可靠性工作按预定的技术与管理要求进行，使最终的产品能达到规定的可靠性要求。可靠性评审前，要按研制节点完成型号可靠性工作计划（或大纲）规定的工作项目。可靠性评审是对可靠性工作和结果进行的评审和审查，主要包括对可靠性工作计划的检查和在设计评审中审查可靠性进展情况和满足要求的程度。

可靠性评审实施要点主要包括：

1）可靠性是型号设计评审的重要内容。可靠性设计评审可作为型号设计评审的一个组成部分，尽量与型号设计评审同步进行，也可根据需要单独进行。可靠性设计评审要尽可能与维修性设计和综合保障评审结合进行。

2）制定评审提纲。明确每次可靠性评审会的评审内容和评审要求是开好可靠性评审会的前提条件。可靠性评审组成员要有熟悉该产品又不直接承担该产品研制工作的可靠性专业人员和同行专家。每次评审会尽可能保持评审专家的相对固定，以便评审专家能够较系统、全面地了解产品研制过程中的有关情况，包括评审意见的落实情况。

3）可靠性评审结论或意见要做到客观、公正，严防走过场。凡由于评审走过场，导致产品发生重大事故或重大质量问题的，组织评审的单位要负相关的责任。

4）接受评审的单位要详细记录每位评审组成员提出的所有意见和建议，要特别重视哪怕是个别人所提出的反面意见。对评审意见要逐条落实，积极采取改进措施并对措施的效果进行确认。

5）若产品研制转阶段前未进行可靠性评审，或评审未通过，则对相应产品必须补做有关工作，否则研制工作不能转入下一阶段。

#### 15.1.3.4 故障报告、分析和纠正实施措施

建立故障报告、分析和纠正措施系统（FRACAS，Failure Reporting，Analysis and Corrective Action System），确立并有效执行故障记录、分析和纠正程序，及时发现并报告产品故障，分析故障原因，制定和实施有效的纠正措施，对故障进行闭环控制，以防止故障重复出现，从而使产品的可靠性得到增长。

FRACAS 是一个有效的可靠性管理工具，既具备改进现实的功能，又能对未来起预防作用。FRACAS 的有效运行积累了对"现实故障"分析、处理的经验，为类似产品的 FMEA 提供了更准确、完整的信息，可以举一反三，起到防止未来产品出现类似问题的作用。

FRACAS 是一个信息系统，其输入是信息（故障报告），输出的也是信息（纠正措施）。通过一套规范化严格的管理程序，保证产品及其组成部分在各种试验中发生的极其分散的故障信息能及时、准确、完整地得到收集，为分析、评价和改进产品可靠性提供科学依据。

FRACAS 是一个闭环的故障报告系统，由一系列活动组成，涉及各研制、试验、使用单位和各类人员，因此必须对管理机构、各方面职责、各项活动程序、内容及必要的资料（人员、设备）做出全面计划，并纳入型号的可靠性保证计划之中。型号负责人要研究并确定如何使用各单位现有的信息系统和追加的要求，以及确定管理本型号 FRACAS 的各单位负责人。

典型的 FRACAS 活动步骤主要包括：

1）在某一工作或试验期间观测到故障；

2）仔细记录所观测到的故障；

3）故障核实，重复观测或试验以证实故障的真实性；

4）隔离故障，查找故障部位，直到最低一级故障元件；

5）更换可疑故障产品，并证实故障仅在更换下的产品中；

6）验证有怀疑的产品，对故障产品进行检测；

7）故障分析，查找证实的故障模式、原因、机理；

8）收集有关资料；

9）确定根本原因；

10）提出纠正措施建议；

11）纠正措施实施；

12）试验验证纠正措施的有效性；

13）评审确定纠正措施的有效性；

14）全面实施纠正措施。

## 15.2　可靠性设计与分析

国内外航天系统工程实践证明，要保证和提高产品的固有可靠性，关键在于做好产品的可靠性设计工作。在开展可靠性设计的过程中，可靠性分析是必不可少的。根据不同的产品类型和特点，可以采用各种不同的可靠性设计与分析方法。产品可靠性分析的结果是进行可靠性设计的重要依据。要提高产品的固有可靠性并满足规定的可靠性要求，必须通过可靠性设计才能实现。

### 15.2.1　可靠性建模

可靠性模型通常分为基本可靠性模型和任务可靠性模型。基本可靠性模型是用以反映产品及其组成单元故障所引起的维修及保障要求，任务可靠性模型是用以度量产品在执行任务过程中任务成功能力的一种可靠性模型。

可靠性模型是从对系统故障规律认知的角度，对系统及其组成部件进行建模，反映系统的主要故障特征，用于预计或估算产品的可靠性。常用的可靠性模型包括：串联模型、并联模型、串/并联混合模型以及 $n$ 中取 $k$ 模型。

（1）串联模型

某系统由 $k$ 个部分组成，其中任一个组成部分出故障都会使系统出故障。只有所有 $k$ 个组成部分都不出故障时产品才不出故障，则该系统称为“由这 $k$ 个组成部分构成的可靠性串联系统”。串联系统的可靠性框图如图 15－1 所示。

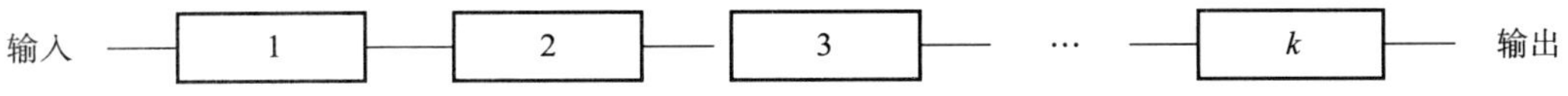


图 15－1　串联系统的可靠性框图

此时系统的可靠性数学表达式为

$$R(t)=\prod_{i=1}^{k}R_i(t)=R_1(t)R_2(t)\cdots R_k(t) \tag{15-1}$$

式中，$R_1(t)$，$R_2(t)$，…，$R_k(t)$ 分别表示各个组成部分的可靠度；$R(t)$ 表示系统的可靠度。

（2）并联模型

某系统由 $k$ 个部分组成。其中任一个组成部分不出故障就可使系统不出故障。只有所有组成部分都出故障时才会使系统出故障，该系统称为“由这 $k$ 个组成部分组成的可靠性并联系统”。并联系统的可靠性框图如图 15－2 所示。

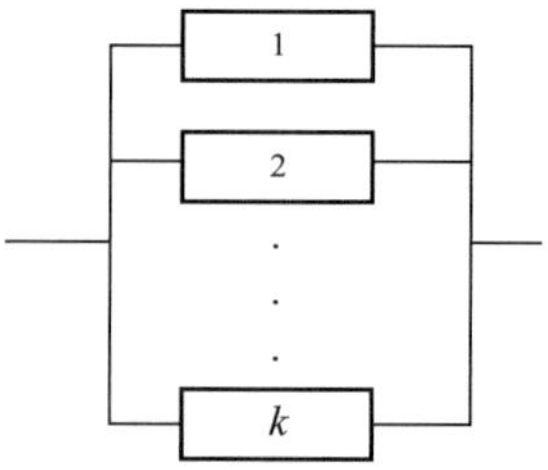


图 15－2　并联系统的可靠性框图

此时系统的可靠性数学表达式为

$$R(t)=1-\prod_{i=1}^{k}[1-R_i(t)] \tag{15-2}$$

(3) 串/并联混合模型

某系统由 $k$ 个部分组成，通常会包含有串联和并联关系组合的情况，如串并联模型和并串联模型，串并联系统的可靠性框图如图 15－3 所示，并串联系统的可靠性框图如图 15－4 所示。

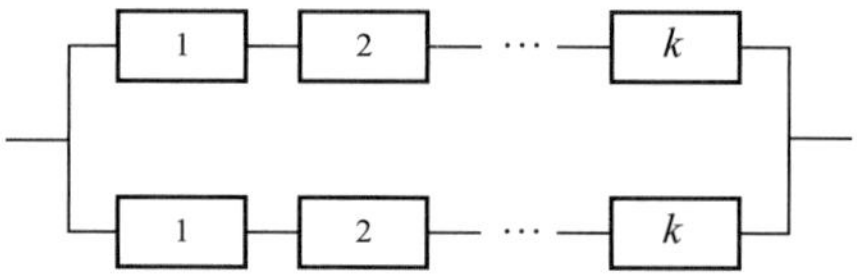


图 15－3　串并联系统的可靠性框图

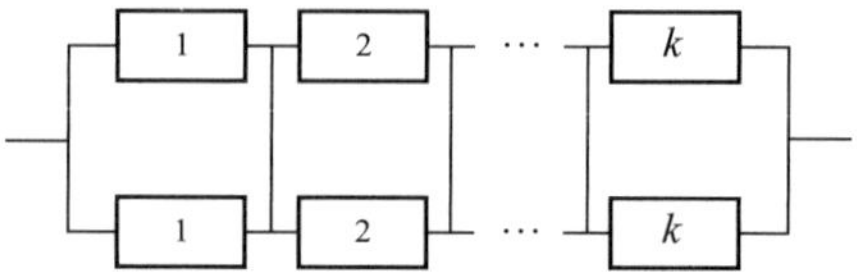


图 15－4　并串联系统的可靠性框图

串并联模型的数学表达式为

$$R(t)=1-\left[1-\prod_{i=1}^{k}R_i(t)\right]^2 \tag{15-3}$$

并串联模型的数学表达式为

$$R(t)=\prod_{i=1}^{k}\{1-[1-R_i(t)]^2\} \tag{15-4}$$

(4) $n$ 中取 $k$ 模型

某系统由 $n$ 个部分组成，当其中的 $k$ 个组成部分正常工作，系统就能正常工作，则该系统的可靠性模型为 $n$ 中取 $k$ 模型，其可靠性框图如图 15－5 所示。

当 $k$ 个单元的可靠度均为 $R$，表决器可靠度为 1 时，其可靠性数学表达式为

$$R(t)=\sum_{i=n}^{k}C_n^k R^i(1-R)^{k-i} \tag{15-5}$$

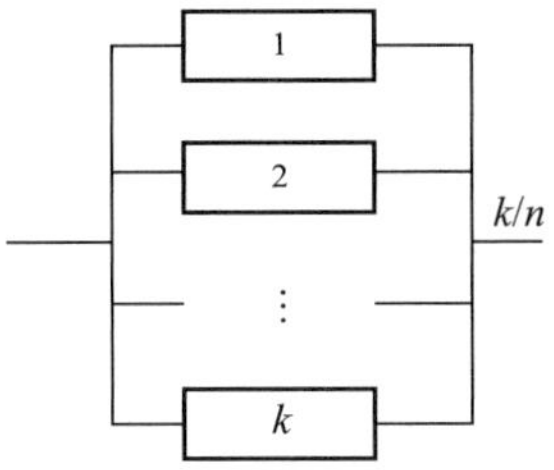


图 15-5　$n$ 中取 $k$ 系统的可靠性框图

开展可靠性建模工作的要点包括：

1）可靠性建模是进行可靠性分配/预计的基础，因此必须尽早开展，并随着产品的研制进展不断细化迭代。

2）明确要建立的模型是产品的基本可靠性模型还是任务可靠性模型，若是任务可靠性模型，是针对一个任务阶段还是多个任务阶段。

3）针对要建模的每一任务阶段，梳理产品各项功能或工作模式。根据产品配套表逐项梳理产品各项功能或工作模式涉及的组件、部件或零件，分析其潜在的故障模式及各故障模式的相关性。

4）可靠性模型要随着产品的技术状态、任务剖面、工作模式等的更改进行适应性修改。

### 15.2.2　可靠性分配

可靠性分配与可靠性预计都是可靠性设计分析的重要工作，两者相辅相成。前者是自上而下的演绎分解过程，后者是自下而上的归纳综合过程。可靠性分配结果是可靠性预计的目标，可靠性预计的相对结果是可靠性分配与指标调整的基础，在系统设计的各个阶段均要相互交替反复进行。

航天型号要按照从系统、分系统到设备的顺序，“自上而下”逐级进行可靠性分配，将系统的可靠性指标分解到便于实施试验验证的产品层次，用以指导产品可靠性设计和试验。

（1）可靠性分配方法

1）比例分配法：适用于基本可靠性分配；

2）评分分配法：适用于基本可靠性或任务可靠性的分配；

3）重要度、复杂度法：适用于基本可靠性或任务可靠性的分配。

（2）开展可靠性分配工作的要点

1）面向任务：可靠性分配要围绕产品的不同任务剖面，基于任务可靠性框图进行分配。

2）对象齐全：对产品可靠性模型中的单元均要分配可靠性指标，不能遗漏；同时要分配到可以单独进行可靠性试验的产品层次。

3）指标全面：可靠性分配要分配规定值，用于约束可靠性设计；同时要分配最低可接受值，用于约束可靠性验证试验。

4）合理可行：可靠性分配要考虑产品的重要性、可实现性；产品可靠性指标要进行横向、纵向对比，合理可行。指标分配时要留有适当余量，以适应技术状态更改或部分单元出现偏差的情况，必要时进行适当调整。

5）传递到位：可靠性分配值要列入组成单元的任务书或技术规范，传递到位。

### 15.2.3　可靠性预计

可靠性预计工作的目的是通过预计产品的基本可靠性和任务可靠性，评价所提出的设计方案是否满足规定的可靠性定量要求，以发现设计的薄弱环节，为改进设计提供依据。当预计发现有薄弱环节且不满足要求时，要重新修改设计。

（1）可靠性预计方法

1）相似产品法：适用于方案设计阶段，对机械、电子、机电类产品基本可靠性或任务可靠性的预计；

2）元件计数法：适用于方案设计阶段，对电子类产品基本可靠性的预计；

3）元件应力分析法：适用于初样和试验研制阶段，对电子类产品基本可靠性的预计。

（2）开展可靠性预计工作时的注意事项

1）可靠性预计工作要与功能性能设计同步进行，在产品研制的各个阶段，可靠性预计要反复迭代，以使预计结果与产品的技术状态始终保持一致。

2）注意与故障定义和任务剖面的相关性。不同的任务剖面对应不同的预计值，故障定义影响预计的模型与结果。

3）在方案论证和初步设计阶段，可靠性预计只能提供大致的估计值，这些值适用于最初分配的比较和确定分配的合理性。随着设计工作的进展，产品定义进一步确定，可靠性模型进一步细化，可靠性预计结果将逐步趋于精确。

4）产品的可靠性预计结果的相对值有时比绝对值更有意义。通过可靠性预计结果的对比可以找到系统易出故障的薄弱环节，加以改进。可靠性预计结果是方案优选、调整的重要依据。

### 15.2.4　制定可靠性设计准则

1）制定可靠性设计准则，就是通过总结提炼同类产品可靠性设计经验教训，以及产品设计必须遵循的可靠性设计具体要求，形成文件或技术规范，用以约束和指导设计人员开展产品可靠性设计。

2）一般地，总体单位要制定型号专用的可靠性设计准则，用于约束和指导总体、分系统可靠性设计。必要时，分系统单位进一步制定分系统可靠性设计准则，用于约束和指导分系统及所属设备（包括硬件和软件）可靠性设计。

3）常用可靠性设计思路见表 15－1。可靠性设计准则可参考表 15－1 所列的可靠性设计方法，针对任务要求、产品特点及其寿命剖面，进一步细化制定。

**表 15-1　常用可靠性设计思路**

<table>
<tr><th colspan="2">可靠性设计思路</th><th>可靠性设计方法</th><th>备注</th></tr>
<tr><td rowspan="5">不发生故障或降低发生故障的可能性</td><td>继承</td><td>1)采用成熟设计；<br>2)采用成熟工艺；<br>3)采(借)用可靠产品</td><td></td></tr>
<tr><td>简化</td><td>1)减少产品功能；<br>2)简化系统组成；<br>3)简化工艺路线；<br>4)减少流程环节；<br>5)减少人工操作</td><td></td></tr>
<tr><td>裕度</td><td>1)强度裕度；<br>2)刚度裕度；<br>3)寿命裕度；<br>4)性能裕度；<br>5)电路容差设计；<br>6)防瞬态过应力设计；<br>7)力学环境裕度；<br>8)热环境裕度；<br>9)自然环境裕度；<br>10)电磁环境裕度；<br>11)空间环境裕度；<br>12)其他裕度</td><td>1)力学环境包括振动、冲击、噪声、加速度等；<br>2)热环境包括高温、低温、温度冲击、热流、热真空等；<br>3)电磁环境包括静电、雷电、电磁场等；<br>4)自然环境包括高温、低温、湿度、霉菌、沙尘、雨、雾、风、霜、结冰、冰雹等；<br>5)空间环境包括地球重力场和磁场、太阳光、电场、带电粒子、等离子体、原子氧、微流星碎片等</td></tr>
<tr><td>防错</td><td>1)防差错设计；<br>2)人因工程</td><td></td></tr>
<tr><td>防意外工作</td><td>1)预防潜通路；<br>2)防误操作</td><td></td></tr>
<tr><td colspan="2">故障-工作</td><td>1)冗余设计；<br>2)容错设计；<br>3)故障隔离设计</td><td>冗余设计是指用多于一种的途径来完成规定的功能，以提高系统的任务可靠性</td></tr>
</table>

4）可靠性设计准则一般在方案阶段制定，并可动态修改完善。在产品方案设计评审、图样审签、转阶段评审或产品验收时，要检查可靠性设计准则的落实情况。

5）可靠性设计准则可单独成文，亦可纳入可靠性大纲（或工作计划）或任务书。

### 15.2.5　故障模式及影响分析

故障模式及影响分析（FMEA，Failure Mode Effect Analysis）是一种系统化的故障预想技术，它是运用归纳的方法系统地分析产品设计可能存在的每种故障模式及其产生的后果和危害的程度，通过全面分析找出设计薄弱环节，实施重点改进和控制。FMEA 的主要目的是按规定的规则记录产品设计和工艺设计中可能存在的故障模式，分析每种故障模式对产品工作或状态的影响，发现设计中的潜在薄弱环节，评价、确认预防及纠正措施或补偿措施，从而保证产品的可靠性与安全性。

FMEA 一般“自下而上”分阶段不断迭代进行，分析方法是采用表格化分析。常见的 FMEA 工作表见表 15-2。

**表 15－2　FMEA 工作表**

初始约定层次__________　任务阶段__________　审核__________　日期__________

约 定 层 次__________　分析人员__________　批准__________　页次____　总页数____

| 标识号 | 产品或功能标志 | 功能 | 故障模式 | 故障原因 | 任务阶段与工作方式 | 故障影响 | | | 严酷度类别 | 故障检测方法 | 预防、纠正措施 | 补偿措施 | 备注 |
|---|---|---|---|---|---|---|---|---|---|---|---|---|---|
| | | | | | | 局部影响 | 高一层次影响 | 最终影响 | | | | | |
| | | | | | | | | | | | | | |
| | | | | | | | | | | | | | |
| | | | | | | | | | | | | | |
| | | | | | | | | | | | | | |

FMEA 工作要点：

1）对象齐全：要针对产品的每一个组成单元进行分析，确保产品组成无遗漏，包括接口、直属件、软件等。

2）模式全面：要全面分析产品任务剖面及每一个任务剖面内组成单元的功能、性能，全面掌握同类产品历史故障，可以从“动作—参数—安全”三个维度辨识故障模式。

3）影响清楚：要上下结合，分析清楚每一个故障模式对局部、高一层次、最终产品的影响。

4）措施有效：针对每一个故障模式及其原因、影响，从全寿命周期各环节采取措施，措施要具体、可操作、可检查。

5）落实到位：FMEA 表格中提出的措施要具体落实在方案报告、图样、测试细则、应急预案或使用说明中。

### 15.2.6　单点故障模式识别与控制

（1）单点故障模式的识别与分析

1）通过分析产品故障模式是否会导致系统故障、产品内部是否有冗余或替代的操作程序作为补救，从而识别产品中的单点故障模式。

2）进行 FMEA 时，按单机、分系统、系统逐级识别单点故障模式。同时，分系统要对所属单机，系统要对所属分系统的单点故障模式开展确认、补充、删除等集成工作。对单机进行分析时，最低约定层次为所属元器件、零部件和接口等；对分系统进行分析时，最低约定层次为所属单机、直属件及接口等；对系统进行分析时，最低约定层次为各分系统、直属件及接口等。

3）系统在 FMEA 基础上，要针对任务中严酷度为Ⅰ、Ⅱ类（以下简称Ⅰ、Ⅱ类）的不期望事件进一步开展故障树分析，找出一阶最小割集，识别单点故障模式。

4）对单机、分系统和系统在上述分析工作基础上，要进一步梳理形成Ⅰ类和重点控制的Ⅱ类单点故障模式清单。对重点控制的Ⅱ类单点故障模式要根据故障模式的发生可能性大小（考虑技术、产品、管理及队伍成熟程度等因素）加以确定。

（2）单点故障模式的控制

1）设计师要从设计上尽量采取措施消除单点故障模式。对于不能消除的单点故障模式，要采取措施降低其故障后果或发生可能性，从而降低单点故障模式带来的风险。

2）设计师要将Ⅰ类和重点控制的Ⅱ类单点故障模式清单中的相关产品列入可靠性关键项目清单，按相关要求进行管理，并设置强制检验点进行控制。

3）设计师要针对Ⅰ类和重点控制的Ⅱ类单点故障模式制定针对性措施，在研制过程中对措施的有效性进行验证，将控制措施和验证结果纳入Ⅰ类和重点控制的Ⅱ类单点故障模式清单进行管理，并将相关分析和控制结果纳入风险分析报告，结合技术评审、产品验收、出厂评审等加以确认。

4）当综合采取了各种控制措施后仍不能将单点故障模式的风险降低到可接受水平时，要将其作为不可接受的残余风险制定应急预案。如果型号还要执行后续任务，要针对后续任务制定明确的持续改进措施。

系统级单点故障模式识别与控制流程如图 15－6 所示。

### 15.2.7 对可靠性关键项目的确定和控制

1）可靠性关键项目是指其一旦发生故障将造成重大不利影响的项目（硬件或软件）。确定和控制可靠性关键项目，并投入更多资源实施重点控制，是抓关键、抓重点思想的体现。

2）可靠性关键项目一般通过 FMEA 加以识别。系统、分系统的可靠性关键项目一般识别到设备级；设备的可靠性关键项目识别到分立器件、零部件、模块级。

3）符合以下判别准则之一的项目，可确定为可靠性关键项目：

a）故障将直接导致人员伤亡的项目。

b）故障模式的严重性为Ⅰ、Ⅱ类的硬件、软件、固件或飞行和地面控制程序；故障将会严重影响系统的工作或使系统的任务目标不能实现的项目；单点失效模式的项目；可能导致系统失效的主要驱动或激励源。

c）故障将导致评价系统统计完成任务情况所需信息丢失的项目。

d）采用新工艺，技术风险大的重要项目。

e）由于缺乏充分验证，与其他已证明具有高可靠性的项目又没有相似性，因而对其可靠性没有把握的项目。

f）不满足要求或无法验证其可靠性要求的项目；实际应用不满足降额准则要求的元器件。

g）由于有严格使用期限和有限循环周期，储存期有限，或对环境条件敏感，因而必须对其使用和储存进行控制的项目。

h）在制造、储存、装卸、包装、运输和测试/试验时需采取特殊防护措施的项目。

i）曾在性能和可靠性方面有过不良历史的项目。

j）过去履历、特性、功能或加工经验表明对其研制生产必须始终进行跟踪的项目。

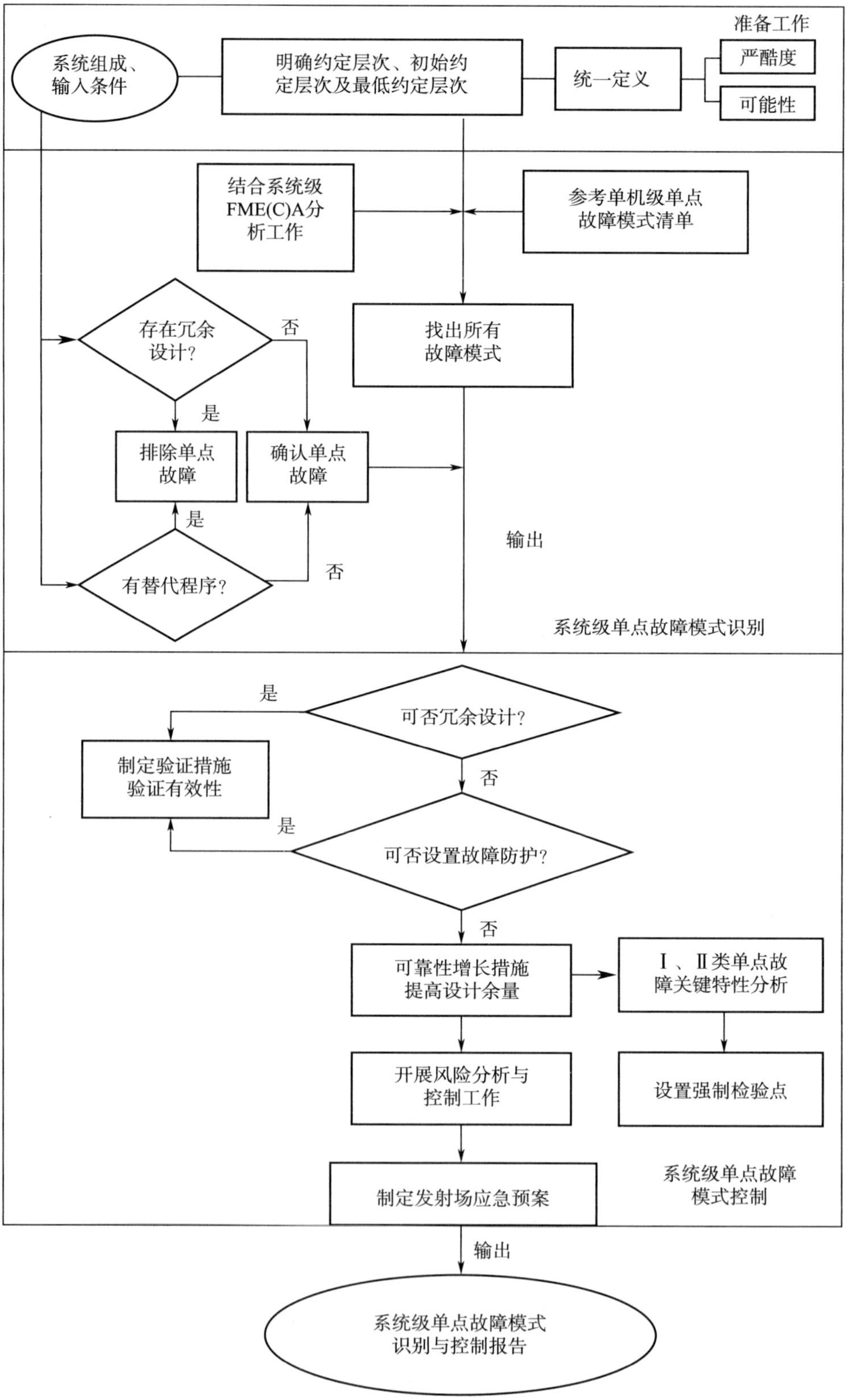


图 15 - 6　系统级单点故障模式识别与控制流程

k）由于技术水平的限制，在预期的应用中有苛刻性能要求的项目。

l）难以采购或生产的项目。

4）可靠性关键项目的控制措施一般包括：

a）预先开展故障树分析、潜通路分析、最坏情况分析等；

b）组织第三方开展设计复核复算；

c）开展专项可靠性试验或裕度试验；

d）设置关键特性、重要特性、关键件、重要件进行控制（图样做相应标识）；

e）设置必要的强制检验点（技术条件明确）；

f）多媒体记录（技术条件明确）；

g）其他。

### 15.2.8 故障树分析

故障树分析（FTA，Failure Tree Analysis）是一种系统化的详细的故障调查方法，它运用演绎法寻找导致某种故障的各种可能原因，追溯原因的原因，直到找到最基本的原因，从而构造一个连接故障因果关系的逻辑结构图，即故障树。通过对故障逻辑关系的分析，找出导致故障发生的所有路径与关键路径，以便采取改进措施或控制方法。FTA 可以揭示一个系统不希望出现的状态，是针对某一特定的不希望事件或故障事件（又叫顶事件）自上而下逐步展开的。FTA 既可以用于事后分析，也可以用于事前分析。使用 FTA 可以有效发现项目的薄弱环节，为采取改进措施提供依据。

FTA 是设计阶段一个很好的分析评估工具，有助于优化设计。当产品投入市场出现故障后，FTA 分析结果也可以作为查找问题的工具。除此之外，FTA 还具有其他作用：

1）可对高复杂系统进行功能分析；

2）可评估低层次事件对顶事件的影响；

3）进行可靠性、安全性评估；

4）进行潜在设计缺陷、安全性缺陷的鉴别；

5）进行改进措施的有效性评估；

6）有助于维修和查找问题、排查原因。

FTA 优于 FMEA 的情况：

1）当对管理、操作、维护人员的安全性影响非常重大时；

2）在顶事件较少时；

3）在功能框图的完成至关重要时；

4）在有较大的造成人员或者软件错误的潜在可能性时；

5）当定量的风险评估是最受关注的方面时；

6）当产品或者系统功能非常复杂时。

FMEA 优于 FTA 的情况：

1）当顶事件不好确定时；

2）多种功能框图可行时；

3）当需要明确各种可能的故障因素时；

4）产品或系统功能很少受人为及软件干扰时。

故障树一般由顶事件、中间事件、底事件、逻辑门及它们之间的连线组成，某电气系统示意如图 15－7 所示，以“电动机运转时过热”为顶事件可以建立故障树，“电动机运转时过热”故障树如图 15－8 所示。

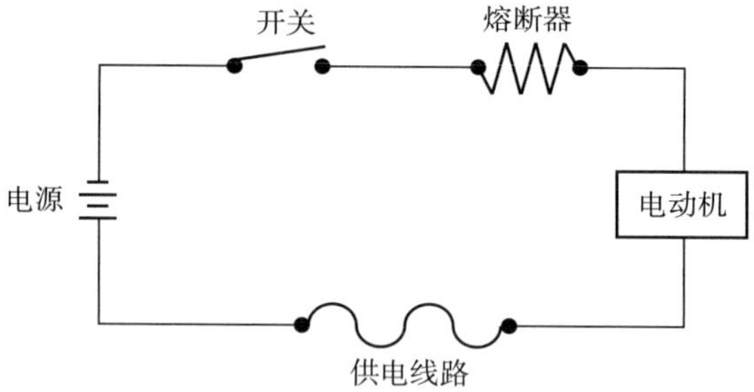


图 15－7　某电气系统示意

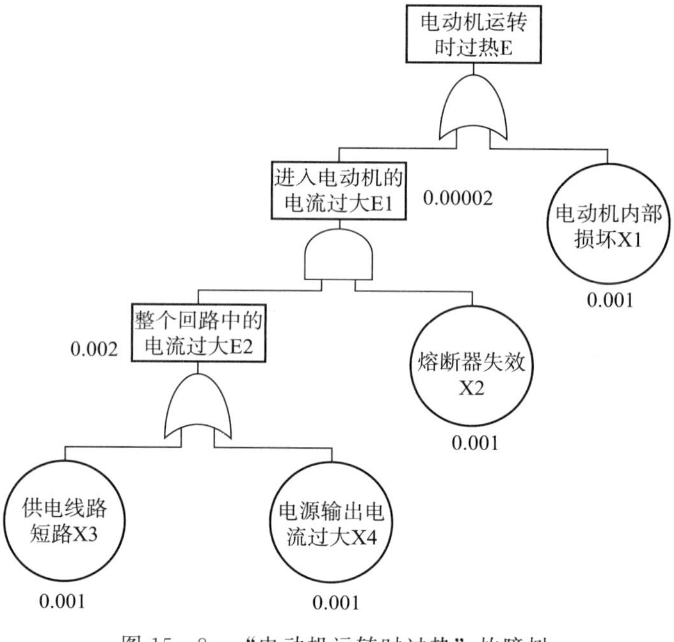


图 15－8　“电动机运转时过热”故障树

### 15.2.9　概率风险评价

概率风险评价（PRA，Probabilistic Risk Assessment）是一种用以辨识与评估复杂系统的可靠性、安全性风险为目标的结构化、集成化的逻辑分析方法。PRA 综合应用了系统工程、概率论、可靠性工程及决策理论等知识，主要用于分析那些发生概率低、后果严重并且统计数据有限的事件。PRA 通常按照三个问题来描述风险，首先是什么事件可以导致故障（事故），其次是其可能性有多大，再次是其后果是什么。PRA 通过系统地构建事件链并对其进行量化分析，以一种集成的方式来回答这些问题。

复杂事件链由一系列的事件组成，其中每一个事件都有可能对系统造成严重后果。这些事件链中的事件，孤立地看可能并不严重或并不重要，但若它们组合到一起，却可能导致灾难性的后果。

PRA 主要强调综合集成方法。PRA 的基本思路是：要求自下而上（如 FMEA）与自上而下（如 FTA）相结合，将定性与定量相结合，将多种试验数据（本系统、分系统、单机的直接试验和类似系统的试验数据）、多种有关信息、模型计算结果和专家经验有机结合。它既强调应用定量计算，又特别注重利用设计师的实际经验进行定性分析。典型的 PRA 实施过程包括：定义目标、系统分析、识别初因事件、事故链建模、确定事件的故障模式、数据的收集和分析、模型的量化和集成、不确定性与敏感性分析、评价结果与分析（重要度排序）等环节。

（1）定义目标与系统分析

恰当地定义评估目标（系统级、分系统级、单机级等），确定最终状态所不期望的后果。

（2）识别初因事件

在完整的事故链中，首先要识别初因事件。可以采用主逻辑图（MLD，Master Logic Diagram）或 FMEA 等来实现。

（3）事故链建模

采用事件树建立事故链模型，从初因事件开始，经轴心事件到达最终状态。有时可以首先通过事件序列图（ESD，Event Sequence Diagram）来描述事故链，因为从工程分析的角度来看，事件序列图比事件树更有优势。事件序列图可进一步转换为可以量化的事件树。

（4）关键事件故障模式的确定

事故链的轴心事件（关键事件）采用故障树来确定其故障模式。

（5）数据采集与分析

PRA 的关键是正确给出故障模式与构成底事件的基本事件的发生概率。采集与处理不同类型的数据是 PRA 的难点。对数据进行分析处理以定量分析事故链和故障原因。这些数据一般包括：元器件失效率、初因事件概率、结构失效概率、人为差错概率、共因失效概率等。

（6）模型的量化和集成

通过对所获取的基本事件的概率分布进行量化处理，可以得到事故链上的关键事件的发生概率。在独立假设条件下，事件树的每个最终状态出现的概率是初因事件和关键事件条件概率的乘积，由此得到各条事故链的发生概率。可以确定出各事故链对最终故障状态发生的影响程度，从而对事故链进行排序。

（7）不确定性分析

PRA 必须对量化结果进行不确定分析。作为量化分析的重要组成部分，进行不确定性分析是为了评价所计算出来的风险结果的认知度或可信度，定量估计最终状态的事故链的概率，并按照风险级别对各种初因事件和影响程度进行排序。由于输入数据和模型假设中的不确定性沿着模型传播，因此在估计最终状态的不确定性时要考虑这一因素。有许多仿真方法可以用来进行不确定性分析，其中蒙特卡罗仿真方法是应用最广的一种。

敏感性分析用来分析输入单元值的变化在部分或最终风险结果中所引起的最大变化，它可以识别出基本事件中对事故敏感的那些事件。

(8) 结果分析

通常，用文字和图表的形式表示出 PRA 的风险结果、假设条件及敏感性分析结果。PRA 能够分析出不同分系统（单机）之间的接口作用，可以辨识出对可靠性、安全性风险有显著影响的关键因素。PRA 最重要的输出之一就是对主要事故链和初因事件进行排序，以进一步确定降低可靠性、安全性风险的措施，同时可以为故障预案制定提供决策依据。

### 15.2.10 潜在通路分析

航天产品潜在通路分析（SCA，Sneak Circuit Analysis）是指在电子、电气和机电系统中，通过采用系统性的梳理、划分、重构、建模和遍历方法，结合相关技术领域的专家知识和分析准则，对系统中存在的可在一定条件下激发非期望功能或抑制期望功能的潜在路径、时序、指示或标志进行分析和筛查的一种工程技术方法，典型潜在电路的示意如图 15－9 所示。

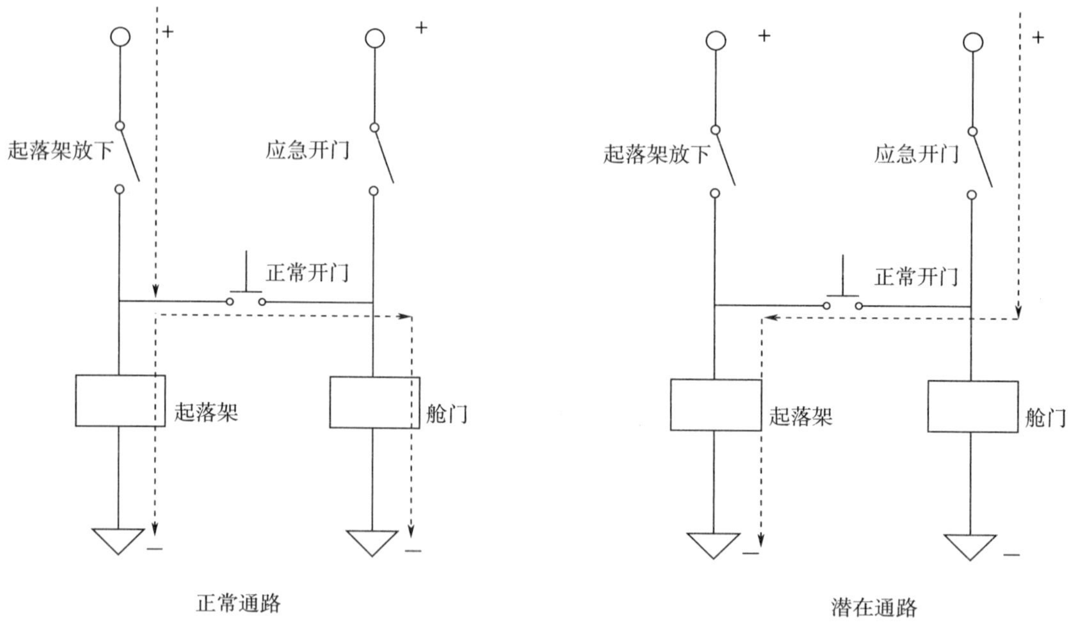


图 15－9 典型潜在电路示意图

潜在电路分析技术是一项广泛应用于航空、航天、核能、船舶等军事工业领域的可靠性安全性分析技术。该技术主要面向复杂系统级电子、电气和机电产品。

20 世纪 80 年代中后期，潜在电路分析技术开始应用于我国航天工业领域。经过近 20 年的技术探索、攻关、实践和积累，国内第一部潜在电路分析行业标准于 2005 年发布，标志着国内军工领域的潜在电路分析工作进入了专业化、规范化阶段。潜在电路分析先后经历了人工分析和计算机辅助分析两个发展阶段。

人工分析方法主要以网络树和功能网络森林的构建为基础，配合拓扑模式识别和经验线索表的应用，适用于小规模的电子或电气系统。潜在电路分析人工分析方法的基本流程如图 15－10 所示。

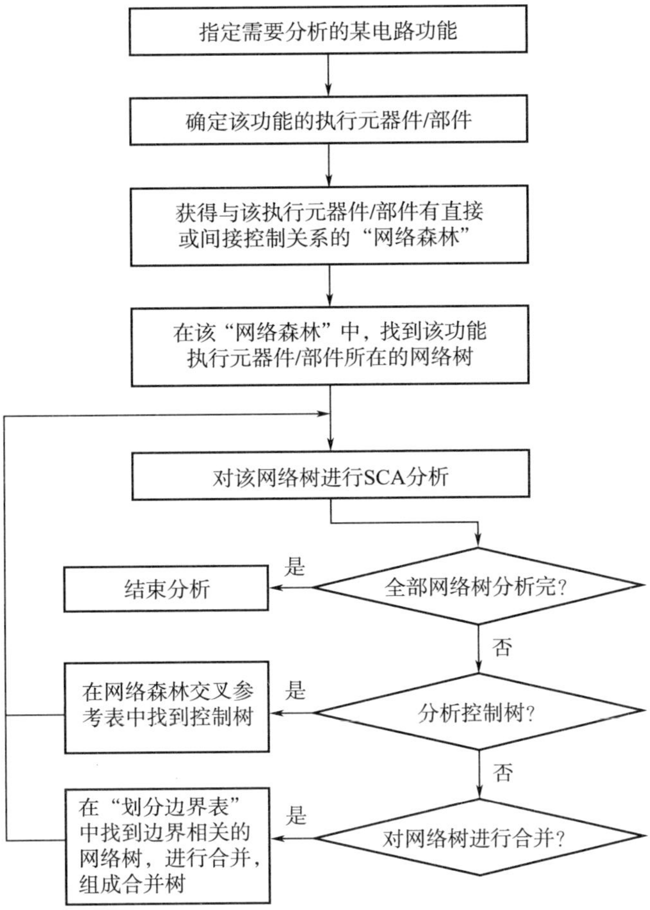


图 15－10　潜在电路分析人工分析方法的基本流程

计算机辅助分析方法则利用软件工具在运行速度和分析覆盖性上的优势，可以对大型电子电气系统进行全状态和全路径的遍历和搜索。潜在电路分析计算机辅助分析方法的流程如图 15－11 所示。

通过在产品设计阶段开展潜在电路分析，可有效识别潜在且严重的系统级设计问题，暴露和发现设计缺陷，纠正设计文档错误，降低产品设计后期的更改费用，保证项目进度和任务成功。

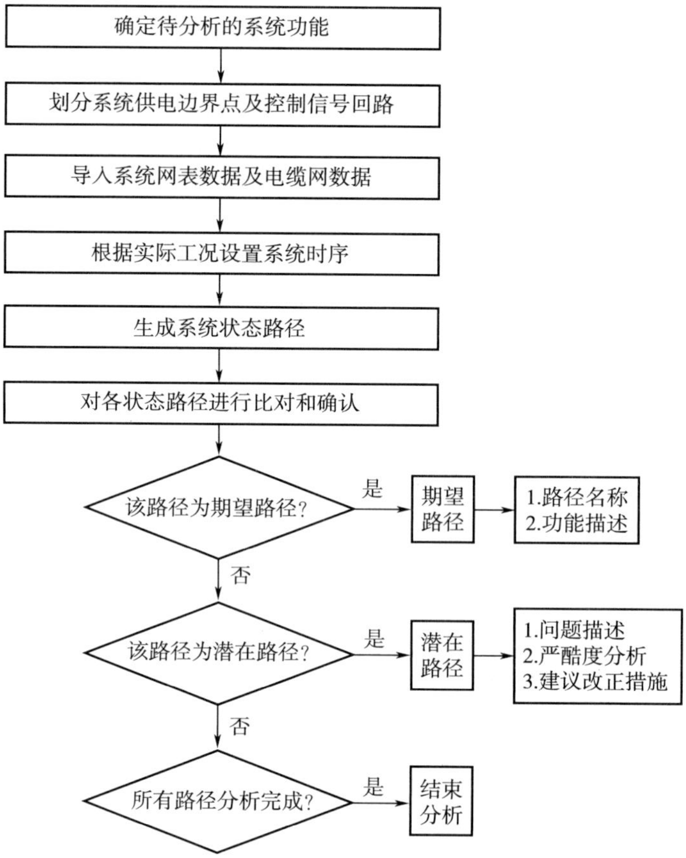


图 15-11　潜在电路分析计算机辅助分析方法的基本流程

### 15.2.11　最坏情况分析

航天产品最坏情况电路分析（WCCA，Worst Case Circuit Analysis）是指在设计限度内分析电路所经历的环境变化、参数漂移及输入漂移出现的极端情况及其组合，并进行电路性能分析和元器件应力分析。具体包括分析温度、湿度、辐射、电磁、振动等影响电路工作性能的环境变化，考虑输入电源电平、输入激励等漂移，结合元器件由于质量水平、老化、环境及外部输入造成的参数漂移，以最不期望的组合施加到电路上，分析电路在各因素组合极端情况下的工作性能是否满足指标要求，以及元器件的电压、电流、功耗和结温等应力参数是否满足降额要求。电容的最坏情况边界示意如图 15-12 所示。

航天产品最坏情况电路分析包括最坏情况电路性能分析和最坏情况元器件应力分析两项基本工作内容。最坏情况电路性能分析是分析电路在所有的工作条件下是否都有足够的工作裕度，电路的工作性能是否满足设计要求。最坏情况元器件应力分析是分析在规定最坏情况条件下元器件工作应力是否符合降额规定的降额要求，工作应力包括稳态条件的工作应力和瞬态条件的工作应力。最坏情况电路分析流程如图 15-13 所示。

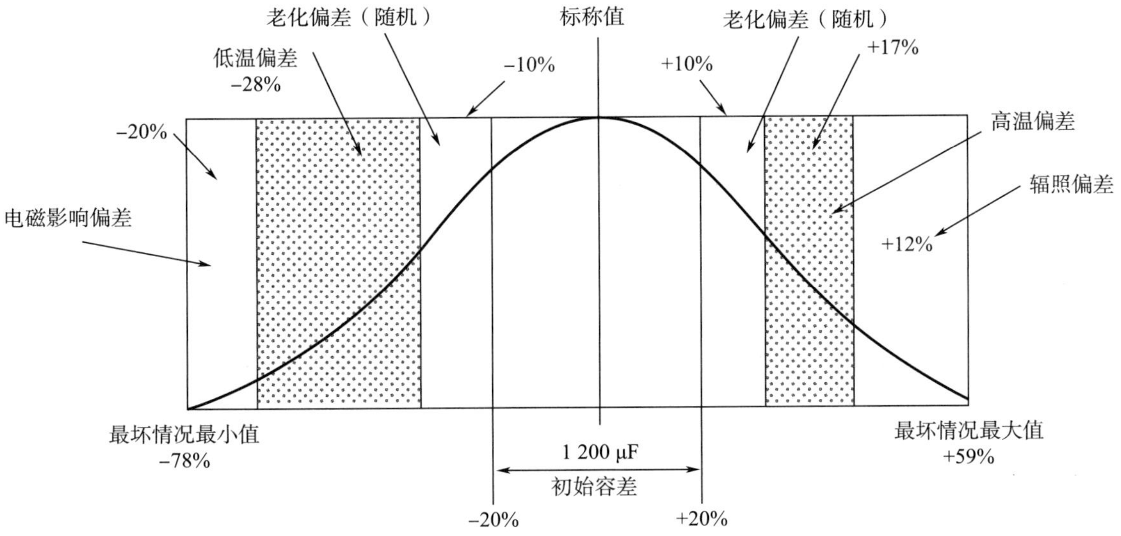


图 15-12　电容的最坏情况边界示意

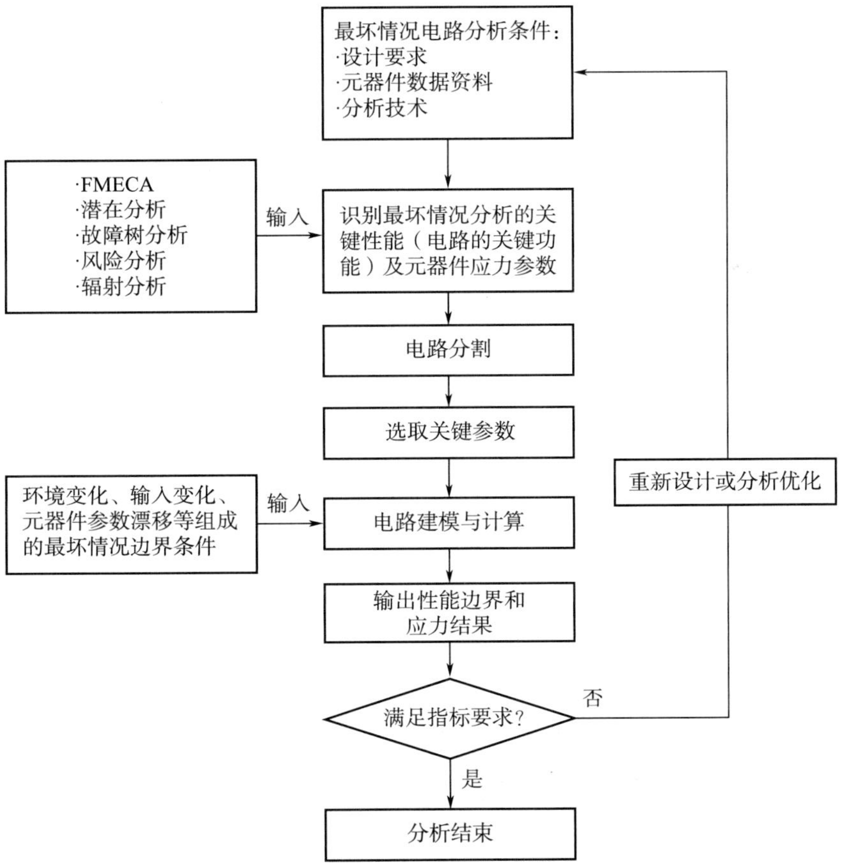


图 15-13　最坏情况电路分析流程图

通过最坏情况电路分析可以获取最坏情况下电路性能参数的偏差范围与元器件应力值，通过与电路性能指标要求及降额要求相比较，判断电路的性能裕度设计、器件选型及降额设计是否满足设计要求。对不符合要求的电路设计，要提出改进措施建议，重新修改设计（重新选择电路组成部分参数，或其精度等级，或更改原电路结构，或更改器件选型），之后再进行迭代分析，直到电路设计满足性能指标要求，从而提高电路的可靠性。

### 15.2.12 功能测试、包装、储存、装卸、运输及维修对产品可靠性的影响控制

在产品完成零部件生产和产品装配后，其全寿命周期的后续每一个环节，包括功能测试、包装、储存、装卸、运输及维修，都可能对产品造成不利影响，从而降低其使用可靠性。为此，要由设计人员牵头、各相关岗位人员共同参与，辨识各环节可能产生的不利影响，制定相应的控制措施，措施需经必要的试验验证有效，并严格落实。应将制定的各种控制措施落实在具体文件中（如技术条件、测试细则、操作规程、使用说明等）。

各环节可能产生不利影响的原因主要有：

1）测试状态、测试项目错误；

2）过大的测试应力、过多的动作次数、过长的测试时间；

3）包装密封性不满足要求；

4）对运输、装卸过程中产生的振动、冲击未加以抑制；

5）储存环境条件不满足要求；

6）检测周期不合适；

7）装卸、维修错误或未实施量化控制，对产品安装位置附近的其他产品造成次生损害。

## 15.3 可靠性试验与验证

在产品研制过程中，尽管开展了各种可靠性分析，但仍有必要借助可靠性试验来暴露可靠性分析发现不了的薄弱环节，通过试验的方法来验证各种可靠性设计、工艺措施的有效性，通过试验和评估的方法来回答产品是否满足规定的可靠性要求，通过环境应力筛选的方法来剔除早期缺陷，保证交付产品的使用可靠性。

### 15.3.1 环境应力筛选

环境应力筛选（ESS，Environment Stress Screening）是通过向产品施加合理的环境应力和工作应力，将其内部的潜在缺陷变为故障，并通过检测发现和排除的过程，是一种工艺手段。ESS的目的是发现和排除不良元器件、制造工艺和其他原因引入的缺陷造成的早期故障。

ESS主要适用于电子产品，也可用于电气、机电、光机电、光化学产品。ESS是生产过程中的一道工序，通过剔除产品中潜在的元器件、材料及工艺缺陷，避免将有缺陷的产

品交付使用。ESS 以“既不漏过有缺陷的产品，也不损害无缺陷的产品”为原则，故对产品施加的环境应力要将潜在缺陷加速激发为故障，不强调一定要模拟使用环境。

航天电子产品 ESS 一般遵循以下程序：

1）初始性能检测；

2）随机振动（缺陷剔除）；

3）温度循环（缺陷剔除）；

4）温度循环（无故障检验）；

5）随机振动（无故障检验）；

6）最终性能检测。

环境应力筛选要点：

1）在制定电子产品技术条件时，应将 ESS 和环境验收试验项目结合考虑，力求试验更加经济有效；

2）单板级优先选择温度循环筛选，随机振动筛选效果不大；整机级优先选择随机振动和温度循环组合筛选；

3）在正式筛选前，应预先开展振动摸底试验，测定单板上的振动响应，避免振动放大过大造成产品损坏；

4）在筛选过程中应进行有效的检测，避免漏过已激发出的缺陷，导致有缺陷的产品流入后续试验和使用环节。

### 15.3.2　可靠性研制试验

可靠性研制试验（RDT，Reliability Development Test）是指对样机施加一定的环境应力和（或）工作应力，以暴露产品设计、工艺可靠性薄弱环节。验证可靠性措施有效性的试验，可以为改进产品设计和工艺、提高产品固有可靠性以及评估产品可靠性提供依据。

RDT 包括多种类型：

1）按产品层次的不同可分为器件可靠性研制试验、设备可靠性研制试验、分系统可靠性研制试验、系统可靠性研制试验。

2）按产品类型的不同可分为电子产品可靠性研制试验、结构产品可靠性研制试验、机电产品可靠性研制试验、火工品可靠性研制试验、火箭发动机可靠性研制试验、软件产品可靠性研制试验等。

3）按试验方法的不同可以分为可靠性强化试验（RET，Reliability Enhancement Test）、可靠性增长试验（RGT，Reliability Growth Test）、可靠性摸底试验等。其中，可靠性强化试验是通过系统地施加逐步增大的环境应力和工作应力，激发和暴露产品设计中的薄弱环节，以便改进设计和工艺，提高产品可靠性的试验。可靠性增长试验是为暴露产品的薄弱环节，有计划、有目标地对产品施加模拟实际环境的综合环境应力及工作应力，以激发故障，分析故障和改进设计与工艺，并验证改进措施有效性而进行的试验。

在航天型号研制过程中，一般针对设备级开展可靠性研制试验，其中对电子产品、机电产品开展可靠性强化试验或可靠性增长试验，对非电产品，则根据产品可靠性指标、可靠性特征量及分布类型，开展功能性能可靠性结合试验或专项可靠性研制试验。可靠性强化试验条件不需模拟产品使用环境，效率高，通常需要专门的试验箱，试验项目一般包括：

1）降温步进试验；

2）升温步进试验；

3）温度循环步进试验；

4）随机振动步进试验；

5）温度循环-随机振动综合步进试验。

电子产品可靠性增长试验条件一般采用"温度＋湿度＋随机振动"的综合环境应力。如果可靠性增长试验与可靠性鉴定试验的试验条件相同，或优于可靠性鉴定试验的试验条件，通常可以用成功的可靠性增长试验代替可靠性鉴定试验。在航天型号实践中，由于航天产品小子样的特点，可靠性增长试验通常采用无增长模型的试验方案，而不采用有增长模型［Duane 模型或 AMSAA（Army Material System Analysis Activity）模型］试验方案。

可靠性摸底试验与可靠性增长试验做法类似，不同之处在于试验时间（循环数、通电时间或动作次数等）不跟产品可靠性指标关联，而是事先确定一个较短的试验时间（如10～20 个循环）。通过试验，可以在一定程度上暴露产品设计、工艺薄弱环节，也可以积累一定可靠性评估子样。

可靠性研制试验要点：

1）对重要的新研产品应开展可靠性研制试验；

2）可靠性研制试验一般应在初样阶段开展，以保证首飞产品是采取了改进措施的可靠产品，因此在初样阶段样机产品投产和试验安排上要加以考虑；

3）注重试验效率，选择效率高的试验项目以及对产品可靠性影响大或激发产品故障效率高的环境条件；

4）对试验中出现的故障要详细记录。故障可分为关联故障和非关联故障，关联故障又可分为责任故障和非责任故障，承制单位要对责任故障进行分析、改进并举一反三。

### 15.3.3　可靠性鉴定试验

可靠性鉴定试验（RQT，Reliability Qualification Test）是指为验证产品设计是否达到规定的可靠性要求，由订购方认可的单位按选定的抽样方案，抽取有代表性的产品在规定的条件下所进行的试验。可靠性鉴定试验将给出"接收"或"拒收"的结论，对产品能否定型提供依据。可靠性鉴定和验收试验提供了指数分布型产品可采用的可靠性鉴定试验方案，包括：

1）定时截尾试验：指事先规定试验截尾时间 $t$，利用试验数据评估产品的可靠性特征量。该试验方案的优点是，事先已确定了最大累积试验时间，便于计划管理，并能对产品（平均故障间隔时间）MTBF 的真值做出评估，所以得到了广泛的应用。

2）定数截尾试验：指事先规定试验截尾的故障数，利用试验数据评估产品的可靠性特征量。由于事先不易估计所需试验时间，所以该试验方案应用较少。

3）序贯截尾试验：按事先拟定的接收、拒收及截尾时间限值，在试验期间，对受试产品进行连续观测，并将累积的相关试验时间和故障数与规定的接收、拒收或继续试验的判据做比较的一种试验。常用于可靠性验收试验。

可靠性鉴定试验工作要点：

1）可靠性鉴定试验要在订购方认可的有资质的第三方实验室或由第三方监督的承制方实验室进行；

2）可靠性鉴定试验要尽量在较高层次的产品上进行；

3）可靠性鉴定试验在定型阶段开展，可以与产品定型试验结合进行；

4）可靠性鉴定试验针对最低可接受值进行；

5）参试产品应是定型状态的验收合格产品。

### 15.3.4　可靠性评估

可靠性评估是指利用产品研制、试验、使用等过程中收集到的数据和信息来估算和评价产品可靠性是否满足规定的可靠性要求的一种活动，一般在试（正）样阶段或定型阶段进行。

可靠性评估一般按照“自下而上”的顺序（即从设备、分系统到系统）。采用定性评价与定量评估相结合的方法进行。定性评价一般包括：

1）通过可靠性工作计划完成情况，评价产品可靠性工作的完成情况；

2）通过可靠性预计结果，评价满足产品可靠性设计指标情况；

3）通过可靠性设计准则落实情况，评价产品可靠性设计工作的落实情况；

4）通过 FMEA、FTA、最坏情况分析等结果，评价产品可靠性分析情况；

5）通过可靠性试验情况，评价产品可靠性的设计措施的效果；

6）通过分析产品生产、测试、包装、储存、装卸、运输和维修等环节采取的控制措施，评价对产品可靠性的影响。

定量评估一般包括：

1）单元可靠性评估，一般分为成败型单元、指数分布型单元、威布尔分布型单元、正态分布型单元等；

2）系统可靠性评估，一般按照金字塔式、利用组成系统的单元信息来综合评估系统可靠性，常用的综合方法包括 MML 法、L－M 法、修正的 L－M 法等。

可靠性定量评估一般程序包括：

1）产品要求分析；

2）产品可靠性分析；

3）建立可靠性评估模型；

4）数据采集与处理；

5）可靠性评估计算；

6）编写可靠性评估报告。

可靠性评估工作要点：

1）要针对产品的不同任务剖面分别进行；

2）要充分利用研制试验、鉴定试验及实际使用的有效数据，并合理采用相似产品数据；

3）对于失效子样的取舍应十分谨慎。

### 15.3.5 可靠性增长

可靠性增长，是指产品在投入实际使用后，针对不断暴露的设计和工艺上的薄弱环节进行不断改进，逐步提高和保持高可靠性水平的过程。开展可靠性增长工程，符合我国航天型号研制和发展过程的实际需要和复杂系统可靠性增长的客观规律，也是国外航天型号普遍采用的持续改进模式。目前，随着我国航天需求的迅猛发展，对型号的质量、寿命与可靠性提出了更高的要求。在我国由航天大国向航天强国转变的关键过程中，继续发挥可靠性增长工程的保驾护航作用，持续提高产品在性能要求不断提高、环境和使用条件动态变化条件下的可靠性水平，成为用户和航天工业部门的普遍共识。

航天产品可靠性增长工作主要技术流程如图 15－14 所示。主要包括：可靠性薄弱环节分析、可靠性薄弱环节改进、可靠性验证、可靠性评估。

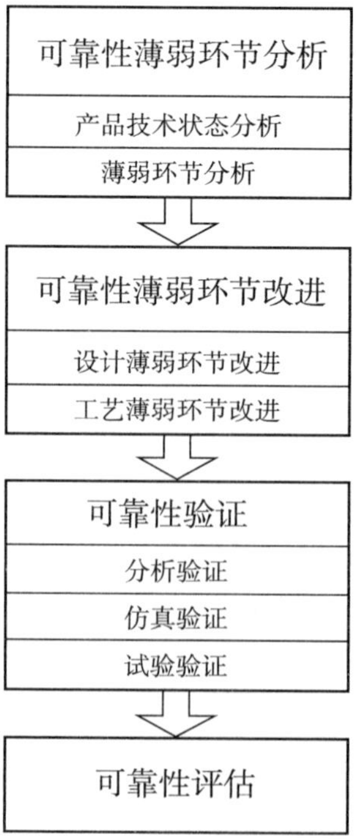


图 15－14 航天产品可靠性增长技术流程

## 15.4　通用产品的可靠性

通用产品也是型号产品，但通用产品的应用范围不局限于一个型号，而要适应多个型号的应用。不同型号的环境条件、功能要求、性能参数、接口形式等都有差异，因此，通用产品对具体型号的适应性是需要重点关注的问题。由于通用产品应用于多个型号，一旦某个通用产品出现问题，将影响整批产品的使用或定型产品的技术状态，影响到多个型号任务。因此，通用产品的可靠性是需要特别重点关注的。

通用产品的研制是缩短研制周期、降低研制成本、提高产品可靠性的有效手段。通用产品在全寿命周期研制的技术流程如图 15－15 所示。

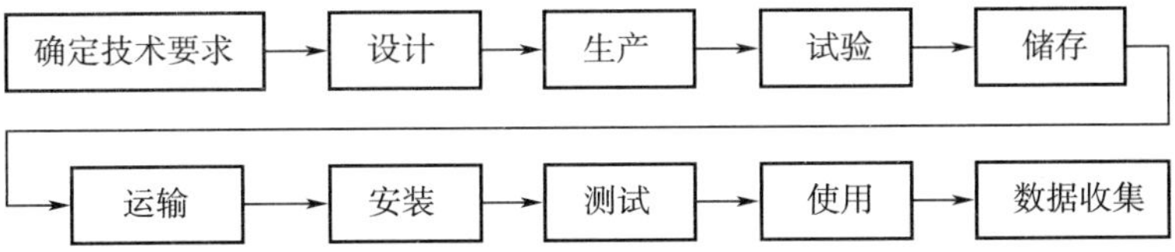


图 15－15　通用产品在全寿命周期研制的技术流程

通用产品可靠性工作主要包括：

1）建立、完善通用产品的质量问题数据库，特别是与产品可靠性安全性相关的数据应有效采集，有效利用数据库的信息，通过对同类产品质量问题的分析，举一反三，及时改进产品；要逐步积累数据，通过对产品数据包、产品质量问题数据库的分析与利用，为通用产品可靠性和成熟度的确定提供依据，便于在研制后续型号时对通用产品的选用与控制。

2）加强可靠性设计、工艺、测试覆盖性、元器件、原材料和外协项目的检查确认工作，对已定型的产品进行梳理和确认。符合要求的，按照原定型要求执行；对已定型的但有些方面不符合相关要求的产品，提出补充要求，补充确认与试验验证，使之达到航天产品定型的要求；对正在定型的和后续要定型的产品，要严格按照相关要求进行产品的定型工作，在定型前进行工作的梳理与确认。

3）加强通用产品可靠性评估工作。可靠性评估基本程序包括：产品要求分析、产品可靠性分析、建立可靠性评估模型、数据采集与处理、可靠性评估计算和编写可靠性评估报告等。在通用产品不同的研制和应用阶段，可随产品数据的积累，适时更新可靠性评估结果，可靠性评估的基本程序和迭代流程如图 15－16 所示。

4）加强定型鉴定试验考核。定型鉴定试验是产品定型的前提，没有按通用产品鉴定试验条件进行鉴定试验的产品不能定型。鉴定试验大纲和鉴定试验总结应经过本单位技术状态控制委员会的评审。

5）开展极限环境耐受能力试验，摸清产品的实际工作能力底线，为后续型号选用产品提供依据。

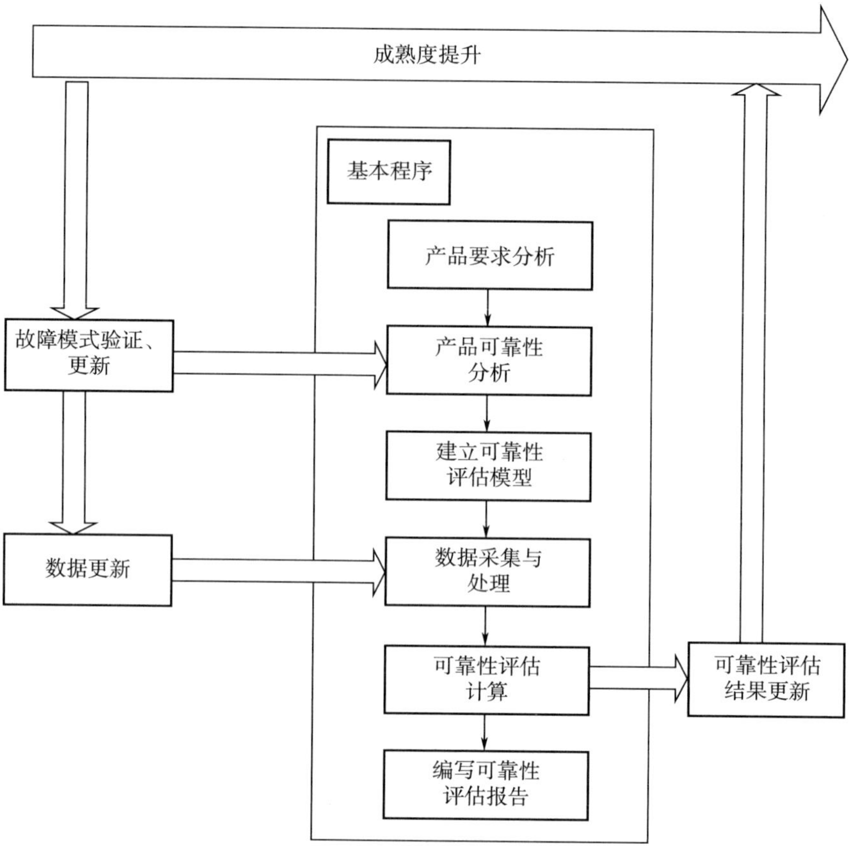


图 15-16 可靠性评估的基本程序和迭代流程

6）在定型文件中明确产品的性能、功能、工作环境条件、接口、工艺条件、可靠性设计指标等设计要求和测试结果，同时明确产品的极限环境耐受能力、已达到的可靠性水平及相关数据。

7）加强产品过程控制所要求的检查与确认，对已定型的产品，梳理和分析现有的批生产的工艺、生产环境、运输、吊装、储存等过程的管理与控制文件，确认和补充相关技术要求；对正在定型和后续定型的产品，要检查和确认相关要求。

8）加强各项要求实施的有效控制，针对各环节控制要求，严格执行与监督，保证各项要求落实到位，如采用表格化控制措施、确认签字等方式。特别要关注工艺过程、生产和储存环境的控制，保证产品与设计要求的符合性，保证产品的设计属性不因生产、运输、储存等环节而降低。

9）严格控制通用产品生产过程中的设计更改、工艺更改和材料代用，充分分析通用产品技术状态的变化对所有应用型号带来的影响，特别是对可靠性、安全性和寿命的影响，并进行必要的试验验证。通过分析与验证确认无不利影响的通用产品，可以进行相应的技术状态更改。通用产品的技术状态更改，要经过本单位技术状态控制委员会和相关应用型号两总系统的共同评审。

## 15.5　软件可靠性与安全性

随着型号任务的增多，越来越多的软件成为型号执行任务的关键。在开展软件可靠性工作中，应该注意软件可靠性与硬件可靠性的区别。由于软硬件失效机理不一样，所以采取的规避失效的方法也不一样。

航天型号软件的研制涉及型号软件系统分析与设计、系统需求分析与设计、软件配置项研制（含软件需求分析、设计、实现、测试等阶段）、软件验收测试（涉及软硬件集成测试、单机测试、分系统联试、系统联试 4 个阶段）等不同阶段的工作。

型号软件相关研制阶段示意如图 15－17 所示。

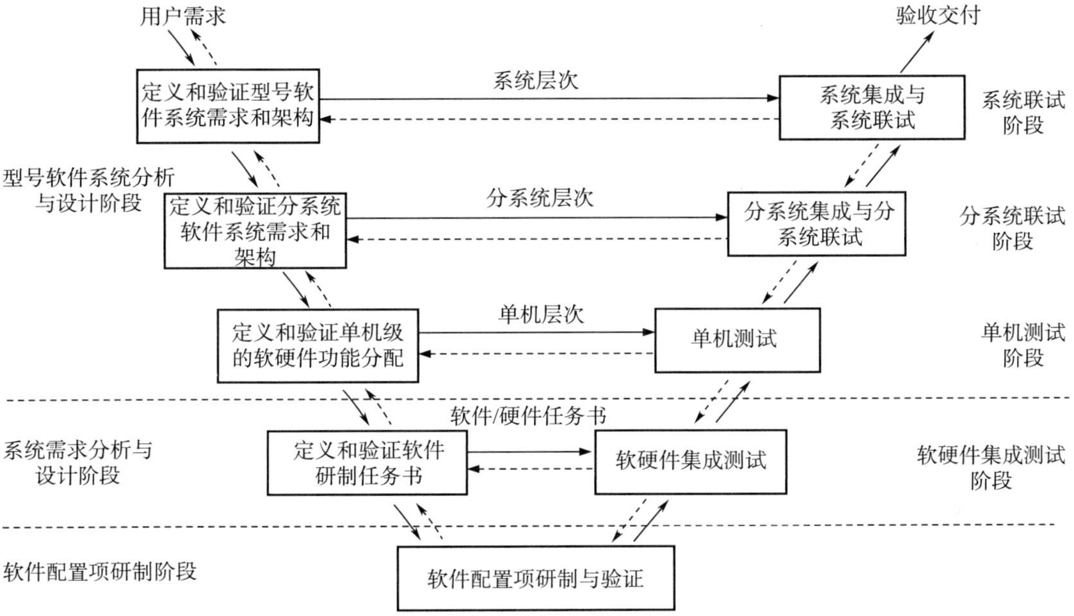


图 15－17　型号软件相关研制阶段示意

### 15.5.1　型号软件系统分析与设计工作内容

型号软件系统分析与设计阶段可靠性与安全性工作内容示意如图 15－18 所示，主要包括：

1）依据型号任务要求，结合系统初步危险分析结果，进行软件系统分析，获得软件系统设计需求。在此基础上按照航天型号软件系统分析与设计要求，从系统、分系统至单机（含相关软件配置项）逐层进行软件系统设计，定义软件系统的物理、逻辑、数据、运行和开发架构，进行软硬件之间、软件配置项之间的功能分配，并完成相关的可靠性与安全性设计。

2）针对软件系统设计说明，参照航天型号软件系统分析与设计要求开展软件系统危

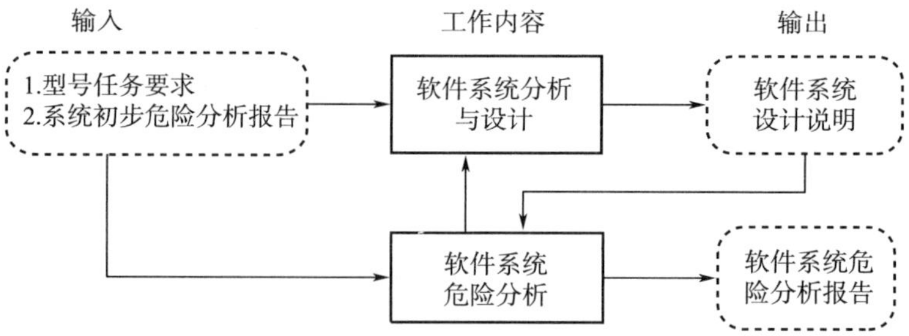


图 15-18　型号软件系统分析与设计阶段可靠性与安全性工作内容示意

险分析，对软件系统的可靠性与安全性设计有效性进行验证，识别系统层次可靠性与安全性设计薄弱环节，为完善软件系统设计提供数据支持。

3）在分析与设计逐层细化完善与循环迭代的基础上，形成软件系统设计说明、软件系统危险分析报告。

### 15.5.2　系统需求分析与设计工作内容

系统需求分析与设计阶段可靠性与安全性工作内容示意如图 15-19 所示，主要包括：

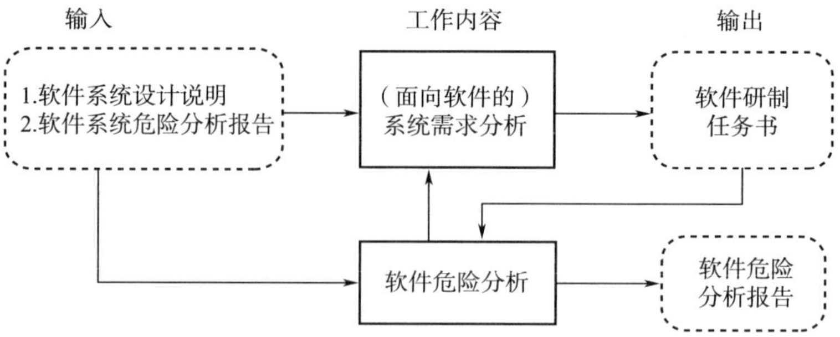


图 15-19　系统需求分析与设计阶段可靠性与安全性工作内容示意

1）依据软件系统设计说明和软件系统危险分析报告，详细定义软件任务与运行环境，提出软件可靠性与安全性设计要求、验证要求，形成软件研制任务书。

2）针对 A、B 级软件，参照航天型号软件危险分析指南开展软件危险分析，对软硬件协同的可靠性与安全性设计进行验证，识别设计问题与薄弱环节，形成软件危险分析报告。分析结果可用于完善软件研制任务书。

3）软件危险分析工作要在初样阶段完成，并随着软件研制任务书更改而同步更新。

### 15.5.3　软件配置项研制

（1）软件需求分析阶段的可靠性与安全性工作内容

软件需求分析阶段可靠性与安全性工作内容示意如图 15-20 所示，主要包括：

1）依据型号软件产品保证大纲及软件研制任务书要求，制定软件可靠性与安全性工作计划。

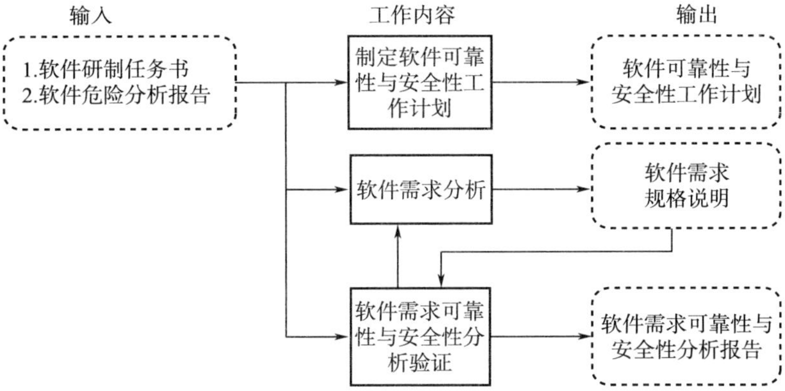


图 15-20　软件需求分析阶段可靠性与安全性工作内容示意

2）依据软件研制任务书和软件危险分析报告，进行软件需求分析，提出软件可靠性与安全性设计措施，定义软件的功能、性能、接口、数据等，形成软件需求规格说明。

3）针对 A、B 级软件，参照航天型号软件需求可靠性与安全性分析验证指南，对软件功能层次的可靠性与安全性设计进行验证，识别设计问题与薄弱环节，形成软件需求可靠性与安全性分析报告。分析结果可用于完善软件需求。

4）软件需求可靠性与安全性分析验证工作至少要在初样阶段完成，并随着试（正）样阶段的软件需求更改而同步更新。

（2）软件设计阶段的可靠性与安全性工作内容

软件设计阶段可靠性与安全性工作内容示意如图 15-21 所示，软件设计（含概要设计和详细设计）阶段的可靠性与安全性工作内容主要包括：

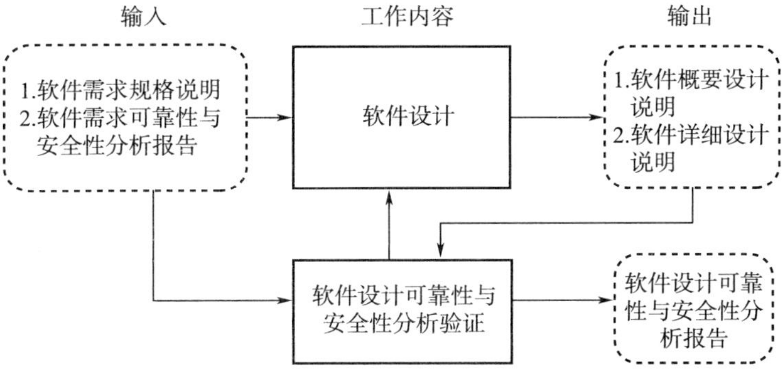


图 15-21　软件设计阶段可靠性与安全性工作内容示意

1）依据软件需求规格说明和软件需求可靠性与安全性分析报告，进行概要设计和详细设计，形成软件概要设计说明、软件详细设计说明。

2）参照航天型号软件设计可靠性与安全性分析验证指南，进行软件设计可靠性与安全性分析验证，识别设计问题与薄弱环节，形成软件设计可靠性与安全性分析报告。分析结果可用于完善软件设计。

3）软件设计可靠性与安全性分析验证要在初样阶段完成，并随着试（正）样阶段的软件设计更改而同步更新。

（3）软件实现阶段的可靠性与安全性工作内容

软件实现阶段可靠性与安全性工作内容示意如图 15－22 所示，主要包括：

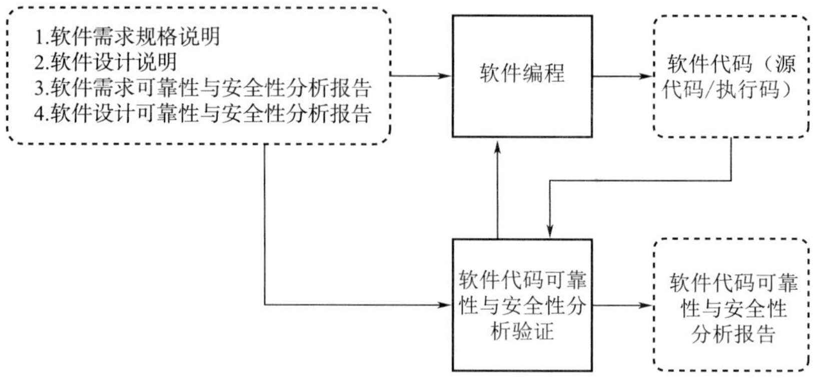


图 15－22　软件实现阶段可靠性与安全性工作内容示意

1）依据软件设计说明（含概要设计与详细设计），以及软件可靠性与安全性设计要求与约束，进行软件编程。

2）针对 A 级软件代码，参照航天型号软件设计可靠性与安全性分析验证指南，进行软件代码可靠性与安全性分析验证，识别代码问题，形成软件代码可靠性与安全性分析报告。分析结果可用于完善软件代码。

3）软件源代码的可靠性与安全性分析要在初样阶段完成，并随着软件代码更改而同步更新；软件执行码的可靠性与安全性分析要针对最终版代码在试（正）样阶段完成。

（4）软件测试阶段的可靠性与安全性工作内容

软件测试阶段可靠性与安全性工作内容示意如图 15－23 所示，主要包括：

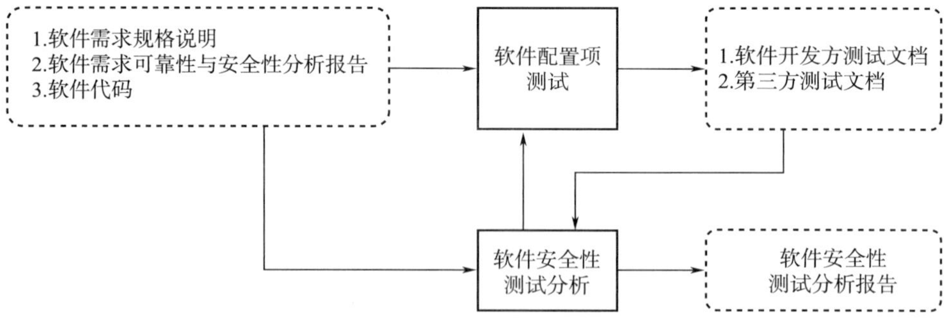


图 15－23　软件测试阶段可靠性与安全性工作内容示意

1）在完成软件单元测试、组装测试的基础上，依据软件需求规格说明、软件需求可靠性与安全性分析报告等，进行开发方软件配置项测试，A、B 级软件开展第三方软件配置项测试，形成软件配置项测试说明、测试报告、回归测试报告等文档。

2）软件配置项测试环境要尽量与实际运行环境相一致。若使用了模型、模拟器或仿真器，必须保证相关模型和模拟器足够严密、精确，提供的结果是可靠、正确的。

3）针对 A 级软件，参照航天型号软件设计可靠性与安全性分析验证指南开展软件安全性测试分析验证，形成软件安全性测试分析报告（可与软件配置项测试报告合并）。

4）软件安全性测试分析验证工作要在试（正）样阶段完成。后续软件需求若存在更改，要开展回归测试并更新分析结果。

（5）Ⅰ/Ⅱ/Ⅲ类软件的可靠性与安全性工作要求

对于航天型号软件工程化管理要求中定义的Ⅰ类沿用软件、Ⅱ类仅修改装定参数软件、Ⅲ类适应性修改软件，相关的可靠性与安全性工作主要包括：

1）复核确认软件安全关键等级。

2）Ⅰ/Ⅱ/Ⅲ类软件可靠性与安全性验证要求见表 15-3。若未对软件开展可靠性与安全性分析验证工作，应按表 15-3 要求补充相关工作。若已对软件开展过有关分析验证工作，则应结合外围环境的变化，或Ⅱ/Ⅲ类软件的更改影响域，更新分析并进行回归测试，确保更改未影响危险控制且不会引入新的危险。

**表 15-3　Ⅰ/Ⅱ/Ⅲ类软件可靠性与安全性验证要求**

| 工作项目 | 安全关键等级 | | | | |
|---|---|---|---|---|---|
| | A | B | C[a] | C[b] | D |
| 软件危险分析 | ★ | ★ | ☆ | △ | △ |
| 软件需求可靠性与安全性分析 | ★ | ★ | △ | △ | △ |
| 软件设计可靠性与安全性分析 | △ | △ | △ | △ | △ |
| 软件代码可靠性与安全性分析 | ★ | △ | △ | △ | △ |
| 开发方软件测试 | ★ | ★ | ★ | ★ | ★ |
| 第三方软件测试 | ★ | ★ | ★ | △ | △ |
| 软件安全性测试分析 | ★ | △ | △ | △ | △ |

注：★—必选，☆—推荐，△—可不开展；
　C[a]：重点型号 C 级飞行软件；
　C[b]：除 C[a] 外的 C 级软件。

（6）外协软件的可靠性与安全性工作要求

软件外协研制单位要具备相应的软件研发资质和保密资质。外协软件的委托方要在签订合同前对外协研制单位的资质进行审核，对软件研制过程进行监控，并对外协软件的产品质量负责。

外协软件委托方的可靠性与安全性工作要求主要包括：

1）提出外协软件的研制任务书（含安全关键功能、安全关键等级、可靠性与安全性设计要求等），管理要求以及必须遵循的软件工程标准。

2）按照标准要求进行软件危险分析，提出外协软件的可靠性与安全性设计验证要求，以及第三方评测或分析验证技术要求（或任务书）。

3）参加软件需求分析、配置项测试的正式评审，并对外协单位的软件可靠性与安全性设计验证工作进行监督。

4）组织并开展外协软件的验收和系统测试，验证其与关联软件协同配合的正确性。

外协软件承制方的可靠性与安全性工作要求主要包括：

1）按照标准要求策划并实施软件可靠性与安全性工作。

2）无法通过测试进行验证的软件需求要进行分析验证，分析结果要通过软件交办方认可。

3）安全关键软件若存在更改或偏差，承制方要评估更改或偏差的安全性影响，并进行批准。已通过正式评审的软件或文档若存在更改，要通过软件交办方认可。

（7）外购软件的可靠性与安全性工作要求

对于外购的操作系统、应用程序库、硬件驱动程序等软件，其可靠性与安全性工作要求主要包括：

1）对软件满足必需功能的能力，以及软件超出使用要求以外的附加功能对可靠性与安全性的影响进行分析，并给出结论。

2）对外购软件与现有开发软件间的接口进行分析，并进行测试验证。

3）执行额外的分析验证或测试验证，或两者兼有，验证安全关键的外购软件尽可能达到与内部开发软件同等的水平。

（8）软件验收测试

软件验收测试阶段可靠性与安全性工作内容示意如图 15-24 所示。软件验收测试阶段，软件交办方要在软硬件集成测试、单机测试、分系统联试或系统联试中，依据软件系统设计说明、软件研制任务书以及软件危险分析报告、软件系统危险分析报告等，对软件进行测试。

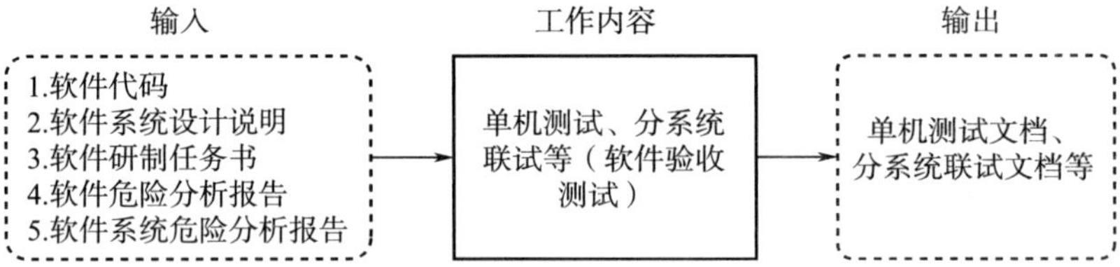


图 15-24　软件验收测试阶段可靠性与安全性工作内容示意

软件验收测试阶段的可靠性与安全性工作要求主要包括：

1）验证软件的功能、性能以及该软件与所属系统的接口关系，并验证软件使用说明的正确性与适用性。

2）测试所有可能影响系统性能的软件状态，考虑的因素至少包括：正常或异常状态、系统工作模式、软件约束、人员输入、已知的软件失效等。

3）在规定的系统配置下进行测试，验证软件能够正确安全地运行、并将系统转入安全的状态。

4）新识别出的危险状态或事件要在测试报告中明确标识。对测试不到的安全性要求，确认已进行分析验证，且分析结果获得软件交办方与承制方的认可。

5）若软件进行了更改，则要进行更改影响域分析与回归测试。

6）若与软件相关的接口或硬件支撑环境进行了更改，则要进行软硬件集成回归测试，验证软件安全关键需求实现的正确性，且未由于更改引入新的危险。

（9）软件运行与维护阶段可靠性与安全性工作要求

1）用户文档编制与分析要求主要包括：

a）用户文档包括用户手册和操作规程，要描述所有操作人员需知的与系统安全运行相关的命令、数据、输入序列、选项等信息，以及所有错误消息、纠正措施及危险应急处理预案等。

b）对于安全关键的命令、数据与操作等，在文档中要给予明确、醒目的标识。

c）软件系统交付前，要完成软件系统运行维护危险分析，识别系统运行流程、用户操作、软件升级等对系统安全性的影响，确保依赖于运行工作区的所有软件相关的危险终止操作均已得到清晰描述，确认与系统安全运行相关的全部操作信息与处理预案等均已纳入用户文档。

d）用户手册和操作规程要通过正式评审，并纳入配置管理。

2）用户培训要求主要包括：

a）对软件操作人员进行资格认定和培训，确保其熟悉软件操作危险，能够正确地进行安全操作。

b）培训内容至少要包括安全操作规程、错误处理预案、危险应急处理预案和安全案例。

3）航天型号软件维护要求主要包括：

a）安全关键软件的更改必须报软件交办方、软件研制单位审批，并由软件研制单位具体实施。

b）对软件交付后出现的问题按航天产品质量问题归零实施要求进行“归零”。

c）按照要求对软件维护人员进行培训。

d）针对安全关键软件更改的内容，参照有关要求进行被维护软件的可靠性与安全性设计验证，以及回归测试（含安全关键操作的测试验证）等工作。

e）分析用户手册和操作规程升级对系统安全性的影响，更新软件系统运行维护危险分析，确保与软件和操作人员相关的所有危险控制或操作都得到完整、清晰的描述。

f）在软件升级前，完成对使用人员的培训。

# 第16章　基于风险的航天典型质量控制方法

为了系统防范、合理规避和有效控制型号技术风险，消除产品设计质量隐患，确保产品固有可靠性满足型号任务的要求，在航天型号的研制过程中成功实施了一些特殊的质量控制方法，包括：质量交集分析、飞行时序动作分析与确认、产品飞行成功数据包络分析、测试覆盖性分析、出厂评审、发射场“双想”、产品成熟度评价等，开展了一系列风险辨识与管控工作，进一步提高了风险识别与管控能力。

## 16.1　质量交集分析

质量交集分析指以产品为分析对象，对其“技术状态有变化、发生过质量问题、单点失效、存在不可检测项目”等情况进行分析，把存在每一类情况的产品当作一个集合，对集合的相交情况进行分析，根据交集级别（相交数量）设置处理方法和监控级别，确保产品的最终质量。

### 16.1.1　技术状态有变化

技术状态有变化指以型号本阶段确定的初始技术状态为基础，产品发生过的所有工程更改、偏离和超差情况。

### 16.1.2　发生过质量问题

发生过质量问题即质量有前科，指在型号本阶段，产品发生过质量问题，或者其他型号产品的质量问题在本型号产品有举一反三情况。

### 16.1.3　单点故障

单点故障是指可能引起产品故障且没有冗余或替代的工作程序作为补救的故障模式。此处特指严酷度为Ⅰ类（灾难的）和Ⅱ类（致命的）的故障模式。

### 16.1.4　存在不可检测项目

存在不可检测项目是指对于任务书或技术条件明确规定的产品功能、性能指标、接口关系、工作模式以及工作环境等特性指标，在飞行试验前的装配、调试和各项地面试验中无法进行测试（或检测）。

通过质量交集分析工作，可以确认各种薄弱点集中出现的产品及产品存在的技术风险，并对这些产品薄弱环节采取的过程控制措施进行分析、审查和确认，或者提出新的可靠性设计措施和风险控制措施，消除质量隐患。以分析结果作为风险决策的依据并指导下一步工作。

质量交集分析是一种全新的、非常有效的质量风险控制方法。在型号产品进场之前，要认真开展质量交集分析，对于技术状态有变化的、质量有前科的、单点故障的、飞行试验前测试不到的问题等进行分析，寻找型号产品薄弱环节，对存在交集的产品研制生产过程重新进行审视和确认，对发现的新风险，制定风险应对措施。尤其对于关键新研产品和首飞型号，在飞行试验前，质量交集分析是识别风险、控制风险的手段，能够系统梳理出整个型号产品存在的技术风险，为发射前的最终决策提供依据。同样，关键产品在进入定型飞行试验前也应该开展该项工作，提出防范措施，降低风险，而对定型产品、成熟产品则可以不进行交集分析。

根据质量交集的个数，质量交集分析结果的关注度等级分为高、中、低。质量交集数量是 4 个及以上，其关注度等级为高。质量交集数量是 3 个，其关注度等级一般为中，若 3 类技术状态变化和Ⅰ、Ⅱ类单点故障模式同时存在，其关注度等级为高。质量交集数量是 2 个，其关注度等级一般为低，若只存在 1 个，其关注度等级为中。随着研制阶段的不同，质量交集分析关注点略有不同。初样研制阶段产品质量交集分析结果关注度见表 16－1，试（正）样研制阶段质量交集分析结果关注度见表 16－2，定型/批生产阶段质量交集分析结果关注度见表 16－3。

**表 16－1　初样研制阶段产品质量交集分析结果关注度**

| 质量交集数量 | 影响产品质量特性的因素 | | | | | 关注度 |
|---|---|---|---|---|---|---|
| | 3 类技术状态变化 | 存在Ⅰ、Ⅱ类单点故障模式 | 发生过质量问题 | 存在新技术和关键技术 | 存在不可检测项目 | |
| 5 | ▲ | ▲ | ▲ | ▲ | ▲ | 高 |
| 4 | ▲ | ▲ | ▲ | ▲ | — | 高 |
| | ▲ | ▲ | ▲ | — | ▲ | 高 |
| | ▲ | ▲ | — | ▲ | ▲ | 高 |
| | ▲ | — | ▲ | ▲ | ▲ | 高 |
| | — | ▲ | ▲ | ▲ | ▲ | 高 |
| 3 | ▲ | ▲ | ▲ | — | — | 高 |
| | ▲ | ▲ | — | ▲ | — | 高 |
| | ▲ | ▲ | — | — | ▲ | 高 |
| | △ | — | △ | △ | — | 中 |
| | △ | — | △ | — | △ | 中 |
| | △ | — | — | △ | △ | 中 |
| | — | △ | △ | △ | — | 中 |
| | — | △ | △ | — | △ | 中 |
| | — | △ | — | △ | △ | 中 |
| | — | — | △ | △ | △ | 中 |

**续表**

| 质量交集数量 | 影响产品质量特性的因素 | | | | | 关注度 |
|---|---|---|---|---|---|---|
| | 3类技术状态变化 | 存在Ⅰ、Ⅱ类单点故障模式 | 发生过质量问题 | 存在新技术和关键技术 | 存在不可检测项目 | |
| 2 | ▲ | ▲ | — | — | — | 高 |
| | △ | — | △ | — | — | 中 |
| | △ | — | — | △ | — | 中 |
| | △ | — | — | — | △ | 中 |
| | — | △ | △ | — | — | 中 |
| | — | △ | — | △ | — | 中 |
| | — | △ | — | — | △ | 中 |
| | — | — | △ | △ | — | 低 |
| | — | — | △ | — | △ | 低 |
| | — | — | — | △ | △ | 低 |

**表16-2　试（正）样研制阶段质量交集分析结果关注度**

| 质量交集数量 | 影响产品质量特性的因素 | | | | | 关注度 |
|---|---|---|---|---|---|---|
| | 技术状态变化 | | 存在Ⅰ、Ⅱ类单点故障模式 | 发生过质量问题 | 存在不可检测项目 | |
| | 2类 | 3类 | | | | |
| 4 | ▲ | | ▲ | ▲ | ▲ | 高 |
| 3 | △ | — | △ | △ | — | 中 |
| | △ | — | △ | — | △ | 中 |
| | △ | — | — | △ | △ | 中 |
| | — | ▲ | ▲ | ▲ | — | 高 |
| | — | ▲ | ▲ | — | ▲ | 高 |
| | — | △ | — | △ | △ | 中 |
| | — | — | △ | △ | △ | 中 |
| 2 | △ | — | △ | — | — | 中 |
| | △ | — | — | △ | — | 低 |
| | △ | — | — | — | △ | 低 |
| | — | ▲ | ▲ | — | — | 高 |
| | — | △ | — | △ | — | 中 |
| | — | △ | — | — | △ | 中 |
| | — | — | △ | △ | — | 中 |
| | — | — | △ | — | △ | 中 |
| | — | — | — | △ | △ | 低 |

**表 16－3　定型/批生产阶段质量交集分析结果关注度**

| 质量交集数量 | 影响产品质量特性的因素 | | | | | 关注度 |
|---|---|---|---|---|---|---|
| | 2、3 类技术状态变化 | 存在Ⅰ、Ⅱ类单点故障模式 | 可靠性指标偏低 | 发生过质量问题 | 存在不可检测项目 | |
| 5 | ▲ | ▲ | ▲ | ▲ | ▲ | 高 |
| 4 | ▲ | ▲ | ▲ | ▲ | — | 高 |
| | ▲ | ▲ | ▲ | — | ▲ | 高 |
| | ▲ | ▲ | — | ▲ | ▲ | 高 |
| | ▲ | — | ▲ | ▲ | ▲ | 高 |
| | — | ▲ | ▲ | ▲ | ▲ | 高 |
| 3 | ▲ | ▲ | ▲ | — | — | 高 |
| | ▲ | ▲ | — | ▲ | — | 高 |
| | ▲ | ▲ | — | — | ▲ | 高 |
| | △ | — | △ | △ | — | 中 |
| | △ | — | △ | — | △ | 中 |
| | △ | — | — | △ | △ | 中 |
| | — | △ | △ | △ | — | 中 |
| | — | △ | △ | — | △ | 中 |
| | — | △ | — | △ | △ | 中 |
| | — | — | △ | △ | △ | 中 |
| 2 | ▲ | ▲ | — | — | — | 高 |
| | △ | — | △ | — | — | 中 |
| | △ | — | — | △ | — | 中 |
| | △ | — | — | — | △ | 中 |
| | — | △ | △ | — | — | 中 |
| | — | △ | — | △ | — | 中 |
| | — | △ | — | — | △ | 中 |
| | — | — | △ | △ | — | 低 |
| | — | — | △ | — | △ | 低 |
| | — | — | — | △ | △ | 低 |

## 16.2　产品飞行成功数据包络分析

产品飞行成功数据包络分析是在产品特性识别的基础上，收集产品飞行成功数据，利用合理技术方法构建成功数据包络范围，将待分析产品的数据与对应的成功数据包络范围进行比对，判定待分析产品数据是否落在包络范围内，得到待分析产品数据包络状况，评估产品是否满足执行飞行及在轨运行任务要求的活动条件。

产品成功数据包络分析是围绕产品关键特性，基于历史先验数据，分析产品质量波动和产品质量风险，并指导设计、工艺改进的系统方法。产品飞行成功数据包络分析过程可抽象为确定分析对象、收集先验数据、建立包络线、包络结果评判和包络分析结果反馈等过程。从与研制阶段的对应关系上来看，产品飞行成功数据包络分析涵盖了产品研制的全过程，主要应用于试（正）样和定型（鉴定）批产阶段。

### 16.2.1 产品飞行成功数据包络分析过程

产品飞行成功数据包络分析是对关键参数离散性进行统计分析的一种技术方法。参考波动控制的基本程序步骤，产品飞行成功数据包络分析根据性能、材料和工艺关键参数，其分析流程也不完全相同，但大体上可分为以下几种。

#### 16.2.1.1 确定关键参数项目

统计影响发射可靠性或飞行成败的关键参数，一是关键性能参数：主要是指验收、出厂可测的关键产品测试及试验数据，如电气系统测试数据等。二是关键工艺参数：主要是指影响关键产品性能的重要材料、工艺参数，如固体发动机的喉衬加工过程中的高压碳化周期等。关键参数确定后，需进行影响分析，即进行参数如果偏离设计范围会给发射和飞行带来的影响分析。

#### 16.2.1.2 确定飞行试验包络范围

按照关键参数项目，统计历次飞行试验产品相同参数的实测值，并结合地面试验结果，找出最大值和最小值，形成包络范围。

#### 16.2.1.3 关键参数离散性分析

将飞行试验产品的各项关键参数实测值与设计要求以及飞行试验包络范围进行逐一比对，分析实测值是否满足设计要求，是否在飞行试验包络范围内。经分析，如果关键参数实测值不在飞行试验包络范围内，定义为离散参数。对离散参数要从参数设计指标的裕度以及地面试验结果分析两方面进行分析，给出是否影响飞行试验的确切结论。

参考该过程，根据不同技术方法的适用性要求。产品飞行成功数据包络分析技术方法基本构架如图 16－1 所示。主要包括以下方法。

1）基于产品技术原理，采用故障模式及影响分析（FMEA）、故障树分析（FTA）等确定关键产品、关键特性的技术方法。基于型号成功飞行子样数据和待飞型号数据的不断完善，以充分识别风险、确保成功为目标，结合型号研制阶段的不同特点，如批生产、商业发射等，对关键产品、关键特性进行准确识别与控制，确定产品性能的包络分析对象。

2）基于产品技术原理的产品性能不直接涵盖的工艺过程参数和材料参数的确定方法。基于产品结构树（WBS）分解产品性能，建立产品性能和工艺过程参数、材料参数之间的关系，研究产品形成的关键过程、关键工艺以及基础材料的关键特性，从而确定工艺和材料包络分析对象。

3）系统、分系统、单机成功产品包络线/面/域的构建方法。以保证型号成功为出发点，从不同产品层次（系统、分系统、单机、部组件、材料、器件）、不同产品类型［如液体（固体）发动机、增压输送系统、分离系统或火工装置、伺服机构、箭上计算机、控制系统程序配电器、安全控制器和惯性测量装置］和不同数据类型（定性与定量）的产品成功数据包络线/面/域方面构建产品成功数据包络线/面/域。

4）系统、分系统产品成功数据包络模型的构建方法。基于型号的技术原理分析和可靠性分析来确定系统、分系统成败的关键特性，确定出所涵盖的包络线/面/域的系统结构。

5）包络分析的结果风险评估方法。借鉴统计过程控制、小子样可靠性分析和贝叶斯方法针对包络分析的特点开展定量的风险评估研究。

6）超出包络的处置与闭环管理方法。以型号技术风险管理要求和技术责任制、技术流程为基础，针对包络分析的特点以及超出包络处置要求，研究形成闭环管理方法，以及优化设计、工艺参数的管理要求。

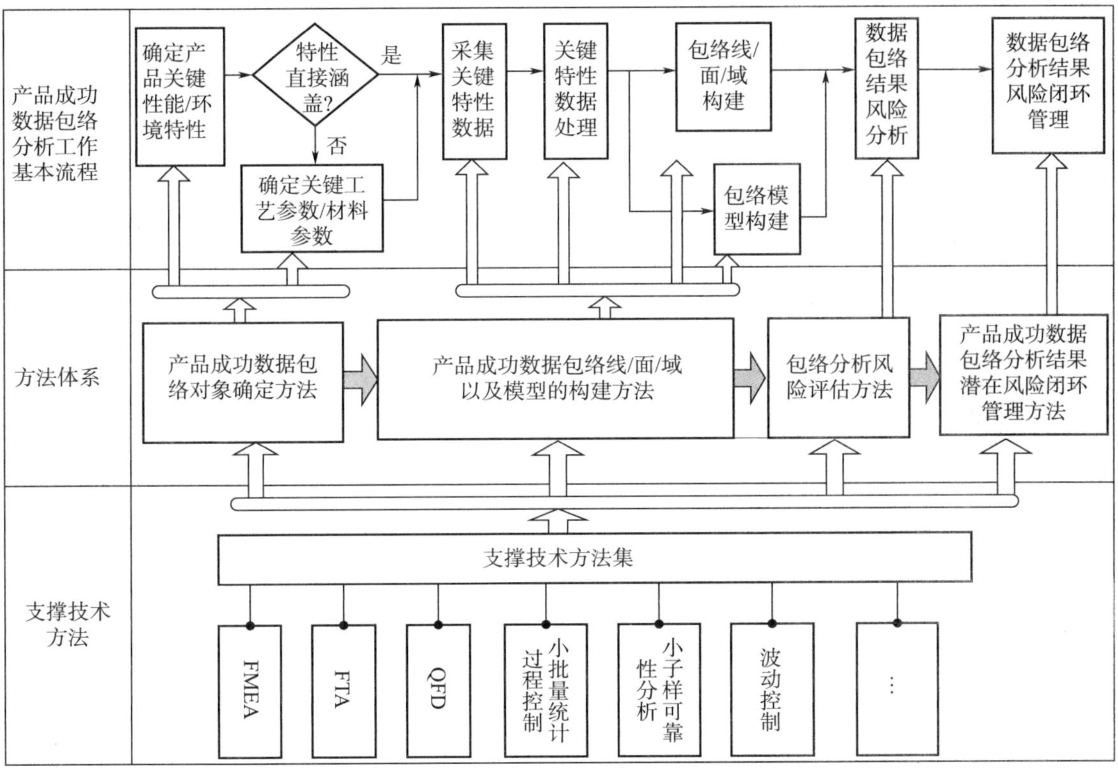


图16-1　产品飞行成功数据包络分析方法体系框架

### 16.2.2　产品飞行成功数据包络分析工作时机

产品飞行成功数据包络分析，是以关键产品和特性为对象，对关键参数的差异性、离散性或波动性进行控制的方法。产品飞行成功数据包络分析工作贯穿于整个研制生产过程，广义的包络分析工作过程与研制阶段的对应关系如图16-2所示。

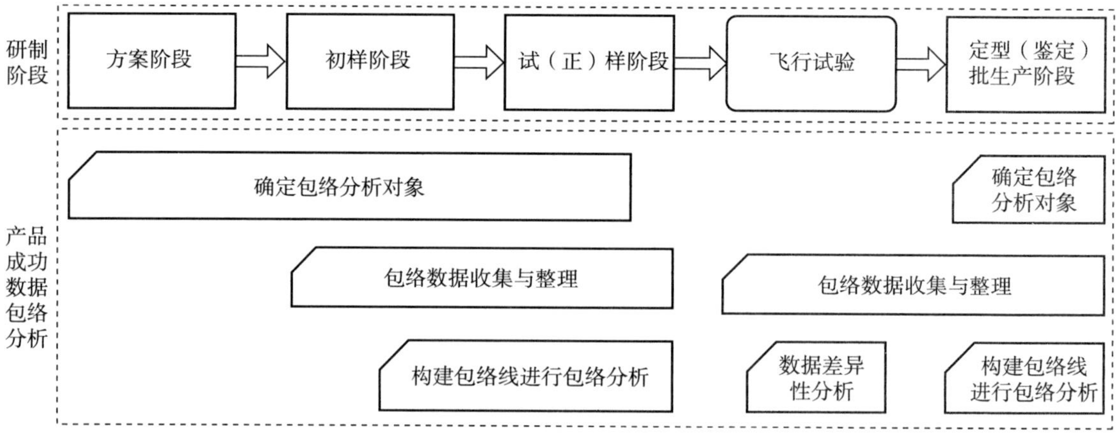


图 16－2　广义的包络分析与型号研制阶段的对应关系

包络分析从方案阶段开始，贯穿于型号研制生产的全过程：

1）方案阶段。进行功能性能参数的分解，识别出初始的关键功能性能参数。

2）初样阶段。对关键的功能性能参数进行进一步细化、分解，识别出初始的关键设计参数，进行地面试验与分析，初样阶段可对地面试验结果采用包络分析进行评定，为设计改进提供参考。

3）试（正）样阶段。完成设计参数、工艺参数和原材料参数的分解，形成关键特性清单，收集地面试验与分析的结果，构建包络线开展包络分析，为产品出厂评审提供依据。

4）飞行试验前。对关键性能参数进行数据差异性分析，对产品各阶段测试数据的一致性进行比对分析，查找是否存在超差、临界、跳变等数据，并对超差、临界、跳变的数据项目进行专题分析，明确产品参数偏差量对飞行试验的影响程度。

5）飞行试验。反馈飞行试验结果，收集整理形成包络分析可用成功飞行子样数据。

6）定型（鉴定）和批生产阶段。对关键特性清单进行适度调整，对飞行产品和抽样产品开展数据包络分析，评估产品质量。

### 16.2.3　产品飞行成功数据包络分析工作过程

#### 16.2.3.1　*产品成功数据包络对象确定方法*

（1）明确产品成功定义

需要根据不同任务，制定产品成功准则及相应的结果评定。此外，还需要根据产品层次结构中的产品在任务不同阶段下实现其功能和性能的情况，确定各级产品的成功准则，而不能简单地说型号的成功就是产品的成功。以运载火箭系统为例，按照实现其飞行试验的任务要求情况，产品成功准则一般可分为以下四个级别：

1）发射圆满成功。火箭各系统工作正常、工作参数均在要求的偏差范围内；有效载荷入轨，轨道参数偏差在允许的范围内；有效载荷入轨姿态满足要求，偏差在允许的范围内。

2）发射成功。火箭个别或部分参数超过了要求的偏差范围；有效载荷入轨，部分轨道参数超出允许的偏差范围，但最终有效载荷参数尚能消除此偏差而不影响有效载荷的正常工作。

3）发射基本成功。火箭部分主要参数超出所规定的偏差范围；有效载荷虽入轨但部分轨道参数误差较大，有效载荷最终不能完全消除此偏差，而使有效载荷部分系统工作异常，或影响有效载荷工作寿命。

4）发射部分成功。有效载荷虽然没有入轨，但火箭总体方案、主要分系统方案或关键技术得到考核或部分得到考核验证。

5）火箭发射失败。火箭飞行有故障，致使有效载荷未能入轨；或有效载荷虽然入轨，但入轨参数或入轨姿态超差甚大，致使有效载荷无能力纠正而导致有效载荷未完成任务，均以“发射失败”论。

就单机和分系统而言，需要根据其火箭系统任务剖面，细分其功能完成程度来界定产品成功的定义。从产品功能实现和性能满足的角度进行分系统、单机产品的产品成功定义，因此，产品成功的定义至少包括两个条件：实现了预期功能要求，且满足性能要求。具体到运载火箭，衡量产品成功的两个指标为发射可靠性和任务可靠性。

（2）界定包络分析对象

界定包络分析对象是以任务成功为目标，构建从系统到分系统、单机直至零部组件甚至工艺和材料的关键特性系统模型的过程。其初始级是系统的功能和性能要求，功能是“产品在整个寿命周期内的预期用途”，功能要求是“系统完成任务目标需要执行什么功能”，而性能要求则是“定量化地描述系统功能需要执行的范围”。因此，功能与性能存在对应关系，对于适应不同任务环境的系统，针对不同的任务环境和要求，可能存在一项功能对应多项性能的情况。功能和性能都是产品的质量特性，按重要程度的不同又可分为关键、重要和一般性的功能和性能特性。产品的功能和性能还受到任务环境的影响，为了确保任务成功，还应识别影响系统功能性能的环境参数。

为了保证包络分析工作的上下衔接，需要按照产品分解结构对本级产品的功能和性能进行分解，细化到关心和可控的层次。这里的可控是指通过地面检验和试验等手段能验证，对于不能通过检验、试验、分析和演示验证等手段验证的功能和性能参数，还需要进行设计分析，分解出产品可测的几何、机械、物理和化学的产品设计特性。如果产品设计特性不可测时，还需要将设计特性分解，按照其工艺流程细化到关键的工艺特性（人、机、料、法、环）和材料特性。

界定包络分析对象首先需要从影响产品成功的因素着手，也就是分析导致产品失效的原因。产品发生失效的原因主要有两类：一类是由产品损坏不能实现预期功能导致的突发性故障引发，如元器件损坏；另一类是由产品性能退化导致的渐变性故障引发，如参数漂移。

基于对上述界定包络分析产品和对象的思路，图 16－3 给出了包络分析的产品和对象确定过程与方法的示意图。

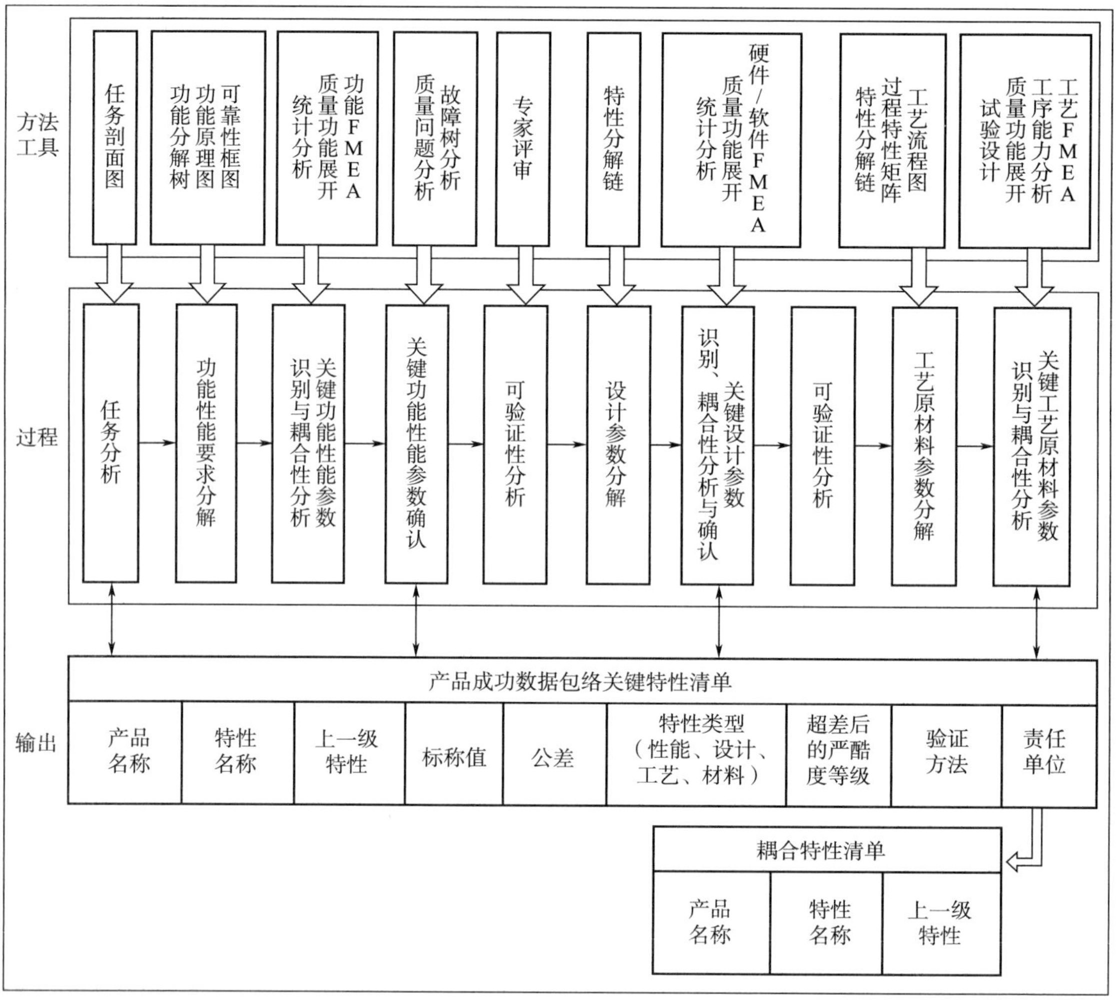


图 16－3　包络分析的产品和对象确定过程与方法示意图

16.2.3.2　*产品成功数据包络线/面/域以及模型的构建*

产品成功数据包络线/面/域的构建过程与方法如图 16－4 所示，分为数据收集与整理，包络线/面/域构建两大过程，具体过程与方法如下：

（1）产品成功数据收集与整理

①产品成功数据的收集

目的：首先从技术状态、任务要求、环境条件和使用状态等方面分析待分析的产品与历史产品的相似性，界定可用产品对象范围，根据产品成功的定义，从产品数据包（检验报告或试验报告）中获取可用产品对象的试验（地面、飞行）或检验或仿真分析数据，组成分析样本数据集。

方法工具：相似性分析（成组技术，聚类分析，专家评判等方法）。

输出：分析用样本数据清单，样本值清单。

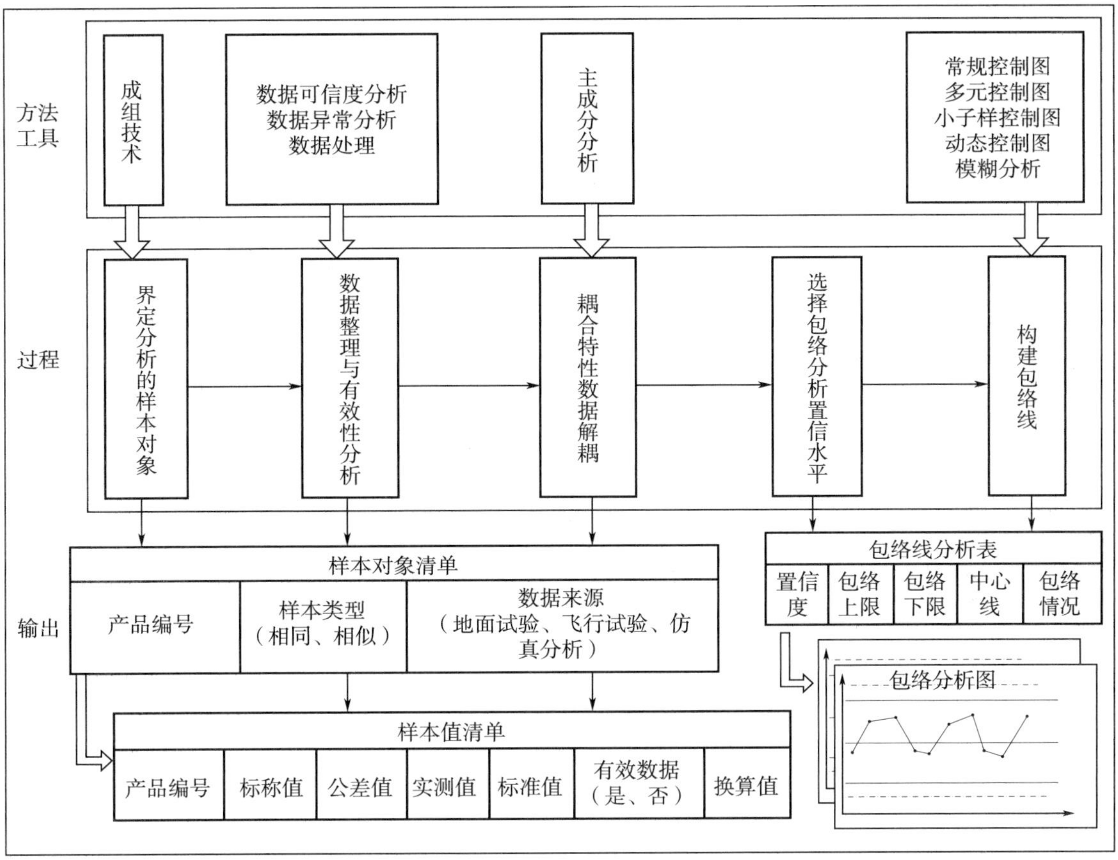


图 16－4　产品成功数据包络线/面/域构建过程与方法示意图

②产品成功数据的整理

目的：消除相似产品数据由于量纲、均值公差不一致而对分析结果的影响；剔除明显的异常数据；充分利用地面试验数据、仿真分析数据等先验数据。

③耦合特性数据解耦分析

目的：将耦合特性通过数理统计或工程分析的方法解耦成相互独立的特性（也可能是虚拟的特性）。解耦时既要保证特性交互影响又要降低分析的难度，并将原始数据按照解耦模型换算成独立特性值。

（2）产品成功数据包络线/面/域构建

①包络线与设计公差线的区别

包络线是对基于先验数据（试验、检验、仿真分析数据）通过统计分析得出的产品成功执行任务下关键参数范围的一种界定。包络线与设计指标之间的关系如图 16－5 所示。设计指标是一个静态的参数，但包络线会随着任务成功数据和知识的不断积累，对任务成功条件理解的不断加深而动态调整，当样本数据量累积到一定的数量后趋于稳定，形成产品执行任务的质量特性界限。设计指标公差线反映的是产品合不合格，而包络线则从能否成功完成任务的角度衡量产品质量。从直观上来看，包络线可以：

1）通过与历史成功产品关键参数的比较，评判当前产品的质量；

2）利用历史数据掌握实际的失效临界值；

3）为超差产品放行提供定量化的依据。

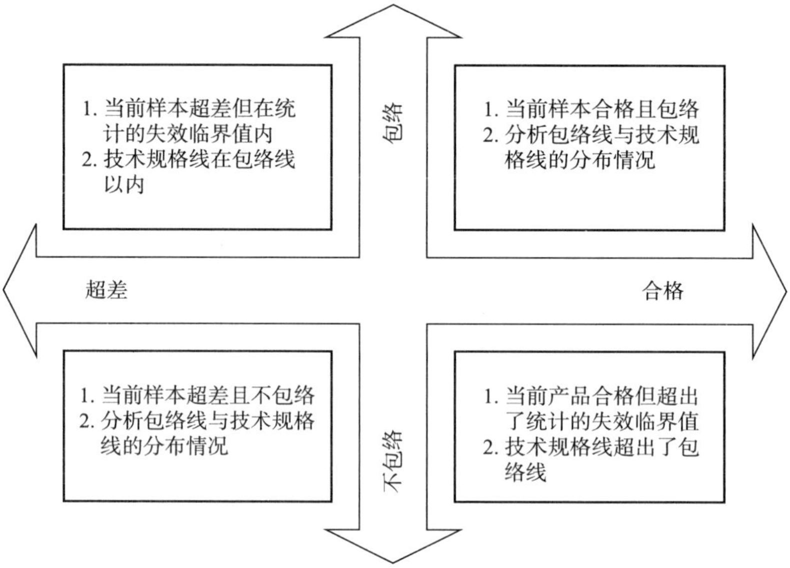


图 16－5　包络线与设计指标之间的关系

②包络线构建

包络线的构建分为包络线的计算和包络线的绘制两个步骤，首先按照分析要求选定置信度水平（一般可选择 95％，90％），然后通过数理统计计算出均值、上下包络线，基于计算的结果绘制包络分析图。构建时需要根据特性类型和样本量具体分析。

16.2.3.3　产品飞行成功数据包络分析结果潜在风险闭环管理方法

基于包络分析结果预示的当前样本产品的风险和产品设计的潜在风险，分别针对潜在的当前样本产品的质量风险和产品整体设计的风险，采取必要的风险确认、风险预防、风险降低、风险控制等措施。例如，针对当前的样本产品，采取设计裕度分析、地面试验验证、复核复算等方法，针对产品整体设计风险采取优化设计、容差设计、工艺改进等方法。包络分析结果闭环管理措施见表 16－4。

**表 16－4　包络分析结果闭环管理措施**

| 包络结果 | 对象 | 具体情况 | 具体措施 |
| --- | --- | --- | --- |
| 合格包络 | 样本产品 | 产品参数在设计可控范围内和失效临界值内，任务失败风险低 | — |
| | 产品设计 | ①包络线在设计指标内，技术指标可能定得过松 | 加严设计 |
| | | ②包络线远在设计指标外，技术指标定得过严 | 设计优化 |
| | | ③包络中心值偏离设计标称值过远 | 设计优化，工艺优化 |

**续表**

| 包络结果 | 对象 | 具体情况 | 具体措施 |
|---|---|---|---|
| 超差包络 | 样本产品 | 产品参数在设计可控范围外和失效临界值内 | 裕度分析 |
| | 产品设计 | 包络线远在设计指标外 | 设计优化 |
| 合格不包络 | 样本产品 | 产品参数在设计可控范围内，但在失效临界值外，有一定风险 | 地面试验验证，裕度分析，设计复核复算 |
| | 产品设计 | 包络线在设计指标内，技术指标可能定得过松 | 加严设计 |
| | | 包络线在设计指标外，技术指标或包络线的确定不准确 | 设计复核复算 |
| 超差不包络 | 样本产品 | 产品参数在设计可控范围外，同时也在失效临界值外，任务失败风险高 | 地面试验验证，裕度分析，设计复核复算 |
| | 产品设计 | 包络线在设计指标内，技术指标可能定得过松 | 加严设计 |
| | | 包络线在设计指标外，技术指标或包络线的确定不准确 | 设计复核复算 |

## 16.3　飞行时序动作分析与确认

航天型号飞行时序动作分析与确认方法以发射准备、点火到飞行结束的飞行时序过程为出发点，以每一个飞行时序动作为牵引，对每个动作或影响成败的关键环节（项目）的输入条件、输出（相应）结果、设计指标及满足情况、设计余量、可靠性措施、环境及相关影响、试验验证或仿真、计算等工程分析情况进行系统梳理，查找需要进一步分析和确认的问题，从而消除技术上可能存在的风险和隐患，最终得出从设计要求、设计结果到飞行实现能够完整闭合的推演分析结论。

要开展飞行时序动作分析与确认，首先应当对时序动作进行梳理。在时序动作梳理环节中，根据型号飞行试验的时间轴对时序动作进行梳理，涵盖发射准备、点火发射、飞行直至飞行结束的飞行试验全过程的各个时序动作，并对指令信息发出、响应等信息传递环节的时序动作协调、匹配性进行确认。该环节工作坚持总体牵引的原则，因为相比各分系统或科研、质量管理职能部门，系统总体更为熟悉总体技术方案及飞行试验任务流程，更适合作为时序动作质量确认工作的发起者。系统总体通过对飞行试验过程环境及弹道参数进行描述，对飞行试验全流程时序动作进行剖析，使各系统对所负责产品应当具备的功能、性能及技术状态有进一步的了解，避免各系统之间理解有差错、接口不协调、测试不覆盖、环境条件考核不到位。总体首先将发射阵地流程和飞行过程分为各飞行时段，例如射前准备、主动飞行段、机动飞行段等，再针对各个飞行时段标识出飞行时刻，对不能明确给出飞行时刻的，应给出该时刻动作产生的判断条件。各分系统梳理整个飞行时序轴下本系统发生的时序动作，共同完成飞行时序动作识别工作。

按照确定的“飞行时段”“飞行时序”和“飞行时序动作”，在上一步形成的全系统、全流程时序动作的基础上，各分系统、单机单位充分利用研制过程中和以往飞行试验获得的数据和结果，针对每一时序动作进行系统梳理，根据系统设计输入、研制策划、设计方案及试验、测试情况等，开展时序动作闭合分析确认工作，从动作要求、动作实现到动作执行进行完整闭合的推演分析，并对产品实现全过程进行回想和推演，对每个飞行时序动作的指标实现情况、设计（或工艺）保证措施、产生的环境及其相关设备（系统）适应性、试验验证情况等进行分析和确认，查找设计过程中存在的不放心因素和问题，并找出可能存在风险的飞行时序动作。飞行时序动作分析与确认工作重点包括：

1）功能性能实现情况确认，主要包括：

a）产品的输入条件及输出（响应）结果。时序动作是输出结果，应对每个时序动作技术要求的正确性和输入输出一致性进行清查，确保针对动作实现和执行到位等方面已采取了有效措施。

b）产品设计指标要求及实现情况。确保设计方案合理，对设计参数和测试结果的一致性进行检查分析。

c）产品的裕度分析情况。对各类设计指标处于边缘状态的项目，确认关键环节（项目）冗余设计是否充分；是否有设计指标处于边缘状态的项目，环境适应性也处于技术指标边缘；是否有其他未完全认识的项目。

d）产品各类试验验证情况。

2）环境适应性分析，主要包括：

a）产品工作环境的指标要求；

b）产品满足环境指标要求的情况，重点分析不满足任务书有关环境要求的项目、飞行状态（环境）与地面试验状态（环境）存在的差异、环境适应性处于技术指标的边缘或未完全认识清楚的项目；

c）环境适应性试验考核情况。

3）时域分析，主要包括：

a）飞行时段分配的合理性；

b）飞行时序传递关系的正确性；

c）飞行动作的协调匹配性。

4）空域及相关影响分析，主要包括：

a）各项动作的空间行为对相关产品或动作产生的影响，重点分析产生的多余物（活动物）对周边产品的影响；

b）各项动作对周围环境带来的变化（影响），如：热环境、力学环境、电磁环境等；

c）相关产品的适应性分析。

5）设计（或工艺）保证措施确认，主要包括：

a）针对设计上的单点采取备保措施的有效性；

b）可靠性、安全性措施的有效性；

c）多余物预防控制措施的有效性。

# 16.4　出厂评审和出厂专项评审

航天型号出厂前进行的出厂评审和出厂专项评审统称为航天型号出厂评审。

出厂评审是指航天型号出厂参加飞行试验（任务）前，对型号的研制、生产质量控制及其结果，以及参加飞行试验前的状态是否达到了出厂要求进行的评审。出厂评审是在型号完成各层次审查确认及评审把关的基础上，集团或研究院对出厂型号的研制、生产质量控制情况以及参加飞行试验准备工作情况等进行的全面审查和确认。

出厂专项评审是指航天型号出厂参加飞行试验前，对元器件、软件、技术状态更改控制、可靠性和安全性、质量问题归零及风险识别、分析与控制等专项进行的评审。

## 16.4.1　出厂评审

### 16.4.1.1　出厂评审要求

1）出厂评审要结合型号任务要求和特点，按照从源头抓起、重心前移的原则进行系统策划，合理确定评审项目、时机和计划，减少重复评审。

2）出厂评审分为集团和研究院两级实施，也可采用用户、集团和研究院联合评审的形式。集团主要对重大型号研制首飞、批产首飞组织型号出厂评审，评审可由集团和研究院联合组织。型号出厂评审项目见表 16－5。

**表 16－5　型号出厂评审项目**

| 评审项目 | 重大型号 | | | 一般型号 | | |
|---|---|---|---|---|---|---|
| | 研制首飞 | 批产首飞 | 其他任务 | 研制首飞 | 批产首飞 | 其他任务 |
| 出厂评审 | √ | √ | √ | △ | △ | △ |
| 元器件专项评审 | ★ | △ | △ | ○ | ○ | ○ |
| 软件专项评审 | ★ | △ | △ | ○ | ○ | ○ |
| 技术状态更改控制专项评审 | √ | √ | △ | △ | △ | ○ |
| 可靠性和安全性专项评审 | ★ | △ | △ | ○ | ○ | ○ |
| 质量问题归零专项评审 | √ | √ | △ | △ | ○ | ○ |
| 风险识别、分析与控制专项评审 | √ | √ | △ | △ | △ | ○ |

注：1. 重大型号、一般型号按照集团航天型号管理有关要求分类。

2. √——集团必评、总体院必评；★——集团选评、总体院必评；△——集团不评、总体院必评；○——集团不评、总体院选评。

3. 根据需要，集团可对评审项目、评审级别做出必要调整。

3）航天型号出厂评审要针对型号任务要求和特点确定评审项目和内容，在评审主管部门与型号两总协商一致的基础上，可对专项评审的项目和内容适度合并或裁剪。

4）出厂评审工作落实分级管理负责制，加强单机产品研制过程控制，交付前完成各项技术审查把关工作，在型号出厂评审前完成最终确认。除重大型号研制首飞外，集团对出厂前已经确认的内容不再重复进行评审。对组批研制、生产的型号，除用户有特殊要求外，应按批抽检进行出厂评审，对型号相同批产品的研制、生产的质量情况进行综合审查或评审。

16.4.1.2　出厂评审应具备的条件

1）研究院级型号出厂评审：对型号已按研制、生产技术流程完成了出厂前所规定的全部工作，并已通过研究院确定的型号出厂专项评审或专业评估确认；

2）集团与研究院联合型号出厂评审：型号已通过集团和研究院确定的型号出厂专项评审或专业评估确认；

3）集团级型号出厂评审：型号已通过研究院级型号出厂评审和集团确定的出厂专项评审或专业评估确认；

4）完成了航天型号出厂评审标准规定提交的评审文件。

16.4.1.3　出厂评审内容

1）按研制、生产流程完成的工作情况及其结果，一般包括：

a）是否按研制、生产技术流程完成了出厂前的各项工作；

b）型号系统各项功能、性能与任务要求的技术指标的符合性，总体对产品偏离/超差让步接收项目，是否进行了风险分析和规定的审批并有明确的结论。

2）总体对产品验收的控制情况及其结果，一般包括：

a）型号总装、测试、联调和试验与要求的符合性，关注总装过程，关注影响系统成败且对多余物敏感的产品的多余物控制措施及其落实情况；

b）对产品分级验收的质量控制情况，系统级的技术通知单、更改单和质疑单的闭环管理情况，应特别关注验收时不能直接获得的结果，还有对过程控制、检验证实的确认情况；

c）型号测试覆盖性保证及确认结果。

3）系统级可靠性、安全性工作完成情况及其结果，一般包括：

a）系统级可靠性和安全性工作项目完成情况及保证结果，试验验证的充分性及保证结果；

b）总体确定的关键项目、关重件质量控制结果以及强制检验点的质量检查确认情况；

c）系统级确定的Ⅰ、Ⅱ类单点故障模式防控措施及其落实情况。

4）出厂专项评审及待办事项处理情况及其结果，一般包括：

a）产品交付后出现的元器件质量问题处理情况及其结果；

b）软件系统级测试情况及其结果；

c）按航天产品技术状态更改控制要求对2类和3类技术状态更改的管控情况及结果；

d）型号风险识别、分析与控制情况；

e）质量问题归零及对其他型号发生的相关问题，在本型号研制时进行的关联性分析及举一反三的情况。

5）数据包管理及数据分析情况及其结果，一般包括：

a）产品研制、生产数据包完整性、规范性和可追溯性检查确认结果；

b）系统级开展成功包络线分析情况。

6）其他需要评审的内容，一般包括：

a）列入系统级关键产品清单的外协、外包产品质量控制情况；

b）评审需要补充的相关内容。

## 16.4.2　出厂专项评审

### 16.4.2.1　元器件专项评审要求

1）航天型号出厂评审前，评审主管部门按航天型号出厂评审要求组织元器件专项评审。元器件专项评审是对元器件质量控制过程以及元器件质量状态进行的评审和审查，重点是对单机产品交付后遗留问题的处理情况进行评审和审查。

2）型号出厂元器件专项评审分为集团和研究院两级实施，也可联合进行。

3）型号出厂元器件专项评审前，对型号按研制节点完成型号元器件保证大纲、元器件选用、采购等评审工作，并及时完成对失效元器件的分析、处理和相关质量问题的归零工作，以及质量问题举一反三工作。

4）将型号出厂元器件专项评审工作纳入型号出厂评审计划，评审在型号分系统验收前完成。

5）型号出厂元器件专项评审的依据：

a）型号元器件保证大纲或型号产品质量保证大纲；

b）航天型号目录外电子元器件选用控制要求；

c）适用的国家、行业、集团及研究院的法规、规章、标准、要求。

### 16.4.2.2　软件专项评审要求

1）航天型号出厂评审前，评审主管部门按航天型号出厂评审要求组织软件专项评审，软件专项评审是对软件研制过程以及软件质量状态进行的评审和审查。

2）型号出厂软件专项评审分为集团和研究院两级实施，也可联合进行，评审发挥各级专业评测机构的作用。

3）型号出厂软件专项评审尽量早期开展，保证在系统验收前完成。型号出厂软件专项评审需重点关注系统级内容，分系统级、配置项级工作按研制节点完成，并完成相应的评审和审查。

4）型号出厂软件专项评审前，型号按航天型号软件工程化管理要求完成开发过程的各项质量控制工作，并按航天产品质量问题归零实施要求完成质量问题归零工作。

5）型号出厂软件专项评审工作纳入型号出厂评审计划。

6）型号出厂软件专项评审的依据：

a）研制任务书（或合同）；

b）飞行试验要求或大纲；

c）软件产品（质量）保证大纲；

d）航天产品质量问题归零实施要求；

e）航天型号软件工程化管理要求；

f）适用的国家、行业、集团及研究院的法规、标准。

#### 16.4.2.3 技术状态更改控制专项评审要求

1）航天型号出厂评审前，评审主管部门按航天型号出厂评审要求组织技术状态更改控制专项评审。

2）型号出厂技术状态更改控制专项评审分为集团和研究院两级实施，也可联合进行。

3）在型号产品研制、生产过程中，应按航天产品技术状态更改控制要求和航天产品工艺技术状态控制要求，及时对技术状态项目及其文件的更改进行控制，在产品交付总体前完成检查确认工作。

4）技术状态更改控制专项评审是对技术状态更改控制工作的检查与确认，重点是对2类和3类工程更改、重要偏离、重要超差以及工艺技术状态更改等项目的检查与确认。集团级组织的出厂技术状态更改控制专项评审重点评审3类工程更改项目，研究院级对2类和3类工程更改项目均应组织评审。

5）型号出厂技术状态更改控制专项评审时，被评审方应说明本次出厂型号（含批抽检型号）的技术状态基线。

6）将型号出厂技术状态更改控制专项评审工作纳入型号出厂评审计划。

7）型号出厂技术状态更改专项评审的依据：

a）更改项目的基线文件；

b）航天产品技术状态更改控制要求；

c）航天产品工艺技术状态控制要求；

d）适用的国家、行业、集团及研究院的法规、标准。

#### 16.4.2.4 可靠性和安全性专项评审要求

1）在航天型号出厂评审前，评审主管部门按航天型号出厂评审要求组织可靠性和安全性专项评审。可靠性和安全性专项评审是对可靠性、安全性工作和结果进行的评审和审查。

2）型号出厂可靠性和安全性专项评审分为集团和研究院两级实施，也可联合进行。

3）型号出厂可靠性和安全性专项评审前，型号按研制节点完成型号可靠性、安全性工作计划（或大纲）的工作项目。可靠性和安全性设计评审在试（正）样设计评审时完成，以实现可靠性和安全性工作重心前移。

4）将型号出厂可靠性和安全性专项评审工作纳入型号出厂评审计划。

5）型号出厂可靠性和安全性专项评审的依据：

a）研制任务书（或合同）；

b）飞行试验（任务）要求或大纲；

c）型号可靠性、安全性工作计划（或大纲）；

d）适用的国家、行业、集团及研究院的法规、标准。

#### 16.4.2.5　质量问题归零专项评审要求

1）在航天型号出厂评审前，评审主管部门按航天型号出厂评审要求组织质量问题归零专项评审。型号出厂质量问题归零专项评审是在各节点完成质量问题归零工作及评审，并在研制、生产关键节点进行确认的基础上，对质量问题归零工作和结果进行的评审和审查。

2）型号出厂质量问题归零专项评审分为集团和研究院两级实施，也可联合进行。

3）型号出厂质量问题归零专项评审的对象为本发弹（箭、星、船）在研制过程中发生的所有技术问题，以及对本型号其他发次产品和其他型号相关的质量问题在本发产品进行举一反三的情况，重点审查本发弹（箭、星、船）进入综合试验之后发生的质量问题。

4）型号在其他阶段发生的需提交会议评审的质量问题由评审主管部门按以下原则确定：

a）后果严重、影响成败的质量问题；

b）本型号在前一次飞行、运行中发生的质量问题；

c）无法完全按双五条归零的质量问题；

d）其他需要评审的重大质量问题。

5）型号出厂质量问题归零专项评审纳入型号出厂评审计划。

6）型号出厂质量问题归零专项评审的依据：

a）航天产品质量问题归零实施要求；

b）航天产品质量与可靠性信息管理要求；

c）适用的国家、行业、集团及研究院的法规、标准。

#### 16.4.2.6　风险识别、分析与控制专项评审要求

1）型号立项初期，型号责任单位根据型号各级产品任务特点和组织的风险管理方针，明确型号风险管理目标，由型号责任人组织承制方与用户共同协商或经过评审确定风险等级标准和风险准则，为在型号项目全生命期中进行风险评估、制定风险管理计划和进行风险决策提供基准。

2）航天型号出厂评审前，评审主管部门按航天型号出厂评审要求组织风险识别、分析与控制专项评审。

3）型号出厂风险识别、分析与控制专项评审分为集团和研究院两级实施，也可联合进行。

4）型号出厂风险识别、分析与控制专项评审前，由项目负责人组织研制团队完成以下工作：

a）按研制任务书（或合同）和装备研制项目风险管理要求，对型号风险管理情况和效果进行分析确认；

b）从技术、产品、操作和管理四个维度，对型号的残余风险进行评估（即识别、分析与评价），确认残余风险是否可接受；

c）对不可接受风险，制定风险应对措施和后续风险管理工作计划，进一步落实风险管控职责，以确保型号任务的成功。

5）将型号出厂风险识别、分析与控制专项评审工作纳入型号出厂评审计划。

6）型号出厂风险识别、分析与控制专项评审的依据：

a）型号风险管理工作要求及工作计划（或策划）；

b）研制任务书（或合同）；

c）飞行试验（任务）要求（或大纲）；

d）适用的国家法律、行业、集团及研究院的法规、标准。

7）评审后评审组需给出型号出厂风险是否可接受的结论意见。

## 16.5 测试覆盖性分析

测试覆盖性分析是指对产品的测试检查项目及要素覆盖产品设计任务书、设计要求或者相关技术文件规定的功能、性能以及实际飞行工作状态的程度进行分析，保证产品质量验证和确认正确性、全面性和有效性的质量保证方法。测试覆盖性分析通常要从测试方法、测试状态、测试环境、测试设备、测试指标、测试持续时间等基本要素开展分析，既涉及产品的固有测试性，也涉及产品研制过程测试能力和资源保障。

### 16.5.1 测试覆盖性分析的基本要求

测试覆盖性分析检查要按型号产品层次自上而下提出测试内容和要求，贯穿型号研制全过程。测试覆盖性分析通常与试验充分性分析结合起来考虑，试验充分性分析是指通过分析型号试验项目设置是否合理、试验内容是否充分、试验结果是否有效，从而确定地面试验验证飞行或在轨状态等方面的试验有效性的一种方法，是在航天工程领域内应用的一种重要分析方法。

测试覆盖性分析的基本要求包括：

1）在方案阶段开始，对各单机、分系统、总体安排单项及系统级的地面试验时，需要考虑地面试验项目设置的合理性、试验内容的充分性和试验结果的有效性。特别是系统级的大型地面试验，需借鉴成熟型号的环境条件，利用初样、试（正）样试验结果和理论分析，对飞行环境条件逐步进行修正。同时，要尽量模拟飞行或在轨环境、充分覆盖实际飞行或在轨状态。若不能覆盖，要通过理论分析和旁证试验，验证该试验的充分性和试验结果的有效性。

2）在产品设计之初，设计测试设备时要充分考虑测试的功能。同时，任务提出单位要在任务书和技术要求中明确测试的要求，并适时组织产品承制单位对任务书和技术要求中的有关测试要求进行逐条复核、讨论、协调，产品承制单位要保证对任务书和测试要求的理解与任务提出单位一致。

3）单机设计在分析的基础上，要逐项列出产品出厂后测试不到和不再测试的项目，并提前向生产单位提出测试项目清单和要求；生产单位要按“四不到四到”（又称“五环节分析”，是指产品测试不到要验收到、验收不到要工序检验到、工序检验不到要工艺保证到、工艺保证不到要人员保障到）要求进行分析并保证到位。

4）产品出厂前的测试项目要覆盖出厂后系统及发射场测试项目，对未覆盖的项目要列出清单，提出详细的预案和措施，并得到上一级系统的确认。

### 16.5.2　测试覆盖性分析过程

测试覆盖性分析流程如图 16－6 所示。

（1）测试项目分解

在型号研制的方案阶段，要以飞行任务或其他既定约束为顶层约束，结合各型号测试性大纲要求，将技术指标要求对应的测试项目进行自顶向下逐层的分解，从总体到系统，再到单机，确定测试覆盖性分析对象及项目。主要测试项目设置要遵循“单机覆盖系统，系统覆盖型号总体，出厂覆盖发射场，地面覆盖飞行”的原则，主要包括：

1）任务书、技术要求或规范中需要测试和检查的项目；

2）在单机或系统设计中确定了设计要求且需要测试和检查的项目，影响单机或系统性能指标的设计参数或必须检查的项目；

3）在型号设计规范中规定需要测试和检查的项目。

（2）单机测试覆盖性分析

单机产品的出厂检查、测试要全面覆盖单机任务书和技术条件所规定的内容，包括任务书、技术条件所规定功能和性能指标的测试情况及单机内冗余设计的测试情况，按性能要求、功能要求、接口设计、冗余设计等内容对单机测试覆盖性进行分析和确认。

单机在单元测试及产品出厂后不能覆盖的项目，要在产品验收、检验、工艺及人员保障各环节采取措施，并形成记录，证明产品在各种状态下都可以满足设计要求，并在产品图纸下厂前进行“四不到四到”分析，确保“五个环节”能够保证其产品功能和性能。单机在检查中发现测试不到的项目要追溯到系统，要明确系统可在哪个环节测试到相应项目。

（3）系统测试覆盖性分析

系统测试覆盖性分析工作主要结合各系统的综合试验、专项仿真试验、半实物仿真试验等测试工作开展。要求系统测试要全面覆盖系统任务书和技术条件所规定的内容，包括任务书、技术条件所规定的功能和性能指标的测试情况，系统级异常情况下的处理功能、冗余设计等，并针对如外系统接口、理论设计方法和算法等测试边界不够真实的情况，提出上一级测试或经过仿真分析和试验验证的项目，并对系统测试覆盖性进行分析和确认。此外，针对单机提出的在单元测试中不能覆盖的项目，在系统分析中要给出是否通过系统测试覆盖的结论。

通过梳理，总结出系统测试未覆盖相关指标要求或接口要求的项目。

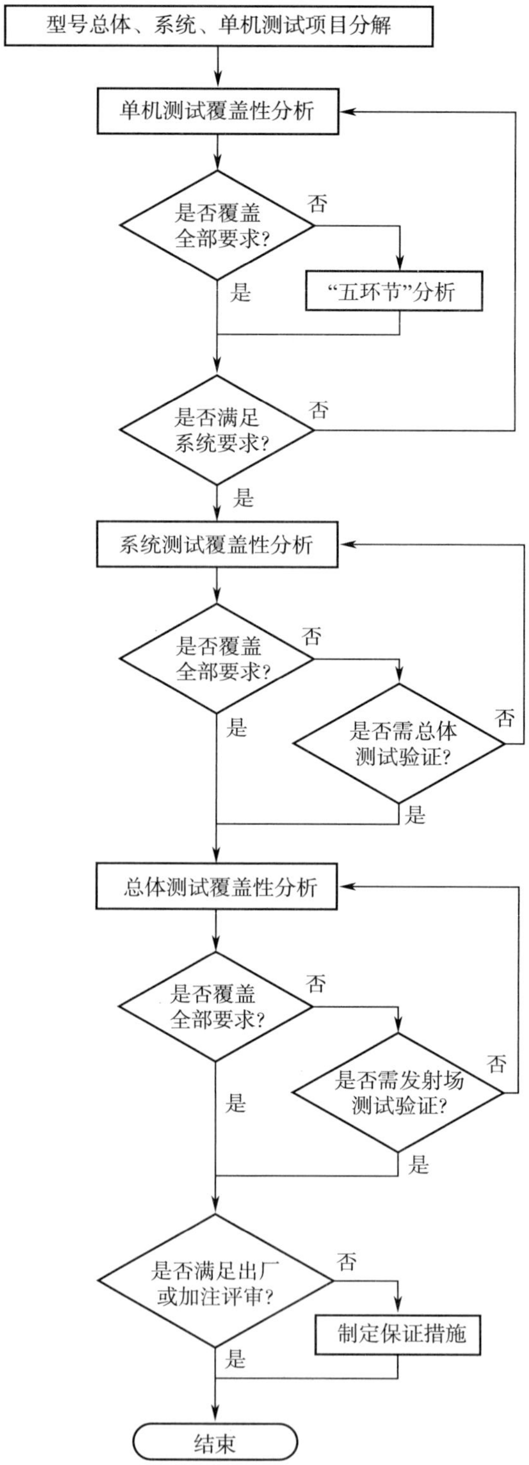


图 16－6　测试覆盖性分析工作流程

(4) 型号总体测试覆盖性分析

型号总体测试覆盖性分析工作主要结合型号系统间匹配试验、出厂测试等工作开展。要求型号总体的测试要全面覆盖发射场及任务状态的各项功能要求，以及系统间的接口及系统级冗余设计均能得到验证，并针对工程外系统接口、理论设计方案和算法等测试边界不够真实的情况，提出发射场测试或经过仿真分析和试验验证的项目，并对型号总体测试覆盖性进行分析和确认。此外，针对分系统提出的在系统测试中不能覆盖的项目，在总体分析中要给出是否通过型号总体测试覆盖的结论。

对型号总体测试不能覆盖技术指标要求、不能进行握手见面的接口及发射场测试项目的情况，要详细列出不能覆盖的项目清单。要针对此类项目提出保障措施，并有明确的结论，结论中要包含对任务成败的影响程度。

### 16.5.3　以发射场项目为抓手的六要素分析方法的应用

以发射场测试项目为抓手开展测试覆盖性分析，不仅对确保型号任务成功，而且对简化发射场流程具有现实意义。这些分析包括发射场测试项目的覆盖性，发射场总装工作的覆盖性，发射场地面设备恢复的全面性，箭地接口验证的充分性，发射场现场设计工作的覆盖性等。

测试覆盖性分析六要素具体是：测试方法、测试状态、测试环境、测试设备、测试指标、测试持续时间。

测试是否覆盖完全体现在对六要素的充分分析、比较与把握上，因此确定基本原则如下：

1）若出厂前型号任何一个阶段的测试六要素与发射场测试要素一致，确认为测试覆盖；

2）若测试六要素中有一项与出厂前测试不一致，确认为测试不覆盖；

3）若出厂前地面测试设备与发射场测试设备状态相同，可不作为测试不覆盖的要素；

4）发射场地面设备在恢复阶段，若设备恢复检查工作能够覆盖发射场实际测试、使用的工况，可确认为测试覆盖。

综合以上原则确定了测试覆盖性三级确认准则：

Ⅰ级覆盖：型号出厂前测试覆盖发射场测试；

Ⅱ级覆盖：地面设备恢复检查工作可以覆盖发射场实际测试、使用工况；

Ⅲ级覆盖：发射场-3h 前测试覆盖进入-3h 发射流程后测试。

测试覆盖性分析工作采取 TDTD（Top-Down-Top-Down）的分析方法（型号采用技术指标要求自顶向下分解，测试覆盖性自底向上和自顶向下相结合分析）。

基于自顶向下方式的测试项目分解，以飞行任务约束为顶层约束，结合测试性大纲要求，将技术指标要求对应的测试项目进行自顶向下逐层分解，从总体到系统，再到单机，确定测试覆盖性分析对象及项目。

基于自底向上和自顶向下结合的测试覆盖性分析，适用于型号系统整个寿命周期。对于正在研制的型号，主要分析从单机、系统到总体的测试项目是否覆盖了产品的技术指标要求，对于该类型号主要应用基于自底向上的测试覆盖性分析流程，分析对象是产品，分析范围是覆盖预期的发射场测试项目，分析要素为六要素，确认准则为Ⅰ级覆盖。对于进入应用发射阶段的型号，既有研制生产阶段，又有发射任务阶段，不仅要开展基于自底向上面向产品的测试覆盖性分析，同时也要开展基于自顶向下面向对象的测试覆盖性分析，按照测试覆盖性分析对象、要素、范围、确认准则，定义运行测试覆盖性方法，确保测试覆盖。

基于自底向上面向产品的测试覆盖性分析包括：

（1）单机测试覆盖性分析

单机产品的出厂检查、测试要求覆盖单机任务书和技术条件所规定的项目，若单机不能覆盖项目要提出系统测试项目。积累单机测试的六要素数据，对单机测试覆盖性进行分析和确认。

（2）系统测试覆盖性分析

系统测试全面覆盖系统任务书和技术条件所规定的内容，并针对如外系统接口、理论设计方法和算法等测试边界不够真实的情况，提出型号总体测试项目。积累系统测试的六要素数据，与单机的六要素测试数据比对分析，对系统测试覆盖性进行分析和确认，对单机在单元测试中不能覆盖的项目，在系统分析中给出是否通过系统测试覆盖的结论。

（3）型号总体测试覆盖性分析

型号总体测试全面覆盖发射场及飞行状态的各项功能要求，以及系统间的接口及系统级冗余设计均能得到验证，并针对工程外系统接口、理论设计方案和算法等测试边界不够真实的情况，提出发射场测试项目。

积累型号总体测试的六要素数据，与系统的六要素测试数据比对分析，对型号总体测试覆盖性进行分析和确认，对系统测试中不能覆盖的项目，在总体分析中给出是否通过型号总体测试覆盖的结论。

针对型号总体测试不能覆盖项目的情况，由设计师系统提出保证措施并在后续发射场工作落实，并结合旁证试验在火箭加注前质量评审中给出明确结论，结论中应包含对飞行成败的影响程度。

基于自顶向下面向对象的测试覆盖性分析包括：

为解决由于进入应用阶段的型号可测试性不好的问题以及优化发射场流程的需求，需要面向飞行以及发射场测试逆向开展测试覆盖性分析，用以完善产品设计、优化或简化测试项目等。

1）以发射场测试项目为顶层约束，按照测试覆盖性分析对象及范围概念，全面梳理发射场测试项目，不仅涵盖发射场测试项目，还涵盖发射场总装、地面设备恢复、箭地接口验证的充分性、现场设计等工作。

2）提取基于自底向上面向产品的测试覆盖性分析积累的单机、系统和出厂测试六要素数据，以覆盖发射场测试为目标，运用“六要素”分析方法，以矩阵式表格按照单机测试、系统测试、总装厂测试、发射场测试不同时间阶段的测试六要素进行全面比对，给出覆盖级别和覆盖性分析结论。

3）在覆盖级别确定后，按照覆盖级别分类逐一分析每一项测试项目，查找出不覆盖的要素，提出保证措施和后续改进措施，将具有时间性的覆盖级别降低或者尽量保证出厂前的测试均能覆盖发射场测试。

## 16.6 发射场“双想”

### 16.6.1 基本概念

“双想”是“前期工作回想”（简称“回想”）和“后期工作预想”（简称“预想”）的总称。“回想”是指围绕型号发射（飞行试验）任务目标，从设计质量、产品质量、操作质量等方面，对已完成的工作是否满足要求、是否存在薄弱环节和需进一步确认环节等进行分析和重新审视的过程。“预想”是指围绕任务发射场工作流程，从后续操作的要求、步骤、设备、环境、人员等方面，对即将开展工作中可能出现的问题和隐患及故障处理预案等进行预先分析的过程。对“回想”发现、经确认的前阶段工作中存在的问题和隐患，要及时排除；对“预想”提出、经确认的问题及隐患，要及时制定预防措施和解决办法。

### 16.6.2 适用范围

“双想”工作要贯穿型号发射（飞行试验）任务全过程，做到“点火不到，双想不止”。对于任务完成后的发射场撤收工作等也要一并纳入“双想”工作范畴。

### 16.6.3 主要内容

#### 16.6.3.1 “双想”工作模式

“双想”工作一般按照“试验队→中队（分队）→岗位人员”自上向下发动、布置，按照“岗位人员→中队（分队）→试验队”自下而上主动“双想”、反馈确认的模式进行，要做到系统开展，覆盖全面。

“双想”工作要在前期型号已形成的技术文件、操作文件（含故障处理预案）和相关的产品过程记录、产品质量报告、检查确认报告、归零报告、分析报告等基础上开展。对“双想”提出的问题和隐患的处理必要时要及时与发射场和用户方协调沟通。试验队统一协调“双想”工作与发射场专项质量检查确认、复核复算等工作的关系，紧密结合，高效实施。

#### 16.6.3.2 “双想”工作流程

在任务准备阶段，结合任务进场动员会等进行思想动员，强化参试人员的责任意识，提出“双想”工作总体要求。

在试验队进场后，针对型号特点、发射场工作特点，结合发射场工作流程，及时部署安排“双想”工作，明确“双想”工作计划和要求，制定、下发“双想”记录表，引导岗位人员开展“双想”工作。

在任务展开实施阶段，结合型号特点、发射场工作阶段等，分阶段组织开展“双想”工作，明确各阶段“双想”工作的重点，并按阶段对“双想”提出的问题进行清理。

在任务总结阶段，进行发射场“双想”工作总结并纳入发射场质量工作总结。

对“双想”工作中提出的涉及发射场试验队之间接口关系的项目，由相关试验队联合完成确认和处理。对于发射场“双想”提出的问题和隐患，需由发射场前后方联动进行确认和处理的，相关单位必须积极组织协调，配合开展工作，确保发射场工作顺利开展。根据发射场“双想”工作梳理出的问题，相关单位要及时完善设计、工艺文件和有关管理要求。

#### 16.6.3.3　“双想”主要内容

发射场“双想”工作可参考以下内容来确定每个阶段的重点内容：

1）各岗位人员对当日（或前一阶段）的状态检查、操作、测试等各环节进行回想，反思是否存在疑点、不放心环节。对下一工作日（或后一阶段）工作项目从状态准备、过程关注点、故障模式、故障影响等多个方面进行预想，重点加强对产品转运、加注、转场、发射等环节和“难操作、易出错”项目及安全风险等级较高的操作项目的预想工作。

2）出厂前，遗留的工作项目是否在发射场已落实？是否有不放心的问题？

3）出厂前不覆盖发射场测试项目，发射场检测测试保证措施是否充分？

4）所负责产品是否为型号出厂前技术风险分析评估的高、中风险项目？风险控制措施是否清楚，是否已得到落实？

5）所负责产品技术状态是否清晰，产品状态最终确认环节是否明确，产品过程记录是否能充分真实反映产品最终状态？产品技术状态变化项目是否清晰，是否已全部落实？

6）所负责产品是否存在涉及Ⅰ、Ⅱ类单点故障模式，产品三类关键特性及控制措施是否明确、量化，控制措施是否落实？

7）所负责产品在飞行过程中历经的环境和执行的动作是否明确？是否还存在在地面没有充分验证的地方？

8）所负责产品与其他产品的接口是否清晰，接口参数是否明确，是否还有不协调的地方？

9）所负责产品曾出现的质量问题的归零措施是否有效落实？其他型号相同或类似产品出现的质量问题是否需在本产品上进行了举一反三，举一反三的措施是否得到落实？

10）按发射场工作流程和飞行任务剖面，是否还存在工作漏项？

11）表格化工作是否均已落实？表格是否齐全、无漏项，表格内容是否全面、具体，表格化工作检查是否到位？

12）对自己负责的产品在发射场的操作项目、流程是否清楚？发射场最后一次操作为不可测试的项目，其操作文件是否齐全、人员是否落实、保证措施是否到位，结果确认是否到位？

13）作为二岗（技术保障），产品质量交底时是否将技术状态变化和产品质量状况向一岗（操作）进行明确交底，就工作要点和测试注意事项是否在工作前进行了讨论、交流，达成了一致意见？能否做到监督一岗的口令、操作？

14）制定的相关预案考虑是否全面充分，流程、职责是否明确，是否与发射场及用户方进行了充分协调？预案是否具有可操作性，演练是否充分？预案提出的相关保证措施是否已得到落实？

15）是否还存在其他不放心的问题、对其他岗位不放心的问题或部位？

## 16.7　产品成熟度评价

### 16.7.1　基本概念

产品成熟度是依据产品的设计、生产、试验和应用情况，对其质量与可靠性以及可应用程度的量化度量。产品成熟度等级用于衡量产品的成熟度。

### 16.7.2　适用范围

适用于航天单机产品（航天器或运载火箭的组成部分）的成熟度评价。

### 16.7.3　主要内容

#### 16.7.3.1　产品成熟度定级程序

对航天单机产品成熟度定级的程序要按照产品定级准备、产品定级申请、产品定级审查和产品定级批准等四个步骤开展。航天单机产品成熟度定级程序流程如图 16－7 所示。

（1）产品定级准备

1）产品研制单位明确需定级的产品对象，确认拟申请定级产品当前的技术状态。如拟申请产品为型谱产品，要明确产品的型谱代号，并确保产品主要技术指标与型谱保持一致。

2）产品研制单位要首先确定拟申请的产品成熟度目标等级，然后参考产品成熟度等级评定要素及子要素，制定具体产品成熟度评定检查单，全面梳理产品的设计、生产和使用情况，实施产品成熟度自评工作，确保各项产品成熟度等级评定子要素均满足目标等级要求。

3）在完成产品成熟度自评工作后，产品研制单位要对产品前期设计、生产、使用以及其他补充工作进行全面总结，编写定级申请报告，并整理自评检查单及结果、产品技术状态文件清单、产品数据包清单以及其他证明材料文件清单，作为定级申请报告的附件。

（2）产品定级申请

1）产品研制单位完成定级准备工作后，向定级机构提交定级申请报告。

2）定级机构接受相关申请材料后，进行定级申请登记，记录定级申请受理情况并签字盖章。如拟申请产品为型谱产品，核对型谱代号、产品主要技术指标是否与型谱保持一致。

（3）产品定级审查

1）产品定级审查工作按照形式审查和技术审查实施。

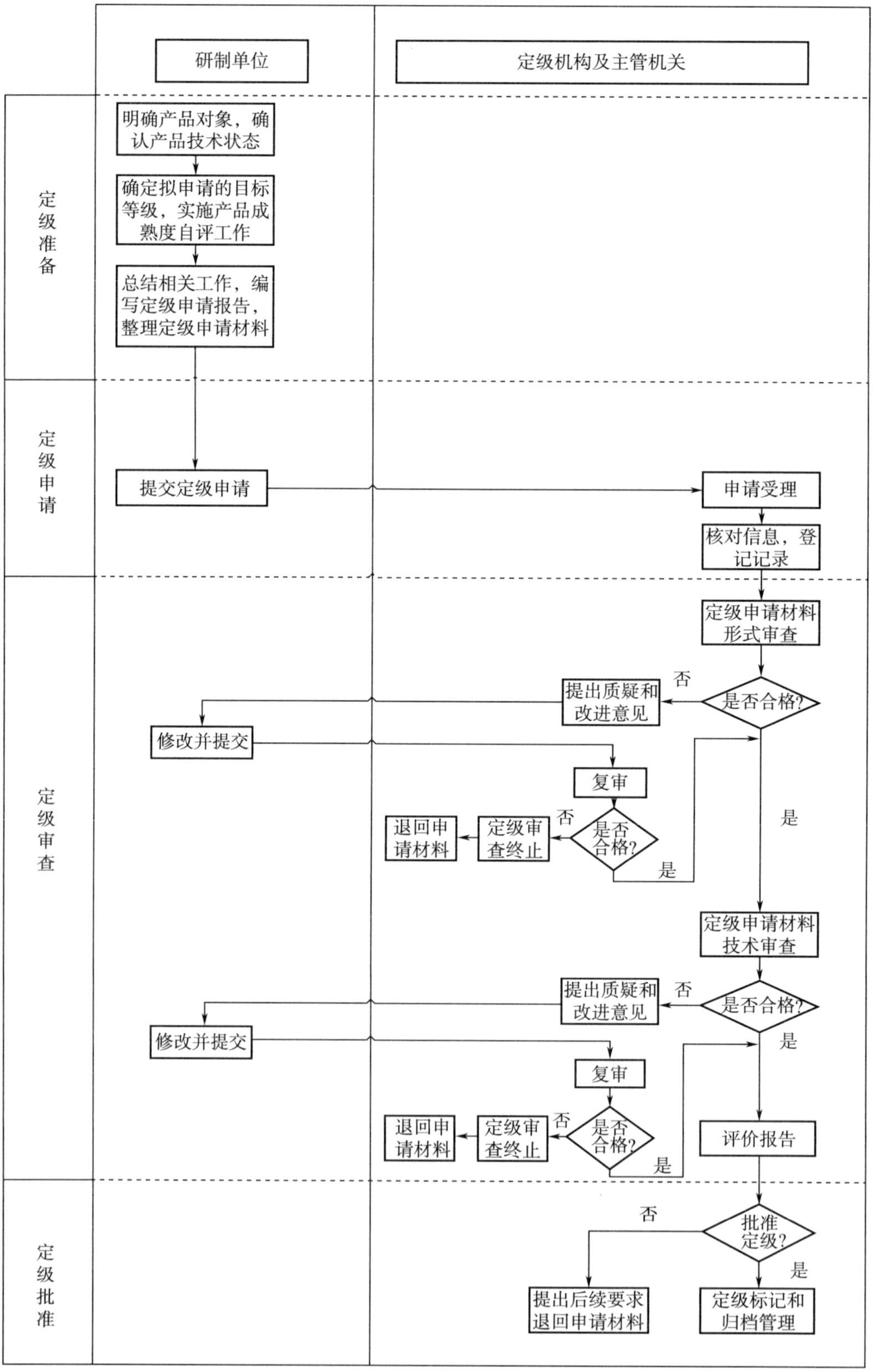


图 16-7 航天单机产品成熟度定级程序流程

2）产品定级形式审查工作由定级机构组织实施，对产品研制单位的定级申请报告及产品定级证明文件（产品技术状态文件、产品数据包以及其他证明材料文件）的齐套性、完整性和规范性进行审查。形式审查须符合相关要求，证明可支持产品成熟度等级评定工作；对不符合要求的产品，由定级机构提出补充修改意见，产品研制单位修改后重新提交审查；如仍不符合要求，由定级机构说明理由，并终止定级程序。

3）产品定级技术审查工作由定级机构组织实施，定级机构参考产品成熟度等级评定要素及子要素，制定具体产品成熟度评定检查单，对产品定级证明文件的正确性、符合性、有效性进行审查。审查结束后，由定级专家组确定该产品各项成熟度等级评定子要素的评定结果。技术审查中该产品各项成熟度等级评定子要素均须达到拟申请成熟度等级的相关要求，对不符合要求的产品，由定级机构提出补充修改意见，产品研制单位修改后重新提交审查；如仍不符合要求，由定级机构说明理由，并终止定级程序。

4）定级机构针对通过技术审查的产品，编制产品成熟度评价报告，并报送定级主管机关进行审批。

（4）产品定级批准

1）定级主管机关依据定级机构提出的审查结果，批准所申请的产品成熟度等级认定。

2）产品定级一旦批准，要按有关规定对产品的技术状态进行控制，并对定级相关材料进行归档和管理。

#### 16.7.3.2 等级划分及定义

航天单机的产品成熟度划分为 8 个等级，分别为 1 级、2 级、3 级、4 级、5 级、6 级、7 级、8 级，航天单机产品成熟度等级划分和定义见表 16－6。

**表 16－6 航天单机产品成熟度等级划分和定义**

| 产品成熟度等级 | 产品成熟度等级名称 | 定义 |
| --- | --- | --- |
| 1 级 | 原理样机产品 | 已完成预先研究或技术攻关阶段的相关研制工作，但尚未按飞行条件进行地面考核，达到 1 级定级条件的产品 |
| 2 级 | 工程样机产品 | 在原理样机产品的基础上，按飞行条件进行地面考核，功能和性能满足要求，达到 2 级定级条件，但不可用于飞行的产品 |
| 3 级 | 飞行产品 | 在工程样机产品的基础上，经系统测试和地面验证，达到 3 级定级条件，可以用于飞行的产品 |
| 4 级 | 一次飞行考核产品 | 在飞行产品的基础上，经过 1 次实际飞行考核，证明满足飞行应用要求，达到 4 级定级条件的产品 |
| 5 级 | 多次飞行考核产品 | 在一次飞行考核产品的基础上，又经过 2 次以上实际飞行考核，并完成全寿命考核，证明满足飞行应用要求，达到 5 级定级条件的产品 |
| 6 级 | 三级定型产品 | 在多次飞行考核产品的基础上，完成相关工作，达到 6 级定级条件的产品 |
| 7 级 | 二级定型产品 | 在三级定型产品的基础上，经小批量生产验证，可以重复稳定生产，达到 7 级定级条件的产品 |
| 8 级 | 一级定型产品 | 在二级定型产品的基础上，经过可靠性增长，证明其具有较高可靠性水平，达到 8 级定级条件的产品 |

16.7.3.3 定级条件

(1) 产品成熟度1级

产品应具备以下条件:

1) 完成原理样机研制;

2) 经测试，功能和主要性能满足预定要求;

3) 产品数据包中包含了功能和性能参数指标要求；初步识别了产品关键特性参数(含设计、工艺、过程控制关键特性)，形成了清单；功能参数经过了原理性验证，形成了验证数据表;

4) 通过相应级别的技术评审。

(2) 产品成熟度2级

产品应具备以下条件:

1) 满足产品成熟度1级定级条件;

2) 形成了产品规范;

3) 完成工程样机研制，功能和性能满足产品规范要求;

4) 通过规定的鉴定试验;

5) 发生的质量问题已经完成归零;

6) 产品数据包工作策划中形成了飞行产品研制过程数据(含产品基础数据、产品关键特性数据、产品功能和性能数据等)记录项、比对要求及表格格式；经地面验证的产品关键特性参数及检验方法形成了正式要求；形成了功能和性能参数的地面模拟飞行环境鉴定级实测数据;

7) 通过相应级别的技术评审。

(3) 产品成熟度3级

产品应具备以下条件:

1) 满足产品成熟度2级定级条件;

2) 确定了技术状态基线;

3) 完善了产品规范;

4) 经系统测试验证，功能和性能满足飞行要求;

5) 发生的质量问题已经完成归零;

6) 产品的设计、工艺、测试、试验等技术文件齐套;

7) 产品数据包中形成了飞行产品基础数据；形成了产品关键特性实测数据；形成了功能和性能参数的地面模拟飞行环境验收级实测数据以及所有其他地面测试数据;

8) 产品数据包中形成了飞行数据记录项要求及表格格式;

9) 通过相应级别的技术评审。

(4) 产品成熟度4级

产品应具备以下条件:

1) 满足产品成熟度3级定级条件;

2）已经过 1 次成功飞行试验考核，其中卫星单机单次飞行考核时间应不低于 2 年（设计寿命低于 2 年的按照实际设计寿命考核），考核期间工作正常；

3）飞行试验表明其功能和性能满足飞行要求；

4）发生的质量问题已经完成归零，不影响后续的飞行试验；

5）产品数据包中的关键特性参数须经飞行验证；记录产品功能和性能的飞行实测数据并与地面实测数据进行了比对分析；

6）产品生产和飞行数据表格格式须经过实际应用和改进。

（5）产品成熟度 5 级

产品要具备以下条件：

1）满足产品成熟度 4 级定级条件；

2）已经过至少 3 次成功飞行试验考核，其中卫星单机单次飞行考核时间要不低于 2 年（设计寿命低于 2 年的按照实际设计寿命考核），考核期间工作正常；

3）飞行试验表明其功能和性能满足飞行要求；

4）产品经过寿命试验考核，证明满足寿命指标要求；

5）发生的质量问题已经完成归零，不影响后续的飞行试验；

6）产品数据包中补充了多次飞行产品基础数据、产品关键特性的多次实测数据；积累了功能和性能的多次地面测试以及飞行实测数据，并对多次实测数据进行了比对分析；

7）作为质量问题归零的措施，针对 4 级成熟度定级后出现的质量问题，补充、修改、完善了产品数据包中的相关数据。

（6）产品成熟度 6 级

产品要具备以下条件：

1）满足产品成熟度 5 级定级条件；

2）产品技术文件完善齐套，工艺和过程控制文件能保证产品重复生产，满足定型要求；

3）产品经过质量分析，对所有在研、飞行相关质量问题的归零工作进行了复查；

4）产品已通过环境适应性、极限能力、性能拉偏、寿命与可靠性等试验考核；

5）产品数据包中对多次飞行的产品基础数据进行了分析和要求值的固化；对产品关键特性参数的多次实测数据进行了分析，对要求值和检验验证方法进行了固化；固化了功能和性能指标；

6）产品数据包中补充了定型过程中进一步开展的试验验证形成的数据，形成了最大环境适应性数据和极限能力数据；

7）产品数据包中补充了产品研制、成熟度提升过程中所有更改、增加及验证结果数据；

8）产品数据包中固化了产品生产及飞行数据记录项、比对要求及表格格式；

9）确定了要建立成功数据包络线的参数；形成信息化的数据库，开始积累各项数据；

10）利用已开展的地面和飞行考核数据，进行了产品可靠性评估；

11）按规定履行了相关定型程序，并由主管部门批准三级定型。

（7）产品成熟度 7 级

产品要具备以下条件：

1）满足产品成熟度 6 级定级条件；

2）定型文件经小批量生产验证，能够保证产品一致、质量稳定；

3）在三级定型产品基础上，又经过 3 次成功飞行试验考核，其中卫星单机单次飞行考核时间要不低于 2 年（设计寿命低于 2 年的按照实际设计寿命考核），考核期间工作正常；

4）至少经过 1 次实际飞行全寿命考核；

5）地面考核和飞行工作期间，产品未发生重大质量问题或严重质量问题，出现的质量问题已经完成归零；

6）产品数据包中进一步补充了 3 次飞行产品的基础数据、关键特性实测数据、功能和性能地面及飞行实测数据；

7）作为质量问题归零的措施，针对 6 级成熟度定级后出现的质量问题，补充、修改、完善了产品数据包中的相关数据；

8）根据重复生产和多次飞行考核数据记录、比对的实践情况，对固化的产品生产及飞行数据记录项、比对要求及表格格式进行了持续改进；

9）统计历次飞行成功产品的关键特性参数实测值，并结合成功地面试验结果形成成功数据包络线，对于与飞行环境密切相关的产品，还要形成环境条件参数成功数据包络线；

10）根据增加的地面和飞行考核数据，更新了产品可靠性评估结果；

11）按规定履行了相关定型程序，并由主管部门批准二级定型。

（8）产品成熟度 8 级

产品要具备以下条件：

1）满足产品成熟度 7 级定级条件；

2）在二级定型产品基础上，又经过 2 次以上成功飞行试验考核，其中卫星单机单次飞行考核时间要不低于 2 年（设计寿命低于 2 年的按照实际设计寿命考核），考核期间工作正常；

3）产品数据包中进一步补充了 2 次飞行产品的基础数据、关键特性实测数据、功能和性能地面及飞行实测数据；

4）作为质量问题归零的措施，针对 7 级成熟度定级后出现的质量问题，补充、修改、完善了产品数据包中的相关数据；

5）根据积累的地面和飞行实测数据，进一步修订了成功数据包络线；

6）细化完善了产品数据包中的关键特性参数，偏差控制在 $6\sigma$ 以内，达到精细化要求；

7）根据应用情况，进一步对产品数据包中生产及飞行数据记录项、比对要求及表格格式进行改进；

8）根据增加的地面和飞行考核数据，修订了产品可靠性评估结果，产品可靠度评估值在 0.7 置信度条件下不小于 0.99；

9）按规定履行了相关定型程序，并由主管部门批准一级定型。

#### 16.7.3.4　评价要素

产品成熟度等级评定要素表征了实施产品成熟度定级必须关注的工作重点，即产品研制必须开展的基本工作项目，实施的程度随产品成熟度等级的提升逐步递进。要素的描述采用方面、要素、子要素三个层次逐级递进。

（1）方面

“方面”表述产品研制管理需要考虑的最基本的范畴。按照产品生命周期的一般规律，将其划分为“设计”“生产”“使用”三部分。这三方面涉及的相关技术活动，在产品研制过程中并非顺序进行，而是以不同程度并行实施并不断迭代的。

（2）要素

“要素”表述了各个方面需关注的主要工作内容。“要素”是实施产品成熟度等级评定的基本工作元素。按照已确立的三个方面，要素给出了产品研制中设计、生产、使用支持等需开展的基本工程活动，表征了产品研制工作策划、实施和监督管理的主要内容和工作项目。

（3）子要素

“子要素”表述了各个工作项目需要细化的要点。“子要素”是要素的展开和细化，是为落实各要素而确定的基本工作要点，也是实施产品成熟度等级评定的核心对象。所有的产品研制和成熟度等级评定工作均应依据子要素展开实施。

# 第 3 篇

## 航天精细化质量管理——基础篇

质量基础能力是航天精细化质量管理的重要组成部分，是确保航天重大工程任务圆满成功的保障。长期以来，航天科技集团以提升质量基础保障能力为目标，实施航天型号物资“五统一”管理，有效地保障了航天型号物资长期、稳定、可靠地供应；对航天工艺工作进行策划、组织和控制，推进工艺工作科学化、规范化、制度化，确保了航天型号制造质量；针对现场质量问题突出，以航天生产现场建设为抓手，以评促建，树立标杆，切实减少低层次质量问题的发生，规范了现场管理；推进标准化工程，总结、固化技术成果和工程管理经验，建立了标准体系及标准信息服务平台；开展质量信息管理平台建设，建立了质量问题、工程经验等数据信息库的质量信息管理；建立可靠性、元器件和软件检测、工艺保证、环境试验和失效分析等专业机构，成立了可靠性、元器件、软件、工艺等专家组。

# 第 17 章　型号物资“五统一”管理

航天型号物资包括航天型号使用的元器件、原材料和标准紧固件等基础产品。航天型号物资管理工作是航天系统工程管理的重要组成部分，遵循“源头抓起、全过程控制、零缺陷管理、预防为主”的原则，实施“五统一”管理，即统一需求规划、统一评价认定、统一选用管理、统一采购供应和统一质量保证，以有效保障航天型号物资长期、稳定、可靠地供应。

## 17.1　统一需求规划

统一需求规划包括统一制定型号物资需求总体规划、统筹开展型号配套新型物资科研项目需求论证、统一型号物资标准体系等内容。

### 17.1.1　统一制定航天型号物资需求总体规划

随着航天科技工业的快速发展，国产元器件、原材料不能完全满足航天型号高性能、高质量和高可靠的发展要求，部分核心元器件、关键原材料严重依赖进口。为确保航天型号自主可控和可持续发展，必须实现核心元器件、关键原材料国内自主保障。针对未来航天型号技术发展，结合国内专业技术发展方向，统一开展对核心元器件和关键原材料的需求分析，制定需求规划以约束新研航天型号对元器件和原材料的选型、引导国内元器件和原材料的研发，强化需求牵引、技术推动、用研结合，促进国家工业基础和航天型号的自主发展、协同发展，彻底解决核心元器件、关键原材料依赖进口、受制于人的问题。

因此，在规划中，由型号总体院组织相关分系统和单机单位，根据未来航天重点工程型号的技术发展，开展核心元器件和关键原材料应用总体研究，对不同型号的类似需求进行统筹优化，研究提出未来型号所需核心元器件和关键原材料功能性能指标与质量可靠性要求，并与国内元器件、原材料研制单位的专业技术发展规划进行对接与协调，逐步迭代形成统一的需求规划。

一方面，需求规划要作为后续新研航天型号元器件和原材料选型的指导和依据，用于规范和引导航天型号统筹选型，以便国内研制单位集中力量研制攻关；另一方面，需求规划可作为国家主管元器件、原材料科研工作的有关部门制定科研规划计划的输入，以有序引导国产元器件、原材料研为所用，逐渐形成元器件和原材料国内自主可控的产品体系。

为做好需求规划工作，型号总体院设立专门的技术机构，建立专业的技术队伍，持续开展对航天型号物资的需求研究；集团明确相应机构，负责在各型号总体院的需求规划基础上，进一步统筹优化，形成全集团统一的需求总体规划。需求规划原则上每三年可根据型号需求变化和国内技术发展实际情况进行动态更新。

### 17.1.2 统筹开展新研型号元器件、原材料科研项目需求论证

在航天型号立项论证阶段，型号总体院牵头组织相关配套单位开展型号所需新型元器件和原材料的需求论证，依据航天核心元器件和关键原材料需求总体规划，按照通用化、系列化的原则对新型元器件、原材料需求进行统筹选型，在保证整机性能、满足型号使用的前提下，尽量减少选用新型元器件和原材料。同时，需求提出单位组织开展应用可行性研究，研究制定应用计划，确保新型元器件和原材料科研成果上机应用。

### 17.1.3 统一型号物资标准体系

由于航天产品性能和应用环境的特殊性，对航天元器件、原材料的性能指标、研制生产和质量控制等提出了较高要求。国军标等标准体系不能完全满足航天要求，为此各型号总体院分别制定了自己的采购规范。型号总体院的物资采购规范在一定的历史时期内、在一定程度上有效保证了型号物资的质量，保障了工程型号的配套应用。与此同时，也导致同一型号物资、不同用户之间的标准不一致，同一用户使用的相同型号物资、不同供应商之间的标准不一致等问题，给供应商的研制生产、测试检验和用户的选用、质量保证和调拨调剂等工作带来了极大的不便，也使得型号物资的质量成本居高不下。

为解决标准不统一带来的物资保证难的问题，需要在国军标体系框架的基础上，着手整合各研究院采购规范，以形成统一的型号物资标准体系。在组织管理方面，借鉴航天型号系统工程管理模式，建立标准体系“两总”系统，集团层面设立总指挥和总设计师，各型号院设立副总指挥和副总设计师，从组织上确保标准体系建设的协调统一和后续标准应用。在技术方面，梳理各研究院现有采购规范中对型号物资的功能、性能、可靠性、环境适应性等方面的要求和试验检测项目，并进行总结、提炼、整合，统筹压缩产品规格，合理设置质量等级，形成统一、完整、适用的航天型号物资标准体系。通过整合现有采购规范，确定航天型号物资统一的基线和要求，实现“制定 1 项、替代多项”的目的。航天型号配套物资的选型、研制、生产、采购、应用验证、质量保证和装机使用等相关工作均须统一按航天型号物资标准执行。为促进标准有效应用，保证标准的生命力，航天科技集团建立了标准动态管理平台，以便及时开展标准动态管理工作。

通过统一标准体系，有效解决了由于采购规范不统一带来的供应商难以组织批量生产、航天用户无法组织集中采购、不同型号之间难以调拨调剂等问题，用户按照统一标准设计选型、供应商按照统一的标准组织生产、质量保证机构按照统一标准进行质量保证，大幅提高了型号物资生产供应效率，提升了质量保证能力，降低了型号物资总成本，进一步提升和带动了国内基础产品的行业水平。

以元器件标准体系为例，说明标准体系架构及组成。宇航元器件标准体系框架为 3 层结构、4 个模块、40 个类别，宇航元器件标准体系框架如图 17－1 所示。

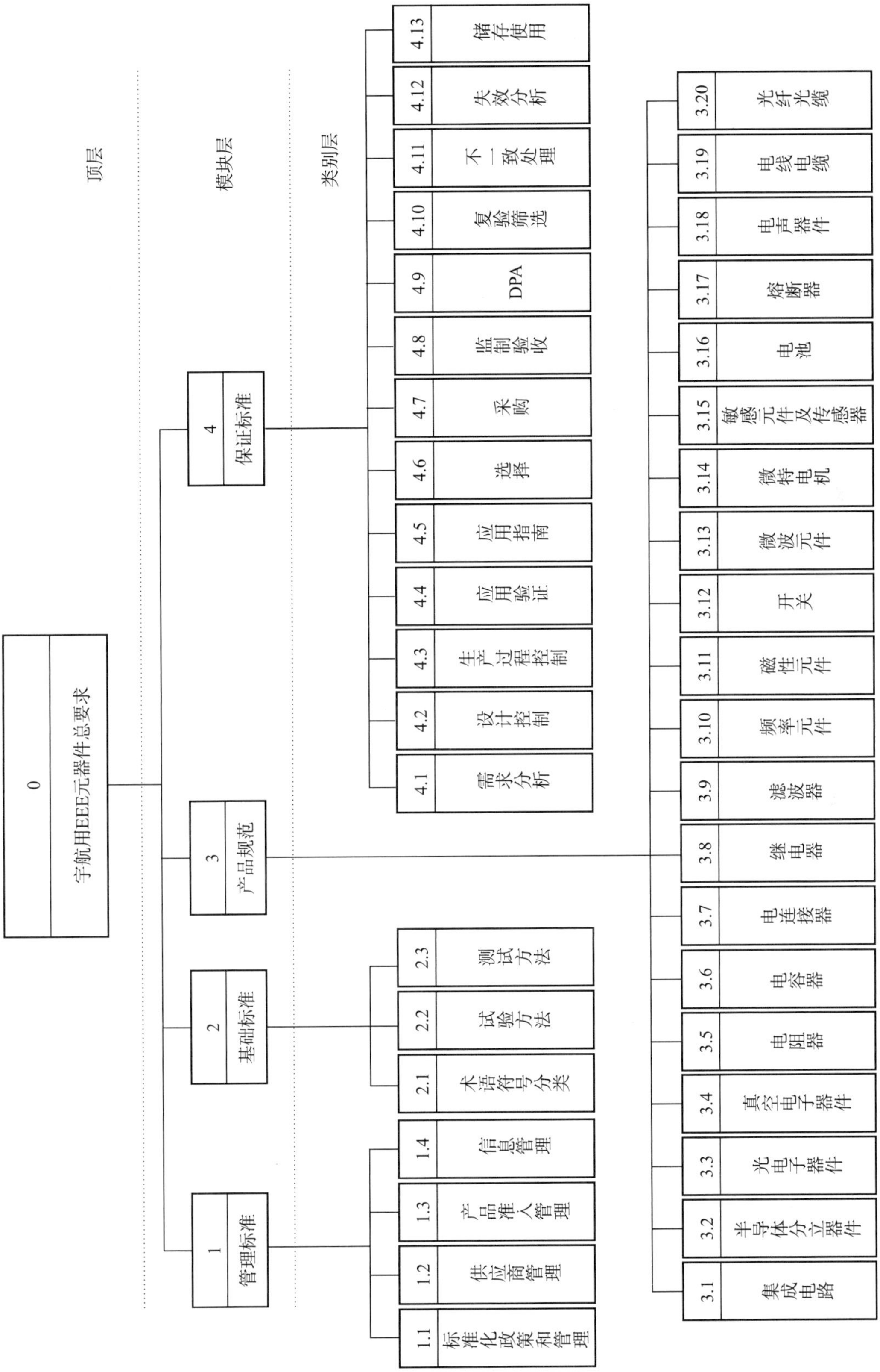


图 17－1　宇航元器件标准体系框架

1）3层结构分别为顶层、模块层和类别层。

2）标准体系的顶层为一个标准，是宇航用EEE元器件总要求，该标准规定了对宇航元器件全寿命周期的要求，是宇航元器件标准体系的纲领性文件。

3）4个模块分别为管理标准、基础标准、产品规范、保证标准。

a）管理标准包括标准化政策和管理、产品准入管理、供应商管理和信息管理四个类别。

b）基础标准包括术语符号分类、试验方法、测试方法三个类别。

c）产品规范包括二十个类别元器件的产品通用规范和详细规范。

d）保证标准包括需求分析、设计控制、生产过程控制、应用验证、应用指南、选择、采购、监制验收、破坏性物理分析（DPA）、复验筛选、不一致处理、失效分析、储存使用等。

## 17.2 统一评价认定

统一评价认定包括对航天型号配套物资新供应商的评价认定、对航天型号首次使用物资的评价认定以及对型号物资质量保证机构的统一评价认定。

### 17.2.1 统一航天型号物资供应商管理

按照“统一标准、统一组织、共同管理、资源共享”的原则，集团公司组织各研究院共同开展型号物资供应商的准入管理、绩效评价和动态管理等工作。

航天型号物资供应商实行准入管理，由集团统一组织制定发布航天型号物资合格供应商名录，各单位、各型号在集团名录范围内选择型号物资的供应商。新供应商的准入实行“首用负责制”，由首家使用的研究院依据集团航天型号配套物资供应商管理相关要求和合格供应商评价准则组织对供应商进行资质能力认定，认定从供应商的基本资质、质量保证能力、生产供货能力、技术服务能力、经营发展能力、产品性价比和企业文化等方面进行。同时对拟选用的产品按相关标准规范进行评价鉴定。资质能力认定和产品评价鉴定均通过后向集团推荐，集团组织相关各研究院共同审查，审查合格者纳入集团航天型号配套物资合格供应商名录，供各单位、各型号选择使用。

对于名录内的合格供应商实施年度绩效综合评价，评价按研究院和集团两级进行。每年年初各研究院根据供应商给所属各单位配套产品的质量、进度、价格、技术服务以及科研项目完成情况等五大方面共十个要素进行打分评价，评价结果分“优秀”“合格”“不合格”三挡。在此基础上，集团公司根据供应商给集团所属所有单位配套产品的质量、进度、价格、技术服务以及科研项目完成情况进行打分，并综合各研究院的评价结果，得出供应商年度综合绩效评价的最终结果。评价结果向航天科技集团所属各单位以及供应商进行通报，作为各单位订货和供应商动态管理的依据。

供应商年度绩效综合评价只反映了供应商的年度供货的情况，并未反映该供应商对航天科技集团航天型号配套的整体贡献的大小。为此，航天科技集团每两年组织一次“中国航天突出贡献供应商”评选。突出贡献供应商评选对象为评选周期内年度综合绩效评价结果均为“优”且未发生过批次性质量问题的供应商。突出贡献供应商的评选综合考虑供应商两年的年度综合绩效评价结果、供应份额和用户覆盖范围。

对于突出贡献供应商，航天科技集团按照利益共享、风险共担的原则，通过采取订货倾斜、推荐申报国家科研项目倾斜、帮助申报能力建设项目等多种形式的表彰与激励，构建稳定的供应链联盟；对于质量问题、进度问题多发的供应商进行集中约谈或现场检查，要求供应商开展质量问题分析，组织用户专家与供应商共同分析问题、查找原因、制定措施、加强管控，提升产品质量保证能力和生产供应能力；对于年度绩效综合评价结果为“不合格”的供应商，重新进行评价认定，认定合格者继续保留资格，重新认定仍不合格者，取消其合格供应商资格，将其从集团合格供应商名录中剔除。

### 17.2.2　统一航天型号物资准入管理

航天型号配套物资实行严格的准入管理制度，航天型号首次选用型号物资由选用单位负责组织，按航天型号物资相关要求进行评价和应用验证，合格后方可在航天型号产品上使用。航天型号物资的评价和应用验证由集团认定的质量保证机构实施。

航天型号物资准入评价工作内容包括生产过程评价、产品评价、自主可控能力评价和产品状态管理。生产过程评价针对产品设计、加工、生产、筛选、成品检验等整个产品形成过程进行评价。产品评价针对产品本身固有的功能、性能、质量可靠性、环境适应性进行评价。自主可控能力评价，是对产品及形成产品的全过程要素不受制于人的能力进行评价，主要包括制造厂的产品规划、设计、加工制造、测试试验等自主能力的评价，对原材料、生产设施、测试设备、软件等方面可控能力的评价。产品状态管理是针对产品设计、工艺、结构、材料的变更或发生重大质量问题、重大组织变更等技术状态的变化进行监督、控制和管理。

对航天型号新型元器件的应用验证一般包括元器件验证、地面系统验证和飞行验证 3 种方式。元器件验证是指通过一系列验证工作，使元器件的使用单位全面了解掌握新型元器件的各项性能、特点和产品的成熟度。地面系统验证是指通过将元器件安装到线路板和典型应用系统，使元器件使用单位全面了解掌握新型元器件的系统适用性和匹配性以及应用时应注意的问题。飞行验证是指对于使用新工艺、新材料、新结构的性能复杂的元器件，在充分的地面验证基础上，还需要通过飞行验证进一步了解掌握新型元器件的系统适用性和空间环境适应性。在上述 3 种方式中，元器件验证和地面系统验证是必须进行的，对于功能简单，采用的材料、工艺、结构比较成熟的新型元器件，可以不进行飞行验证。

航天型号新材料研制成功后，也需要进行一系列的应用验证工作，以确认其性能。新材料的应用验证一般包括材料的评价、试（正）样验证和产品验证 3 个阶段。材料的评价是通过理论分析、对比试验等工作，全面评价材料的性能，对于国产化材料要表征出与进口材料的差异性。在这项工作中，确定某种材料的表征参数及其参数范围是非常重要但又是较困难的。试（正）样验证是通过将原材料制造成各种小的试（正）样，来进一步评价材料的性能。同时，由于材料的应用与其应用工艺关联十分密切，可以通过试（正）样验证来摸索研究材料的工艺，全面了解掌握材料的工艺性能。产品验证是在材料评价合格和试（正）样验证成功的基础上，通过产品的验证，一方面确认材料的性能和材料的工艺性，另一方面进一步确认材料满足产品的应用情况。在新材料的应用验证过程中，试（正）样验证和产品验证要准备一定的子样数量，用来确认材料性能的稳定性。

### 17.2.3 统一质量保证机构资质认定

航天型号物资质量保证机构包括元器件、原材料、标准紧固件的保证研究中心、可靠性中心、失效分析中心、应用验证中心等。为规范航天型号物资质量保证机构的管理，加强型号物资质量保证工作，进一步提升型号物资质量保证能力，按照一体化、集中化、专业化的原则，依托各研究院现有的型号物资质量保证机构，统筹兼顾相关质量保证机构的地域和专业，从保证能力、专业队伍、技术水平、管理水平等方面综合考量，采取资质申报和审核认定的方式，由集团统一组织对所属各单位的物资质量保证机构进行资质认定，发布“航天型号物资质量保证机构名录”，并确认其可从事的物资质量保证工作业务范围。航天型号物资质量保证工作须在经认可的质量保证机构进行。对航天型号物资质量保证人员需开展专业知识和技能培训并考核，通过考核后持证上岗。

## 17.3 统一选用管理

统一选用管理首先要建立健全选用管理的组织机构，其次要统一选用控制的依据，即选用目录，再者要加强目录外选用的控制，同时还要提高各阶段选用评审的有效性。

### 17.3.1 建立型号物资选用管理机构

型号总体院设立型号物资协调委员会，以加强对各型号之间物资选型的统筹协调，其职责是审定选用目录，制定选用原则，对多个型号通用的物资选用进行综合协调和选型优化，压缩物资品种，形成协调性意见。各单位按型号系列设立型号物资控制委员会，以加强本型号系列不同分系统和单机之间通用物资的选用控制。各型号系列设立物资副总指挥、副总师、主任设计师或指定一名副总指挥、副总师，负责型号物资选用管理等工作。集团和各研究院设立物资专家组，负责型号物资选用的技术咨询和把关工作。

### 17.3.2 统一型号物资选用控制依据

型号物资选用控制的依据是目录，目录包括优选目录和选用目录。由集团制定优选目录，型号总体院制定选用目录。集团组织各型号总体院，根据航天型号物资采购供应情况、实际使用情况以及型号物资的专业技术发展趋势，研究制定航天型号物资优选目录，引导各单位、各型号集中选型。优选目录是型号总体院制定选用目录的依据之一。各型号总体院根据型号任务的需要，在航天型号物资合格供应商通过认定的产品类别范围内，按照标准化、通用化、系列化的原则优化选型、压缩品种，制定航天型号物资选用目录。选用目录是型号物资选用控制的直接依据，对集团优选目录中的产品，型号总体院须将其纳入选用目录中优先选用。

### 17.3.3　规范型号物资选用控制行为

各型号依据航天型号物资选用目录选择型号配套的物资，优先选用优选目录推荐的产品，严格控制选择目录外产品。如选用目录中的产品确实不能满足型号配套要求而不得已选择目录外产品时，各单位按照“谁选用、谁负责”的原则，遵循“需求明确、论证充分、保证供货、从严审批”的要求对选用目录外物资的行为进行严格控制，明确设计选用人员、物资选用单位、型号总体单位和型号物资选用控制委员会在目录外物资选用管理中的责任。选用单位按照目录外选用控制要求进行必要性、可行性论证，并委托质量保证机构开展产品鉴定评价。型号首次选用的目录外型号物资须提交型号物资控制委员会审批。选择非合格供应商生产的型号物资，还须按照航天科技集团供应商管理办法有关要求，进行对供应商资质能力的考核认定。

### 17.3.4　提高型号物资选用评审的有效性

对型号选用的物资均需进行选用评审，对型号产品用物资的选择合理性、可获得性等进行评价和把关，为设计师系统正确选择型号物资提供依据。在型号研制各阶段，型号总体单位、系统单位和整机单位分层次组织型号物资的选用评审，将评审结果作为型号各阶段设计评审的必要条件之一。评审的依据主要有型号设计及使用要求、型号物资质量保证大纲、型号物资目录和合格供方名录、标准或管理要求等。评审的主要内容包括设计选用的正确性、质量等级的合理性，是否按目录选用、目录外选用物资控制情况以及进口物资选用控制情况、物资的可获得性和经济性等。评审过程的记录应形成数据包并归档。

## 17.4　统一采购供应

统一采购供应包括采购需求和采购计划的统筹、通用物资的协同采购以及各型号之间物资的调剂调拨等内容。

### 17.4.1　科学制定型号物资需求计划

各单位在制定型号科研生产计划时，充分考虑型号配套物资的固有生产周期，给物资备料工作预留足够时间，确保科研生产计划可实施。各单位根据型号科研生产备料计划，按型号任务进行梳理，制定物资需求计划，组织设计、质量、生产、计划等相关部门评审，以保证需求的正确性和全面性。

### 17.4.2 加强型号物资采购计划管理

各单位综合考虑各型号任务配套物资的需求、质量保证要求、已有库存、消耗、起订量等因素，制定型号物资采购计划，形成采购文件，经评审后实施。航天型号物资采购计划分为综合采购计划、专项采购计划、临时采购计划三类。综合采购计划是物资部门在每年年初或定期组织制定的多型号物资采购计划，专项采购计划是物资部门根据航天任务专项生产计划制定的物资采购计划，临时采购计划是物资部门根据科研生产部门的补充需求或突发的停产或禁运等信息制定的物资采购计划。

### 17.4.3 实施型号通用物资的协同采购

对型号通用物资建立协同采购机制，集团统筹各单位、各型号物资的共性需求，综合考量历史采购情况、采购份额占比情况等要素，委托在专业技术、人员队伍及供应商关系等方面具有优势的集团所属单位作为集团集中采购中心，统一组织相关单位与供应商进行谈判，签订框架协议，在优先排产、授信额度、采购价格、结算方式等方面争取集团大客户优惠；集采中心组织各单位采取“统谈统签”或“统谈分签”的形式，在框架协议下实施采购，以提高采购效率和效益。

### 17.4.4 加强型号配套物资的调剂

航天科技集团充分利用信息化手段支持，实现各单位型号物资库存信息共享与集中管理，建立型号物资的调拨调剂机制，遵循“资源共享、物尽其用、有账有据、手续清楚”等原则，开展单位之间、型号之间的物资调配和协同，减少重复采购，降低库存。

## 17.5 统一质量保证

统一质量保证包括统一监制与验收、统一到货检验与复验筛选、统一开展失效分析、统一质量信息共享等内容。

### 17.5.1 统一监制与验收

监制是指用户代表到供应商处，根据合同采购的品种及技术条件，对制造中的重要物资生产及其关键工艺过程进行的质量监督，一般采取关键工序的监督、检查等措施。监制能及早发现型号物资在生产过程中存在的问题，确认是否满足技术条件，保证型号物资的质量和供货进度。验收是指用户代表到供应商处，根据采购合同规定的品种及技术条件，对生产交付的物资出厂前的批验收过程进行的质量监督。验收工作包括核实验收产品与采购文件一致性，进行资料审查，与承制方共同完成验收试验，给出验收结论并对验收结果进行处理。监制与验收应出具监制报告和验收报告，给出明确的意见。监制或验收期间，供应商按照采购合同规定的生产进度安排，配合用户单位完成型号物资的监制与验收工作，并协助处理监制与验收过程中发现的问题。监制与验收须由已取得相应资质的用户代表实施。

### 17.5.2　统一到货检验与复验筛选

物资到货后需进行到货检验，并出具检验报告。到货检验的重点检验项目包括型号物资的包装情况和采取的静电防护措施（如防静电要求）、质量证明文件情况、破坏性物理试验（DPA）情况等。

为保证采购的型号物资满足型号质量和可靠性要求，应按规定对超过储存期的库存型号物资进行复验筛选，对不满足质量等级要求的型号物资按照目标质量等级对应的试验项目进行升级筛选，复验筛选的项目应根据物资的固有质量情况和航天型号的特殊要求确定，主要包括辐照试验、寿命试验、破坏性物理试验等项目，在确认合格后开具合格证。

到货检验、复验筛选和升级筛选均需由集团认定的质量保证机构实施。

### 17.5.3　统一开展失效分析

在监制、验收、到货检验、复验筛选过程中以及型号研制、生产和使用过程中出现失效的物资产品（如出现短路、开路、参数超差及其他失效现象）需送集团认定的失效分析中心进行失效分析，并出具失效分析报告。通过失效分析，找出失效机理和原因，确定是批次性失效还是非批次性失效，是产品固有问题还是使用问题。根据失效分析结果，进行相应处理，对于固有质量问题，由供应商开展质量问题归零工作，对于使用质量问题，由用户单位开展质量问题归零工作。

型号物资质量问题按航天“双五条”归零要求进行归零，从技术和管理上查找原因，技术归零要做到“定位准确、机理清楚、问题复现、措施有效、举一反三”；管理归零要做到“过程清楚、责任明确、措施落实、严肃处理、完善规章”。对于批次性质量问题，发现问题的单位须在 2 个小时内上报集团，集团将相关信息发各有关单位；各单位在 8 小时内查清同批次产品的订货、装机和库存等情况，在 3 个工作日内完成批次性问题对型号任务影响的评估，制定应对措施。

### 17.5.4　统一质量信息共享

航天科技集团建立统一的物资信息系统，明确各单位、各环节物资信息采集的责任，明确信息采集、存储、传递、统计分析的要求。各单位、各质量保证机构质量保证工作的结果和相关信息须录入型号物资信息系统，实现各单位、各型号之间的质量保证工作信息互认和共享，有效提升物资工作质量和效益，避免重复开展质量保证工作，造成资源的浪费和成本的增加。

# 第 18 章　工艺管理

工艺是制造业的灵魂，工艺技术始终代表着一个国家工业化发展的水平。工艺管理工作不仅涉及对制造技术工作实施科学系统的管理，还要处理制造过程中人与人之间的生产关系问题。随着工艺技术和社会生产力的发展，工艺管理的概念，已由传统的生产工艺管理为主，扩大和延伸到产品整个制造过程的系统工程管理。即把人、机器设备、原材料和自动化、数字化、智能化制造技术，用过程管理的方法集成起来，对产品设计，工艺设计，生产准备和生产制造全过程实施科学系统的管理。

## 18.1　航天工艺管理的特点

航天工艺管理是指对航天工艺工作进行策划、组织和控制，推进工艺工作科学化、规范化、制度化，提高航天制造能力和水平，确保装备型号制造质量，缩短研制生产周期，降低制造成本，实现绿色安全生产，造就和培养高素质工艺人才的一系列管理活动。

### 18.1.1　航天制造与航天工艺

航天产品专业跨度大、系统性强，决定了航天制造技术是一种高效、柔性、快速、协同、复合的制造技术。航天制造技术的发展一方面受航天产品需求的牵引，另一方面受基础工艺技术的推动，同时又受到制造条件的制约。航天制造技术在我国航天产品研发的发展进程中逐渐形成和完善，而航天工艺是航天制造技术的核心，航天工艺技术是航天产品研制和生产经营的基础，是保证产品性能和质量、降低制造成本、缩短研制生产周期、提高市场竞争力和经济效益的重要因素。

### 18.1.2　航天工艺的特点

航天工艺是随着我国航天制造技术的发展而逐渐发展起来的，既具有一般制造工艺的共性，又有反映航天产品特色的系统性和先进性，在数十年的实践中形成了以下规律和特征：

1）多样性。航天产品从各类星、船、弹、箭结构到各种类型的发动机，各类精密设备、仪表和有效载荷等的多样性以及它所涉及的结构、材料品种的多样性和生产的多样性，决定了航天工艺的多样性，使之涉及机械、电子、冶金、化工等众多学科门类和工艺技术。既有传统的工艺，又有先进工艺；既有手工操作，又有先进的自动化加工设备；既有常规的工艺方法，又有特种的工艺方法和手段。复杂多样的工艺方法为航天产品提供了多种解决途径，这些多样性使得航天工艺永远要面对大量未知的知识领域。

2）创新性。航天产品处于极端的使用环境中，高空的宇宙环境、大气环境和复杂的高温、高压环境等，使得其生产工艺技术要求往往具有极端性；航天产品的先进性、综合性要求必然带来技术性能的高指标，然而对体积、质量的严格控制常常又要求把材料和结构的潜力最大限度地挖掘出来，因此不仅对部分产品零件的几何外形、尺寸精度、形位误差、表面状态、配合精度有严格的要求，而且还对其力学、电、磁、光等物理特性方面提出了很高的精确性要求。一些零件的加工精度已经达到微/纳米级，所以航天产品的生产过程必然是充满了困难和反复。

3）高可靠性。航天产品的使用特性，诸如自动控制、一次使用、价格昂贵，以及执行任务时的特殊性质等，要求产品使用时一次成功，万无一失。为了保证产品的高可靠性，必须对原材料、元器件的品质进行严格检测和筛选，采用成熟、规范的工艺方法和相应的工艺装备，优化并严格控制工艺参数，采用精确的计量检测技术，精心操作、加工，实行全过程的质量控制，以保证其质量。

### 18.1.3　航天工艺管理

航天工艺管理可分为综合工艺管理、工艺创新管理、型号工艺管理、生产布局与制造模式管理和基础工艺管理。

（1）综合工艺管理

综合工艺管理工作是工艺管理工作的龙头，是为领导提供体系、机制、管理模式、发展战略、发展目标、实施途径等重大决策的顶层策划，是保证工艺管理、工艺技术、工艺装备、工艺布局、工艺队伍等同步协调发展，提高企业生产力和增强企业竞争力的最重要的管理工作。

（2）工艺创新管理

工艺创新管理工作是航天企业科技创新工作的组成部分，工艺创新主要包括工艺预先研究、重大工艺研究、共性工艺研究、基础工艺研究等。工艺创新管理工作主要包括管理和实施工艺技术研究项目，组织建立工艺研发机构，组织和实施工艺技术支撑机构的运行管理；组织建立工艺专家队伍。

（3）型号（产品）工艺管理

型号（产品）工艺管理工作是工艺管理工作的主线，它贯穿于型号产品预先研究、研制、批生产和售后服务的全过程，是保证产品质量优异、高效、快速、低成本的生命线。型号（产品）工艺管理的主要工作包括组织工艺人员参加设计方案论证，设计评审，有关地面试验及飞行试验和设计定型工作；组织实施各阶段设计文件工艺性审查和会签；组织编制各阶段产品工艺总方案和工艺路线，工艺规程，材料消耗工艺定额等全套工艺文件；设计制造专用工艺装备和非标准设备，负责工艺技术协调，完成各项工艺准备工作；确定工艺质量控制点，制定有关控制措施，进行关键件、重要件、关键工序质量重点控制；组织工艺攻关；组织各阶段的工艺评审、各种必要的工艺技术验证工作；组织产品工艺（生产）定型、鉴定工作。

（4）生产布局与制造模式管理

生产布局与制造模式管理工作涉及产品生产任务的规模、批量和总体发展规划以及生产布局与生产线重组、整合和生产模式的建立。生产布局与制造模式管理主要包括工艺布局及其调整、工艺流程设计与优化、生产线和生产单元设计与调整；工艺设备更新、工艺技术改造项目的规划、论证、评审、设计等。

（5）基础工艺管理

基础工艺管理工作是为工艺工作提供科学、规范和有效的管理原则、依据和标准，是用于保障产品研制、生产全过程的工艺质量管理和控制的十分重要的管理工作。包括组织制定贯彻工艺管理规章制度、工艺文件管理制度（标准）；工艺规范化；工艺交流与培训等工作。

### 18.1.4 航天工艺管理的重点工作

进入本世纪初，我国航天型号任务形势发生了较大的变化，开始由以型号研制为主向多型号并举、研制与批产并重的任务形势转变。为提高航天制造能力、满足型号任务需求，航天工艺管理重点开展工艺技术体系建设、工艺基础建设、加强型号工艺管理、发展数字化制造和先进制造模式等工作。

## 18.2 工艺技术体系建设

随着航天事业发展，形成了门类齐全、航天特色突出的工艺技术体系。但由于专业广泛，也未经过系统的梳理，工艺技术分散且各自封闭在基层单位，大多工艺知识以文档形式分布保存在各个厂/所。信息传递和交流的周期往往比较长，工作效率比较低，同时，工艺管理部门也难以实时掌握工艺技术和能力的整体情况。需要对工艺技术体系进行系统梳理分析，并通过信息化的手段加强工艺技术的管理、共享与交流。

### 18.2.1 工艺专业分类

航天工艺技术涉及机械、电子、冶金、化工等有关专业，经过几十年的发展，已形成了门类齐全、军工特色突出的工艺技术体系。对工艺专业进行分类便于专业的发展和管理，可用于指导专家队伍设置、工艺技术发展规划制定和核心工艺专业建设，满足工艺技术发展的需要。对工艺专业的划分既要尽量符合国家现行学科和专业的设置，同时又要考虑工艺技术领域和专业工艺技术在航天型号研制生产中的应用范围、影响程度及未来发展等，力求使工艺专业分类设置既能体现航天特色，又能做到合理、实用并兼顾未来发展的需要。

专业分类以满足型号研制生产需要为出发点，重点发展航天核心工艺专业技术，提高核心工艺技术水平。专业分类采用专业技术领域和支撑专业相结合的方法，既展现行业特色，又突出学科的系统性，专业技术领域和支撑专业技术的设置共同构成完整的体系，在专业划分上吸收和借鉴了有关工艺专业分类方法，结合工艺技术现状与发展，使专业划分相对合理。此外，随着产业规模的扩大和型号产品的发展，一些新的专业技术将不断涌现并发挥重要的作用，工艺专业分类方案在支撑专业上预留了充足的空间，可不断扩充完善。

工艺专业分 13 个专业领域，36 个支撑专业，专业概述分类见表 18－1。

**表 18－1　专业概述分类**

| 序号 | 专业技术领域 | 支撑专业技术 |
| --- | --- | --- |
| 1 | 金属成形 | (1)钣金(2)锻造(3)铸造(4)热处理 (5)粉末冶金 (6)增材制造 |
| 2 | 连接 | (7)焊接(8)铆接 |
| 3 | 精密与超精密加工 | (9)精密与超精密加工(10)数控机械加工 |
| 4 | 特种加工 | (11)电加工(12)高能束加工 |
| 5 | 表面工程 | (13)电镀、电化学处理(14)薄膜制备、表面改性(15)涂层与涂装 |
| 6 | 复合材料成形与加工 | (16)树脂基复合材料成形(17)陶瓷基复合材料成形(18)碳基复合材料成形(19)复合材料加工与装配 |
| 7 | 微电子制造 | (20)单片集成电路制造(21)混合集成电路制造(22)MEMS 制造(23)光伏器件制造 |
| 8 | 电气互联 | (24)电装(含电缆网制造)(25)微组装 |
| 9 | 无损检测 | (26)无损检测 |
| 10 | 含能材料制备与装填 | (27)含能材料制备(28)含能材料装填 |
| 11 | 高分子材料制备 | (29)橡胶成型(30)塑料成型(31)胶黏剂制备与应用 |
| 12 | 装配 | (32)弹(箭)部、总装(33)星(船)部、总装(34)单机、组件装配 |
| 13 | 数字化制造 | (35)数字化工艺与仿真(36)数字化集成制造 |

### 18.2.2　工艺标准体系建设

标准作为确保质量的依据、技术交流的语言和知识管理的工具，对提高工艺规范化、精细化水平，助推数字化、智能化制造模式转型，支撑航天装备制造能力提升具有重要作用。工艺标准建设的主要目标是构建与航天制造工艺发展需求相匹配，与当前工艺管理现状和技术水平相适应，上下协调、开放兼容的工艺标准体系，支撑工艺工作实现规范化、精细化，助推工艺管理和技术水平提升。

#### 18.2.2.1　标准体系建设原则

航天工艺标准体系以集团级标准（Q/QJA）为主体，充分采用适用的国家标准、航天行业标准等上级和其他行业标准，形成科学协调的有机整体。其建设原则如下：

1）标准体系建设坚持总体策划、统管共建。加强顶层策划，力求实现上级标准统一管理。

2）标准体系建设坚持需求牵引、问题导向。面向工艺技术发展和工艺管理转型等新形势下的需求，面向工艺过程、生产组织、生产管理等方面存在的质量问题，加强总结研究、实现标准细化量化，切实满足需求，补齐专业发展短板。

3）标准体系建设坚持面向应用、成熟先行。坚持以应用实施为主，重点将航天工艺活动中直接或间接实施的标准纳入体系，同时凝练成熟经验与科研成果，积极规划建设新标准项目。

18.2.2.2 标准体系框架

结合航天工艺管理特点及工艺技术发展趋势，在覆盖工艺管理全要素、工艺专业全类别的基础上，标准体系划分为工艺基础标准、工艺管理标准和工艺技术标准三个分支，航天工艺标准体系如图18－1 所示。

1）工艺基础标准，是对标准化工作的共性因素所制定的标准，对制定各种标准具有普遍的指导作用，一般涉及通用的术语、符号、代码等。由于所含标准数量较少，不设分支。

2）工艺管理标准，是集团管理机构为行使其管理职能而制定的具有特定管理功能的标准，是工艺管理工作的业务内容、职责范围、程序和方法的统一规定。细分为综合工艺管理标准、型号产品工艺管理标准等 2 个子分支。

3）工艺技术标准，是对标准化领域中需要协调统一的工艺技术事项所做的统一规定，对企业的竞争力有着最直接的影响。它同工艺技术进步的关系极为密切，因此，工艺技术标准类型繁多、数量庞大。工艺技术标准依据工艺专业分类明确的工艺专业领域以及支撑专业分支进行划分，各具体工艺专业的标准框架划分思路是根据涉及的专业技术范围，按照工艺对象和工艺保证进行划分，一方面符合航天工艺工作分工特点，另一方面具有较清晰的界面，可有效避免重复。各专业技术标准一般包括工艺综合标准、工艺方法标准、工艺质量控制标准、工艺试验检验标准、工艺材料标准、工艺装备标准等，具体专业根据专业特点适当进行增减。

18.2.2.3 标准级别

标准级别限于集团级及以上标准，包括国家标准、国家军用标准、航天行业标准及其他行业标准等。对于拟制定为集团级标准（Q/QJA）的项目，一般指需要在航天型号科研生产管理等活动中进行统一的管理和技术要求，具体遵循以下原则：

1）现有上级标准不适用，要在集团层面进行统一规范的涉及工艺基础、工艺保证的顶层和通用的管理标准。

2）同一类标准化对象，尤其是数字化制造及信息化相关的顶层管理标准及基础通用技术标准，需要在集团范围内统一的，涉及跨研究院、跨专业的以及需要系统间协调的，应当优先整合形成统一的集团标准，以便于集团内部资源共享，提高集团内部一体化协作效率。

3）通用性较强、具有一定成熟度且需要在集团内推广的工艺技术标准。

各单位依据集团标准体系框架组织开展工艺技术规范体系建设工作，制定、修订企业技术规范，加强工艺知识的积累和传承，提高工艺设计的质量和效率。

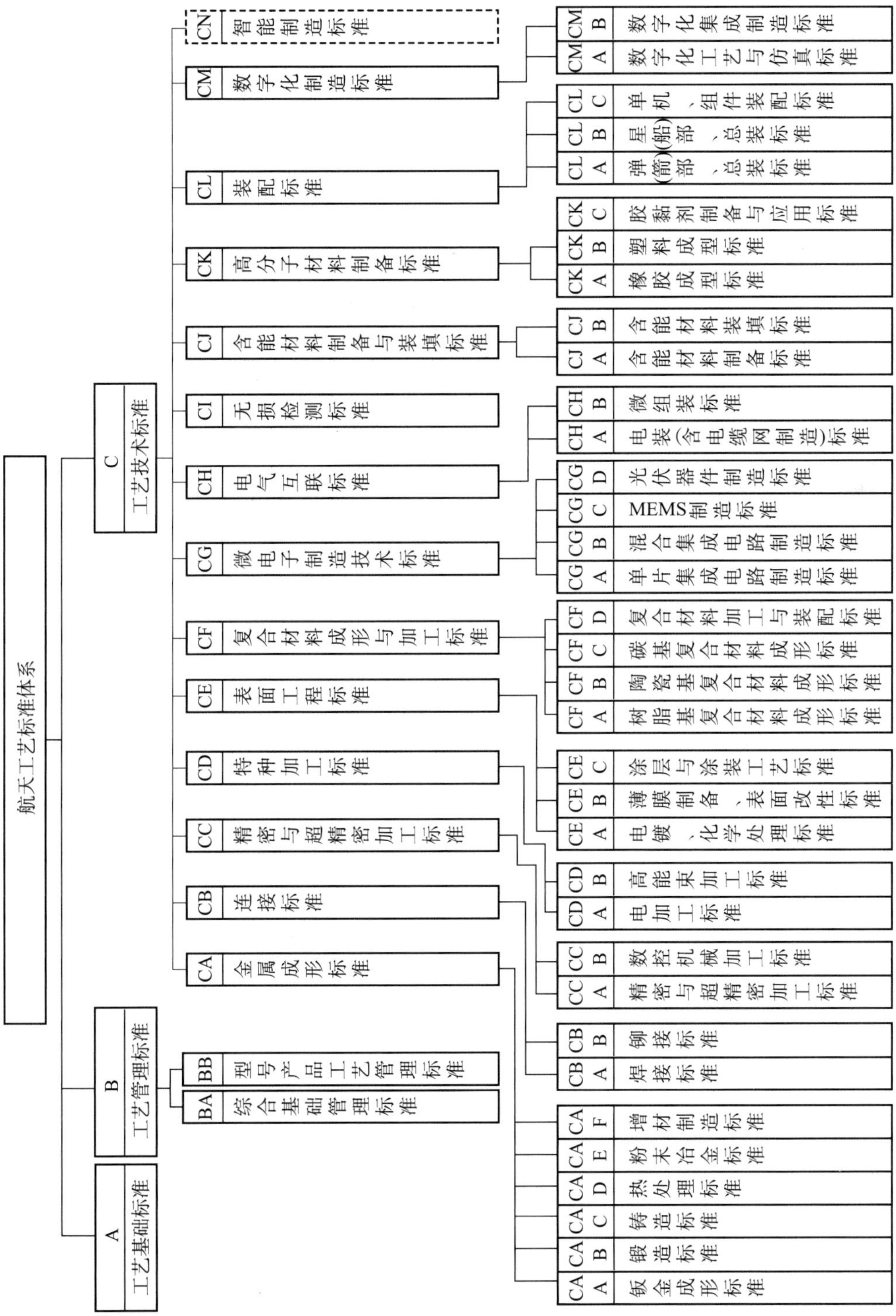


图 18-1　航天工艺标准体系

### 18.2.3 工艺技术信息化建设

推进工艺管理模式创新，强化工艺技术体系化发展，加强制造技术信息共享是工艺管理发展的重要方向。近年来，国际国内科研产业信息化建设如火如荼，科研工作对于信息化集成、精细化设计的要求越来越高，制造工艺作为航天型号研制生产的基础和重要支撑，信息化应用系统的建设需求更为紧迫。工艺技术体系具有多型号、多学科交叉的特点，通过收集、整合工艺技术资源，构建信息化、网络化的工艺技术资源服务平台，获取及时和全面的决策信息，能够有力保证工艺发展的先进性、准确性和科学性。

工艺信息化建设可以针对工艺对型号快速研制和稳定批产支撑不够、工艺管理精细化水平不高等突出问题，集中开展对工艺技术相关数据的全面挖掘，为后期建设具备航天特色的数字化、智能化制造模式打下坚实基础；对工艺项目进行在线管理，协助推进瓶颈工艺攻关和共性工艺问题治理；动态维护工艺标准体系，构建以产品为核心，技术体系、标准体系、制度体系多位一体的制造体系；工艺质量问题在线发布，推进管理细化量化，畅通信息反馈机制，避免常见多发问题的反复发生；工艺在线问题疑难解答，有效发挥工艺专家作用，提升整体工艺队伍能力；数据整合及统计分析，能够协助领导科学把握工艺发展程度和方向，便于开展工艺管理中基于数据的相关决策等。

工艺信息平台借助数字化手段，构建动态核心工艺技术、工艺技术研发项目、生产装备（线）与能力、工艺专家资源等数据库，实现工艺技术体系梳理等工作信息化管理，实现广大科研和管理人员在工艺资源方面的信息化、网络化和便捷化，服务于型号研制生产，高效率识别并解决制造薄弱环节，及时开展关键工艺技术的攻关及储备，不断提高工艺技术水平，持续提升航天制造能力。

## 18.3 工艺基础建设

### 18.3.1 工艺管理制度体系建设

规章制度是企业经营管理的主要依据，贯穿于企业的各个环节，是企业生存的基础。航天工艺管理工作在实践中取得了巨大的进步，同时形成了一定数量符合科研生产需要、行之有效的工艺管理文件，促进了航天工艺技术水平的不断提高。航天科技集团先后完成了以《工艺工作规定》《航天产品工艺工作程序》为代表的多项工艺管理文件的修订工作，制定了《工艺总方案的编制和管理要求》《航天产品工艺选用管理要求》等集团级标准，建立了较为健全的工艺管理制度体系。

### 18.3.2 工艺支撑机构建设

工艺支撑机构建设的主要任务是，聚集专业技术优势单位，建立专业工艺技术中心并发挥其牵头作用，承担关键工艺预研、重大工艺攻关、专业发展规划制定及学术交流、成果推广、人才培训等任务。“机构”是工艺技术创新工作的主体和支撑，在工艺技术发展中发挥主导作用，对于促进集团整体工艺技术水平的提高和制造能力的提升、满足航天产品质量与可靠性保障需求、满足航天技术发展的应用需求以及满足可持续发展的战略需求均具有重要意义。

#### 18.3.2.1　工艺支撑机构总体架构

航天建立了以工艺中心所、专业工艺技术中心为核心的工艺支撑机构，如图 18－2 所示。机构下设工艺专家组，进行技术指导与把关；工艺中心所负责机构日常管理工作；专业工艺技术中心采取集团内招投标方式进行认证，挂靠在该技术领域力量相对较强的厂/所，原则上每个中心只设一个理事长单位。

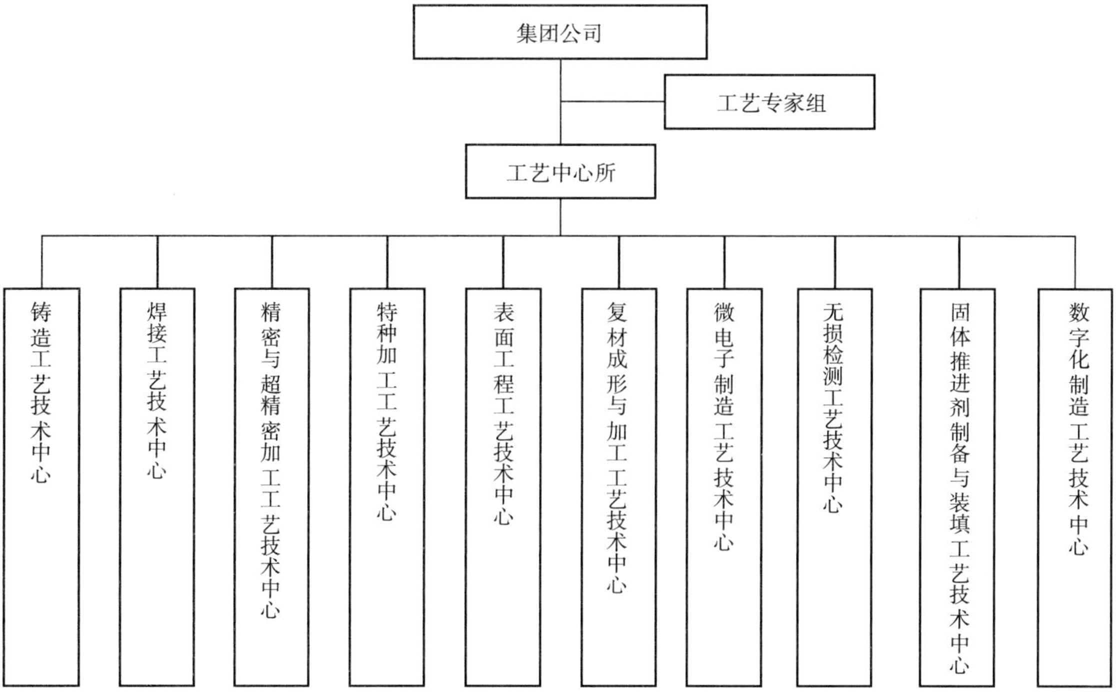


图 18－2　航天工艺支撑机构图

专业技术中心主要负责跟踪本领域技术发展，定期发布技术发展信息，编制专业技术发展规划；针对航天产品发展需求和工艺技术发展趋势，开展新方法、新装备等技术储备性研究；针对航天产品研制和生产中出现的重大、共性等专业工艺问题，集中治理解决；开展专业技术咨询、技术交流和相关技术成果的示范推广工作；开展工艺专业技术培训，提高工艺队伍专业技术水平等。

目前，围绕航天特色与核心工艺技术，建立了集团级工艺技术中心，各研究院、厂/所成立研究院级和厂/所级工艺技术中心，形成了以“工艺中心所——专业工艺技术中心——厂/所企业先进制造技术中心”为架构的支撑机构布局。

#### 18.3.2.2　机构的运行与管理

集团对各技术中心实行年度考核、定期评估。集团工艺主管部门根据技术中心的职责，每年对各专业技术中心进行年度考核，并提出考核意见。集团每四年组织一次对技术中心的运行评估。评估遵循“实事求是、客观公正”的原则，采取定性与定量相结合、书面评审和实地考察相结合的方法。

技术中心评估主要内容包括：技术中心的全面建设和组织管理等情况；在规划制定、工艺技术发展战略研究等方面对航天科技集团及工艺中心所支撑作用的发挥情况；针对航天产品研制及生产过程中出现的重大、共性等工艺技术问题的解决情况；针对航天产品发展需求和工艺技术发展趋势，开展新工艺、新材料、新装备等技术储备性研究及研究的应用情况；对研究成果向型号产品的转化情况以及向航天科技集团兄弟单位的推广应用情况；专业技术咨询、交流与培训情况，以及人才队伍的培养情况。

### 18.3.3 工艺专家队伍建设

#### 18.3.3.1 完善职业发展序列

从完善工艺人员职业发展序列、拓宽工艺人员成长通道，加速工艺人员培养、激励工艺人员钻研技术等方面提出具体要求。各单位设置总工艺师，承担型号产品研制生产任务的主要厂/所设置总工艺师、副总工艺师、主任工艺师、副主任工艺师、主管工艺师等岗位，工艺师队伍的职业发展序列逐步健全。

#### 18.3.3.2 强化领军人才的培养

拓展工艺人员上升通道，设置集团、研究院、厂/所三级首席工艺专家和工艺技术带头人。

首席工艺专家是指在特定工艺专业领域有一定造诣，掌握了较为全面、丰富的专业知识，取得突出业绩，并被授予此特定称号的人员。工艺技术带头人是在特定工艺专业领域内的某一支撑工艺专业上达到较高的水平，具有丰富的专业知识和实践经验，取得突出业绩，并被授予此特定称号的人员。航天科技集团原则上在每个工艺专业领域设集团级首席工艺专家 1 名，每个支撑工艺专业一般设集团级工艺技术带头人 2 至 3 名。首席工艺专家可兼任本专业领域内某一支撑专业的工艺技术带头人。

首席工艺专家的职责包括：根据国内外先进制造技术的发展趋势和本专业的总体发展需要，牵头组织起草集团专业领域发展战略、规划和中长期发展计划；统筹本专业领域内各支撑专业工艺技术的发展方向和重点，推动相关工艺专业领域核心技术能力的不断发展；跟踪相关专业领域前沿技术，就相关工艺专业领域发展提供咨询和建议；组织相关支撑工艺专业人员研究解决重大工艺技术问题；为重大工艺项目研究提供专业咨询；参与重大工艺研究项目、重大工艺技改项目的立项审查、论证及验收；参与对常见、多发和共性工艺技术问题以及禁限用工艺研究项目的审查及研究；参与型号重大工艺技术故障的分析、调查及有关重大工艺质量问题评审、专项工艺审查；参与各级工艺规范审查等工作；根据有关规定和有关部门要求参与其他专项审查、评估、评审工作；配合有关部门开展工艺技术成果的推广应用工作；配合有关部门和单位开展工艺技术培训工作，充分发挥专家“传、帮、带”作用，以各种方式培养青年人才，促进人才梯队建设。

根据工艺专业设置和工作需要定期组织首席工艺专家和工艺技术带头人选聘工作，优先从通过上级认证的制造技术中心单位中选聘集团级首席工艺专家和工艺技术带头人。集团级首席工艺专家和工艺技术带头人选聘按照各单位逐级推荐、候选人材料公示、专家评审、集团审批四个步骤进行。集团首席工艺专家和工艺技术带头人纳入集团专家体系进行管理。各单位按工艺专业逐级建立本级首席工艺专家和工艺技术带头人队伍。

#### 18.3.3.3　完善激励机制

对在工作中做出突出贡献的工艺人员在荣誉奖励、推举专家、培训深造、职称评聘等方面给予适当倾斜，集团设立工艺工作先进集体、先进个人奖项，每 2 年对工艺工作业绩突出的集体和个人定期给予表彰和奖励；定期组织工艺技术讲座、工艺论坛等活动，每年有计划地组织专业项目团队和优秀工艺人员参加国内外相关培训和考察，进一步拓宽工艺人员的学术视野，增强创新意识，加速提升其专业技术水平和工艺创新能力；建立突出工艺人员岗位价值和能力业绩的、具有市场竞争力的收入分配机制。对于长期在工艺一线扎实钻研技术，攻克重大技术难点，解决关键技术问题，产生了较大经济效益的工艺技术骨干，其薪酬水平可以高于所在单位的主要领导。鼓励各单位实施工艺人员骨干津贴，所需工资总额由集团单独核定。

## 18.4　型号工艺管理

### 18.4.1　工艺工作充分融入型号流程

将设计工艺性分析、工艺攻关、工艺转阶段评审、工艺技术状态控制、工艺优化、工艺鉴定（定型）等工艺工作全面纳入型号研制流程，实现工艺与型号“同步策划、同步预研、同步论证、同步攻关”，进一步提升型号工艺管理对型号发展的支撑保障作用。在重型运载火箭等新研型号论证阶段开展材料与工艺专题论证，提前介入型号，确定型号工艺基础研究方向；在新一代运载火箭等型号研制过程中采用 IPT（集成研发团队）模式，并固化为管理制度，深化工艺与设计协同工作的开展，提高设计工艺性。

### 18.4.2　共性工艺问题的识别、分析与治理

工艺共性问题主要是指跨单位、跨型号发生的常见多发工艺问题。共性工艺问题往往在几个单位或型号中重复出现，涉及单位、型号较多，发生频繁，对产品质量、交付周期等造成很大影响。随着航天技术的发展，型号生产面临多品种、小批量、多型号并举的制造形势，跨单位和跨型号常见共性工艺质量问题时有发生，有效解决共性问题，是提升整体工艺技术水平的重要途径。

共性工艺问题识别、分析与治理的主要思路是：以典型质量问题工艺因素分析为基础、以管理为推动，通过三级单位工艺研究与攻关解决共性工艺问题。同时，通过工艺交流、成果推广等方式推动工艺研究成果的推广和应用，从而提升整体工艺技术水平。

（1）对共性问题的识别与分析

对工艺共性问题的识别、分析包含两个层面的内容。一是共性问题的识别，主要工作是定期对质量问题进行分类统计，识别出跨型号、跨单位发生的共性问题。二是共性问题工艺因素的识别，针对共性问题进一步剖析造成产品质量问题的工艺因素，从而确定关键问题，明确后续工艺攻关的主要目标和方向。共性问题的识别主要是分类统计的过程，而对于共性问题工艺因素的识别则是一个分析定位的过程，是共性问题识别、分析的关键，将为制定有针对性的措施提供主要依据。

（2）分层次开展工艺问题治理

在共性问题识别分析的基础上，积极组织开展各层次共性工艺研究工作，为确保工艺项目切实符合共性工艺问题治理要求，在对共性工艺问题进行识别、分析的基础上，组织有关单位针对共性工艺问题进行工艺攻关项目论证，依据项目必要性、紧迫程度等内容逐步安排开展集团、研究院、厂/所三级工艺研究工作。在专业技术方面，充分发挥专业工艺技术中心的技术牵引作用，建立产学研相结合的研发创新平台，带动各单位围绕核心技术开展工艺技术研究工作。突破技术瓶颈，为型号研制生产提供技术支撑。

（3）工艺成果推广

在工艺研究的基础上，通过共享共性工艺研究成果、推广优秀工艺管理经验和开展先进工艺技术交流等多种途径，创造交流机会，搭建交流平台，促进工艺技术水平的提高，保障产品质量的提高，确保型号任务的完成。

### 18.4.3 重大工艺技术研究

为及时解决重大瓶颈、基础性问题，保障型号的正常研制和制造能力的持续提升，航天科技集团专门投入重大工艺专项研究经费，带动所属单位的自主投入，组织开展重大工艺专项研究。为规范项目管理，加强成果的实施推广，对项目管理、推广应用、计划管理、经费管理等进行规范，制定管理办法，明确重大工艺专项研究项目的范围、立项原则和基本目的，处理好与相关项目的衔接关系，提高各单位参与的积极性；适应型号需求和技术发展方向，科学合理选定项目，提高计划的针对性；规范项目过程管理、严格项目验收考核，提高项目研究质量；解决成果归属、成果发布、推广实施的问题，提高专项资金的引领作用；规范统一相关过程管理文件的格式，提高规范性。

（1）立项范围

重大工艺技术研究的立项范围主要包括：影响型号产品研制生产质量、可靠性、制造成本及使用寿命的重大工艺问题；制约重大科技专项和重大工程等重点型号研制进展的工艺技术问题；长期影响工艺可靠性的一些基础性、共性工艺问题；有重大影响和推动作用，通过项目实施能够形成企业核心技术、加速制造能力提升的先进适用技术和管理模式。当前型号研制生产中的一般共性工艺问题和能够获得型号攻关、预先研究等其他渠道支持的项目不在此立项范围内。

重大工艺专项研究在立项遴选时优先考虑下列因素：是否为解决型号研制生产过程中

技术难度大、系统性强、缺乏专项支持的项目；研究内容和技术途径是否明确；是否有较好的可行性和一定的技术储备，预期成果显著；是否可实现重大工艺突破和核心技术能力提升；是否符合集团工艺发展规划、符合核心技术研究发展方向。

（2）立项管理

对重大工艺专项研究项目实施全过程管理，每年根据计划的安排，明确论证要点，部署项目论证工作；各研究院工艺主管部门组织所属单位提出建议项目，集团联合型号主管部门组织对建议项目进行选项评审，审查项目的必要性、紧迫性和可行性，并将审查结论向各研究院工艺主管部门反馈；各研究院工艺主管部门根据反馈意见组织所属单位开展立项论证，集团联合型号主管部门组织立项评审，重点审查项目的必要性、紧迫性、可行性、预期成果的先进性、适用性和申请经费的合理性等内容，并将立项评审意见反馈给各研究院。项目承担单位明确项目负责人，成立项目组，明确分工，保证研究时间，严格按照项目任务书、论证报告的内容，制定项目详细实施方案，通过评审后，严格按照详细实施方案的内容，开展项目研究工作。

（3）项目实施与验收

每年年底和重要里程碑节点，项目承担单位总结项目研究进展情况，提出后续工作计划。项目在任务书确定的研究周期结束后 30 日内完成验收工作，项目验收包括财务决算与审计、成果测试、资料审查和综合验收等四个环节。集团每年根据已立项项目研究实施情况及新增项目立项情况编制“研究计划”，明确项目名称、承担单位、研究内容、技术指标、成果形式、起止时间、年度经费、总经费等内容，各项目承担单位将计划项目纳入科研生产计划管理。对在项目研究工作中表现突出，成绩显著，有重大贡献和取得明显经济效益的单位及个人，依据有关规定，给予表彰。对因研究队伍和保障条件落实不力或疏于管理等主观原因导致项目进展缓慢或无法完成的单位，责成其限期整改，对于整改无效的，将停止项目实施。

## 18.5　禁限用工艺控制

为确保航天产品质量，切实减少航天产品生产过程对环境的污染危害，中国航天自 20 世纪 90 年代开始启动实施航天产品禁（限）用工艺管理与控制相关工作。经多年的研究、积累，逐步形成了一套较为完善的航天产品禁（限）用工艺目录与管理要求，并在设计、生产、外协、外包等环节严格控制，取得了良好效果。

### 18.5.1　航天产品禁（限）用工艺定义及控制基本原则

（1）禁用工艺

禁用工艺是指在航天型号产品研制生产中，严重污染环境、危害生产安全、不能保证产品质量，淘汰或采用其他工艺方法替代的工艺。如下列在生产中被禁止使用的工艺：禁止使用卤素检漏试验方法，以避免危害环境、危害健康；禁止使用铜质工具进行高能推进剂预混、混合、浇注，避免引发燃烧爆炸等安全事故；需瓷质阳极化的铝合金零件在精加工（表面粗糙度值小于 $Ra0.4\ \mu m$）时，禁止采用乳化液冷却，以避免阳极化后表面起花腐蚀等。

禁用工艺的管理与控制直接关系到航天产品的生产质量和对生态环境的影响，在新型号产品研制中禁止使用禁用工艺；对于基于原有条件已经采用禁用工艺的型号产品，制定计划限期淘汰或采取措施实施禁用工艺替代。

（2）限用工艺

限用工艺是指在航天型号产品研制生产中，产品质量保证难度大、或对环境保护有影响、或存在一定安全隐患，但采取措施后，在一定条件下可以满足产品质量或使用要求，能够避免环境污染和安全事故发生的工艺。如下列在生产中不宜使用的工艺项目：导线（引线）端头处理工艺中，导线绝缘层的剥除不宜使用机械冷剥，以免损伤芯线；不宜采用氰化物电镀，以免污染环境，危害人体健康等。

对于限用工艺，在新型号研制中应尽可能不使用，确实受当前条件所限无法避免要使用的，须在生产过程中严格落实控制措施，以避免产生质量、环境、安全等隐患；对于在用的限用工艺项目，应加强替代工艺研究，推进条件改善，遵循逐步过渡的原则，适时进行替代。

### 18.5.2 各环节禁（限）用工艺管理与控制重点

（1）产品设计环节

设计环节是禁（限）用工艺管理与控制的源头，直接决定或影响了产品研制生产中是否会出现禁（限）用工艺项目。实现产品设计环节的禁（限）用工艺有效管理与控制，首先将《航天型号产品禁（限）用工艺目录及使用控制要求》作为设计人员上岗应知应会内容，并将该文件作为开展产品设计的指导文件之一。设计人员在开展产品设计时，统筹考虑产品的功能、使用条件、工厂生产制造基础条件和制造技术能力水平等情况，通过优化结构设计、更换结构材料、改变使用环境条件等方式，避免选用或涉及禁用工艺项目，尽可能不选用或涉及限用工艺项目。比如，针对“在硝酸基氧化剂及其蒸气中工作的零件禁止镀锌”这一禁用工艺项目，设计人员可以选用不锈钢等不需要镀覆材料进行设计，以解决零件容易腐蚀的问题；再如，针对“直径大于或等于 10 mm 的高强度钢（强度大于或等于 1 050 MPa）螺栓禁止电镀锌”这一禁用工艺项目，设计时可以考虑应用达克罗涂层、机械镀锌等无氢脆镀覆工艺或低氢脆镀锌工艺，以解决高强钢零件氢脆问题。

其次，加强设计选用或涉及禁（限）用工艺项目的分析论证及审查。如果在设计过程中切实无法避免选用或涉及禁（限）用工艺项目，由主管设计人员对选用禁（限）用工艺的必要性和可行性进行详细分析论证，形成专题报告，通过型号组织的专题评审并报型号审批后方可实施。比如，针对“工作中受摩擦的零件不宜镀锌”这一限用工艺项目，设计人员如确需要选择零件镀锌处理，应对镀锌层能否满足产品使用性能进行重点分析论证；再如，针对“结构件采用熔焊焊接，不宜采用十字交叉焊接接头”这一限用工艺项目，设计人员如确实需选用此结构，应对焊接十字接头处可能存在的较大残余应力进行详细分析，必要时进行试验验证，以降低质量风险。

（2）工艺审查环节

工艺审查环节对于能否避免禁（限）用工艺至关重要。各生产单位将是否涉及禁（限）用工艺项目作为设计文件技术交底、工艺性审查的重点内容之一。参加工艺审查的人员首先应非常熟悉分管领域相关专业所涉及的禁（限）用工艺项目情况，能够根据设计技术交底和工艺审查情况，及时与设计人员进行交流沟通，并从材料选择、结构改进、方法改变等方面向设计人员提出改进意见和建议。对于产品生产中确实无法避免的禁（限）用工艺项目，同设计人员一同研究分析可能出现的质量、环境或安全隐患，并提出应对措施。对于通过 IPD 等形式开展的三维协同设计，在协同设计过程中完成上述工作。

（3）产品生产过程环节

产品生产过程的禁（限）用工艺控制，首先是工艺设计过程中的控制。相关工艺人员在工艺设计过程中，应综合考虑生产环境、装备条件、质量要求、环保要求等因素，合理进行工艺方案设计和工艺文件编制，禁止涉及由于工艺方案原因而带来禁用工艺项目，尽可能避免产生由于工艺方案原因而带来限用工艺项目。比如，针对“高温合金热处理禁止使用还原气氛”这一禁用工艺，在工艺设计时应选用真空热处理或采用惰性气体保护气氛；再如，电装元器件引线成形中“禁止使用尖头钳或医用镊子校直引线”这一禁用工艺项目，工艺设计中应明确要求“采用无齿平口钳校直引线”，以避免出现禁（限）用工艺项目。

针对已经明确使用的禁（限）用工艺项目，从保证产品质量、保证生产安全、避免产生环境污染等角度，细化明确具体操作要求和过程记录要求，确保工作要求明确、措施合理可行、过程可追踪可检查。在产品生产前，生产单位组织工艺人员对工人、检验等人员进行技术交底，明确产品生产过程中所涉及的禁（限）用工艺项目及具体控制要求，确保相关人员能够准确理解和把握禁（限）用工艺项目的控制重点。在生产过程中，检验人员严格检查各项要求的落实情况，并做好过程记录。比如：针对“高强钢电镀锌”这一禁（限）用工艺项目，应明确规定除油和去氧化皮的具体方式，详细规定并记录零件除氢的放置状态、除氢时间和温度等具体参数。此外，生产单位管理人员结合工艺纪律检查等工作，适时开展对禁（限）用工艺管控情况的监督检查，确保各项管理要求落实到位。

（4）产品外协外包环节

产品外协外包环节是当前航天产品禁（限）用工艺控制的一个薄弱环节，一般从以下几个方面加强管控。一是，考虑到航天系统内单位对航天产品禁（限）用工艺目录及其控制要求比较熟悉，过程控制相对完善，尽可能选择系统内单位进行外协外包；二是，对外协外包供应商中特殊过程供应商工艺能力进行认证，确保具有特殊过程专业能力；三是，及时将航天产品禁（限）用工艺目录及其控制要求通过合同、技术协议等载体及时传递给外协外包单位，必要时进行专题宣贯、培训，使其正确认识和把握相关要求；四是，针对外协单位承担的生产任务，提前组织相关工艺专家对配套单位禁（限）用工艺项目质量控制措施进行审查，确保保证措施合理可行；五是，定期监督检查外协外包单位航天产品禁（限）用工艺目录及其控制要求的执行情况，发现控制薄弱环节并督促其进行整改；六是，将禁（限）用工艺质量控制情况列为产品质量验收的重要内容之一。

（5）产品验收环节

产品验收环节，生产单位对涉及禁（限）用工艺项目相关产品的禁（限）用工艺控制措施落实情况进行复查确认，并将相关情况纳入质量检查确认报告。型号分系统单位或型号抓总单位在产品验收环节，对相关产品的禁（限）用工艺控制措施的有效性进行再次确认，对相关措施的落实情况进行检查，必要时组织专家进行现场检查确认，确保相关要求落实到位，产品质量受控。

## 18.6 数字化制造与先进制造模式

### 18.6.1 数字化制造体系

#### 18.6.1.1 航天数字化制造体系框架

航天数字化制造体系框架如图 18－3 所示。主要由基础层、信息交换层、系统应用层、用户层四个层次组成。以数字化制造工程数据库、数字化制造标准体系等作为基础，基于信息交换区，在流程平台、PLM 的支撑下，建立工艺设计管理、成本管控、制造执行、服务保障、资源管理等应用系统，形成航天数字化制造协同平台，支撑航天型号产品研制。

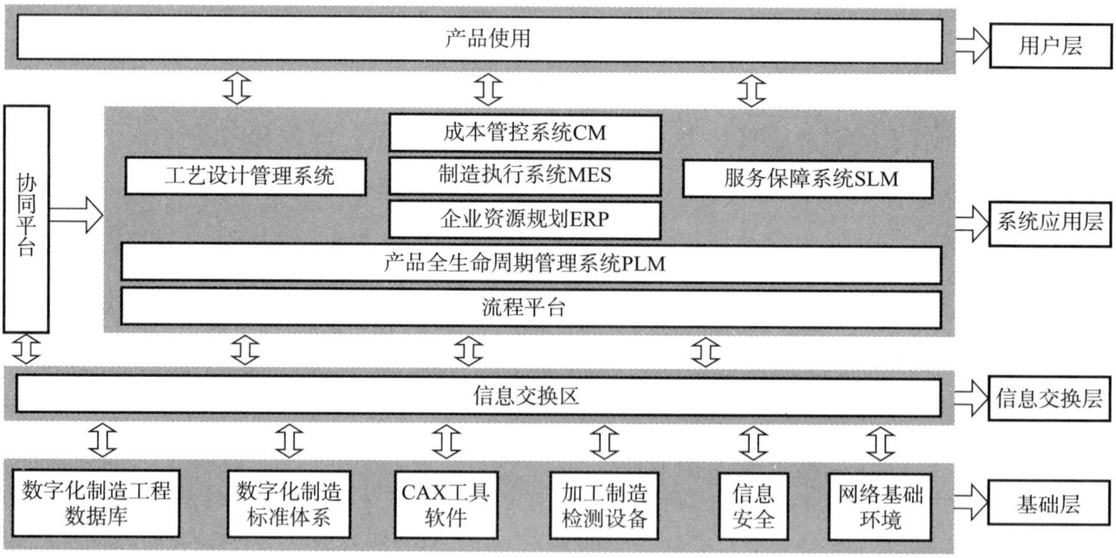


图 18－3 航天数字化制造体系框架

航天产品数字化制造能力建设框架如图 18－4 所示。通过数字化协同研制、数字化工艺、数字化生产组织、数字化制造执行、数字化成本管控、数字化服务保障、数字化管理决策等 7 个数字化制造关键能力建设，构建航天型号产品数字化制造能力平台，支撑导弹、火箭、卫星、飞船等型号产品以及航天主导民品研制，提升航天型号产品快速响应能力以及产品研制能力。

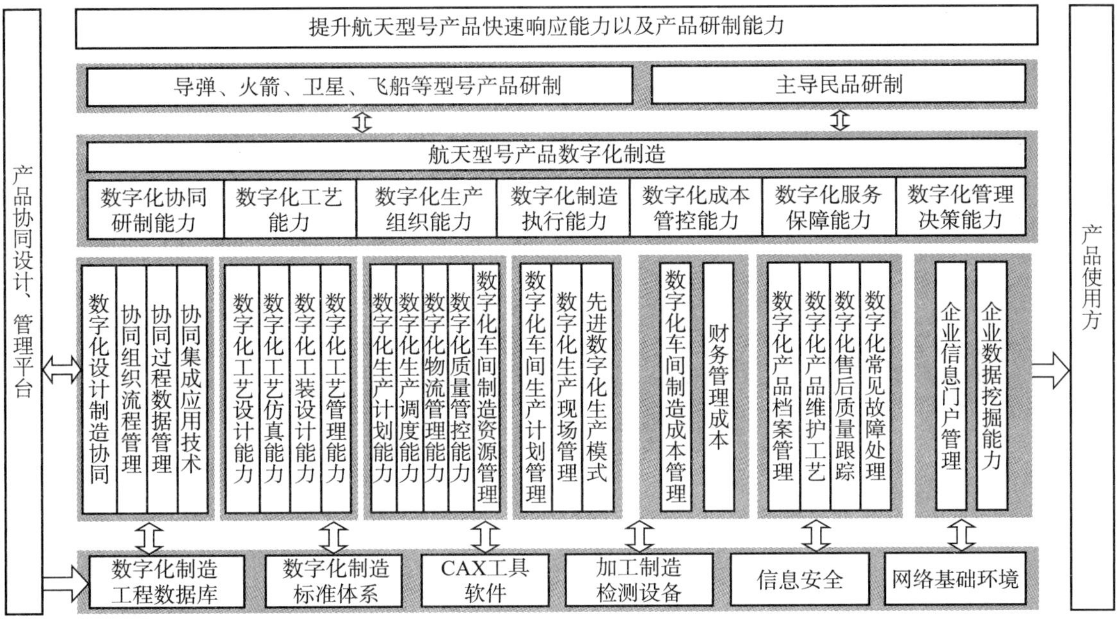


图 18－4　航天产品数字化制造能力建设框架

### 18.6.1.2　航天数字化制造实施方案

航天制造企业数字化制造实施路线如图 18－5 所示。图中，横坐标表示能力，纵坐标表示时序，按照形成不同能力的时间进行规划。不同能力之间涉及信息关系、数据关系、平台关系等关系交叉，目前没有一种方法能明确区分这些关系，因此，在数字化制造体系建设中需要跨能力通盘考虑。

数字化协同研制能力建设采用分步实施的方式。工艺提前介入设计是协同研制能力首先要解决的问题；第二步，解决设计数据（EBOM）可用性问题，需做好与设计单位协商、标准规范构建、数据准备等工作；第三步，彻底解决 EBOM 与工艺数据（PBOM）之间的关系问题，即产品数据构型管理问题，形成固定的应用管理机制；第四步，解决电子信息与传统档案的统一管理问题。最后，解决与外部单位的信息互通问题。

数字化工艺能力建设目标明确，第一步，建立 PBOM，实现型号工艺路线和材料定额信息的结构化管理。同时，开展与 EBOM 集成的准备工作；第二步，在实现 EBOM 转 PBOM 后解决数字化工艺设计问题，根据企业实际情况选择采用表格式 CAPP 或全三维工艺设计形式；第三步，解决工装设计数字化问题，建立工装 BOM；第四步，建立工艺仿真管理平台和相关专业的数字化仿真环境；第五步，建成全面的工艺设计与管理平台。

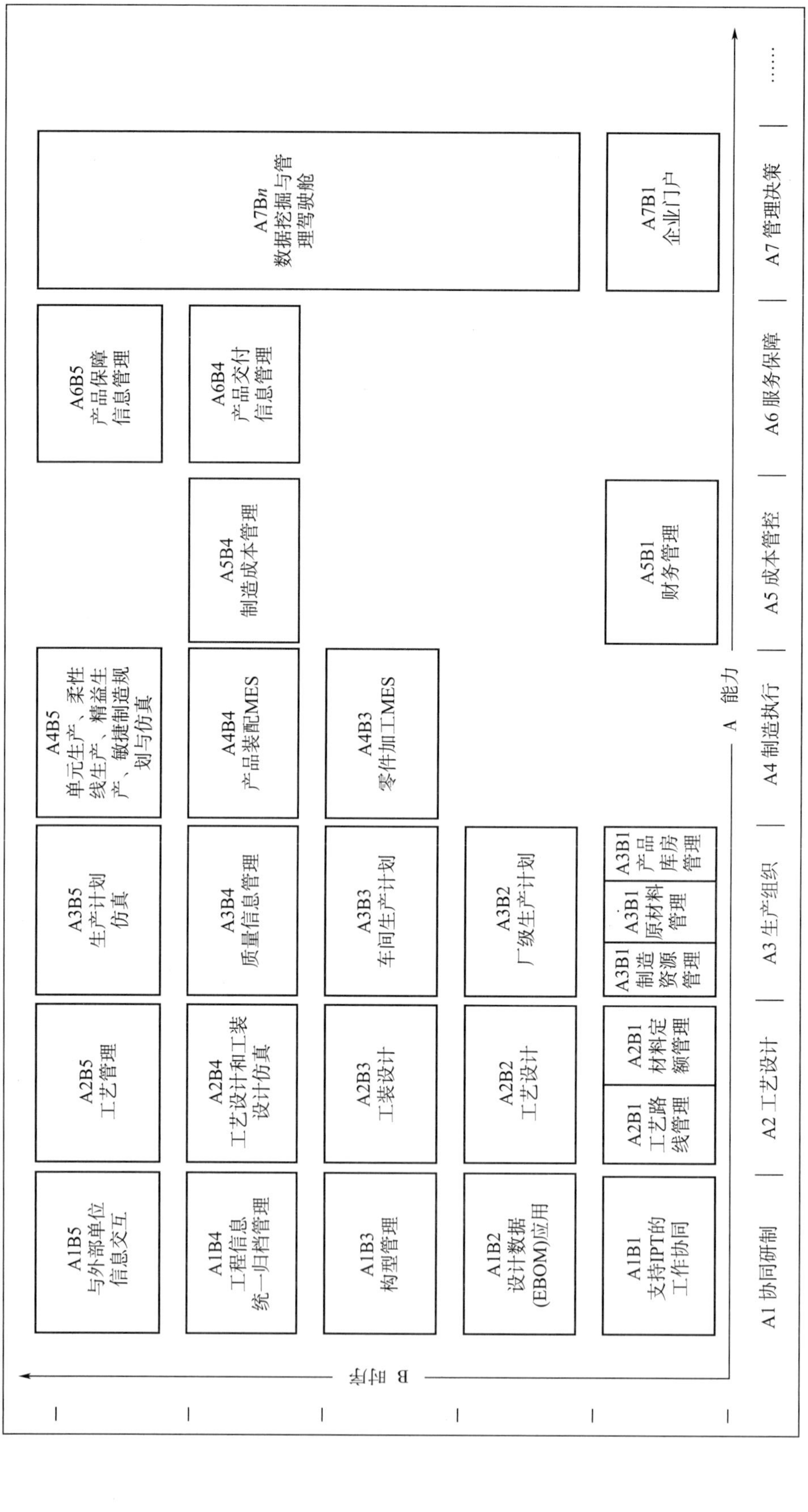


图 18－5 航天制造企业数字化制造实施路线

数字化生产组织能力建设通过五个步骤来实现。第一步，实现企业制造资源管理；第二步，实现厂级计划任务管理；第三步，实现车间生产任务管理；第四步，实现质量信息的数字化管理；第五步，实现厂级和车间级生产任务仿真，做到科学排产。

制造执行能力建设包括三个方面，一是建立零件加工 MES 系统，实现工段班组任务下发到工人并且反馈任务完成情况，实现机床监控管理和各类制造资源集成；二是建立装配 MES，实现多媒体装配；三是实现设备能力的科学配置，加强自动装夹（上下料）、智能夹具、在线检测、人机交互等自动化工艺技术研究与应用，推进关键工序自动化与数字化，提高生产管控智能化水平。

成本管控能力建设首先要实现企业的财务管理信息化，其次统一规划企业的制造成本数字化模型并建立相应数字化系统，最后，实现制造成本管理信息系统与财务系统的集成。

数字化服务保障能力建设主要包括两个方面：一是产品交付资料的电子化，即电子出版物；二是交付之后的产品信息管理。

### 18.6.2　精益工艺设计平台

传统工艺设计存在面向制造、装配和测试的产品设计能力不足，设计与工艺有效协同不够，工艺设计对个人经验依赖较重，工艺文件细化量化不到位，工艺设计的质量和效率不高等问题。推进精益工艺设计是解决以上问题的有效途径。

#### 18.6.2.1　设计文件工艺性审查

为提高产品设计工艺性，进一步提高工艺性审查效果，按照航天产品设计文件工艺性审查、禁（限）用工艺目录等要求，结合实际分类梳理工艺性审查要素，开展面向专业、面向产品的工艺性审查要素清单制定工作，按照清单对照实施并做好审查记录，并形成设计工艺性审查报告；审查过程中充分利用信息化的手段提高审查效率，基于 DFM 软件和 MBD 模型，构建审查规则库，实施设计文件工艺性自动审查，实现设计文件工艺性审查意见的高效闭环处置与管理。

#### 18.6.2.2　工艺建模与仿真技术应用

工艺建模与仿真是提高工艺设计科学性和规范性的重要手段。在机械加工、铸造、钣金、焊接、复合材料成形、装配等专业，配置专业工艺仿真软件，构建工艺仿真平台，建立工艺仿真工作规范、模板和标准流程，将工艺仿真有效融入工艺设计流程。

在机械加工领域，重点开展基于切削轨迹、机床结构和加工参数的数控加工几何仿真，有效防范数控编程失误导致的加工过切、冲击、碰撞等问题，提高切削效率；针对切削载荷均匀化、加工稳定性等，开展切削过程力-热耦合有限元仿真、动力学仿真等物理仿真，优化加工质量和效率。

在铸造、钣金、焊接等金属热成形领域，重点开展多物理场数值模拟仿真，分析成形过程中的流体、力学、温度、组织等的变化规律和影响，科学预测制造缺陷，为工艺参数等的优化确定提供支持，提高成形合格率。

在装配领域，重点对关键装配工序开展装配顺序、装配公差等分析与优化，支撑实物装配一次成功。研究应用基于物理属性、人机工程、虚拟现实等的装配仿真，有效指导装配作业，提高装配效率。

#### 18.6.2.3 建设结构化工艺设计与管理平台

结构化工艺是开展工艺复用，提升工艺设计效率的重要手段。需要开发建立基于模型的结构化工艺设计与管理平台，推广工序示图的三维化、可视化，增强工艺文件的易读性和指导性。建立健全通用/典型工艺文件数据库、工具工装设备数据库、设计资源库、工艺参数与材料数据库、标准规范数据库、PFMEA 库等结构化工艺资源与知识库，与 PDM、ERP、MES 系统等有机衔接，实现知识的同步和推送。

#### 18.6.2.4 快速工艺设计

在机械加工专业，重点开展基于三维模型的结构特征快速识别、模型自动比对、上下公差自动转中间公差等技术，推广基于人机交互的数控加工快速自动编程和数控程序通用后置处理，提高编程效率。

在电子装联、装配等专业，研究应用基于典型产品特征识别和工艺流程的工艺文件快速生成技术，实现工艺流程自动生成、工序内容和装入件的自动关联、工艺-检验一体化记录表单高效定制。

在铸造专业，开发铸造三维工艺设计系统，具备收缩率与拔模斜度快速设置、无关特征一键删除、浇注系统快速添加等功能，实现铸型快速设计。

在焊接、热表处理、复合材料成形等专业，基于通用工艺文件、典型工序工步等，确定可变内容和不变内容并将之结构化，以“选择”代替“打字”作为工艺文件生成主要方式，实现快速工艺设计。

完善专业工艺文件编制量化要求，并将之结构化，实现对工艺术语、工艺量化要求、工艺风险等的自动审查，确保工艺文件要求唯一、防歧义、防差错，尽可能减少实施和操作人员自由裁量的空间，避免误操作。

### 18.6.3 单元制造模式

#### 18.6.3.1 制造模式分析

多年来，航天产品制造呈现出以下特点：

一是航天的产品特性，即航天产品研制活动所具有的探索性、先进性、复杂性等特点，造成航天产品生产过程中大量存在设计更改、工艺变更、计划调整等现象，而通常产品批生产的前提条件是设计、工艺固化，甚至生产计划和设备设施都固化，因此航天产品研制生产中的变动特性与批生产的前提条件之间存在矛盾。

二是航天的质量要求，航天产品质量具有特殊的政治影响和社会影响，需要满足高可靠、高质量、小子样及一次成功的特殊要求，为确保产品质量和技术状态全面受控，在生产过程中质量控制环节多、过程控制要求严、检验要求全覆盖、检测记录项目多、管理流程长，使得生产效率难以提升，在批量生产时表现得更为明显。

三是航天的任务特点，航天任务需求直接受国际环境、国家政策等影响，难以自主判断任务数量，不易预测型号需求量的波动。此外，航天设计单位与制造单位分离的状况也使得制造单位无法主动掌握生产任务的到达时机，导致制造企业普遍存在忙闲不均的情况，使得增加场地、设备、人员等资源投入提升产能的办法存在较大的资源闲置的风险，从而难以实施，造成生产能力提升速度滞后。

突破航天制造能力提升问题的关键是如何适应和应对上述三项本质特点。通过研究和比较，单元制造模式基本契合了航天制造特点并符合任务发展趋势，体现在：对于航天产品及零部件种类多、生产变动多的特点，通过逐步推进产品化、平台化、系列化，为通过成组技术构建制造单元奠定了基础；对于由于生产批量变动大导致组批投产批量和时机不易把握、任务量不断增长又容易造成生产瓶颈的问题，通过建立场地集中、资源专用的制造单元来提升产能，通过调节单元流程节拍速度的办法应对任务量的变动；对于航天生产中技术难度大、质量要求高的特点，通过单元模式深化工艺的专业化、提高操作的熟练度，并形成单元团队氛围强化全面质量管理来满足对技术和技能水平的高要求、实现生产过程的全面严格受控。

#### 18.6.3.2　实施单元制造模式的目标与原则

实施航天产品单元制造模式，主要是建立航天产品的制造单元，从而实现在不大幅度增加制造资源投入的前提下，通过生产或管理方式的调整，消除典型产品的生产瓶颈，提高生产效率和制造能力。

（1）目标

通过设备、资源等的集中布局缩短物流路线、减少搬运时间；合理安排设备和资源能力来消除生产瓶颈、避免资源冲突；减少生产准备时间，提高作业熟练程度，增强产品质量一致性；减少工序间在制品数量，降低生产控制和管理的复杂性；促进多能工的培养，提高作业的专业性和专注度；成员之间加强沟通，形成团队氛围。

（2）原则

1）相似性原则：对单元内的生产对象，设计状态稳定、工艺成熟，具有类似的结构特点和相似的工艺过程，构成系列化产品的柔性生产过程；

2）均衡性原则：对单元内的设备、设施、人员等资源的配备，进行能力和负荷的均衡，满足连续性、同步化等流动生产的要求；

3）完备性原则：产品生产所必需的物品必须集中在单元现场内，只有这些物品才允许被存放于单元现场内；每件物品都须有其存在的理由、确定的位置和明显的标志；

4）团队化原则：单元的人员组成应包括产品生产所需的不同岗位，以团队的形式共同承担进度、质量等职责，并共享收益。

#### 18.6.3.3　构成要素

制造单元有多种分类方式，例如：根据建立单元的目的可分为提高产能型、确保质量型、节约资源型等；根据单元运行特点可分为产品流动的加工型单元和人员流动的装配型单元；还有根据布局等特点的其他单元分类方式。结合航天产品科研生产特点，航天产品制造单元的构成要素一般包括：产品与工艺、设备与设施、布局与物流、人员与组织、文件与数据、环境与安全、生产运作、质量保证、信息化条件，航天产品制造单元构成要素如图 18－6 所示。

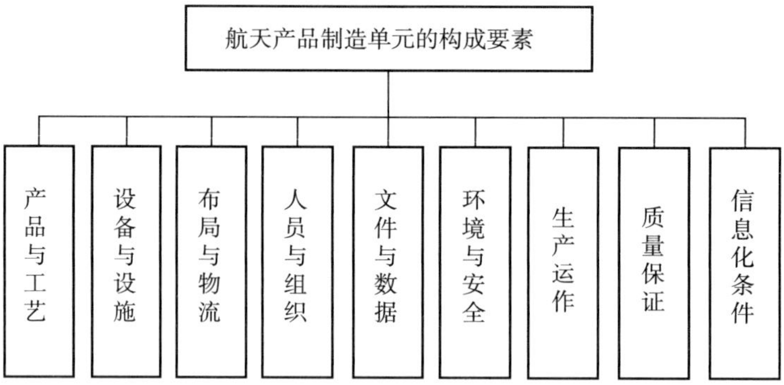


图 18－6　航天产品制造单元构成要素

产品与工艺要素包括作为单元生产对象的产品族内容和相应的成组工艺，是单元化的前提和核心，应符合相似性原则。设备与设施要素指单元中的仪器设备、工装工具、设施器具等，构成单元的实物基础。仪器设备的配备要符合均衡性原则，其他工具设施等应符合完备性原则。布局与物流要素指生产设备和设施按照工艺顺序在一定区域形成流水化布局，这是单元制造模式的突出特点。可采取 U 形、直线形、圆形等布局，并规划物流路径、存放区设置、物流通道结构和运送形式等。人员与组织要素指不同专业工种的人员共同组成面向特定产品族的生产团队，这是单元的主要特点之一，内容包括各岗位的人员配置、工作内容、组织形式等。文件与数据要素指单元管理规定、作业规程等的文件文本，以及过程记录、生产经验、历史数据等的数据体系，构成单元的生产依据和信息载体，用于查阅和检索，并为单元的不断规范和发展提供载体和基础。环境与安全要素指单元的生产作业环境和安全保障条件，包括生产环境、环保措施、危险防护和处置、工作条件改善、现场保密管理、单元特色文化等。生产运作要素包括平准化的生产计划，生产节拍和标准时间，异常状况的处理措施，看板及目视管理方法等，是实现均衡流动生产的驱动力。质量保证要素强调制造单元在质量保证方面的特色，包括由单元团队共同承担质量责任，以及通过提高作业规范性来提高质量一致性，要素内容包括岗位质量职责，产品检验规程，问题处理办法，产品数据包等。信息化条件要素包括网络基础、物料标识、数采设施、作业数据库等，是规范流程、提高效率的有效手段，应根据实际情况和承受能力进行相应的配置。

18.6.3.4　*实施流程*

航天产品制造单元的建设流程由实施基础分析与准备、实施方案设计与优化、单元建设的具体实施三个阶段组成，航天产品制造单元建设流程如图 18－7 所示。

1）第一阶段：实施基础分析与准备阶段。针对典型产品，分析单元制造模式应用的

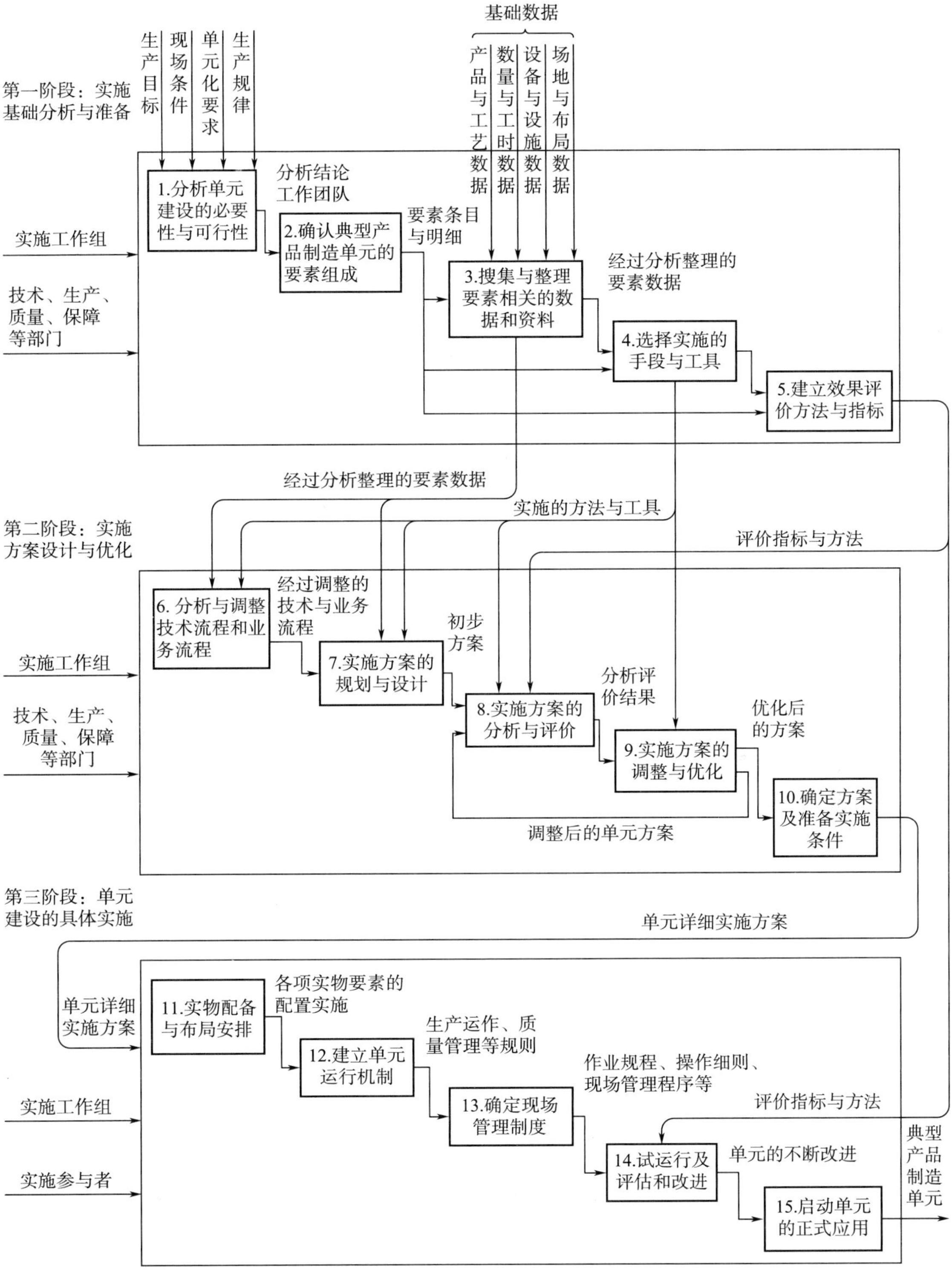


图 18－7　航天产品制造单元建设流程

可行性；根据单元的构成要素，进行相关的数据、资料搜集和整理；选择合适的方法和工具，为实施方案的设计与优化提供方法支持；从单元建设的目的出发，建立应用效果的评价方法与指标，指导方案优化和应用调整。

2）第二阶段：实施方案设计与优化阶段。以产能目标、实际条件等为依据，进行适应单元化应用的技术流程和业务流程调整，作为单元方案设计的开端；开展单元方案的规划与设计，通过分析和评价，提出方案调整和优化的内容和措施，并施行相应的调整，经过进一步的分析、评审等工作，得到优化后的单元详细实施方案，作为制造单元建设与实施的依据。

3）第三阶段：单元建设的具体实施阶段。根据单元详细实施方案，进行各项单元实物要素的配置与安排，确定生产运作、质量保证等单元运行机制，制定与现场条件密切契合的管理细则，基本完成单元的建设，随后开展试应用，评估试用效果并实施相应的改进，启动单元的正式应用，并对建设规律和经验进行归纳和提炼。

#### 18.6.3.5 单元运行与管理

单元的运行管理包括单元的生产准备、生产管理、质量管理、考核管理等。

根据航天产品特点，单元运行管理应注意以下事项：

1）单元的生产管理以产品为中心，需要特别注意单元生产过程与型号任务管理之间的对应，理顺生产任务按型号下达、按产品单元生产与过程控制、按型号要求交付之间的衔接关系。

2）在制造单元中，一般不设置工序间的专职检验，由操作者通过自检、互检保证单元在制品的质量，只在材料进入单元和产品离开单元等单元间的交接环节，由专职检验员进行检验。对于航天生产中有特殊要求的情况（例如不可拆卸、难以通过结果判断产品状态的），以及其他必须进行工序中跟踪检验的，依据型号任务要求，由专人跟检。

3）单元制造模式中借鉴了精益生产的处理办法，即发现问题的人员有权停止作业，由单元人员共同分析质量问题，查找问题根源，彻底排除隐患后再恢复生产。如果是由单元内部原因造成的质量问题，由所有单元成员共同承担责任。在航天制造单元的实际运行中，可根据具体情况做变通处理。

4）产品单元化生产后，相似产品的统计样本数量增多，为引进和应用先进的质量分析方法和工具创造了条件，用于探索和揭示相似产品重复生产的质量趋势和规律，丰富质量保证和可靠性增长的技术和手段，对产品的质量控制、产品检验、产品筛选等提供指导，不断提高单元的质量管理水平。

5）制造单元的考核管理应与现有大多数航天企业所普遍采用的以工时核算为主的方式有所不同，需要从单元团队作业、风险共担、利益共享的特点出发，转变考核方式。根据产品单元的具体情况，可以采用的考核方式有：以完成合格品数量考核的计件方式；将一定任务数量统一定价的打包定价方式；将作业任务通过时间研究、动作分析等手段分解为标准操作与标准工时再予以综合的方式；系统考查合格品量、次品率、成本消耗等指标的多因素加权考核等方式。

# 第 19 章　生产现场管理

航天生产现场管理，旨在用科学的管理制度、标准和方法对生产现场各生产要素，包括人（工人和管理人员）、机（设备、工具、工位器具、工装夹具）、料（原材料、辅料）、法（加工、检测方法）、环（环境）、信（信息）等进行合理有效的计划、组织、协调、控制和检测，使其处于良好的结合状态，达到优质、高效、安全生产的目的。

## 19.1　生产现场特点及建设原则

### 19.1.1　特点

航天的生产现场管理因航天产品的特殊性，主要体现航天质量文化和精细化管理的思想，强调过程质量控制，注重符合性和执行结果，具有针对性和操作性强等特点。主要表现在：

1）系统融入了航天特色科学管理的文化。将航天质量文化、精细化质量管理“28条”等多年来航天产品研制生产积累的成功经验及各项要求提炼、融入生产现场建设工作实施指南中，体现了航天特色。

2）突出强调了航天产品过程质量控制的具体要求。在系统总结现行有效的质量管理经验的基础上，将过程质量控制细化为产品检验、关键特殊过程、静电防控、多余物控制等具体项目要素，逐一提出明确要求。过程控制是航天生产现场评价的重点。

3）体现了航天标准规范在生产现场的实施。航天的质量管理和生产现场管理的标准规范都是成体系配套的，通过生产现场建设文件将有关要求融合在了一起。

### 19.1.2　原则

1）全面贯彻“严肃认真、周到细致、稳妥可靠、万无一失”的指导思想。

2）秉承“一次成功、预防为主、精细管理、持续改进、顾客满意、追求卓越”的航天质量方针。

3）贯彻精细化管理理念，培育零缺陷质量管理意识，稳妥推动现场管理建设工作。

4）高层领导充分重视生产现场建设，按照继承、完善、创新的总体思路开展工作。

5）坚持“领导推动、落实责任、配置资源、发动群众”的原则，将现场管理建设作为本单位的战略核心内容。

6）按照严、慎、细、实的行为准则，贯彻“构建质量法规、质量工程技术、质量保障条件和质量技术监督四个体系”要求。

7）系统策划和全面推进，落实现场管理的高层领导和管理部门质量责任制和质量激励制度，提升质量保证能力、产品保证能力和基础保障能力，确保用户满意。

8）以“精心策划、有效实施、严格监督、持续改进、一次成功”作为生产现场管理目标。

9）建设具有航天特色的，规范有序、优质高效、安全文明的生产现场，确保产品质量，塑造航天精品工程。

## 19.2 生产现场建设内容

航天生产现场建设分为三个模块：推进要素、过程、结果。每个模块下分若干一级项目和二级项目。

推进要素强调的是在生产现场建设过程中起决定性作用的、至关重要的几个要素，通常，领导的推动和组织落实决定了现场建设的结果和效果。

过程模块采用PDCA的理念，分为过程策划、过程控制、过程测量与监控、过程改进与创新四步。其中，过程策划强调顾客及需求识别、管理目标、组织结构、职责分配、确定管理要素、制定制度流程、风险预防；过程控制强调以提升员工素质为基础，以员工参与及自主管理为手段，运用6S、目视化、标准作业、防差错等现场管理工具方法，做好对现场计划、物料、质量、安全、设备、成本、人员、数据信息等管理要素的控制工作，确保目标实现；过程测量与监控主要监控现场管理活动的状态和效果；过程改进与创新强调通过数据信息的分析评价，识别改进机会，运用改善提案、QC、六西格玛、工装工具等各类改进工具，优化现场流程，增强现场管理系统的灵活性，提升产品制造能力和服务水平。

结果模块是通过质量、效率与效能、成本、交付等结果数据来证实现场管理的适宜性和有效性，并确定在何处有可以持续改进现场管理的空间。

### 19.2.1 过程策划

#### 19.2.1.1 过程要求确定

1）确定过程要求时，应系统运用适宜的方法，充分识别来自顾客和各相关方的需求，分析各类需求与现场各项管理活动之间的关系，对照国家军用标准、航天标准、过程技术文件、管理文件和现场作业规范等相关要求，将需求转化为与生产现场管理过程相对应的要求和指标，明确各生产现场管理指标的监控流程，形成系统化的生产现场管理指标体系。常用的需求识别和指标分析的管理工具包括平衡计分卡、质量功能展开（QFD）、狩野模型（KANO）等。

2）生产现场管理的指标体系要涵盖各项生产现场管理业务流程并协调一致，现场管理业务流程包括但不限于质量管理、计划管理、设备管理、安全管理、作业人员管理、原材料和在制品管理、文件管理、保密管理等。

3）在生产现场管理过程的设计中，采用适当的方法，识别并减少流程中的各种浪费，包括但不限于使用价值流图等方法。

#### 19.2.1.2　生产模式

根据用户的需求和产品制造工艺的特点，选择适宜的生产组织方式，如流水线生产、单元化生产、混合式生产等。

#### 19.2.1.3　现场布局

1）根据产品生产工艺、设备、人员等特点，设计合理的现场布局。现场布局应该有利于现场物流的顺畅，生产组织的灵活，人员作业的安全。按照工艺仿真测算的工序及设备节拍，生产线平衡情况，合理配置人力、设备等资源，设计出满足生产节拍需求的工艺和人员布局。

2）现场布局应考虑灵活应对任务变化，对于大批量规模化生产可采用流水线布局，对于多品种小批量生产可采用柔性生产模式，在实施过程中，不断优化现场布局，调整总体节拍和效率。

3）生产区域的标识清晰、明确，产品按状态进行分区和标识；平面布置应合理安排车流、人流、物流，安全通道、消防设施不应被占用、遮挡，保证安全顺行。

#### 19.2.1.4　现场作业组织结构

根据产品的需求、作业的特点和员工的能力，设计合理的现场作业组织结构，例如以设备为对象、以零件为对象设置工作中心。现场的组织结构要有利于人员、设备效能的发挥，能够保证产品质量的稳定性，可实现生产现场管理过程的灵活性。

#### 19.2.1.5　生产现场管理流程

针对现场涉及的各项管理活动，制定清晰明确的流程和制度。生产现场管理流程应明确各项管理活动的目标、程序、工作方法，并配备需要的资源，例如：生产计划、工艺纪律、质量控制（含环境控制、多余物、防静电等）、工装夹具、计量器具等管理流程。

#### 19.2.1.6　现场作业标准

为生产现场管理的各项作业制定明确的作业标准，包括生产工艺、产品图样、作业方法、设备操作、监控规程、安全环保规程等，其内容应量化、可操作、可检查，覆盖现场涉及的全部作业过程。建立文件化的作业指导书（工艺规程、试验规程等）、过程控制记录并签署完整。

#### 19.2.1.7　信息管理系统

针对现场信息的来源和信息使用的需求，设计完善的现场信息管理系统，建立和完善生产现场量化数据统计表格，实现对现场信息及时准确地采集、传递、统计、分析，为决策提供有效依据。必要时，采用信息化和多媒体技术提供支持。对型号产品生产、试验和使用过程中发生的质量问题，均应执行信息快报制度，将问题通过质量与可靠性信息管理系统上报。

对产品质量问题信息全面采集和整理，对质量问题进行归类、整理、分析，实现质量改进。

系统地使用统计过程控制方法，通过信息技术手段，建立实时的过程质量监控系统，通过及时的数据分析处理，评估过程能力，为持续改进提供信息。

#### 19.2.1.8　风险识别与预防

在生产现场管理过程的设计中，要落实航天型号风险识别与控制要求，制定风险分析与控制相关标准、要求，明确风险管控的职责和权限，识别过程存在的潜在风险，并采取相应的措施实现预防性管理。这些措施包括但不限于使用防差错设计技术、失效模式分析等方法措施。采取流程梳理和工装保证等方式进行防误操作设计，防止出现制造差错和使用差错。

### 19.2.2　过程控制

#### 19.2.2.1　6S和目视化管理

1）建立系统的6S活动推进机制，通过改变现实、整理现物、规范现场来创造整洁、高效的工作环境，使员工养成认真对待每一件事的良好习惯。全面实现定置、通畅、整齐、透亮、协调、清洁、绿化、美观、文明、安全的6S管理要求。

2）制定系统的生产现场目视化管理内容和标准，确保作业现场的状态和信息能够及时传递。目视化包括但不限于规章制度与工作标准公开化、生产任务与完成情况图表化、视觉显示信号标准化、生产作业控制手段的形象直观与使用方便化（如看板等）、物品的码放和运送的数量标准化、着装规范化、色彩的标准化管理等，力求现场中出现的任何异常能够及时被发现并解决。

#### 19.2.2.2　现场作业人员管理

1）明确和细化现场各级各类人员的质量职责，确保覆盖生产全过程。同时，建立相应的监督检查机制，对质量问题实行质量责任追究制。现场质量责任人带头抓好质量工作的策划和部署，将质量职责落实到车间和班组，提高产品质量保证能力。

2）现场作业人员上岗前须经过系统的培训与考核，合格后方可持证上岗。重要设备（精、大、贵、稀等）的操作人员及特殊工种（焊工、电工、无损检测等）人员须经过本单位、地方或国家相关部门的考试，并取得相应证书。

3）根据产品和工艺特点，明确对不同层次人员能力和资格的要求。

4）通过兼岗、轮岗培训等方式增强员工的作业能力，优化现场多能工的人数比例，以实现现场作业的灵活性。从事兼岗、轮岗工作的人员，应取得相应岗位的上岗资格并持证上岗。单位设立员工职业发展通道及其相应的激励机制。

5）现场作业人员应掌握基本的生产现场管理改进方法，包括但不限于质量管理新、老七种工具等分析方法。

6）建立完善的班组管理机制，提高班组长的生产现场管理意识和能力，发挥班组长的管理作用，提升班组的执行能力和责任意识，营造和谐的班组氛围。

7）单位制定外来人员管理制度，明确外来人员出入现场活动控制等方面的要求，对外来人员现场活动进行监督管理，确保生产现场质量与安全。

#### 19.2.2.3　现场文件管理

1）现场文件包括但不限于生产图样、生产组织文件、工艺和检验试验标准、作业指导书等。对现场文件的管理包括：制定系统的现场文件管理流程，包括制定、发布、接收、保管、培训、使用、保存和更改。现场应有质量管理体系文件，须签署完整且现行有效；现场使用的有关的法律、法规，有关产品的国家或行业标准，顾客或供方提供的文件须签署完整且现行有效。

2）对现场的所有岗位和工作流程均应制定标准作业指导书。标准作业指导书中，须体现关键的质量控制点、风险点和经验教训。标准作业指导书的基本要素包括：作业顺序、作业时间、质量控制点和明确的安全要求等。关键工序的指导书应图文并茂。

3）作业指导书等文件要持续完善。根据作业实际，对相关文件进行适时修订，确保充分、有效、适宜。对作业指导书等相关文件的修订和更改，须按航天产品工艺文件管理制度工艺文件更改规定执行，并履行审批手续。

4）培养严格按照依据文件操作的意识，确保现场操作人员严格按照依据文件操作。

#### 19.2.2.4　设备管理

1）结合现场的作业组织特点，系统地开展设备全员生产维护（TPM）活动，提升设备综合效率。

2）根据设备管理考核评定标准，制定科学的设备分类原则，对作业现场的设备进行系统分类。

3）制定系统的设备日常维护流程，包括但不限于点检流程（日常点检、定期点检和精密点检）、维护保养（清洁、紧固、润滑、调整和外观表面检查等）、维修流程等；结合作业现场和设备特点，制定设备更新改善计划和设备节能降耗改善方案。生产现场设备设施状态要清晰，标志要符合相关规定。生产现场设施、生产装备（含设备、仪器、工装、工具、量具等）应处于完好状态，并在检定合格有效期内，且具有标识。

4）建立设备故障分析系统，采用科学的方法（如：故障树分析）对设备故障进行深入分析，采取措施，降低设备的故障率，减少故障时间，提高设备可利用率。

5）开展设备预防性维护，使用科学的方法（如失效模式与影响分析FMEA）识别设备的潜在风险，并制定相应的控制方案。依据设备的历史数据，制定合理的设备周期性维护计划和备件库存计划。

6）对特种设备、关键生产设备、重要进口设备、对人员健康和安全有潜在风险的设备，制定有效的设备操作规范，使用人员掌握操作规范的要求并正确执行。

7）对现场使用的检测和测量设备、仪表、检验用工装和器具等，按规定的周期或在使用前进行检定、校准，并确保其在有效期内。

### 19.2.2.5 产品检验控制

1）制定覆盖成品、半成品的产品质量检验规程，制定并执行产品检验状态标识制度，工艺人员会同检验人员，依据产品设计文件，在工艺文件中合理设置检验控制点，明确检验的判据、方法及手段，明确首件鉴定、首件检验、强制检验点以及自检、互检和专检等检验要求，明确检验人员、质量保证人员对过程“人、机、料、法、环、测”等影响质量因素的质量监督和质量检查要求，形成文件化的检验方案（编制检验规程、大纲或操作细则，也可包含在工艺规程内）和检验记录表单、多媒体记录要求等，对于复杂的检验项目编制独立的检验规程。

2）检验人员具有相应的岗位资质，熟悉本岗位检验操作要求与规范，严格依据检验规程或工艺文件及相关规范要求开展检验工作。如原材料、零部件、配套产品的接收检验，工序检验和最终产品检验等。

3）对产品检验过程形成表格化的检验记录，检验记录完整、准确、细化、量化。有量值要求的，记录实测值，确保可追溯性。检验印章的使用符合印章管理要求。产品返工或返修重新进行检验，留有记录。

### 19.2.2.6 关键过程控制

1）依据有关标准制定过程质量控制文件，明确控制内容、控制措施、检验及实测记录的要求，包括：定义关键工序和质量监控参数，建立关键质量数据收集系统。

2）关键件、重要件的图样，关键工序的工艺文件须有标识。关键工序的工艺规程经过质量/检验会签。对关键工序制定关键工序质量控制卡，关键工序工艺文件的更改提高一级审批。按要求实施“三定”（定操作人员、定设备、定工艺方法），操作、检验、测试人员及设备工艺装备等符合要求。操作过程按规定进行“三检”（自检、互检、专检），按要求及时进行实测记录。

3）按工艺文件要求对装配、调试、总装、测试和试验过程中的不可测项目、关键或重要特性进行有效监视和控制，对关键、重要特性实施百分之百提交检验并保持实测记录。

4）关键（重要）件超差使用须按规定办理相关手续。

### 19.2.2.7 特殊过程控制

1）识别产品实现过程中的特殊过程，明确特殊过程确认要求和确认、再确认准则，并按规定进行确认、再确认。特殊过程操作人员具备相应的资质和本岗位的有效上岗证书。

2）特殊过程所涉及的工艺设备、介质、仪器、仪表、生产作业环境、产品及其辅料等符合工艺文件规定的要求。操作人员按工艺文件要求严格控制过程参数，及时准确填写特殊过程记录。

3）需采用试（正）样对特殊过程进行验证的，工艺文件明确与产品工艺过程一致的试（正）样制备要求、检验检测方法、记录要求和留样保存要求。若工艺样件（试件）结果不满足要求，分析其原因，采取措施后再次验证。

### 19.2.2.8　现场作业环境控制

1）识别产品、工艺、试验、储存等方面对环境控制的要求，对有环境控制要求的现场制定环境控制管理规范。保证产品生产所需的温度、湿度、洁净度、光照度及抗震性等环境得到有效控制。

2）将根据产品质量控制要求制定的环境控制指标纳入作业指导书，并按要求进行检测/记录和维护。

### 19.2.2.9　静电防控

1）生产部门对生产现场范围内的产品和区域进行防静电要求的识别设置，划分设置防静电工作区（EPA），制定明确的静电防控管理要求，防静电区内不应有塑料水杯、食品包装袋和个人用品等与工作无关的绝缘物品。

2）防静电设施设备、防静电腕带、防静电鞋、防静电服等防静电用品的配置满足相关要求，且标识清晰，按规定进行状态监测和记录，并在有效期内使用。储存静电敏感器件的库房满足规定，并进行周期性检测，配备防静电用品和防静电专用工具。

3）生产人员按照防静电要求在防静电工作台上进行操作，按规定佩戴防静电腕带、穿戴好防静电鞋、防静电服、防静电帽、防静电手套或指套等防静电用品。

4）针对静电敏感元器件和电子产品的生产准备、测试、装联、运输、储存等生产过程，进行防静电生产工艺设计，包括防护、接地、放电、环境控制等技术要求和设施系统建设，将有关指标和操作要求纳入作业指导书。

5）与静电敏感电子产品直接接触的包装材料应符合规定，具有静电防护标识，并按要求的周期进行检测或实时记录。静电敏感电子产品的运输应装入全封闭的防静电容器或防静电屏蔽袋内，按规定存储于专用防静电存储柜或库房内。

### 19.2.2.10　多余物控制

1）对产品生产过程和相应生产环境要建立多余物识别控制机制，制定多余物控制要求和具体控制措施，且措施具有可操作性。

2）进入生产现场人员的着装符合规定，并按规定的程序进入。操作人员进入产品内部操作时，严格执行多余物防控要求，对携带的工具、设备、物料进行逐项登记和注销。

3）生产现场加工装配、总装调试、储存、搬运、工具和小零件控制等过程严格按要求实施多余物控制。针对储箱、容器、管路以及电子、电气、机电产品等多余物敏感产品的生产现场，进行防止多余物产生、多余物检测和清除等工艺设计，并将有关指标、操作要求和结果记录要求列入作业指导书。

4）总装过程使用的工艺件有明显标识，以与正式装配件进行区分，总装现场根据产品特点按规定建立隔离区。

#### 19.2.2.11 试验控制

1）试验前对状态进行检查，试验用技术文件齐备、现行有效，试验岗位设置、人员资质满足要求，岗位职责明确，试验设备、介质、材料、环境符合要求。

2）状态的更改按规定程序履行相应审批手续。

3）按规定收集、整理试验数据和原始记录，分析、评价试验结果。试验过程、记录符合试验大纲、试验细则（试验规程）的要求。

4）对试验形成试验总结报告，并经评审通过。

#### 19.2.2.12 产品标识与批次管理

1）对生产现场按设计、工艺和相关制度规定进行产品标识，覆盖产品研制全过程，并保持产品标识完好、清晰、可追溯。产品加工或流转过程中做好标识的转移工作，若标识遗失或模糊不清，及时加以验证，待查明其状态后重新标识。

2）在生产现场对产品检验、试验、合格、不合格状态按要求进行标识。

3）对有可追溯性要求的零部件、设备（如首件鉴定/检验产品），按要求制作唯一性标识并记录。对让步接收的产品进行编号，按要求标识并与质量记录（流程卡、合格证等）保持一致，可追溯。

4）生产过程质量记录与产品标识协调一致，且具有可追溯性。紧急、例外放行、转序产品按规定进行标识。对鉴别出的不合格品及时标识、隔离。

5）对批生产产品实施批次管理，做到“五清六分批”，记录产品的批号、投料、加工、装配、调试、检验结果、质量状况、产品去向、操作者和检验者等。

6）产品批次标志与原始记录保持一致，能追溯到产品交付前的情况和交付后的分布及场所。

#### 19.2.2.13 不合格品控制及归零管理

1）通过 FMEA、技术风险分析、防错技术、质量分析等手段开展预防管理，确定潜在的异常原因。针对潜在的问题及其原因采取预防措施。

2）生产过程中出现的不合格品按程序进行审理。生产现场发现不合格品时，及时记录、标识，并进行隔离，提交审理机构审理，依据审理结论开展相应工作。定型阶段的不合格品须经审理，其设计师系统提高一级处理。

3）对生产过程中出现的不合格进行分析，分析原因准确并采取有效的纠正措施，防止不合格的再发生。当不合格涉及外协、外购产品时，向供方提出纠正措施要求，并评价供方纠正措施的有效性。

4）质量问题处理严格执行归零要求，不得用问题说明和问题分析代替归零，也不得用技术归零代替管理归零。对主要因技术原因造成的质量问题，在开展技术归零时同步在管理上查找原因。

5）建立质量问题归零工作的督办制度和定期清理制度，对归零工作的及时性、正确性、彻底性进行监督，对归零措施、待办事项、举一反三的落实情况进行检查。

6）通过修订完善生产现场管理规范、作业指导书等文件，提升生产现场质量管理能力，防止问题重复发生。

### 19.2.2.14　质量监督与改进

1）建立6S管理、工艺纪律、质量监督等自查、改进机制。定期开展6S、工艺纪律、质量监督等检查。及时记录和反馈监督检查发现的问题，提出整改意见和落实闭环管理，各级（项）质量专项检查中工作要求得到有效落实。

2）开展面向产品的质量分析，做好对产品质量问题信息的采集、分类、聚焦和放大。深入分析问题原因，将关注点聚焦到共性、重复性、批次性问题及问题多发、关键和通用产品上，对造成质量问题的深层次原因和产品的薄弱环节，制定针对性的纠正和预防措施并加以落实，逐步提高产品成熟度。

3）生产现场各班组定期召开班组质量分析会，质量分析工作做到主题明确，分析透彻，措施到位，记录完整。针对问题原因采用合理化建议、精益六西格玛、现场改善、标准作业、QC小组活动等形式实施改进，提高过程和产品质量。

4）对现场出现的质量问题进行统计分析，收集与产品生产过程有关的数据，开展数据分析，使用统计工具进行数据分析，及时发现潜在问题，采取预防措施，预防质量问题的发生。

### 19.2.2.15　技术状态控制

1）按照相关要求制定技术状态控制的程序，明确相关人员的职责和工作要求。技术状态更改的基线明确。2、3类工程更改严格执行技术状态更改五项原则。

2）现场使用的技术文件配套、完整，满足生产、试验、检测等需求，文件的编写、审签、标识等符合相关标准的规定。

3）设计文件的更改在工艺文件及产品实物中得到落实，确保产品实物与产品设计技术状态一致，并有记录。

### 19.2.2.16　记录管理

1）对生产现场记录的收集和整理工作有明确的工作要求（如工作流程、人员责任，收集和整理的频次等），记录文件统一标识和保管，保存时间与产品寿命周期相适应。

2）现场人员依据数据包相关内容要求进行记录，记录内容的填写要及时、真实、完整、准确且不应随意更改，有量化要求的应填写实测数据。

3）记录的收集可使用信息系统，如产品数据管理（PDM）、电子表格。对收集的记录进行归类、整理、分析，为持续改进提供信息。

4）在生产现场安排适宜的储存环境存放记录，防止记录损坏和丢失，并按照单位档案管理要求进行归档。

5）有多媒体记录要求的生产过程，按要求实施记录，确保文件完整、清晰。

### 19.2.2.17　现场物料和在制品管理

1）建立作业现场物料及在制品的管理机制，包括原材料和在制品库存控制原则、领用程序和危险原材料控制程序等。

2）物料及在制品储存环境的温度、湿度、洁净度、防静电等指标满足物资储存条件和码放规范。记录完整、准确、可追溯。产品的入库、储存、领用符合规定，记录完整、准确、可追溯，库房的账、卡、物一致。物料运输、搬运、包装及防护过程中，有防静电、防锈、防湿、防潮、防蒸发等措施并落实到位。

3）对物料供应体系进行系统管理，确保与现场作业协调匹配。物料储存、发放、使用符合相关规定，记录完整、准确、可追溯。一般采取定额定量发料，防止多余物和材料、产品的错用或误用。

4）生产现场使用的物料具有有效的合格证明并在有效期内。生产现场物料批次控制符合有关规定，批次清楚、标识规范。

5）能够通过系统的方法对作业现场的物料和在制品的库存及流转进行监控。通过现场准时化物流配送等方式，减少库存资金占用。做好存储过程的养护，减少浪费，提高物料的利用率。

### 19.2.2.18　生产计划管理

1）根据市场需求的特点（任务要求）、生产能力、供应商的供给能力、本单位内部的需求和确定的生产计划制定原则，制定均衡的生产计划。

2）通过信息技术的手段或规范化的文件，准确地向现场传递生产计划指令。

3）现场的生产（试验）作业开始前，进行生产（试验）准备状态检查（评审），对作业文件、工装、设备、物料齐套情况、作业环境、岗位设置、人员情况等进行确认，具备条件后方可开始生产（试验）。

4）建立生产运行的数据收集和分析系统，系统能够分析生产资源与作业计划的匹配情况，确保生产资源高效利用、均衡生产。监控生产计划的完成情况，对异常进行及时的处理，并对措施有效性进行评价。

5）生产部门对节点完成率等生产计划指标进行统计分析，找出主要影响因素，制定改进措施，并对措施有效性进行评价。

### 19.2.2.19　安全与保密管理

1）按照职业健康安全管理体系的要求，实施现场安全管理。

2）对生产现场进行合理布局，创造符合人体工程学要求的作业条件，通过各种方法，不断减小员工的劳动强度、提高劳动效率、减少安全隐患，包括但不限于工装的“小改小革”、调整工作台高度、采用减少动作浪费的设计等。

3）建立危险源清单，贯彻安全生产标准化工作。加强对危险源、危险作业的监视，作业现场危险点和防护措施清晰醒目，安全警示标识齐全。

4）执行安全生产规章和操作规程，正确穿戴和使用符合职业健康与安全的劳动防护用品和用具。加强对有毒有害作业点的安全管理，严禁无证人员上岗操作。对作业人员定期进行职业危害健康监护体检。

5）根据危险源辨识和风险评价结果，确定潜在紧急情况和应急响应目标。建立应急反应机制，编制生产事故应急预案，根据应急预案的要求配备响应的应急物资及装备，并进行预案演练。

6）做好各项保密工作，严格按照保密工作中的规章制度要求开展各项工作。

#### 19.2.2.20　环保与资源利用

1）按照环境管理体系的要求，投入必要的资源，不断优化工艺，减少生产过程中的污染排放和能源消耗。

2）形成重要环境因素和控制措施清单以及控制计划（管理方案和预案），制定并实行环境改善措施，采取措施减少乃至防止生产现场产生的废物、废水、废气等废弃物。

3）建立监控系统监测能源消耗水平和废弃物产出量，结合作业过程的特点，不断优化能源使用，开发能源循环使用的方法。

4）建立激励制度，对改善环境及技改项目给予鼓励，创造良好的工作环境。

5）结合作业过程的特点，不断对生产工艺、流程进行优化，以减少资源损耗，对于重大损耗项目，设立专项实施改进。

6）建立能源消耗控制流程，结合现场的特点，开发能源循环使用的方法。针对废弃的设备和材料，设计循环再利用的方案。

7）将能源损耗纳入现场的绩效管理体系，提出明确的节能降耗的目标。

#### 19.2.2.21　成本管控

1）强化成本意识，制定成本控制目标，对现场物资、作业管理、工艺布局等方面制定成本管控具体措施。

2）严格执行成本定额，加强生产组织管理，优化生产流程、合理设置工位、使用新工艺、新设备和新材料，加强工艺控制、工艺攻关、改进作业，提高原（辅）材料使用效率，降低能耗水平，控制生产成本。

3）针对生产过程，采取群众性技术创新活动、专项竞赛活动以及职工合理化建议活动等形式，推动降本增效活动的开展。

4）将成本管控工作和现场现有的工艺、质量、生产等信息系统相结合，实现成本数据在各系统内的收集、整理、汇总和分析。

### 19.2.3　过程测量与监控

#### 19.2.3.1　过程监视与测量

1）识别需要监视和测量的过程，制定各部门在过程监视和测量中的职责，制定完整的现场过程监控流程图，并对监控点的分布进行规划设计。根据实际情况，考虑监视和测量的类型与程度。

2）确定监视和测量的项目、方法、频次和判定准则，制定相应的作业指导书。

3）明确过程测量与监控的数据，明确数据采集、统计和分析的要求，并按要求实施。保持对过程监视和测量的记录以及采取措施的记录。确保过程信息得到传递，且传递的效率满足相关方的要求。

4）通过信息技术手段，系统有效地使用统计过程控制方法，建立实时的过程质量监测系统，收集完整的过程质量数据。

#### 19.2.3.2　过程异常处理

1）识别现场可能发生的产品质量问题、设备故障、安全事件等异常事件，按类别建立过程异常处理程序，规定异常情况控制以及处置的有关职责和权限。

2）对生产过程中发生的问题按规定办理问题处理单，紧急、例外放行记录等手续，涉及返修等过程按要求编制临时工艺并实施。

3）对过程异常情况按规定上报。过程异常情况要得到及时有效的控制和处理，以防止其他非预期状况的发生。

#### 19.2.3.3　纠正与预防

1）单位建立纠正与预防措施控制程序，明确各部门在实施纠正与预防措施方面的职责，分析现场存在的问题，查找原因和过程能力的不足，并在技术上、管理上采取纠正和预防措施。

2）对现场员工开展经常性的质量意识教育、岗位培训和案例教育，总结提炼最佳实践，加强班组建设，提高现场员工的业务水平和能力。

3）对纠正和预防措施进行评审，评价措施的有效性。对采取纠正及预防措施的结果进行记录。

### 19.2.4　过程改进与创新

1）建立系统的生产现场管理过程改进机制。通过对生产现场管理过程的产品质量、成本、人员技能、设备、效率、过程能力等结果进行评价，制定改进计划并组织实施。采取与单位特点和产品特点相协调的技术和方法，对生产现场管理过程进行评价、分析和改进。通过及时的数据分析，评价过程能力，对过程进行持续改进。坚持有效的质量改进活动，包括 QC 小组、六西格玛、精益生产、合理化建议等。

2）根据市场需求、产品的发展趋势、顾客需求变化等，识别生产现场管理的创新机会。

3）现场人员能够运用质量管理的方法，开展革新和改进项目。现场改进成果得到了固化，并推广应用。

## 19.3 生产现场评价

### 19.3.1 评价程序

航天生产现场评价程序分为评价准备、现场评价、结果发布、改进提高四个阶段。

#### 19.3.1.1 评价准备阶段主要工作内容

1）各现场按照有关要求准备现场建设总结和相关证实资料，给出本现场的检查项目剪裁建议。提供评价前一年内生产现场相关质量问题清单，标明现场发生的重大质量事故和重大质量问题及数量。

2）成立评价工作组，进行必要培训。

3）评价工作组提出现场评价实施计划，经集团（各研究院）审核确认后，于评价开始前一周向被评价现场所在单位下达。实施计划包括评价时间，计划安排，评价工作组成员名单等。

4）被评单位在检查期间正常组织生产活动。

#### 19.3.1.2 现场评价阶段主要工作内容

1）召开评价工作首次会议。评价工作组长宣布评价目的、范围、要求、工作组成员以及日程安排。被评单位简要介绍现场生产任务和管理特点，并落实联系人。

2）评价工作组按照检查项目明确分工和评价要求。按需检查相关证实材料。

3）评价过程中，评价专家依据评价手册，采用文件查阅、交流座谈和现场考察等方式，对照检查单，对每个检查项目进行评价，填写检查记录表，给出评分系数。

4）评价工作组进行内部沟通协调，达成一致意见，给出评价结果。

5）召开评价工作末次会议。评价工作组通报评价有关情况，包括发现的薄弱项目、问题和有效的做法及经验。

#### 19.3.1.3 结果发布阶段主要工作内容

1）现场评价工作结束后15个工作日内，评价工作组编制并完成评价结论，内容一般包括现场简介、评价结果、存在的问题和经验等。

2）评价工作组将评价报告上报集团审查。

3）审查评价报告后将之发送至相关部门和被评单位所在研究院。

#### 19.3.1.4 改进提高阶段主要工作内容

针对评价结果，及时制定整改计划，提出并实施具体改进措施，将改进情况上报至集团。

### 19.3.2 星级设置

航天现场管理评价结果划分为3个星级，分别为：三星级、四星级、五星级，其中三星级为达标，四星级为良好，五星级为优秀。

### 19.3.3 评价项目及分值设置

根据现场管理实施指南，共设35个评价项目，评价时每个项目给出检查单，列出检查要点、证实性材料、检查方式、容易存在问题的薄弱点。检查单示例-员工素质见表19－1。总分设定为1 000分，检查项目及分值见表19－2。

**表19－1 检查单示例-员工素质**

| 4 | 员工素质 | 实施指南 | 员工意识<br>员工技能 |
|---|---|---|---|
| 检查要点 | 1. 企业采用适当的方法和形式，培养员工牢固树立“有依据、按依据、留记录”的工作意识，激发员工主动参与现场管理活动的热情，如合理化建议、质量管理小组（QC小组）、管理创新等。通过展板、成果发布会、现场信息化手段等途径，充分展示和分享员工参与现场管理和持续改进与创新的成果，增强员工爱岗敬业以及积极、自主参与现场管理和改进的意识，提升员工发现问题、分析问题和解决问题的能力，防止质量问题、安全问题的发生。<br>2. 企业通过不断提升员工的意识，激发员工积极工作的热情，对员工参与现场管理和持续改进的成果进行挖掘、提炼和复制推广，促进员工意识的不断提升。<br>3. 有充分的资料证实，在企业现场形成了良好的积极主动和持续改进的氛围。<br>4. 企业根据现场作业的特征，建立员工技能分析体系，确定现场员工能力要求，并结合组织发展规划和员工自身发展需求，形成员工素质技能发展规划（如多能工培养、技能晋升通道、职业发展规划等）。<br>5. 根据现场岗位技能要求，对员工的技能进行系统的评价，配备必要的培训资源。建立员工技能档案，制定员工培训计划；建立所需的师资队伍；结合企业的实际案例，编写各类、各级生产操作技能培训教材和现场管理培训教材。通过识别员工技能提升要求，开展有针对性的员工技能培训，使员工技能水平满足企业发展要求。<br>6. 适应多品种、小批量研制生产模式，建立专业化、高技能的员工队伍，为提高员工作业效能和现场管理的改进能力，采用交叉培训、定期轮岗等多种方式培训员工一专多能 | | |
| 证实性材料 | 1. 现场总结；<br>2. 企业调动员工参与质量改进的总体情况，调动员工参与改进的活动资料，如合理化建议、QC小组发表评比材料等；<br>3. 员工参与现场改进的成果；<br>4. 企业员工发展规划或方案；<br>5. 企业员工能力分析报告，内训师队伍建设材料；<br>6. 培训计划及培训教材；<br>7. 企业内部培训教材；<br>8. 典型质量问题案例及培训材料 | | |
| 检查方式 | 听取单位汇报，查看自评报告，现场查看建议、改进机制、成果情况等 | | |
| 容易存在问题的薄弱点 | 1. 从企业层面未建立员工职业发展通道；<br>2. 未建立调动员工参与质量改进的机制，例如不能系统地提供企业持续开展各种质量竞赛和改进活动的证据；<br>3. 未建立内部培训师队伍，培训工作不系统 | | |

**表 19－2　检查项目及分值**

| 模块 | 序号 | 检查项目 | 分值 |
|---|---|---|---|
| 推进要素（150 分） | 1 | 领导作用 | 50 |
| | 2 | 战略秉承 | 30 |
| | 3 | 组织保证 | 20 |
| | 4 | 员工素质 | 50 |
| 过程（850 分） | 5 | 过程要求的确定 | 50 |
| | 6 | 生产模式及现场布局 | 50 |
| | 7 | 现场作业组织与管理 | 25 |
| | 8 | 现场作业标准 | 25 |
| | 9 | 信息管理系统 | 50 |
| | 10 | 风险识别与预防 | 25 |
| | 11 | 6S 和目视化管理 | 20 |
| | 12 | 现场作业人员管理 | 40 |
| | 13 | 现场文件管理 | 20 |
| | 14 | 设备管理 | 40 |
| | 15 | 产品检验控制 | 20 |
| | 16 | 关键过程控制 | 20 |
| | 17 | 特殊过程控制 | 20 |
| | 18 | 现场作业环境控制 | 25 |
| | 19 | 静电防控 | 25 |
| | 20 | 多余物控制 | 25 |
| | 21 | 试验控制 | 20 |
| | 22 | 产品标识与批次管理 | 25 |
| | 23 | 不合格品及归零管理 | 20 |
| | 24 | 质量监督与改进 | 20 |
| | 25 | 技术状态控制 | 20 |
| | 26 | 记录管理 | 20 |
| | 27 | 现场物料和在制品管理 | 20 |
| | 28 | 生产计划管理 | 40 |
| | 29 | 安全管理 | 20 |
| | 30 | 环保与资源利用 | 10 |
| | 31 | 成本管控 | 15 |
| | 32 | 过程测量与监控 | 50 |
| | 33 | 过程异常处理 | 25 |
| | 34 | 纠正与预防 | 25 |
| | 35 | 过程改进与创新 | 40 |

续表

| 模块 | 序号 | 检查项目 | 分值 |
| --- | --- | --- | --- |
| 结果 | 1. 年内发生重大质量事故和重大质量问题的不得申请星级评价；<br>2. 年内发生重复性质量问题、批次性质量问题或人为责任质量问题，每次扣 100 分 | | |

19.3.3.1　推进要素模块

包括“领导作用”“战略秉承”“组织保证”“员工素质”，共计 150 分。

19.3.3.2　过程模块

过程模块分为“过程策划”“过程控制”“过程测量与监控”“过程改进与创新”4 个一级实施项目，31 个子模块，分值共计 850 分。

19.3.3.3　结果模块

对一般结果指标的检查对应着过程类检查单一并进行。同时，对产品质量设定扣分项，发生重大质量事故不得申请星级，对人为责任质量问题、重复性质量问题、批次性质量问题的情况进行相应扣分。

### 19.3.4　评价方法

评价专家根据现场实施指南和检查要点对现场管理情况进行评价。

19.3.4.1　检查项目等级判定

通过现场观察、查证资料、人员交谈等方式，按照检查项目的评价内容进行评价。对照评价内容的每个条款的要求，依据查阅的资料及相关证明性材料，如实记录评价中发现的问题和先进、有效的做法，给出评价结论、分数和等级。

（1）推进要素检查项目评价

采用符合性评价方式。根据高层领导对现场管理的参与、人员素质状况，以及现场管理的持续改善效果，给予打分。

（2）过程类检查项目评价

依据每个检查项目的检查内容，采用“要求识别策划—工作执行落实—标识与环境—结果”的评定方式来确定每个要素的等级，定量化评定其符合性和有效性程度。每个评价项目的工作开展情况分为四个等级，即优秀、良好、达标和不达标四级。

1）每个等级对应着相应的系数，评分系数分值越高，对应检查项目开展的工作越好。过程类检查项目等级和系数评定见表 19－3。

2）给出评分系数。按照以下统一的打分原则给出评分系数：

a）无问题且有亮点方为 1.0，未发现问题为 0.95，有 1 个问题评分不高于 0.9；

b）3 个问题以内（含 3 个）且没有系统性问题，系数可为 0.75、0.8、0.85；

c）多于 3 个问题且没有系统性问题，为 0.6、0.65、0.7；

d）存在系统性问题，打分系数低于 0.6。

**表 19－3　过程类检查项目等级和系数评定**

| 等级 | 评价依据 | 评分系数 |
| --- | --- | --- |
| 优秀 | 1. 结合本现场特点，针对实施指南各项内容进行了充分的识别和策划，制定了具有本现场特点的工作要求和操作程序等。<br>2. 对于检查内容涉及的各项工作，严格遵守制定的各项工作要求和操作程序要求。各项工作记录全面、规范，实时可见，所有过程具有可追溯性。<br>3. 现场标识类型全面，图文并茂，清晰易懂，环境舒适整洁。<br>4. 涉及的结果指标充分满足各方要求 | 0.9、0.95、1.0 |
| 良好 | 1. 针对实施指南各项内容进行了全面识别和策划，制定了全面、系统、规范、详细的工作要求和操作程序。<br>2. 对于检查内容涉及的各项工作，全面、严格执行制定的相关工作要求和操作程序。各项工作记录及时、完整，随时可查，主要过程具有可追溯性。<br>3. 现场标识类型全面，内容明确，环境整洁。<br>4. 涉及的结果指标满足各方要求 | 0.75、0.8、0.85 |
| 达标 | 1. 针对实施指南各项内容进行了全面识别和策划，制定了有效的工作要求和操作程序。<br>2. 对于检查内容涉及的各项工作要求和操作程序执行到位，各项工作记录保存完好、可查。<br>3. 现场标识完好，内容清晰，环境较整洁。<br>4. 涉及的结果指标基本满足各方要求 | 0.6、0.65、0.7 |
| 不达标 | 1. 针对实施指南各项内容没有进行全面识别和策划。<br>2. 对于检查内容涉及的各项工作没有严格执行相关要求，各项工作记录不完整，时效性差。<br>3. 现场标识不全，图文模糊，环境脏乱差。<br>4. 涉及的有些结果指标不满足要求 | 低于 0.6 |

3）判定各检查项目的实际分值。每个过程检查项目的实际得分为该检查项目的满分分值乘以评分系数。

（3）结果类检查项目评价

按照“年内发生重复性质量问题、批次性质量问题或人为责任质量问题，每个扣 100 分”的原则，给出扣分。

#### 19.3.4.2　现场管理评价星级判定

星级划分方法：将推进要素、过程检查项目得分之和减去结果扣分即为最终得分。其中：

五星级：评价总得分在 900 分到 1000 分。该等级现场已将提升质量、提高效率、降低成本融入本企业现场管理文化中，科学、灵活地使用相应的工具和方法对现场管理流程进行持续的改进，实现了优质、高效、低耗、均衡、安全、文明的生产作业。现场管理水平可以作为航天科技集团所属各企业现场的标杆。

四星级：评价总得分在 750 分到 899 分。该等级现场设定了明确量化的现场管理目标，建立了完善的现场管理和持续改进的流程，能够正确选择和使用相应的管理工具和方法。

三星级：评价总得分在 600 分到 749 分。该等级现场设定了现场管理的目标，建立了比较完整的现场管理流程，能够使用相应的管理工具和方法进行持续改进。

600 分以下不评定星级。

### 19.3.5 生产现场再评价

现场管理评价三星级有效期为三年，四星级、五星级有效期为五年，由集团公司统一发文授证。证书持有单位在证书有效期到期前六个月，提出申请进行全要素复评。

由于现场管理原因导致重大质量问题或重伤以上安全事故的现场，给予暂停星级的决定，相关单位进行认真整改，整改完成后重新申请进行评价，评价合格后恢复证书。对于评价不合格的，给予降级或撤销星级。

# 第 20 章　标准的工程化管理

航天标准是在航天科研生产活动中为获得最佳秩序，经协商一致制定形成的航天领域各级各类标准文本。航天标准化是对航天领域各级各类标准进行制定、实施和监督的过程。航天标准化管理是对标准体系设计、标准制定、标准实施和监督等过程的管理活动。

航天标准化是随着航天事业的发展而不断发展完善的，经历了从科研到产业、从内部到公开、从国内到国际的发展历程，是适应不同阶段特点，以满足特定需求，解决特定问题为出发点，不断丰富、完善和优化，在总结和积淀航天技术和管理经验、支撑和保证型号科研生产任务方面发挥了不可替代的重要作用。在这其中，航天标准化管理的理念、方法、模式也在不断革新。

航天标准化管理创新的核心是实施航天标准的工程化管理，更加强调系统思维和系统工程方法在航天标准化工作中的应用，更加突出型号系统工程管理经验在航天标准化工作中的实际运用，以此推动航天标准化工作模式和方法的创新实践。新型航天标准化管理实施“1＋5”的模式。其中，“1”是指标准工程化的总体设计，主要任务是基于航天标准化的需求和任务分析，确立工作目标，划分工作阶段。“5”是指按照确立的工作目标，围绕“制定标准—实施标准—对标准实施监督”主线，开展标准体系构建、标准实施模式创新、标准化专业队伍建设、标准信息化管理和标准国际化五个方面的工作。

## 20.1　总体设计

航天标准的工程化总体设计，是践行“标准工程化”这一新理念，确保标准化工作取得实效的关键所在，其主要任务是依据标准工程化管理的总体设计理念提出航天标准化的总体目标并建立目标体系，依据设计目标开展全要素分析，奠定总体设计基础。

### 20.1.1　设计理念

航天标准工程化管理的核心理念是“标准工程化”。标准工程化是通过将标准化工作的全要素、全过程以及其所处环境作为一个整体，设立系统化的目标体系，在一定时间周期内，采用一系列工程化手段，推动标准化工作各要素协同，实现标准化工作效能整体快速提升。因此，标准是核心，工程化是手段，其主导者和推动者的主体是标准化管理部门。标准工程化，在实际操作过程中，通常被称为“标准化工程”，这是近年来，新提出的一个概念，应该说是综合标准化方法在新时期的一种拓展和延伸，是在更高层面上、更广范围内系统开展标准化工作的一种手段、一个抓手。例如，国家标准化管理委员会在标准化“十三五”规划中提出的：农产品安全标准化工程、新一代信息技术标准化工程、智能制造和装备升级标准化工程等十大工程，其共通点都是要围绕着一个领域、一个目标，系统规划设计，集中调配资源，制标与用标相结合，继承与创新相结合。

对于航天标准工程化管理的总体设计而言，采用的是系统工程方法。一方面是由于航天标准化的服务对象是航天型号系统和各级产品，其设计、研制、生产是严格遵循系统工程方法的；另一方面，也是由航天标准化本身的要素多样性和关系复杂性决定的，其本身就是一个复杂系统，需要采用系统工程方法。航天标准工程化管理是从三个维度开展总体设计：一是航天标准化工作工程化推进的阶段划分；二是航天标准化对象的层级；三是航天标准化工作自身所涉及的要素，航天标准工程化管理总体设计的三个维度如图 20－1 所示。

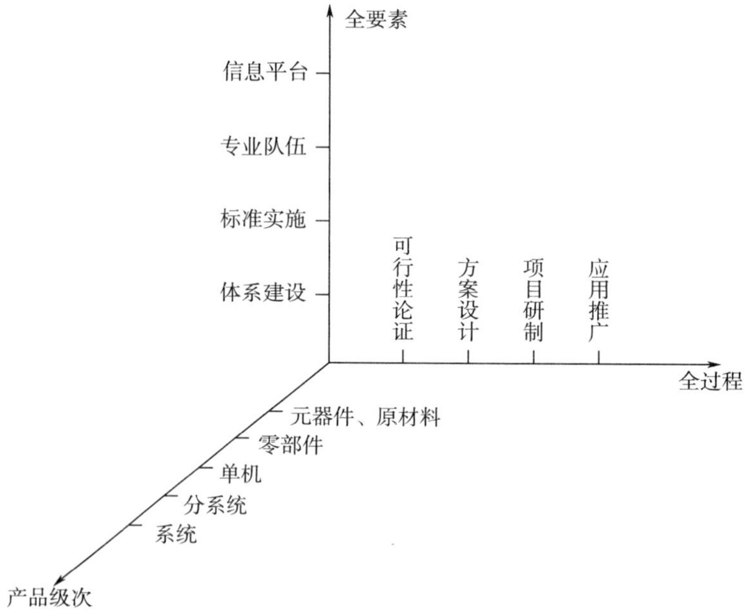


图 20－1　航天标准工程化管理总体设计的三个维度

### 20.1.1.1　航天标准工程化管理的阶段划分

把标准化工作看作一个项目，从全局和整体视角对航天标准化工作的项目全寿命周期进行设计，将其全寿命周期划分为前后衔接的不同阶段，并确定每个阶段的输入和输出，以及每个阶段的工作内容，并设置重大里程碑评审和若干技术评审点，管理上分阶段进行计划、协调和控制，最终实现航天标准化工作的总体目标。航天标准的工程化管理，可以划分为可行性论证阶段、方案设计阶段、项目研制阶段和应用推广阶段。

（1）可行性论证阶段

可行性论证阶段是由负责标准工程化的人员（一般是标准化管理人员和专职从事标准化工作的技术人员）和负责工程标准化的人员（一般是航天型号技术人员，包括型号队伍中负责标准化工作的人员，即型号标准化工作系统中的有关人员），在任务分析的基础上，共同制定和提出标准化工作的总体目标。可行性论证阶段的工作，大部分建立在任务分析的基础上，在实际操作过程中，相当一部分工作与任务分解的工作是重合的。

（2）方案设计阶段

方案设计阶段的开始标志是标准化总体项目的正式立项。组建由标准化人员为主构成的项目总体设计团队，负责编制标准化工作的总体方案。总体方案设计应当明确开展标准化工作需要从哪些维度考虑，主要包括哪些工作模块和工作内容，采用什么样的思路和实施途径，需要有哪些保障措施。总体工作方案经评审后确定，作为工作开展的顶层依据，从技术状态管理的角度来说是相当于构建了功能基线。总体工作方案确定后，经过反复权衡，还要将总体要求分解到各个分系统，并完成各个分系统的方案编制和评审，作为各部分各系统开展工作的依据，需要时，还应下达任务书。在进行总体设计时，需重点考虑标准化作为一项基础性工作，将其作为一个项目来管理，采用工程化的手段来推进和实施是一种创新形式，但其与航天型号研制在产品对象、管理模式、方法流程上存在很多不同之处，有其鲜明的特点，需要在方案设计时充分考虑，不能完全生搬硬套型号工程研制的模式。

（3）项目研制阶段

项目研制阶段开始的标志，是总体工作方案和各部分各分系统工作方案确定。项目研制阶段开始后，各项工作将正式推进实施。由于标准化工作本身的特点，进入项目研制阶段之后，工作开展的形式会呈现出多种形态，包括研究课题，标准制定，也包括一些工作项目。但这些项目的设立一定是要围绕着工程所建立的目标体系，对每个项目的验收评价，除了其本身技术内容是否符合任务书的既定要求，实现质量达标之外，还要重点考评其对目标体系的贡献度。这是有别于传统标准化工作作为技术基础项目或者作为年度例行工作，按照行政指令或者按照科研项目形式进行管理的关键所在。进入项目研制阶段后，要与研制的要素、过程和人员进行更多交互，切忌离开型号研制实际，关起门来搞标准化。

（4）应用推广阶段

标准化工作的目的之一就是总结固化成熟经验，以利于在后续更广范围内得到应用。因此，对于航天标准化总体工作而言，其成果的应用推广包括两个层面：一是其成果在航天型号中的应用，如建立的标准体系，制定的技术和管理标准，探索的型号和产品标准化工作模式，建立的标准化信息服务平台等成果可直接用于型号研制过程中，提升研制效能，确保型号产品质量；二是其以工程化为主体的一整套新的标准化模式、标准化理念在后续航天标准化工作中的应用推广和再创新。

一个系统从概念到产品要经历一系列的研制层次逐步优化，在每一个研制层次完成之后，必须评价是否已经满足了预期目标，检查设计的成熟性，分析技术风险，为是否可以进行下一个层次的研制提供决策依据。对于采办方和承制方，技术评审都是至关重要的控制手段。因此，航天标准化总体工作借鉴型号系统工程管理经验，也设置了一些重大技术评审，包括总体方案评审、实施方案评审、立项建议评审、任务书评审、开题评审、各阶段评审、验收评审等。

#### 20.1.1.2 航天标准工程化管理的对象层级

航天标准化的对象是航天产品及其研制活动。航天标准的工程化管理，必然涉及航天产品的各个层次，自上而下包括系统、分系统、单机、零/部/组件、元器件/原材料等。由于每个层级对象的固有特点不同、复杂性不同、研制特点不同，其标准化工作的内容、方法、程序、模式和具体运用的工具都不尽相同，因此，航天标准的工程化管理，需要考虑这些差异点，研究并实践如型号标准化（面向系统级/分系统级）、通用产品标准化（面向单机级）、基础产品标准化（面向元器件/原材料级）等。

#### 20.1.1.3 航天标准工程化管理的涉及要素

标准制定、实施和对实施的监督检查是传统标准化活动的主要内容。航天标准的工程化管理，注重航天标准化工作各要素的协同推进，最终实现航天标准化能力水平的整体提升。因此，航天标准的工程化管理，需要统筹包括标准制定、标准实施等在内的标准化全要素，特别是需要突出强调标准化专业人才队伍建设与运行、适应航天型号高强密度研制的标准工作模式创新、信息技术对标准化工作的支撑、航天标准的国际化等各项要素。将航天标准化的各项要素置于航天标准工程化推进的各个阶段，并在航天系统—分系统—单机—零/部/组件—元器件/原材料各个层级考虑这些要素的推进，使得航天标准化工作形成一个全过程、全级次、全要素的一个整体。

### 20.1.2 工作目标

航天标准工程化管理的工作目标，应从将航天标准化工作作为一个系统整体的视角，通过回答干什么、怎么干、谁来干和用什么干的问题来进行设计。“干什么”是指航天标准化工作的核心任务是要构建一套先进实用的标准，“怎么干”是指要形成一套适用的航天标准化工作方法和程序，“谁来干”是指需要一支专业化的人员队伍来负责航天标准化工作，“用什么干”是指开展航天标准化工作需要借助什么技术，依托什么平台，借助什么工具。因此，围绕核心任务、方法程序、人员队伍、工具载体四个方面，通过反复分析迭代，提出“建成统一标准体系”“创新标准化工作模式”“建立专业技术队伍”和“构建标准信息平台”四个方面的总体目标。同时，又考虑到作为核心任务——“标准体系”中比较特殊的一部分，即国际标准，是助推企业“走出去”，支撑国际化发展的重要手段和资源，因此，总体目标中可将“标准国际化”单独作为目标之一。

1）建成统一标准体系。为加速推进航天强国建设，规范型号研制，保证产品质量，提高设计、试验、生产效率，覆盖全寿命周期和各级产品，航天系统应建成统一的标准体系。

2）创新标准化工作模式。航天科研生产活动的核心是型号设计、生产，离开型号空谈标准化就是纸上谈兵。因此，航天标准化工作需要建立一套“型号牵引标准，标准指导型号”、标准化与型号研制和产品体系建设紧密融合、良性互动的工作模式。

3）建立专业技术队伍。航天工程是一项技术密集型的复杂系统工程，标准化管理人员不仅需要拥有标准管理的经验，同时应该具有扎实牢靠的型号技术功底，故应围绕产品、型号和岗位统一组织标准化专业技术队伍。

4）构建标准信息平台。为提高标准实施和应用水平，提高科研生产一线人员使用标准的效率，完成标准资源、实施指南、配套软件的结合，应建立标准化信息服务平台。

5）实质推进标准国际化。为加速中国航天“走出去”的步伐，提升航天企业在国际上的市场竞争力，需要加快航天标准的国际化进程，主导制定国际标准，并在整星、设备和器部件出口、对外发射服务、联合研制等过程中运用航天标准，实现标准的国际互认，实现通过标准“走出去”带动技术、产品和服务“走出去”。

### 20.1.3　设计要素

根据工作目标，航天标准工程化管理的总体设计相应地包括五个方面要素，分别是：标准体系、标准实施模式、标准化人才队伍、标准化信息服务平台和标准国际化。工作目标和设计要素如图 20－2 所示。

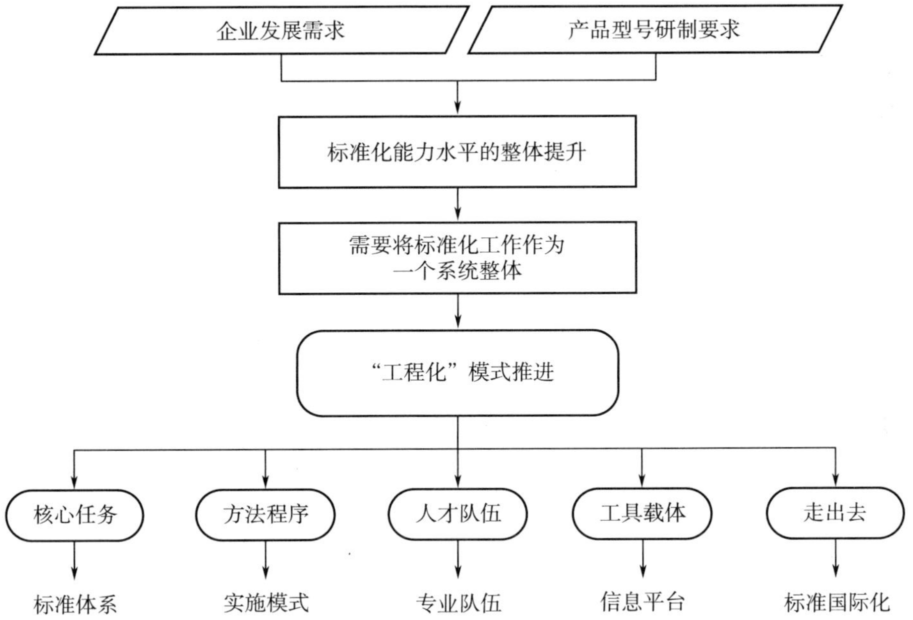


图 20－2　工作目标和设计要素

标准体系构建首先要搞清体系的基本概念、基本特征和基本构成；然后对标准体系框架进行设计，并开展运行和维护，制定包括管理标准、产品保证标准、工程技术标准、通用产品标准在内的标准，逐步完成标准体系表构建。

标准化工作模式主要包括型号标准化、岗位标准化、产品标准化。“项目”“组织”“产品”贯穿于航天科研生产中每一层级，从不同维度对标准化工作提出要求。

标准化人才队伍建设主要从标准化师职业序列的基本概念、定位、标准化师职业序列的建立和标准化人员培训等方面展开，包括标准化师队伍的建设模式、模型、配置、任职资格、职责、培训与聘任上岗。

标准化信息服务平台建设主要从平台的方案设计、系统开发及信息管理与维护等方面进行展开，包括方案总体架构、标准信息管理、新闻公告、标准化专题、培训宣贯、工作台、统计分析、运行维护、数据更新等。

标准国际化主要包括国际航天标准的基本情况、编制流程、选项原则及制定模式。

## 20.2 标准体系构建

### 20.2.1 标准体系概述

#### 20.2.1.1 标准体系基本概念

标准体系是指一定范围内的标准，按其内在联系形成的科学的有机整体。标准体系是多种多样的，一定范围内的标准都可形成不同的标准体系，如国家的、行业的、企业的、某项产品的，某个事项等范围内都可形成各自的标准体系。

“内在联系”是指在标准体系内，各标准之间具有纵向的层次关系，共性和个性的联系，横向的协调和配套联系。

“有机整体”说明在标准体系内，各标准之间互相联系、互相依存、互相制约、互相作用而形成一个系统、一个整体。标准是作为标准系统的一个单元而存在，脱离了这个整体、失去了标准之间的互相作用，也就没有存在的意义了。有机整体的含义在于发挥标准群体的作用和系统效应。

#### 20.2.1.2 标准体系基本构成

将标准体系内的标准按一定规则和形式排列成的图表，就是标准体系表。一般来说，标准体系表由标准体系结构图、标准明细表及必要的文字说明、汇总表所构成。标准体系表是标准体系有机整体的具体体现，其包括一定时期、一定范围内的标准体系应有的全部标准，既包括现行标准和正在制定的标准，也包括预计将来需制定的标准。

标准体系可按照不同范围划分为国家、行业、专业、门类、企业等不同层次的标准体系；也可按照不同的具体对象划分为不同产品、项目的标准体系。

（1）标准体系表的组成

标准体系表一般由标准体系表结构图、标准明细表和编制说明组成。

（2）标准体系表结构图

标准体系表结构图可由总结构框图和若干个子框图组成。标准体系的结构关系一般分为：上下层之间的“层次”关系，或按一定的逻辑顺序排列起来的“序列”关系，也可以是由以上几种结构相结合的组合关系。

（3）标准明细表

标准明细表是在标准体系表结构图的基础上编制的，实质上是结构图的说明和扩展。明细表主要包括：体系表编号、标准名称、现行标准编号、拟制定标准级别和国内外参照标准等。

（4）编制说明的主要内容

标准体系表应同时包括编制说明，其内容一般应包括以下各点：

1）编制体系表的依据及要达到的目标；

2）国内、外标准概况；

3）结合统计表，分析现有标准与国际、国外标准的差距和薄弱环节，明确今后的主攻方向；

4）专业划分依据和划分情况；

5）与其他体系交叉情况和处理意见；

6）需要其他体系协调配套的意见；

7）其他。

#### 20.2.1.3　标准体系表的特征

（1）目的性

每个标准体系表都是围绕一个特定的标准化目的形成的，标准体系表的构成必须满足实现特定目的的需要。例如，通过编制标准体系表，规范航天型号研制生产全过程的技术与管理工作，实现航天各级产品的标准化。编制包括技术标准、管理标准和工作标准在内的企业标准体系表，实现企业全面标准化管理。

（2）整体性

标准体系表的整体性表现为各类标准之间互相依存、互为补充、共同构成一个完整的整体，并发挥其整体效应的特性。在现代化生产的今天，单个标准已难以发挥作用，只有一个完整标准体系内全部标准共同作用才能取得最佳效果。例如某产品的质量标准，必须有相配套的零部件标准、工艺方法标准、试验方法标准、工艺装备和检验工具标准、质量管理标准以及包装、储存、运输等标准共同实施才能达到保证产品质量要求的效果。

整体性反映的是标准体系表的横向标准之间的配套关系。

（3）层次性

层次性表现为标准体系表的结构特性，即标准体系表内的标准是分层的。

标准体系表由若干个标准子系统组成，每个子系统又包含有一定数量的标准，这些标准在各子系统中有序、分层次排列着。例如，工程技术标准分支是按航天产品的系统、分系统和设备由高层次到低层次排列。一般情况下，高层次的标准对低层次的标准有制约性。通用性的标准根据其通用范围的大小，安排在适当的层次上。在标准体系表中应尽量扩大标准的通用面，将其放在较高的层次上，以避免较低层次上的标准重复。

层次性反映的是标准体系的纵向标准之间的制约关系。

（4）协调性

标准体系表的协调性表现在各标准之间相关性质方面的规定应做到互相衔接、互为条件、协调一致。例如，导弹各部件间接口尺寸和技术要求应协调一致，而产品质量标准与工艺规范、检测方法标准、材料标准、元器件标准等也应协调一致。

协调性反映的是标准体系表标准之间的统一性。

（5）动态性

动态性是标准体系表与当代科学技术水平和经济发展相适应的特性，同时也反映出标准化工作的现状和条件。标准体系表将随着时间的推移而变化和发展。当然，标准体系表也应有足够的稳定时间让其发挥作用。所以，标准体系表从时间上是台阶式的发展。

动态性赋予标准体系表以活力和适应能力。

### 20.2.2　标准体系的设计、应用和维护

#### 20.2.2.1　标准体系的设计

体系框架设计是体系建设的核心。标准体系框架的构建一般有如下几类：

（1）按产品分解结构（PBS）构建

根据标准系统中各类标准的标准化对象属性，按产品的层次结构和关系，搭建标准体系框架，如按系统、分系统、设备、部件/组件等进行构建。

（2）按项目工作分解结构（WBS）构建

结合项目所涉及的工作内容，按照 WBS 架构建立标准体系，应能涵盖工程、制造和试验等领域的标准，以及研制有关的项目管理、市场与销售、客户服务、技术改造以及信息化等方面的标准。

（3）按技术体系构建

根据行业技术特点，结合行业技术体系的架构来建立标准体系。该技术体系往往按照不同专业来划分，例如，对于航天行业而言，可分为系统总体、结构与机构、推进技术、制导导航与控制、测控通信和数据管理、电源与供配电、有效载荷、弹头与突防等。

（4）按专业能力体系构建

以未来国防科技工业建设重点为出发点，以满足军工核心能力建设和装备科研生产重大事项协调需要为目标，建立基于能力构建的标准体系。例如，可按照产品科研、制造、信息化、配套产品、行业管理等要素构建。

（5）按产品研制流程构建

依据科研装备研制流程，结合本行业特点来建立标准体系。例如，可按照装备研制的论证、工程建设、验收、运行应用、退役延寿等来构建标准，使其能够覆盖装备全寿命周期。航天装备标准体系表的第一层即按此方法构建而成。

上述几种标准体系框架的构建方法，其本身并无优劣之分。在实际工作中，对于不同的标准体系，其框架的构建方法可以采用上述几种方案的组合，综合利用各种方法来构建。例如，对于航天标准体系而言，既要覆盖航天型号产品的全生命周期维度（包括论证、方案、工程研制、定型与生产部署、使用维护与退役等），又要覆盖型号按产品结构分解的各层级（包括系统、分系统、单机、零/部/组件、元器件/原材料），还要覆盖航天科研生产和产业发展所涉及的各个专业（包括基础管理、产品保证、工程技术、卫星应用等），这些维度需要综合考虑。在二维平面的体系框架结构中，是嵌套关系，如体系框架第一层级按照学科专业划分，第二层级以产品分解结构为主进行划分，第三层级对不同层级产品按照寿命周期或产品研制过程为主划分。航天标准体系构建需要考虑的三个维度，以及包含的主要内容分别如图 20－3 和图 20－4 所示。

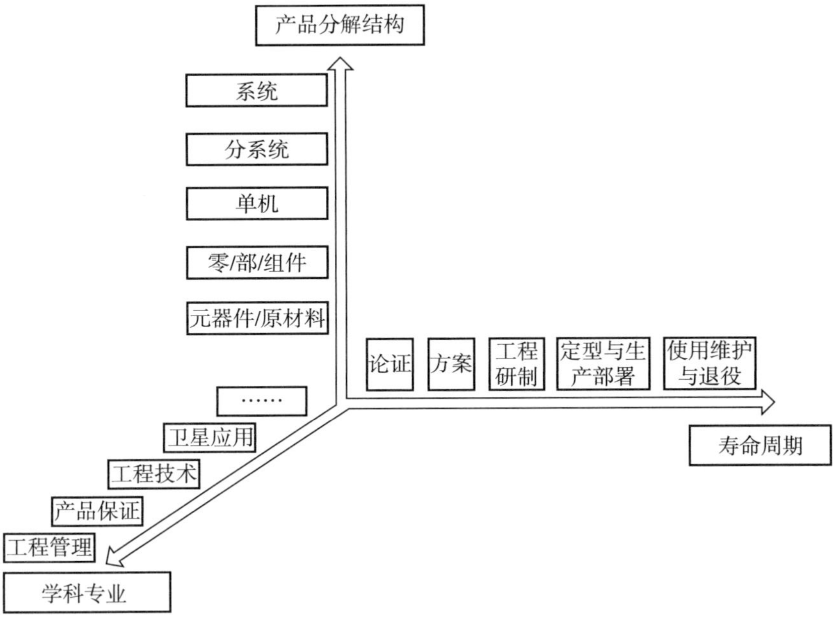


图 20－3　航天标准体系构建需要考虑的三个主要维度

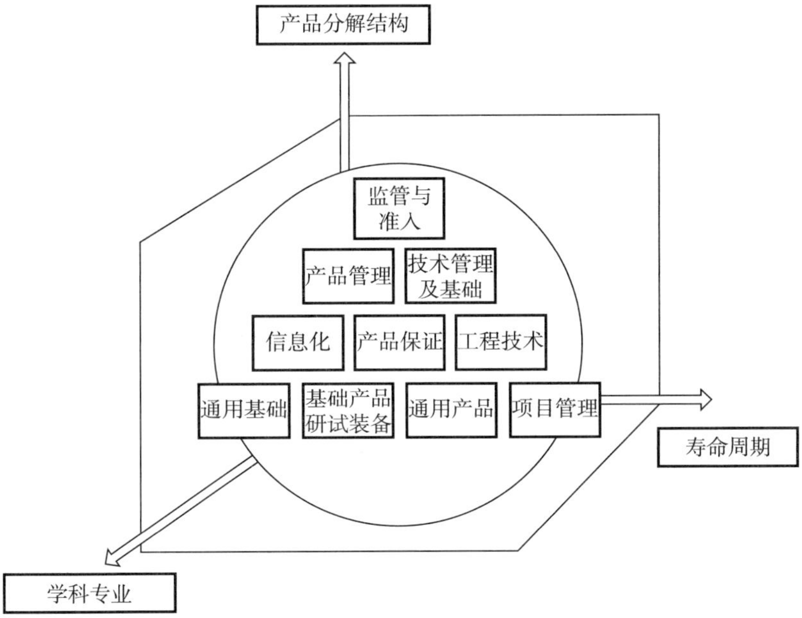


图 20－4　航天标准体系构建包含的主要内容

从体系纳入的标准级别而言，以企业或者项目为对象构建的标准体系，应当纳入适用的各级各类标准，以形成一个全面完整的体系。例如航天标准体系应纳入国家标准（GB）、国家军用标准（GJB）、航天行业标准（QJ）以及各级企业标准（例如 Q/QJA，Q/Dy，Q/W，……）。

20.2.2.2　标准体系的应用

（1）指导长远规划和年度计划的制定

标准体系表是编制长远规划的基础，而长远规划又是编制年度计划的基础。既然编制了体系表，在编制计划时就应认真加以贯彻以下内容：注意提出来的项目是否和体系表一致；注意项目在体系表中的位置和分布情况；注意是否符合先上层后下层、先主干后分支、先通用后专用等原则；注意有限目标、突出重点，确保不遍地开花，以便更快地把工作推进。

（2）正确处理约束性和灵活性关系

由于标准体系表的编制带有预测成分，在技术和物质保证条件上带有不确定性，执行时可能会出现不符合当时、当地情况的现象，这时应实事求是地处理，对与体系表不适应的部分进行局部修改或调整。

（3）正确指导标准制定时的协调工作

标准体系表体现了标准间的有机联系，明确了上下层次间、同一层次不同标准间的界面关系。在制定标准时，应以标准体系表为主要依据，审查标准内容范围是否与有关标准协调。可以说，标准间的协调应以体系表为主要依据，同时，体系表结构的有序、优化又要通过具体标准间的协调才能实现。

（4）不断积累经验，定期修改完善标准体系表

体系表不是一成不变的，随着科学技术的发展和外界条件的变化，体系表在时间结构和空间结构上应进行适应性变化；对于在执行过程中发现的矛盾和出现的不合理的现象，要注意总结和积累经验，为今后的修改和进一步的完善打下基础。

20.2.2.3　标准体系表的维护

保持标准体系表完整，能体现当时先进技术水平和科研、生产需要，才能发挥它在制定计划时的指导作用和制定标准时的协调作用。

（1）标准体系表的维护内容

对标准体系表的维护包括以下内容：

1）补充新内容。根据新技术发展和装备科研、生产对标准的需求，补充新标准或标准新体系。

2）修改体系表的局部结构。包括分体系表的结构，具体标准的名称和内容。

（2）标准体系表的维护方式

1）随时发出修改单，对局部的修改、补充做出通知。这样做，既能解决标准体系表和当时实际情况不一致带来的矛盾，又能维护标准体系表的权威性和严肃性。

2）定期修订体系表。即根据新技术发展、条件和需求的变化以及体系表执行过程中发现的问题，对体系表进行补充、修改。对体系表的修订是为更好地改善标准体系结构和功能的一种举措。

### 20.2.3　标准研制

标准是一种特殊的文件，必须以特定的形式出现。标准的特定形式是指标准的编写有

一定的要求，在技术内容和表达方式（包括标准的结构、体裁、章条编号、文字表述等）上应符合规定，即标准编写的规范化。应严格按照标准编写的要求、格式来编写标准。

#### 20.2.3.1　编写标准的基本规定

航天各级标准的编写规定见表 20－1。

**表 20－1　航天各级标准的编写规定**

| 序号 | 标准类别 | 编写规定 |
| --- | --- | --- |
| 1 | 国家标准 | GB/T 1.1—2009《标准化工作导则　第 1 部分：标准的结构和编写》 |
| 2 | 国家军用标准 | GJB 0.1—2001《军用标准文件编制工作导则　第 1 部分：军用标准和指导性技术文件编写规定 》<br>GJB 0.2—2001《军用标准文件编制工作导则　第 2 部分：军用规范编写规定》 |
| 3 | 航天行业标准 | GJB 6000—2001《标准编写规定》 |
| 4 | 集团标准 | |

国家技术监督局于 2009 年批准发布了新国家标准 GB/T 1.1《标准化工作导则　第 1 部分：标准的结构和编写》，同时为了有利于各类标准的编写对 GB/T 1.1 做了重新规划，这些标准基本提供了各类标准编写应遵守的基本规定，标准化工作导则、指南、标准编写规则系列国标见表 20－2。

**表 20－2　标准化工作导则、指南、标准编写规则系列国标**

| 类别 | 标准编号 | 编写规定 |
| --- | --- | --- |
| 导则 | GB/T 1.1—2009 | 标准化工作导则　第 1 部分：标准的结构和编写 |
| 指南 | GB/T 20000.1—2014 | 标准化工作指南　第 1 部分：标准化和相关活动的通用术语 |
| | GB/T 20000.2—2009 | 标准化工作指南　第 2 部分：采用国际标准 |
| | GB/T 20000.3—2014 | 标准化工作指南　第 3 部分：引用文件 |
| | GB/T 20002.4—2015 | 标准中特定内容的起草　第 4 部分：标准中涉及安全的内容 |
| | GB/T 20000.6—2006 | 标准化工作指南　第 6 部分：标准化良好行为规范 |
| | GB/T 20000.7—2006 | 标准化工作指南　第 7 部分：管理体系标准的论证和制定 |
| | GB/T 20000.8—2014 | 标准化工作指南　第 8 部分：阶段代码系统的使用原则和指南 |
| | GB/T 20000.9—2014 | 标准化工作指南　第 9 部分：采用其他国际标准化文件 |
| 规则 | GB/T 20001.1—2001 | 标准编写规则　第 1 部分：术语 |
| | GB/T 20001.2—2015 | 标准编写规则　第 2 部分：符号标准 |
| | GB/T 20001.3—2015 | 标准编写规则　第 3 部分：分类标准 |
| | GB/T 20001.4—2015 | 标准编写规则　第 4 部分：试验方法标准 |
| | GB/T 20001.10—2014 | 标准编写规则　第 10 部分：产品标准 |

#### 20.2.3.2　编写标准的类型

对于标准形式和内容的约束，要求标准编制能够做到“选择适合的标准化对象，抽取恰当的技术要素，起草规范的标准文本”，从而保证产生高质量的标准。

按标准化对象的性质的不同，标准分为技术标准、管理标准和工作标准。技术标准、管理标准和工作标准的区别关系见表20－3。

**表20－3　技术标准、管理标准和工作标准的区别关系**

| 标准类型 | 技术标准 | 管理标准 | 工作标准 |
|---|---|---|---|
| 标准的约束对象 | 产品 | 事项 | 人员 |
| 标准的地位 | 核心 | 保障 | 基础 |
| 标准的作用 | 主体作用 | 支持作用 | 实现作用 |
| 标准的内容属性 | 技术性 | 管理性 | 操作性 |

技术标准是面向产品对象的，重在确保方法的针对性、适用性和可操作性，避免新员工犯低级错误；管理标准和工作标准是面向工作流程的，重在确保工作的科学性、有效性，并从标准的科学性、有效性、针对性层面，明确不同类标准必须包含的要素、标准内容的深度，防止“两张皮”和“东郭先生”现象。

在航天技术领域，标准作为规范科研、生产的手段，标准化对象是产品与过程并重。产品标准主要包括产品规范，满足航天产品交付验收需要；产品实现过程标准主要包括设计规范、试验规范和工艺规范等，满足航天产品研制生产需要。在航天管理领域，标准的范畴很广，重在规定通用的管理方法和要求。而工作标准作为规范人员行为的一类标准，包括针对管理岗位的管理工作标准和针对生产岗位的作业标准（作业指导书或操作规程）。依据此思路，航天标准主要划分为设计规范、工艺规范、试验规范、产品规范、管理标准、验收标准、工作标准共7个部分。这样的划分方式既能覆盖产品研制、管理全过程，也能涵盖当前绝大多数标准类别。

（1）设计规范

设计规范——产品设计过程中应遵循的技术准则、方法和基本要求的规定，它是设计单位组织设计工作和控制设计质量的依据。

标准化对象具有不同特点，因而会出现设计要求、设计准则、设计规范、设计方法、计算方法、设计指南、设计手册等不同名称，这些均属于设计规范的范畴。广义上，在本书中的设计规范是这一类标准的总称。

设计规范的主要构成要素一般为：设计依据、设计准则、设计内容、设计程序、设计方法、设计验证试验项目与要求。

1）设计依据——规定设计项目应遵循的指令、要求和约束条件；

2）设计准则——规定设计过程中必须遵循的各项原则和指导思想；

3）设计内容——对设计范围进行限定，包含对设计对象的分析、实现目标、设计工作的前提等；

4）设计程序——可根据产品特点，按各阶段研制程序或设计工作步骤写出每一步应完成的设计任务、设计内容、完成标志；

5）设计方法——应规定各设计内容的作业方法（如分析方法、计算方法、数据处理方法、参数选择和指标分配方法等），以及设计中采取的具体技术措施和途径；

6）设计验证试验项目与要求——说明设计过程中的主要验证试验项目与要求。一般包括原理性设计验证和功能试验，只编写简单的设计验证试验项目和要求，具体试验方法应另行编写试验规范。

（2）工艺规范

工艺规范的范围非常广，从工艺对象来说，涉及工艺基础、工艺管理和工艺技术三个方面；从工艺工作流程来说，涉及工艺预研、工艺设计、工艺选用、工艺分析、工艺准备、工艺质量控制、工艺评审、工艺鉴定、工艺定型、工艺批生产等；从工艺专业来说，涉及铸造、锻造、焊接、热处理、表面工程、特种加工、钣金成型、机械加工、胶接、装配、非金属及复合材料成型、电子装联、装药，以及试验工艺等其他工艺。

航天行业主要依据《工艺标准编写规定》开展工艺规范编制。该标准主要规定了工艺规范的编写原则、基本要求、一般构成以及编写的详细要求，将工艺规范分为工艺基础标准、工艺技术标准和工艺管理标准三类，并主要对“工艺技术条件”和“工艺规范”两类工艺技术标准的编写要素进行了规定，主要内容包括：

1）对于“工艺技术条件”来说，主要规定的内容包括：一般要求（包括术语、符号、代号、质量控制、检验和试验等方面的一般要求）、化学成分（包括主要材料、工艺用材料等的化学成分）、技术性能指标（包括化学、物理性能和力学性能等指标的控制范围）、外观质量（包括表面质量、尺寸公差与形位公差等）、内部质量（包括夹杂、气孔、裂纹、金相组织等）、缺陷修正（包括允许的缺陷和缺陷修正的方法等）。

2）对于“工艺规范”来说，主要规定的内容包括：环境与人员、材料、工艺设备、工艺装备、工艺方法及工艺参数、工艺过程及主要工序、质量控制、缺陷分析与排除、安全与防护等。

此外，“工艺规范”按照“1. 范围、2. 引用文件、3. 要求、4. 验证、5. 包装、运输与储存、6. 说明事项”的六章结构进行编写，其中，对于“要求”主要包括：环境要求、安全防护要求、人员要求、工艺材料控制、工艺设备与工艺装备控制、零件控制、制造控制、包装控制等；对于“验证”主要规定：检验分类、检验条件、工艺设计评审、完工后检验、检验方法等。

（3）试验规范

试验类标准按照内容来分类，主要分为试验要求类标准、试验方法类标准，而试验方法类标准又分为物理试验方法和仿真试验方法。试验要求标准是用来规定产品试验项目及其相关要求的标准。试验方法标准是用来规定产品特性的试验程序与手段标准。仿真试验方法标准指有数学和/或物理仿真模型参与的试验方法标准。

试验规范是产品试验工作中应遵循的技术要求、程序和方法的统一规定。标准化对象具有不同特点，因而会出现：测试规范、试验规程、试验方法、测试方法、分析方法等不同名称，这些均属于试验规范的范畴。在国家标准、国家军用标准、行业标准、企业标准中，已经发布了大量的试验方法、试验规程类标准，这些标准是国家级、行业级或企业集团级的试验规范，其一般是规定通用基础的试验方法，以及产品定型、交付的试验方法。而研究院、厂/所级的试验规范一般规定涉及验证试验、方案论证试验、研制过程试验、制造过程试验等仅限于研究院厂/所内部使用的试验方法或对国家级、行业级或企业级试验规范的补充和细化。

（4）产品规范

产品规范是规定产品应符合的要求及其符合性检验等内容的一类标准。产品规范是产品订购的一种基础性文件，可以直接或间接地用于产品订购，作为订购方在招标书和合同中表述产品质量要求的载体，是保证产品质量的基石。

产品规范采用固定格式，具体包括范围、规范性引用文件、要求（功能要求和性能要求等）、质量保证规定（鉴定或/和质量一致性检验，检验方法等）、交货准备、说明事项等六章。

（5）管理标准

航天企业集团产品类别繁多，管理链条复杂。《企业标准体系 基础保障》给出了管理标准的规范性技术要素，包括职责、管理活动的内容与方法、报告和记录。

（6）验收标准

有关验收类的标准，有“验收规范”“验收规则”“验收要求”“验收技术条件”“制造与验收技术要求”等，在国家标准、国家军用标准、航天行业标准中均有验收类标准。

近几年来，航天部分企业开始制定统一的“验收技术要求”“验收要求”，都属于验收标准的范畴。关于航天产品的验收，一般以某类产品的“验收标准”为指导依据，通过编制“验收大纲”“验收细则”等技术文件开展具体产品的验收工作。

（7）工作标准

《企业标准体系　基础保障》给出了工作标准的规范性技术要素，包括职责与权限、岗位人员资格要求、工作内容与要求、检查与考核、记录及表格。

## 20.3 标准实施模式

传统标准化工作以标准制定为主，标准制定和修订的速度很快，快速响应机制在逐步建立。但是，标准实施的有效方法手段，相对于技术快速发展和模式变革却没有重大突破，“两张皮”的现象仍然普遍存在。因此，标准的有效实施，是一项系统性很强的工程，需要多管齐下，从各个维度来推动标准落地。航天标准化工作内容之一，就是要建立“型号标准化＋产品标准化＋岗位标准化”三位一体，推进标准在一线落地实施的创新模式。

之所以要从型号、岗位和产品三个维度进行标准化工作模式创新，是由于航天科研生产“矩阵式”的管理模式，“项目”“组织”“产品”是标准贯彻实施的三条主线，而贯彻执行标准的主体——人员，则同时处于“项目”“组织”和“产品”的环境中。

### 20.3.1　型号标准化

型号标准化工作的主要任务是贯彻落实上级标准化方针政策和订购方的有关标准化要求，明确落实型号标准化工作组织与职责，建立完善型号标准化大纲等型号标准化文件体系，依据型号标准化大纲等文件实施标准，并对实施情况进行监督检查和评估考核，优选“三化”（通用化、系列化、组合化）产品和型谱产品，提升型号的标准化水平。围绕这一主要任务，在型号研制中一般需要开展如下标准化工作：

1）贯彻标准化方针、政策和相关法规；

2）开展标准要求论证，提出型号标准化综合要求；

3）建立完善型号标准化文件体系，组织标准的贯彻实施；

4）明确和落实型号标准化组织管理和职责；

5）提供标准化技术支持，做好指导和服务工作；

6）组织开展通用化、系列化、组合化设计；

7）对标准执行情况进行监督检查；

8）总结型号标准化成果，组织研制成果向新标准的转化。

型号标准化具有目标性、综合性和动态性的特点，需要建立包括型号标准化管理文件、型号标准化技术文件、型号标准化总结评价文件、型号标准化信息文件等在内的型号标准化文件体系，并按照相应标准编制，航天型号标准化文件编制的依据见表 20-4。

**表 20-4　航天型号标准化文件编制的依据**

| 型号标准化文件名称 | 依据的标准 |
|---|---|
| 产品标准化大纲编制指南 | GJB/Z 114A—2015 |
| 产品标准化大纲 | QJ 20065.2—2011 |
| 工艺标准化综合要求 | QJ 20065.3—2011 |
| 大型试验标准化综合要求 | QJ 20065.4—2011 |
| 标准化方案论证报告 | QJ 20065.6—2011 |
| 型号统一化规定 | QJ 20065.7—2011 |
| 标准实施规定 | QJ 20065.8—2011 |
| 标准选用范围 | QJ 20065.9—2011 |
| 标准件、元器件、原材料选用范围 | QJ 20065.10—2011 |
| 设计定型标准化要求 | QJ 20065.11—2011 |
| 工艺定型标准化要求 | GJB/Z 106A—2005、QJ 20065.12—2011 |
| 设计定型标准化工作(审查)报告 | GJB/Z 170.11—2013、QJ 20065.13—2011 |
| 工艺定型标准化工作(审查)报告 | GJB/Z 170.11—2013、QJ 20065.14—2011 |
| 标准化工作总结报告 | GJB/Z 170.11—2013、QJ 20065.17—2011 |

以系统工程方法为指导的航天标准化工作，在运载火箭、航天器领域选取的系统级典型型号，以及固体火箭发动机、液体火箭发动机等型号中进行了创新应用，形成了航天型号标准化工作程序，确保标准在型号研制全流程、产品各层级中都得到有效贯彻实施。新型航天型号标准化工作程序应重点关注以下五个方面：

1）强调以标准化大纲为核心。在型号研制各阶段组织实施标准、落实相关标准化要求，通过标准化手段规范研制生产、提高型号标准化水平。因此，其核心思想是“选标”“用标”和“控标”。选标——在标准化大纲中明确型号研制所选择的标准范围，所选用的标准件、元器件和原材料的范围以及选用的“三化”产品和型谱产品的范围；用标——在型号研制各阶段，依据相关文件，实施标准，落实标准化要求；控标——确保标准和标准化要求有效落实，在标准实施过程中进行有效监督检查。

2）明确型号标准化工作的主要任务和各级职责。明确型号办（项目办）的内部监督、单位职能机构的实施检查、标准化专业机构的综合评价、企业集团管理层的评估考核等一系列监督检查机制，并强调通过专项检查和评估考核进行通报，以提升型号标准化工作的管控和约束力。

3）重点解决型号标准化工作职责不清、定位不明的问题。强调型号标准化是全体型号研制人员的共同任务，将标准化工作的职责任务赋予全体型号队伍。明确型号“两总”的职责，增加型号办（项目办）在型号标准化工作中的职责任务，进一步规范型号主任设计师、主管设计师在型号标准化工作中的职责任务，增加标准化师队伍、单位标准化职能部门、标准化专业机构、企业集团主管部门在型号标准化工作中的职责定位。

4）明确型号标准化工作与型号研制同论证、同实施、同验收的总体要求。强调将型号标准化工作计划纳入型号研制计划管理；配套的型号研制标准化工作程序中，须明确各研制阶段的标准化工作任务和主要内容；对方案阶段、工程研制阶段和定型阶段的技术评审应设置专题标准化评审，并作为型号研制转阶段的必备条件之一，实现型号标准化与型号研制同步推进。

5）对型号标准化文件体系进行精简。对于航天器、运载火箭等不同型号，由于需要的标准化文件不相同，应分别明确典型型号的标准化文件体系，并明确标准化文件的动态更新要求。

### 20.3.2 岗位标准化

岗位标准化是以岗位为核心，使标准真正落实到一线的一项全新的开创性探索实践活动。岗位标准化工作的开展，需要在深入调研一线单位标准实施具体情况的基础上，分析存在的主要问题，从选取典型岗位入手，研究分析岗位标准化工作的核心要素，系统开展岗位标准化工作策划，采取“实践—总结—推广应用”的思路开展工作，岗位标准化工作流程如图 20 - 5 所示。在实践过程中，可以重点选取设计岗位、工艺岗位、操作岗位三类岗位，以岗位标准实施目录为抓手，开展科学选标、有效用标、闭环控标等全流程岗位标准化工作实践，总结提炼出一套可复制、可推广的岗位标准化工作模式。

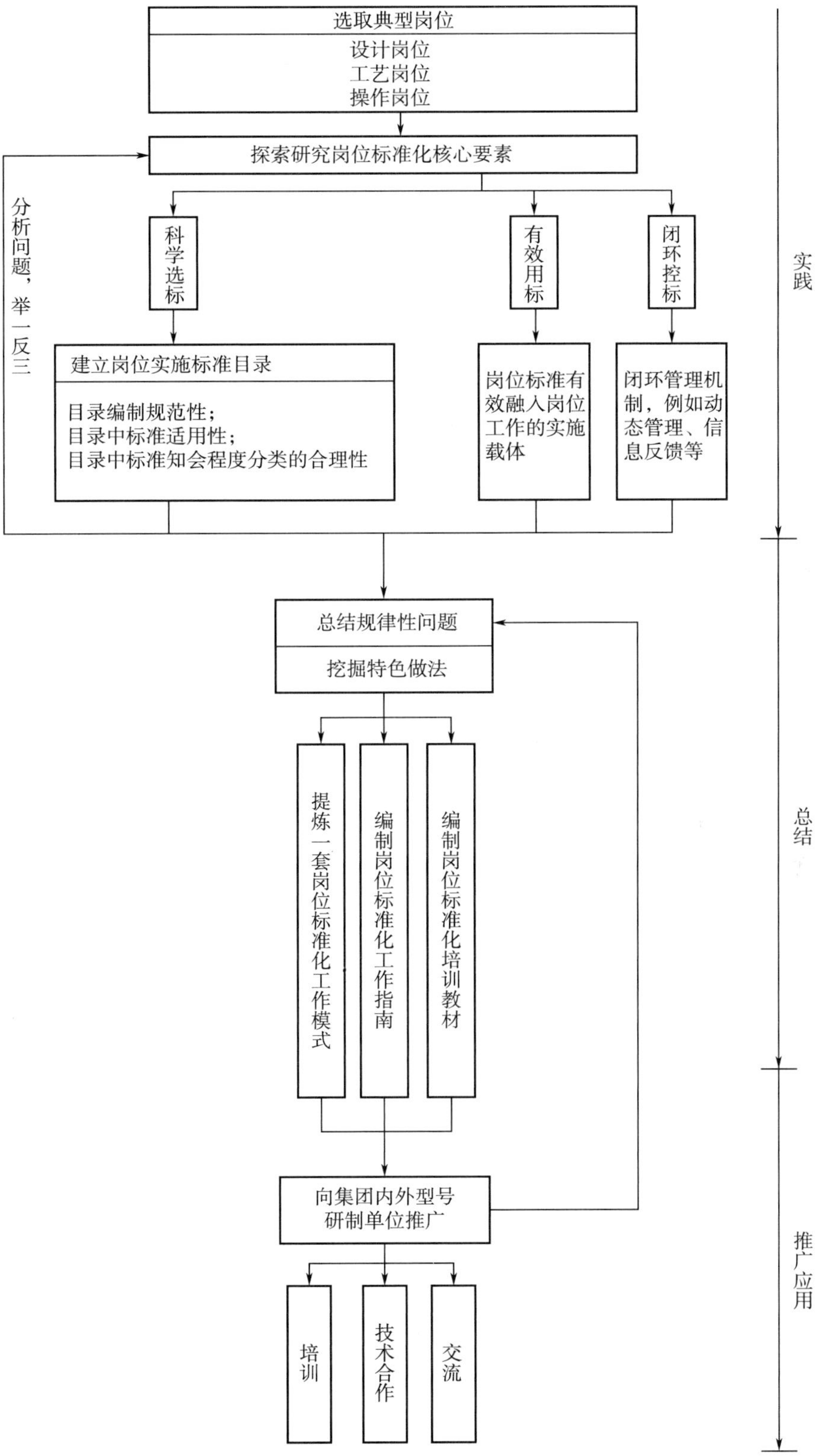


图 20-5　岗位标准化工作流程

（1）分析岗位标准化工作核心要素，选取典型岗位实践

岗位标准化工作的主旨是解决一线岗位人员选取标准和实施标准的顽疾，真正把各级各类标准落实到岗位，落实到一线。因此科学选标、有效用标、闭环管理是岗位标准化工作核心要素。在实际工作中应结合核心要素，有针对性地从总体设计单位、分系统专业设计单位、生产制造单位分别选取典型单位进行试点，以扩大实践岗位类型和实践人群范围，增强实践效果。

（2）研究岗位实施标准目录编制方法，实现科学选标

从岗位实施标准目录编制的规范性，目录中标准的适用性，标准知会程度分类进行实践，形成典型的编写程序和方法，明确目录的一般构成，目录的一般构成和推荐格式如图20－6所示。明确如何结合岗位职责和工作内容选择适用标准，并提出岗位标准知会程度评判量化方法，使目录更加科学，岗位标准知会程度评判量化方法如图20－7所示。

×××（岗位名称）岗位实施标准目录
（推荐格式）

1.岗位职责
（列项描述本岗位的岗位职责）
2.岗位工作流程
（描述本岗位工作的工作流程，由若干步骤组成）
3.岗位实施标准目录

| ×××（岗位名称）岗位实施标准目录 | | | |
|---|---|---|---|
| 岗位工作流程中步骤1* | | | |
| 序号 | 标准号 | 标准名称 | 知会程度 |
| 1 | | | 掌握 |
| 2 | | | 参考 |
| 3 | | | |
| | | | |
| 岗位工作流程中步骤2* | | | |
| 1 | | | 掌握 |
| 2 | | | 参考 |
| 3 | | | |
| | | | |

注：带“*”的为可选项，若岗位无流程，则可取消该条，并在岗位标准列表中，将所需的岗位标准逐条列出即可。

图20－6　目录的一般构成和推荐格式

| 序号 | 属性编号 | 标准名称 | 标准代号 | 知会程度 | 打分1 | 打分2 | 打分3 | 总分数 | 打分人数 | 平均分数 |
|---|---|---|---|---|---|---|---|---|---|---|
| 1 | TY-SJ-0006 | 航天产品常用坐标系 | QJ 1028B—2008 | 掌握 | 5 | 5 | 5 | 15 | 3 | 5 |
| 2 | TY-SJ-0007 | 导弹飞行动力学参数符号 | QJ 1294—1987 | 掌握 | 5 | 5 | 5 | 15 | 3 | 5 |

图20－7　岗位标准知会程度评判量化方法

（3）针对不同岗位特点，提出多种岗位标准实施方法，实现有效用标

针对设计岗位，结合设计岗位工作特点，将岗位标准的技术内容嵌入到专业设计模版

或设计手册中，确保设计人员严格按照标准实现设计文件或产品全流程设计，确保标准在设计人员岗位工作中的贯彻与实施。

针对工艺岗位，根据标准规范对工艺内容的约束与影响范畴，将岗位标准参数化、结构化后，与工艺要素进行集成，实现将岗位标准嵌入工艺工序工步中，指导工艺人员开展具体工作，有效提高岗位标准的落实能力以及工艺编制效率。

针对操作岗位，结合岗位工作职责、工作权限、知识要求和能力要求，将标准中与岗位工作直接相关的重要内容，转化为可供操作人员直接使用的操作手册或操作规程等，确保操作人员能够严格遵照执行。

（4）研究提出标准实施评价及实施信息反馈等方法，确保闭环管理

研究建立标准信息反馈机制，对岗位标准化工作进行信息反馈，及时动态更新目录并修订岗位标准，确保岗位标准化处于可信和有效状态。结合岗位工作特定要求，研究岗位标准实施评价方法，从标准实施方式、标准反馈情况等方面细化评价要素，实现对岗位标准实施情况的量化评价和分析。

### 20.3.3　产品标准化

航天通用产品研制借鉴了“三化”（通用化、系列化、组合化）思想，规划实施了通用产品的能力建设工程，即航天产品化工程。产品标准化工作的基本任务是在通用产品研制过程中围绕型谱产品制定标准，实施标准和标准化要求并对标准实施情况进行监督、检查，指导产品研制单位设计、生产、试验、过程控制等产品研制全过程，为用户选用、验收产品提供依据。

#### 20.3.3.1　产品标准化工作程序

不同层次的通用产品成熟度等级划分和定级条件存在差别，研制程序不尽相同，但其标准化工作思路具有共性。围绕通用单机产品的三个研制阶段，产品标准化工作程序见表 20－5。

**表 20－5　产品标准化工作程序**

| 研制程序 | | 成熟度等级 | 标准化工作程序 |
|---|---|---|---|
| 初次研制阶段（Ⅰ阶段） | 原理样机研制阶段 | 1 级 | 按照产品型谱/型谱标准开发产品，编制“产品标准化要求”，编制厂/所级产品规范 |
| | 工程样机研制阶段 | 2 级 | |
| | 飞行产品研制阶段 | 3 级 | |
| 重复使用和验证阶段（Ⅱ阶段） | | 4～5 级 | 编制研究院级产品规范 |
| 产品状态固化阶段（Ⅲ阶段） | | 6～8 级 | 开展定型产品的标准化评审，编制企业级产品规范，编制过程规范 |

需要说明的是，产品型谱是通用产品研制的依据。目前产品型谱中的通用产品主要有两个来源：一是对过去型号研制的单机产品的转化，这些产品经过多次应用和完善，已具有一定成熟度等级；二是根据多型号需求和未来产品技术发展趋势，按照产品化思路新研

制的产品。本节阐述的是新研制产品各阶段的标准化工作的一般程序，对现有不同成熟度的通用产品在开展标准化工作时，可进行剪裁。

#### 20.3.3.2　原理样机研制阶段标准化工作

围绕原理样机研制阶段的工作，主要的标准化工作如下：

（1）按照产品型谱选用和开发产品

总体用户根据型号总体方案，依据产品型谱开展产品选用策划。产品研制单位在对用户、市场、技术发展需求进行汇总和分析后，按照现有产品型谱中规划的产品规格设计产品，编制产品研制技术要求。对型谱中未进行规划的产品，由产品研制单位根据产品后续需求情况，经论证分析后确认新研产品是否纳入产品型谱。需纳入产品型谱的，要提出产品型谱的制定或修订建议。

（2）开展标准的梳理与适应性评估

对新研制产品现有各级标准进行梳理和适应性评估。根据评估结果，列出可使用的标准目录或清单，将缺项标准列入厂/所编制计划。

（3）编制“产品标准化要求”

在对产品研制技术要求进行识别与分析后，编制“产品标准化要求”，主要包括产品研制技术要求中规定采用的标准以及产品设计、制造、试验等研制全过程所需的标准；根据产品的“三化”设计要求，提出现有通用部、组件的选用要求。“产品标准化要求”可单独编制，也可作为产品研制方案的一部分。在原理样机研制阶段可视情况形成“产品标准化要求”。

#### 20.3.3.3　工程样机研制阶段标准化工作

围绕工程样机研制阶段工作，主要的标准化工作如下：

（1）产品规范编制

根据产品研制技术要求，按飞行条件细化产品的功能、性能参数和指标要求，编制工程样机产品规范（厂/所级），并基于产品地面模拟飞行环境鉴定级试验的实测数据，完善产品规范中的功能和性能指标参数。

工程样机产品规范中应规定产品功能、性能指标、接口要求、产品鉴定级环境试验条件及相应的检查方法和试验方法，初步提出对产品的寿命和可靠性要求。

（2）技术文件标准化审查

对工程样机研制阶段的设计文件、工艺文件和试验文件进行标准化审查。

（3）完善“产品标准化要求”

工程样机研制阶段产品的制造和试验工作全面开展后，在“产品标准化要求”中补充工艺规范化和试验规范化相关要求。工程样机研制阶段形成的标准一般有：厂/所级产品规范。工程样机研制阶段形成的标准化文件一般有：经完善的“产品标准化要求”。

#### 20.3.3.4　飞行产品研制阶段标准化工作

围绕飞行产品阶段的研制工作，主要的标准化工作如下：

（1）产品规范编制

在工程样机产品规范的基础上，按实际飞行的系统工作条件细化产品的功能、性能指标要求、系统应用限制条件、工作环境条件和接口要求等，编制飞行产品规范（厂/所级），并且基于系统级测试的验证结果，完善产品规范。

本阶段产品已经过了系统级测试和验证，并按规定的条件通过了验收级试验，因此，飞行产品规范中指标体系基本固化，关键性能指标参数基本明确，接口要求基本固化，并补充产品验收级环境试验要求。

（2）技术文件标准化审查

对飞行产品研制阶段的设计文件、工艺文件和试验文件进行标准化审查。

（3）飞行产品研制阶段标准化评审

飞行产品研制完成，标志着产品工程研制阶段的结束。在转入产品重复使用和验证阶段前，须对飞行产品研制过程中贯彻实施“产品标准化要求”的情况进行审查。该评审工作可随相关技术评审一起进行。飞行产品研制阶段形成的标准一般有：厂/所级产品规范。

#### 20.3.3.5　重复使用和验证阶段标准化工作

围绕重复使用和验证阶段的研制工作，本阶段主要的标准化工作如下：

（1）编制产品规范

根据多次飞行考核结果、产品验证和改进情况，完善产品规范的性能指标参数，明确产品设计寿命要求，编制研究院级产品规范。

（2）技术文件标准化审查

对于改进后产品的设计文件、工艺文件和试验文件进行标准化审查。重复使用和验证阶段形成的标准一般有：研究院级产品规范。

#### 20.3.3.6　产品状态固化阶段标准化工作

围绕产品状态固化阶段的研制工作，本阶段主要的标准化工作如下：

（1）以产品规范为依据编制产品定型试验大纲，并根据试验大纲完善产品规范

航天产品单机定型试验主要包括环境适应性、极限能力与性能拉偏、寿命与可靠性试验。进行产品定型试验的验证工作时，以产品规范为依据编制产品定型试验大纲，并根据试验大纲，完善产品规范。

①环境适应性试验

环境适应性试验主要是考核产品在寿命周期内对所经历的自然环境和诱发工作环境的综合适应能力。根据产品规范确定产品的寿命剖面、任务剖面，梳理产品经历的环境条件和持续时间，作为制定环境试验条件的依据。

考虑未来多型号的选用情况下的环境条件包络，选择最恶劣的情况开展试验，验证产品环境适应性，并将验证确认的产品环境适应性能力写入产品规范，支持后续的产品选用。

根据具体产品特点和实际情况，确定需开展的单项环境试验或综合环境试验，并按照有关标准和产品规范中的要求，确定环境试验量级和试验方案。

②极限能力及性能拉偏

极限能力与性能拉偏试验主要是考核产品在产品规范规定的边界条件下的工作特性，从而验证产品是否满足产品规范中描述的能力范围要求。依据产品规范中的主要功能性能要求和产品数据包中关键特性的相关要求，确定需开展的极限能力验证的特性和参数。

③寿命与可靠性试验验证

寿命与可靠性试验验证主要是依据产品规范的要求，考核有效工作寿命和（或）产品可靠性水平，为产品后续的选用提供寿命和可靠性方面的技术依据。将确认的产品寿命指标、可靠性指标、典型故障模式及其发生概率等列入产品规范和产品使用说明书，以支持后续产品的选用和管理。

（2）编制产品规范

固化产品技术状态，编制企业级产品规范，并在6级产品成熟度（三级定型产品）评定前完成产品规范的审查工作。在产品状态固化阶段，除可靠性要求外，产品技术要求基本不会变化。随着产品成熟度的提升，产品可靠度要求的不断提高，产品规范应进行相应的修改。

（3）编制产品过程规范

对适用于产品系列研制的通用性要求，视情况编制产品设计规范、工艺规范、试验规范和产品保证规范。

绝大多数过程规范涉及研制单位的技术诀窍，不适宜在企业范围内推广应用，一般制定为厂/所级标准。随着过程规范应用范围的扩大，过程规范的级别可视情况进行提升。

（4）技术文件标准化审查

对定型产品的设计文件、工艺文件和试验文件进行标准化审查。

（5）产品固化阶段标准化评审

产品固化阶段的标准化评审是对产品研制中实施“产品标准化要求”的全面检查和评定，是确认产品是否具备定型条件的依据之一，评审的主要内容有：

1）要求贯彻的各级标准是否得到有效的实施；

2）产品设计中贯彻“三化”要求，进行“三化”设计的情况；

3）技术文件是否完整、统一、正确、协调并满足产品定型的要求。

该评审工作可随产品定型审查工作一起进行。产品固化阶段形成的标准一般有：集团级产品规范、厂/所级产品过程规范。

## 20.4 标准化专业队伍建设

### 20.4.1 标准化师职业序列

航天标准化师队伍是航天标准化的专业技术队伍，主要负责航天标准化专业技术研究、标准体系建设、型号与产品的“三化”技术指导和技术支持、标准实施的监督、评价以及标准化技术决策等工作，在标准化专业发展和技术创新、融入支撑型号（产品）研制等方面发挥重要作用。

航天建立了由总（副总）标准化师、主任（副主任）标准化师、主管（副主管）标准化师和标准化师的职业发展序列，明确了标准化师专业技术人员的角色定位和各级标准化师职责，航天标准化师各级岗位职责见表 20－6。

**表 20－6　航天标准化师各级岗位职责**

| 级别 | 主要职责 |
|---|---|
| 总(副总)标准化师 | 1. 全面负责本单位标准化专业技术的发展，负责标准化技术抓总工作；<br>2. 负责组织标准化工作的战略规划和总体策划；<br>3. 负责标准化重大事项的决策，协调处理标准化重大问题 |
| 主任(副主任)标准化师 | 1. 负责指导和实施某类型号(产品)的"三化"工作，或某专业领域的标准化课题研究；<br>2. 负责某类型号(产品)或本专业技术领域标准体系策划和标准需求分析；<br>3. 负责编制或校对航天标准、型号标准化文件或本专业领域的标准；<br>4. 负责提出某类型号(产品)或专业领域标准实施的要求、途径及方法，并对标准的适用性及其效果进行分析、评估；<br>5. 负责协调处理本类型号(产品)或专业领域出现的标准化问题 |
| 主管(副主管)标准化师 | 1. 负责主管型号(产品)或具体专业方面的标准化技术工作；<br>2. 负责主管型号(产品)或具体专业方面的标准需求分析，提出缺项标准制定建议及标准适用性分析与评估；<br>3. 负责主管型号(产品)或专业范围内技术文件标准化审查；<br>4. 负责提供主管型号(产品)或具体专业范围内的标准化技术支持与服务，及时解决工作中存在的标准化问题 |
| 标准化师 | 负责具体的各项标准化技术工作 |

### 20.4.2　标准化师队伍的建立

厂/所结合自身特点和工作实际，立足专业发展，采用"依托单位、立足专业、服务型号、专兼结合"的建设原则，统筹开展主任（主管）标准化师的建设工作。其中，专职标准化师主要负责通用领域的标准，如质量管理、技术状态管理等。兼职标准化师主要负责专业领域的标准，如结构、气动等。

综合考虑研制任务数量、设计人员种类与数量、本单位的核心技术专业设置情况等因素，根据不同专业设置提出本单位的主任（主管）标准化师建设模型。对于研制任务数量大、设计人员多，或者是承担核心技术的研究室，可在研究室内设置专职标准化师。主任（主管）标准化师队伍建设模型 1 如图 20－8 所示。

对于承担研制任务结合比较紧密、专业比较相近的几个研究室，可以将标准化师统一设置在技术保障室等基础保障部门，或根据不同单位的情况设置在主管部门。主任（主管）标准化师队伍建设模型 2 如图 20－9 所示。

（1）队伍设置

在各级标准化师设置上，优先选取通用性和基础性强、支撑型号研制急需和关键的专业，分期分批建立标准化师专业队伍。原则上，标准化师序列中至少在一个层级上设置专职。为保证标准化师建设取得实效，各单位根据科研生产实际配置相应数量的标准化师。

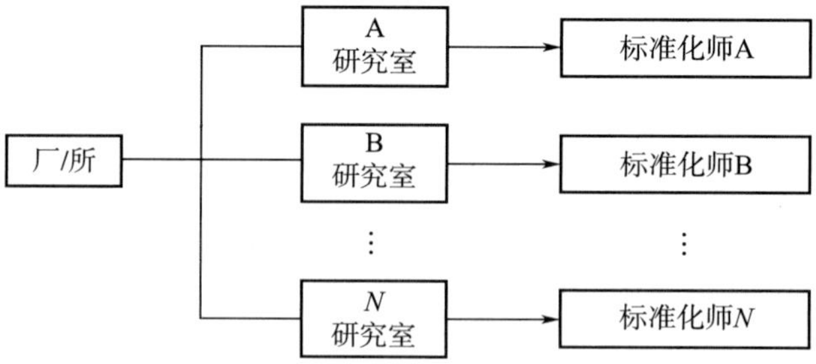


图 20-8　主任（主管）标准化师队伍建设模型 1

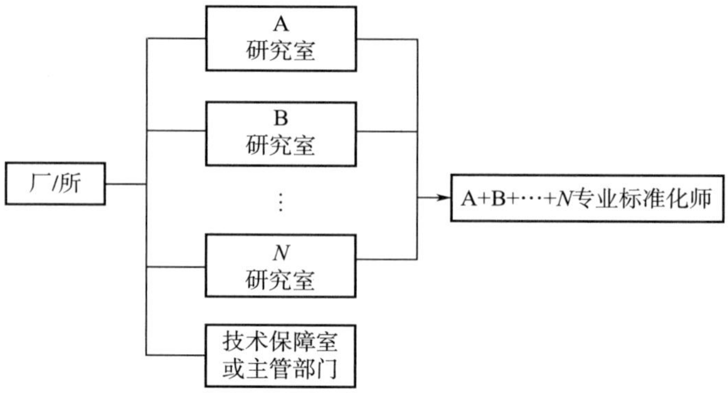


图 20-9　主任（主管）标准化师队伍建设模型 2

（2）任职资格

标准化师队伍一般应具备良好的学历背景与工作经验，具备丰富的型号专业知识和标准化专业知识，热心标准化专业，愿意从事标准化工作。

总（副总）标准化师应是本单位标准化工作技术带头人，宜从型号总师（副总师）或专业总师（副总师）中选拔，一般应具有系统的专业技术知识，熟悉标准化基本原理和标准化法律法规；有较强的组织领导和协调能力；具有高级专业技术职称。

主任（副主任）标准化师应是标准化工作的核心人才，宜从型号主任（副主任）设计师或研究室主任（副主任）中选拔，一般应具有扎实的专业技术知识，掌握标准化基本原理和基础知识；具有独立组织课题研究和较强的协调沟通能力；具有高级专业技术职称。

主管（副主管）标准化师是标准化专业的技术骨干，一般应参加过型号研制的一个完整周期，优先选聘在型号设计、工艺等技术岗位上具有一定工作经验的骨干人员，具有中级及以上专业技术职称。

标准化师一般应具备良好的学历背景与工作经验，具备丰富的型号专业知识和标准化专业知识。

（3）岗前培训

各单位对新聘任的标准化师进行岗前培训，经岗前培训的标准化师须考核合格后持证上岗。岗前培训采用企业统一编制的标准化师培训教材《航天标准化师实用教程》。单位按照集团的统一安排，根据各级各类标准化师的不同岗位职责与工作内容进行相应的考核，考核合格的标准化师持集团统一颁发的合格证上岗履职。

（4）聘任

各单位在明确标准化师的选聘方式和任职资格的基础上，对各级各类标准化师进行聘任，通过下发正式文件等方式明确各级各类标准化师人员。

### 20.4.3　标准化师的工作及考核

（1）工作内容

标准化师的工作内容主要包括两个方面：一是专业范围内的标准化工作；二是支撑型号科研生产的标准化工作。对于专业标准化工作，标准化师从事的标准化专业领域工作主要包括标准化规划、计划、管理和服务，日常主要标准化业务工作内容包括标准的制定、修订、实施和监督。各单位可根据专业特点和工作实际，在充分结合型号产品科研生产实际的基础上，研究确定本单位各级标准化师的专业工作。对于支撑型号科研生产工作，根据型号研制和产品化工作程序，进一步研究型号标准化与专业标准化的工作内容和互补关系，明确和细化标准化师在支撑型号和产品科研生产过程中的标准化工作。

（2）工作方法

各单位根据型号研制和产品化工作程序，研究建立标准化师专业队伍与型号研制队伍、产品化队伍相融合的工作机制。原则上，各单位要将标准化师纳入产品化队伍统筹考虑；各型号选聘标准化师进入型号研制队伍，探索实践“一对多”的工作模式，不断完善型号与产品标准化工作系统。

（3）工作流程

重点围绕研制流程梳理和产品“三化”设计开展型号标准化工作模式探索，找出专业标准化师在型号发展中的切入点，以专业“横向管理”等方式参与型号和产品标准化工作。

标准化师在日常的工作过程中，按照专兼职标准化师分工和职责的不同，切实将标准化师的工作流程嵌入型号研制流程中的各个环节中，找准专兼职标准化师各自重点承担的标准化工作，明确专兼职标准化师各自职责范围内的常态化工作内容。

（4）培训与考核

针对不同类别、不同层级的标准化师需求，定期组织开展标准化师培训。其中，集团层面重点培训标准化基础理论、“三化”原理、标准制定工作程序、标准实施与监督、型号（产品）或专业标准化知识、岗位职责等，各单位针对各级标准化师的不同需求，开展定制化、模块化的专业技能培训教育。

对各级标准化师开展工作考核，考核内容包括任务完成情况、履职情况和在型号或产品研制中的成果应用情况等。每年制定各级标准化师标准化工作计划时，明确各专业标准化师的工作内容和计划，年底根据工作完成情况进行考核，奖金与考核情况挂钩。任期结束时根据工作目标完成情况进行任期内述职、考核，根据考核情况兑现考核奖金，并将考核结果记入考绩档案，作为奖惩、晋升、续聘、解聘的依据。

针对不同层级、不同类别的标准化师的考核：单位对总（副总）标准化师的工作情况进行考核，总（副总）标准化师、主任（副主任）标准化师、主管（副主管）标准化师采取逐级负责制，对相应层级的标准化师进行考核；专兼职标准化师，受型号产品聘任开展相关型号产品标准化工作的，接受型号（产品）“两总”对任务完成情况的考核。

## 20.5 标准信息化管理

### 20.5.1 方案设计

标准的信息化管理，需要充分利用信息化技术，整合企业标准化资源，搭建检索灵活快捷、数据准确全面、信息动态更新、运行稳定、服务于企业及下属单位的标准化信息服务平台，且可实现标准制修订、过程跟踪、应用情况反馈等工作流程的在线办公，并逐步实现方法模型与实施案例库的建立、标准的智能推送和智能反馈等功能，全面提升企业标准化水平，推动标准的贯彻实施，保障型号的科研生产和管理质量。

标准化信息服务平台的构建，需要充分调研并总结分析一线技术人员和科研管理人员需求，结合信息化技术现状和企业信息化建设的总体规划，实现已有标准的上线查询与全文阅览，实现标准化相关法规、政策、新闻资讯的信息发布和浏览，科研生产与业务领域急需的各级各类标准完整资源库的建设；实现标准制修订流程的在线管理；实现标准化信息的在线交流与反馈、标准智能推送；实现重大标准实施工具的开发；实现标准化信息平台与企业其他信息化管理平台或数字化科研生产管理系统（如 PDM 系统、知识管理系统等）的集成与协同。标准信息化管理应能实现如下业务目标：

1）完善标准资源数据库，促进标准资源共享。信息平台应能够对型号研究、设计、生产、试验、管理等过程中的各类标准进行分类、新标准数据补充和梳理，进而完善标准资源数据库，为后续查询和统计做好数据准备。

2）提供便捷、快速的标准查询和阅览。根据标准数据的补充，完善标准的检索条件，增加多条件查询功能，并优化查询效率，实现对标准数据的快捷检索和阅览。

3）提供标准化数据的关联关系展现和查询。通过挖掘标准化数据间的替代衍生关系，实现对关系标准的查询和图形化展现。

4）拓展标准化相关业务数据的管理。增加标准化相关的新闻公告、培训资料、规章制度、模板等信息的数据维护和查询。

### 20.5.2 系统开发

#### 20.5.2.1 系统总体架构

标准信息化管理系统的系统总体架构包括运行支撑环境层、数据层、应用支撑层、业务应用层和前端展现层，标准信息化管理系统的系统总体架构如图 20－10 所示。

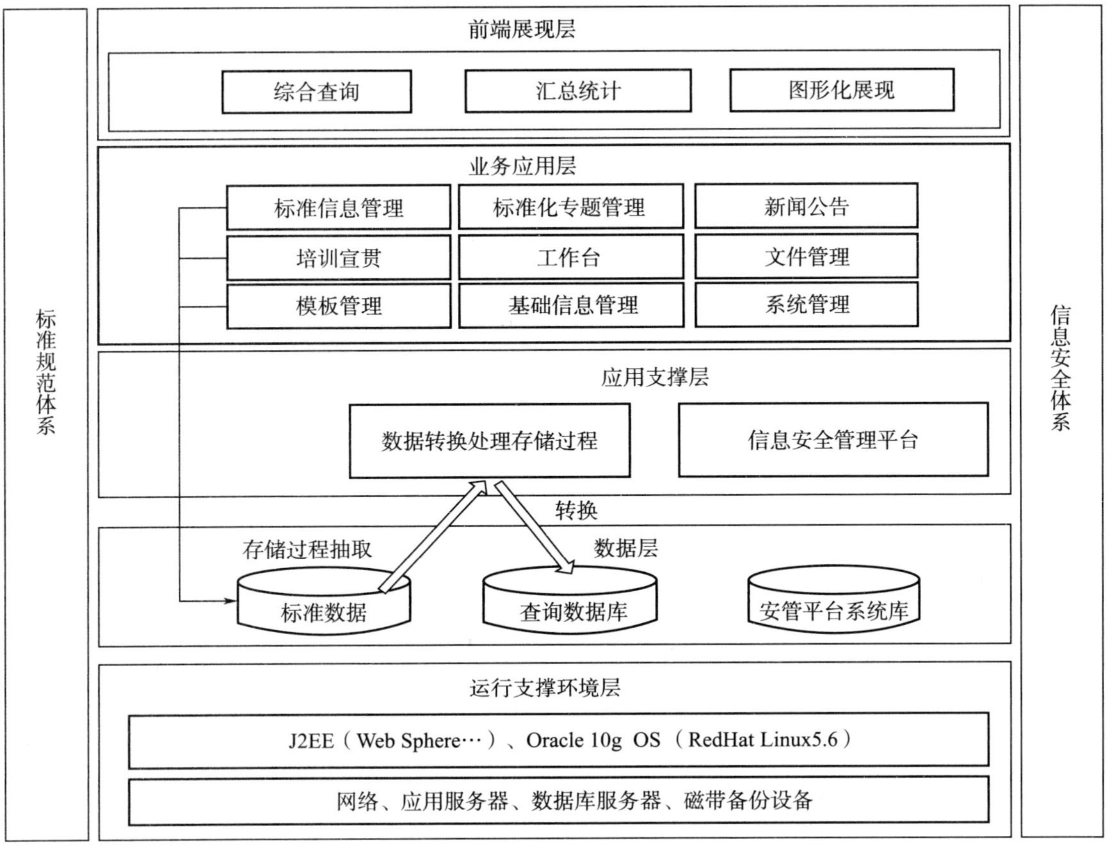


图 20－10　标准信息化管理系统的系统总体架构

（1）运行支撑环境层

运行支撑环境层主要包括网络系统、计算机系统、操作系统及磁盘存储系统，为整个系统提供运行支撑环境层。本层次主要是利用现有信息化基础平台，为本系统提供基础支持。

（2）数据层

数据层主要从逻辑上给出了数据的分类，数据层的各类数据库通过数据库系统软件和平台支撑软件对系统提供数据运行环境上的支持，它提供对各种类型、各种格式数据存储的功能。本层除了列出了本系统产生的数据库，还包括了本系统需要其他系统产生的数据库。

（3）应用支撑层

提供系统平台的基本服务，为业务层的运行、扩展提供基础支撑环境。应用支撑层具有一定的通用性，又与系统有一定的耦合度，其自身的架构体系与应用系统的需要有一定的关联。

应用支撑层提供大量的易用组件，提高业务应用的开发效率，降低开发的难度。使用开发工具能快速地搭建出固定资产管理系统。

（4）业务应用层

业务应用层完成整个系统搭建需要的相关业务功能，基于应用支撑层提供的应用组件完成需求定义的各业务功能和集成相关系统的功能。

（5）前端展现层

展现层为用户提供统一的网络 Web 入口，并在系统登录时，调用协作配套中心统一用户验证的服务，完成系统的访问控制功能。

（6）信息安全体系和标准规范体系

信息安全体系和标准规范体系是系统建设遵循的标准规范，保证了系统的标准性、安全性、可扩展性和可维护性。

#### 20.5.2.2　功能模块

系统功能模块如图 20－11 所示。

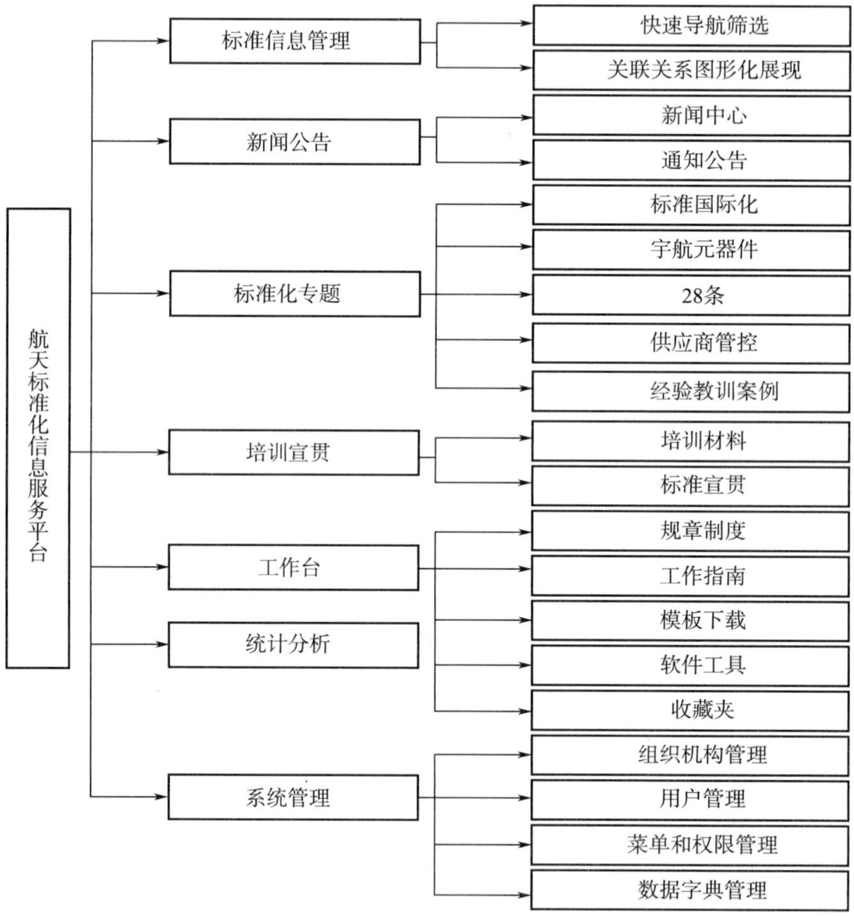


图 20－11　系统功能模块

1）标准信息管理：实现对标准信息和标准正文的增删改查，并实现按照标准级别、专业分类、主编单位的快速导航查看，实现标准关系的图形化展现。

2）新闻公告：实现对新闻信息、通知公告等信息的增删改查功能。

3）标准化专题：实现包含标准国际化、型号标准化等专题信息的增删改查功能。

4）培训宣贯：实现对培训资料、标准宣贯信息的增删改查功能。

5）工作台：实现标准化相关的规章制度、工作指南、模板下载、软件工具的增删改查功能，实现收藏标准信息的添加、删除和查看。

6）统计分析：实现对标准信息按照专业、主编单位等维度的统计图形化展现和导出。

7）系统管理：实现系统管理功能，包含组织机构、用户和菜单权限、数据字典的维护功能。

## 20.6　标准国际化

标准国际化是促进企业技术进步和深化国际交流与合作的重要措施。新形势下，国际环境日益复杂，产业竞争日趋激烈，机遇和挑战并存。国家一系列重大战略部署给航天国际化发展带来了新的发展机遇，提出了新要求。

### 20.6.1　国际航天标准

国际标准是指国际标准化组织（ISO）、国际电工委员会（IEC）和国际电信联盟（ITU）制定的标准，以及国际标准化组织（ISO）确认并公布的其他国际组织制定的标准。

国际航天标准主要是指由 ISO/TC20（航空航天标准化技术委员会）下设的 SC14（航天系统及其应用标准化分技术委员会）和 SC13（空间数据与信息传输系统标准化分技术委员会）负责制定的标准。除 SC14、SC13 外，TC20 下设的其他 SC 主要负责航空领域国际标准的制定。

SC14、SC13 关注的重点是围绕着航天产品及服务，覆盖设计、生产、总装、测试、使用和处置全过程的共同实践。SC14、SC13 的标准是经过世界上具有航天活动的国家的专家研究分析、试验验证、相互协商，并得到大多数成员国同意而制定的，综合了航天领域具有普遍性、规律性的科技成果。

### 20.6.2　国际航天标准的制定流程

国际航天标准的制定主要包括六个阶段：提案阶段、准备阶段、委员会阶段、询问阶段、批准阶段、出版阶段。项目阶段及相关文件见表 20－7。

**表 20－7　项目阶段及相关文件**

| 项目阶段 | 相关文件 | |
| --- | --- | --- |
| | 名称 | 缩写 |
| 提案阶段 | 新工作项目提案 | NP(NWIP) |
| 准备阶段 | 工作组草案 | WD |

**续表**

| 项目阶段 | 相关文件 | |
|---|---|---|
| | 名称 | 缩写 |
| 委员会阶段 | 委员会草案 | CD |
| 询问阶段 | 询问草案 | ISO/DIS<br>IEC/CDV |
| 批准阶段 | 最终国际标准草案 | FDIS |
| 出版阶段 | 国际标准 | ISO、IEC 或 ISO/IEC |

提案阶段（NP）：航天各单位结合本单位专业优势，研究提出国际标准新提案，按流程提交全套资料纸质版和电子版。中国航天标准化与产品保证研究院（以下简称标准化院）对提案进行审查、指导与协调，经集团审定后，报国务院标准化主管部门审批，提交分技术委员会（SC）秘书处进行提案阶段投票。

准备阶段（WD）：项目负责人负责标准起草工作，以电子邮件或参加工作组会议的方式与项目组各国专家及相应工作组成员就标准技术内容进行研究与沟通，及时处理所提意见，修改标准文本，并将每次的处理意见和修改后的文本抄送标准化院。在工作组达成一致意见后，项目负责人将整理好的 WD 稿及意见处理表提交标准化院，由标准化院报送 SC 秘书处，按 ISO 有关规定转入下一阶段。

委员会阶段（CD）：由 SC 秘书处将标准草案分发给该技术委员会成员国征求意见。项目负责人对意见进行处理，修改标准文本，并提交标准化院，由标准化院审查后提交 SC 秘书处，按 ISO 有关规定启动投票。投票通过后转入下一阶段。

询问阶段（DIS/CDV）：项目负责人处理 CD 阶段各国意见，形成 DIS/CDV 稿，提交标准化院审查。标准化院报集团审核后，提交 SC 秘书处，按 ISO 有关规定进入投票程序。

批准阶段（FDIS）：项目负责人处理 DIS 阶段各国意见，形成 FDIS 稿，提交标准化院审查。标准化院报集团审核后，提交 SC 秘书处，按 ISO 有关规定进入投票程序。

出版阶段（ISO、IEC 或 ISO/IEC）：出版阶段的任务是发布、印刷、出版国际标准。项目负责人按照 ISO 或 IEC 秘书处的要求，协助处理出版过程中的文字订正工作。中央秘书处在 6 周内校正 SC 秘书处指出的所有错误，并且印刷和发布国际标准。

### 20.6.3 国际航天标准的选项原则

国际航天标准是一致接受、多边认可和全球相关的在国际航天领域适用的标准，应能促进航天产品和航天服务的国际交流与合作贸易，有利于国际贸易的便捷和可持续，有利于健康、安全和环境保护，有利于创新技术和最佳实践在全球的传播。我国在制定国际航天标准时，应优先考虑以下几点原则：

一是国际航天标准的选项应注重体现有效性、通用性、一致性、协调性。“有效性”是指标准的内容应代表了当前或可预见未来的技术发展的需求；“通用性”是指标准在世界各国相关的领域范围内应能够易于传播推广实施；“一致性”是指标准规定的内容应由众多利益相关方达成共识；“协调性”是指各种相互关联的标准之间，应能相互衔接，相互协调。

二是国际航天标准项目应根据全球关注的主题范围优先考虑：健康、安全和环境相关的标准；接口、互换性与兼容性相关的标准；基于用途的产品性能要求相关的标准；设计、试验方法类标准。

三是国际航天标准不应涉及国家秘密，不得违背我国相关的法律法规，同时不应与国家标准、行业标准、企业标准相矛盾。

四是国际航天标准的选项应根据各单位的专业特点选择本单位具有专业优势的项目，同时所选项目应是各国共同关注且易于达成共识的项目。

国际航天标准主要围绕航天产品、航天服务和航天全寿命周期的共同实践进行标准制定，主要包括设计、试验、接口、发射与地面支持、EEE 产品、空间材料、项目管理与产品保证、空间数据与信息传输、卫星应用、空间环境、空间碎片等，产品规范一般不适合制定为国际航天标准。

### 20.6.4　国际航天标准的制定模式

国际航天标准的制定一般有以下三种模式：

一是将我国航天特色推向国际。运用“共性问题+特色做法”的方式，在国际航天关注的共性问题方面，以我国航天特色管理模式为基础，将具有中国特色的航天管理最佳实践推向国际。

二是抓重点领域精准策划。运用“先画圈、再筑点”的方式，通过分析航天领域国际标准现有架构，划定我国具有技术优势并且目前国际标准尚为空白的专业领域，为制标重点，点对点填补标准缺失，提高我国标准立项成功率。此外，针对具体专业和领域，积极进行顶层策划，建设标准体系，探索性地开展“先行规划标准小体系、继而开展标准群单项标准制定”的国际标准群建设工作。

三是识别潜在需求实现衍生扩展。运用“衍生相关标准”的方式，分析研究国际标准工作组的工作内容，识别潜在需求和预发展领域，深入研究目前航天国际已发布和在研项目，针对已有标准中未能细化的部分，在原有基础上，进行扩展和衍生，形成二级或三级标准，对上级标准起到支撑和补充。

# 第21章　质量信息管理

质量信息是反映企业产品质量和产供销各个环节的基本数据、原始记录及产品使用过程中反映处理的各种情报资料。它是质量管理的耳目，也是一项重要的基础资源。

航天产品质量可靠性信息是航天各级单位在型号研制、生产、试验和使用全寿命周期过程中开展质量管理活动及型号产品开展质量与可靠性保证活动的相关数据、报告与资料。包括但不限于以下内容：

1）航天型号研制、生产、试验和使用全寿命周期过程中的质量问题信息；

2）航天产品配套物资质量信息；

3）航天产品故障模式、故障机理和应对措施信息；

4）航天产品可靠性和寿命相关试验和验证信息；

5）航天产品可靠性管理、设计分析及试验验证信息；

6）航天产品设计评审、出厂/所评审报告；

7）各级发布的故障和事故信息通报和质量动态信息、质量活动情况；

8）质量与可靠性工作中积累的实践经验、研究成果及工具信息；

9）各级单位、型号质量工作计划及执行情况。

## 21.1　组织与管理

航天产品质量与可靠性信息工作实行集团、研究院、厂/所三级管理的模式。航天科技集团质量可靠性信息归口管理部门为集团质量技术部，集团在直属单位中国航天标准化与产品保证研究院设立航天质量可靠性信息中心作为技术支撑机构，信息中心下设值班室、信息服务组和系统开发组；各研究院设立信息分中心，厂/所设立信息站（点）。集团质量与可靠性信息实行分级管理，厂/所的质量与可靠性信息内容应涵盖研究院和集团的内容，研究院的质量与可靠性信息内容应涵盖集团的内容。

（1）集团质量主管部门

集团质量主管部门负责航天科技集团质量与可靠性信息的归口管理，其职责是：

1）贯彻、执行上级质量与可靠性信息工作的规章制度；

2）制定集团质量与可靠性信息工作的规章制度、标准规范和工作计划；

3）负责组织建立和运行集团质量与可靠性信息工作系统；

4）对各研究院/公司的质量与可靠性信息工作进行指导、监督、检查及考核；

5）组织对航天产品质量与可靠性信息的综合分析和信息共享；

6）负责集团级信息通报、航天质量动态等相关刊物的组织、审核、发布。

(2) 集团型号主管部门

集团型号主管部门负责型号的质量与可靠性信息工作，其职责是：

1) 贯彻、执行集团及航天产品用户对其主管的型号产品的质量与可靠性信息工作的要求；

2) 负责对其主管型号的质量与可靠性信息工作进行指导、监督和检查；

3) 负责所主管型号产品质量问题通报信息的审查；

4) 负责组织其主管型号的质量与可靠性信息的综合分析工作，提出改进建议及措施；

5) 负责提出所主管型号需要警示或进行举一反三的质量问题并协助相关信息的收集。

(3) 集团物资主管部门

集团物资主管部门负责元器件、原材料的质量与可靠性信息工作，其职责是：

1) 贯彻、执行集团质量与可靠性信息工作的规章制度；

2) 负责组织型号物资质量与可靠性信息的采集、处理、储存和传递工作；

3) 负责组织型号物资质量动态信息的审查；

4) 对型号物资质量与可靠性信息工作进行指导、监督、检查及考核；

5) 负责组织型号物资质量与可靠性信息的综合分析工作，提出改进建议及措施；

6) 负责提出需要警示或进行举一反三的型号物资质量问题并协助相关信息的收集。

(4) 各研究院主管部门

各研究院/公司负责本院/公司质量与可靠性信息工作，其职责是：

1) 贯彻、执行上级机关关于质量与可靠性信息工作的规章制度；

2) 根据需要，制定研究院/公司级质量与可靠性信息管理制度；

3) 负责研究院/公司级质量与可靠性信息的采集、审核、处理、储存、反馈和传递工作，组织研究院/公司级的质量与可靠性信息综合分析；

4) 负责建立和运行研究院/公司级的质量与可靠性信息工作系统；

5) 对下属单位的质量与可靠性信息工作进行指导、监督、检查和考核；

6) 按集团要求报告有关质量与可靠性信息。

(5) 各厂/所主管部门

各厂/所主管部门负责本厂/所质量与可靠性信息工作，其职责是：

1) 根据本单位的专业需要，负责制定本单位的实施细则和规章制度；

2) 完成本单位航天产品研制生产过程中的质量与可靠性信息的采集、储存、处理和传递等工作，并按隶属院的要求向研究院质量部门报送信息；

3) 对本单位质量与可靠性信息进行综合分析；

4) 负责建立和运行本厂/所的质量信息快报传递系统。

(6) 航天质量可靠性信息中心

航天质量可靠性信息中心是集团质量与可靠性信息工作的技术性支撑机构，其职责是：

1) 协助集团质量与可靠性信息工作计划的制定并组织实施；

2）负责集团级质量与可靠性信息的接收、处理、储存、发布和利用，根据工作需要，可向有关单位查询质量与可靠性相关信息；

3）开展质量与可靠性信息的综合分析，编制集团级的故障和事故信息通报、航天质量动态；

4）开展质量与可靠性信息管理和应用技术的研究，协助主管部门组织质量与可靠性信息技术的引进、交流和培训，提供相关技术支持和服务。

## 21.2 主要工作内容与要求

### 21.2.1 质量信息管理工作

（1）信息采集和处理

在航天产品研制过程中，各级单位按规定的格式和内容要求及时、准确地采集质量与可靠性信息。各研究院及所属单位根据型号工作需要制定本级的信息采集格式。各级单位及时采集本单位重要的质量与可靠性管理和技术活动信息，并及时对本级质量与可靠性相关信息进行整理、汇总。

（2）信息存储

各级单位按照集团信息化的统一要求和相关标准、规范，组织建立航天产品质量与可靠性信息库，进行质量与可靠性信息的积累，做好信息的储存，并提供相应的信息服务。航天质量可靠性信息中心负责协助建立集团级质量与可靠性信息库，按保密授权和职责范围，提供集团领导、主管部门、各级单位的信息服务。若集团领导、主管部门、各级单位需要查询信息中心的信息，则填写数据查询申请表。

（3）信息传递

集团对不同类型的质量与可靠性信息内容分别实行快报、月报、季报、半年报和年报制度，并根据需求传递有关的质量与可靠性信息。各研究院及所属单位根据需要在满足集团相应要求的前提下，制定并实施适应本单位管理模式的质量与可靠性信息传递制度。

（4）信息更正

上报集团的质量与可靠性信息的更正由各研究院信息报送部门填写质量与可靠性信息更改单，报航天质量可靠性信息中心，经集团质量主管部门批准后统一修改。

（5）信息利用

各级单位组织开展质量与可靠性信息的分析，采取多种形式充分利用这些信息为型号研制服务。集团管理的质量与可靠性信息发布由集团质量主管部门统一管理，并根据信息的分类特性和关联程度，做好信息的反馈和发布。

（6）信息保密与资源保障

各级单位在开展质量与可靠性信息工作全过程中应严格遵守国家的保密法规和集团的保密规定。在人、财、物等方面应保障质量与可靠性信息工作系统的正常运行。

### 21.2.2　质量与可靠性信息报送

集团级质量与可靠性信息报送制度分为定期报送和不定期报送两类：

1）定期报送制度包括质量与可靠性信息快报、月报、季报和年报；

2）对集团关心的其他质量与可靠性信息实行临时通知的不定期报送制度，信息报送程序临时通知。

#### 21.2.2.1　质量问题信息快报

1）对型号研制、生产、试验和使用过程中发生的具有如下性质的质量问题实行信息快报制度：

a）重大质量事故和重大质量问题信息。

b）型号产品在初样阶段发生的下列质量问题信息：

ⅰ）批次性的质量问题；

ⅱ）影响型号研制进度的质量问题；

ⅲ）影响型号重要的研制试验成败的质量问题；

ⅳ）影响型号产品设计方案的质量问题；

ⅴ）其他有重大影响和造成重大损失的质量问题。

c）型号研制进入试（正）样阶段后发生的质量问题信息。

2）重大质量事故和重大质量问题发生后，责任单位立即向本型号两总系统、所属研究院报告该事故的简要情况，所属研究院在事故发生后两小时内向集团型号主管部门报告该事故的简要情况。不能明确定位责任单位的，由总体单位负责报告。在发射场的可由发射场试验队负责人直接报告。集团型号主管部门在接到问题报告后应立即向集团领导报告。

报告应包括如下内容：

a）事故发生的时间和地点；

b）事故发生的产品名称、研制单位及其所属的型号名称；

c）事故发生的简要经过；

d）事故造成的现场直接后果；

e）现场采取的紧急应对措施；

f）报告人姓名和联系方式。

3）由问题发生时的产品主管单位在两小时内分别向所属研究院质量部门和型号两总报告；各研究院质量部门在接到报告后两小时内按规定的格式和填写要求，通过集团内网航天产品质量问题信息管理系统（以下简称集团质量问题信息管理系统）向集团质量主管部门报告。重大质量事故和重大质量问题的相关信息，也必须在问题发生后工作时间 4 小时内通过集团质量问题信息管理系统向集团质量主管部门报告。

4）集团质量主管部门在收到各单位质量问题快报信息后，定期对质量问题快报信息进行汇总和统计，通过内网向集团领导和相关部门及时报告，同时通过集团质量问题信息管理系统向有关研究院发布。

5）质量问题快报后，有关单位（型号）尽快确定质量问题，并通知快报上报单位，由快报上报单位在集团质量问题信息管理系统中明确归零归口单位。归零归口单位负责对快报问题进行归零闭环，在质量问题完成归零工作3个工作日内完成质量问题信息采集卡的填写并通过集团质量问题信息管理系统上报集团，对应的质量问题归零报告应作为附件同时上报。如已上报的质量问题快报信息经分析无须归零，可由问题快报单位所在研究院质量部门向集团申请撤销该快报。质量问题归零信息项至少应包括：

a）问题标识信息（质量问题名称、问题发现时间、问题发现地点、责任单位、归零归口单位）；

b）问题产品信息［型号名称及代号、型号批次（编号）、问题产品名称、产品设计单位、生产单位、所属整机及分系统、隶属分类］；

c）归零过程信息（质量问题概况、原因定位及机理分析、纠正措施及落实情况、故障程度、技术原因分类、管理因素、故障模式、归零情况、举一反三说明）；

d）在轨问题或异常信息（是否首次发生、是否存在故障预案、航天器是否已恢复正常）。

6）各研究院每周应对质量问题的归零闭环情况进行督促和检查，集团定期对质量问题快报及归零情况进行统计并通报。

7）航天产品研制过程中如发现元器件批次性质量问题，除按正常质量问题快报程序上报外，各研究院物资主管部门应在2小时内将元器件批次性质量问题相关信息上报集团。集团收到上报的元器件批次性质量问题后，经分析、评议后将相关信息及清查的有关要求传达到各研究院物资主管部门；各研究院物资主管部门在接到集团清查要求后，应迅速组织对问题元器件同批次产品的库存和装机情况进行全面清查、统计，并在8小时内将清查结果报集团；各研究院要依据清查结果组织有关人员分析评估元器件质量问题对所有涉及型号的影响，提出处理措施，并于3个工作日内将结果报集团。

#### 21.2.2.2　月报

（1）飞行任务质量信息和发动机试车质量信息

各研究院于每月前5个工作日，将上月飞行任务质量信息和发动机试车质量信息，通过内网邮件报送航天质量可靠性信息中心。

（2）航天用电子元器件、原材料等物资质量信息

各研究院于每月前5个工作日，将上月物资监制、验收、筛选、检查确认过程中出现的典型、共性的质量问题，通过内网邮件报送航天质量可靠性信息中心。

（3）电子元器件DPA、失效分析、补充筛选与超期复验失效信息

各电子元器件可靠性分中心或失效分析中心于每月前5个工作日，将上月电子元器件DPA、失效分析信息和电子元器件的补充筛选与超期复验失效信息，按照规定的格式和内容，通过内网邮件报送航天质量可靠性信息中心。

（4）月度质量综合分析报告

各研究院定期将本月质量综合分析报告报送航天质量可靠性信息中心。

21.2.2.3　季报

1）综合质量指标；

2）季度质量综合分析报告。

21.2.2.4　年报

（1）年度质量工作总结、质量工作要点

各研究院在每年 1 月 15 日前，将上年度质量工作总结报告（含质量管理体系审核情况及考核结果）通过内网邮件报送航天质量可靠性信息中心。每年的 3 月底前报送本年度质量工作要点。

（2）年度质量管理体系认证机构审核和二方审核情况

各研究院在每年 1 月 15 日前，将上年度研究院本级和所属各单位质量管理体系接受认证机构审核和二方审核的情况，通过内网邮件报送航天质量可靠性信息中心。

### 21.2.3　质量信息综合利用

航天科技集团实行故障和事故信息通报制度。各级单位参照建立相应的信息通报制度。

（1）集团故障和事故信息通报的范畴

集团对以下性质的问题发布故障和事故信息通报：

1）批次性质量问题，包括型号按批次性失效处理的电子元器件、原材料质量问题；

2）具有教育意义和警示作用的责任质量事故和重复性质量问题；

3）需要其他单位或型号尽快了解以便开展举一反三活动的共性质量问题。

（2）集团故障和事故信息通报的内容要求

1）故障和事故信息通报的基本内容包括编者按、故障或事故现象、对故障或事故原因的分析、措施及建议。

2）故障和事故信息通报内容必须准确。批次性质量问题的内容应由集团相关专业专家组进行技术审查。

（3）集团故障和事故信息通报编发程序

1）批次性质量问题按批次性失效处理的电子元器件、原材料在接到失效分析报告 48 小时内，共性质量问题、责任质量事故和重复性质量问题在主管部门进行分析和性质判定后 2 个工作日内由航天质量可靠性信息中心完成通报的编制。

2）故障和事故信息通报编制后，送集团质量主管部门审批后集中分发到集团有关部门、各相关研究院。

（4）集团故障和事故信息通报的使用

1）集团故障和事故信息通报的发放范围由集团质量主管部门确定，名单适时更新。

2）各级单位建立故障和事故信息通报发放对象的人员数据库，对数据库和发放对象进行动态管理。人员数据库的数据项至少包括发放对象的姓名、单位、职务或职称、技术专业、负责型号、分系统等内容。

3）集团故障和事故信息通报接收人或所在单位在收到当期通报后应立即填写回执单，并反馈给航天质量可靠性信息中心备案，以避免错发漏发。

4）集团故障和事故信息通报接收对象应按职责对照通报的问题，组织在本单位、本型号产品中及时开展举一反三。质量与可靠性信息主管部门应将举一反三的情况纳入本单位季度质量综合分析报告。

## 21.3 故障模式库建立与应用

航天产品的故障模式是指系统（型号）、分系统、单机产品、部组件、基础产品等各级产品故障的表现形式。相应的，航天产品故障模式可按产品的层级分为系统级（型号）故障模式、分系统级故障模式、单机产品故障模式、部组件故障模式、基础产品故障模式等。为规范航天产品质量信息的应用，各有关单位建立基于质量问题信息的航天产品故障模式识别与应用的工作机制。

### 21.3.1 各级职责

1）设计师系统职责。各级设计师系统负责主管产品故障模式的识别、梳理和相关知识的归纳、总结和提炼工作，并对主管产品故障模式和相关知识的正确性负责。

2）质量主管部门职责。各级质量主管部门负责本单位抓总研制的航天产品故障模式库的建立、日常维护和管理应用等工作，负责制定产品故障模式库建立、使用和修改完善的管理办法，各级单位加强航天产品故障模式库建立及相关管理工作责任制的落实，制定实施细则，做好故障模式库建立及相关管理工作的组织、协调、监督和资源保障工作。有条件的单位应开发航天产品故障模式管理及应用软件，并纳入单位质量信息管理工作系统统一进行管理。各级单位应明确负责组织航天产品故障模式库建立工作的责任部门和责任人，相关岗位人员应接受相关知识培训。

### 21.3.2 故障模式库的建立

（1）基于 FMEA 分析的故障模式库的建立

对于相关单位根据 FMEA、FTA 分析情况提炼出的故障模式，即实际未出现过故障的故障模式，可参照《航天产品故障模式、影响及危害性分析指南》《航天型号单点故障模式识别与控制要求》标准执行建立相应产品的故障模式库。

（2）基于历史质量问题的故障模式库的建立

1）分析整理历史质量问题数据。各级质量主管部门，会同产品设计、工艺、试验、测试等有关人员，对该产品历史上曾出现过的故障进行梳理和分析，根据故障定位和故障机理分析的结果，确定各级产品曾出现过的故障模式、故障原因、纠正及改进措施、举一反三情况、技术（工作）准则或禁忌等信息。同时，将梳理出的各级产品的故障模式与之前建立的产品故障模式清单进行对照，修正、完善产品故障模式清单。

2）给出产品故障模式清单。各级质量主管部门，会同产品设计、工艺、试验、测试等有关人员，根据问题的梳理结合FMEA、FTA等工作，并参考曾出现过的、已知的故障模式，对各级产品的故障模式进行梳理，确定产品故障模式清单。产品故障模式清单不仅包含本级产品的故障模式，也包括组成该产品的各级产品的故障模式。因此，某一产品的故障模式清单，由组成该产品的各级产品的所有故障模式构成，是按各级产品所形成的一棵“故障模式树”，树的最底层是构成该产品的基本单元（基础产品）的故障模式。

3）建立产品故障模式库。各级质量主管部门，会同产品设计、工艺等有关人员，在分析整理历史质量问题数据和FMEA、FTA分析的基础上，建立产品故障模式库。

4）产品故障模式库的审核确认。各级质量主管部门，组织产品设计、工艺、试验、测试等有关人员，对产品故障模式清单、产品故障模式库的正确性与完整性进行审核和确认，必要时要组织专门的评审。

5）产品故障模式库的修正与完善。各级质量主管部门，定期组织设计、工艺、试验、测试等有关人员，根据产品设计FMEA、工艺FMEA等有关工作，不断修正和完善产品故障模式库。当产品发生质量问题后，各级质量主管部门要组织设计、工艺等有关人员，结合归零结论，修正和完善产品故障模式库。

（3）撰写专题分析报告

各级质量主管部门，结合故障模式库建立、故障树分析等工作，组织设计师系统，按产品撰写专题故障模式分析报告并定期更新，分析产品故障的主要原因、常见的故障模式及纠正措施，提炼技术（工作）准则和禁忌，持续积累故障模式相关知识，并将产品故障模式分析作为各级面向产品质量分析会的一部分。

### 21.3.3　故障模式库的使用要求

1）改进设计工作。各级设计人员、工艺、试验、测试人员，在开展产品设计、工艺设计、试验设计时，要参考相关产品故障模式库中的信息，掌握该产品曾出现过的故障模式、潜在的故障模式以及采取的纠正措施，用以指导产品设计、工艺设计工作。

2）支持设计评审工作。各级在开展设计评审、工艺评审时，要将通过故障模式库中梳理出的设计（工作）准则或禁忌，作为评审的重点予以审核，确保评审工作的针对性和有效性，避免重复性质量问题的发生。

3）协助质量问题归零工作。当产品发生质量问题后开展归零工作时，归零人员可参考产品故障模式库的相关信息，为故障的准确定位和快速归零提供支持和帮助。

# 第 22 章　专业队伍与机构建设

企业的产品和服务要满足顾客的要求，必须建立一支从事质量技术基础技术和管理方面的专业队伍，以“保成功、保交付、促发展”为宗旨，开展质量技术基础技术和管理方法研究，建立健全工作机制，规范开展保障工作，持续提升质量管控能力。研制高质量航天装备，离不开高素质的质量技术基础专业队伍和高水平的专业支撑机构。航天科技集团建立了各级质量专业队伍管理制度，制定了质量专业机构管理办法等，以规范质量专业队伍与机构建设，保证人员配置、业务能力及专业保证满足型号研制需求。

## 22.1　专家组建设

质量技术基础专家团队是相关专业发展的思想库、智囊团，是系统谋划、科学决策、高效监管质量技术基础工作的重要支撑。质量技术基础专家组以夯实专业平台和推动专业进步为目标，以引领、咨询、指导、监督、把关为主要任务，引领专业领域质量技术基础快速高效发展。

航天质量技术基础专家组（以下统称专家组）包括质量与可靠性、工艺、软件、元器件、计量、标准化等专家团队。

### 22.1.1　专家组组建

依据集团、研究院和各厂/所技术基础发展规划及科研生产发展需求，航天建立了各层级质量与可靠性、工艺、软件、元器件、计量、标准化等专家组。专家组由专业领域内的高水平专家组成。具体挂靠情况依据各研究院、厂/所实际情况确定。

专家组一般设置组长 1 名、副组长若干名，秘书 1 名。专家组组长在设置专家组的上级单位和直属单位的双重领导下开展工作，全面负责专家组的专业建设和工作策划、推进和实施，主持专家组的学术研究和学术交流活动，落实上级单位交办的其他工作。副组长在组长领导下开展工作，受组长委托负责相关方面工作。专家组秘书接受专家组组长领导，协助组长开展日常管理工作，负责专家组工作计划的拟制、日常活动的组织推进、专家组工作小结及专家组活动简报的编制等。

专家组专家选聘充分考虑专业结构和人员配置的合理性，形成老、中、青相结合的专家人才成员结构梯队。成员一般从成立专家组的集团、研究院或厂/所内部选聘，如专业需要，可从外部选聘热心参加专家组活动的专家学者作为专家组顾问，并按保密要求参加专家组活动。

集团、研究院或厂/所统一为专家组专家颁发聘书。专家聘期内岗位发生变化时，需要对专家组成员进行调整或补充。

### 22.1.2　专家组职责

专家组主要职责如下：

1）参与专业技术发展规划编制、审定与推动实施；

2）按型号研制流程指导、检查型号产品研制生产，参加型号产品关键环节的审查、把关，参加型号产品可靠性、工艺、软件等专项审查，并对专业审查结果负责；

3）解决处理科研生产共性、重大等质量、工艺、技术基础问题；

4）组织支撑本专业活动管理与技术标准的制修订；

5）参与质量技术基础项目研究，发挥指导、引领、把关的作用；

6）指导相关质量专业机构开展工作；

7）指导、监督、评价本单位质量技术基础专业工作；

8）适时开展技术交流和召开工作会议，总结经验、交流情况，促进专业技术水平进一步提升。

### 22.1.3　专家任职资格

专家组专家应符合以下条件：

1）具有良好的政治素养、工作作风和敬业精神，热爱航天事业，科学公正，责任心强，有一定精力参加专家组活动并能按计划完成专家组工作；

2）直接从事质量与可靠性、工艺、软件、元器件、计量、标准化等相关专业工作，专业理论基础扎实，具备较高的专业技术水平和丰富的工程经验，能够独立或领衔承担质量、工艺、可靠性、软件等关键技术基础任务，有较高的解决工程技术问题的能力；

3）具备副高及以上专业技术职务或具有专业、型号副主任设计师及以上任职经历；专家组正副组长应是本专业技术专家或学术带头人，同时具有正高职称；

4）聚焦本专业技术发展规划，掌握专业技术发展状态，专业视野开阔，能够引领、推动本专业技术进步。

### 22.1.4　专家组活动及考核

专家组研究制定任期规划，明确任期工作目标和工作重点，确保在任期内充分发挥引领、支撑和推动的作用。

专家组每年编制年度计划，明确年度工作重点和活动内容，并报主管部门留底。专家组结合专业发展方向和趋势，组织开展技术研究和交流活动，指导相应的专业技术机构和单位进行技术交流，及时解决科研生产中的共性、关键质量工艺技术基础问题。

专家组适时召开工作会，总结经验、交流情况，促进专业水平不断提高。每位专家编制专家年度工作总结，专家组每年编制专家组年度工作总结，召开专家组工作总结交流会，总结前期成功经验，策划后期工作重点。

各专家组按年度对本专业专家计划完成情况、活动参加情况、作用发挥情况等进行考评，视考核情况对不满足相关要求的专家，由专家组长提出并征求主管部门意见报相关领导同意后解除聘任，对技术评审和质量评审中因把关不严发生失误，导致重大质量问题的专家予以解聘。

### 22.1.5 专家组建设其他要求

集团、研究院或成立专家组的厂/所，根据专家组工作计划设置相应的专项经费，保证专家组活动顺利开展。建立专家工作评价机制，对专家工作进行量化考核。建立专家激励机制，提高专家专业引领的主动性和积极性。

专家组专家履行安全保密义务。

## 22.2 质量专业队伍建设

质量专业队伍是指在质量方面从事相应技术和管理专业工作的团体协作的全部人员。质量专业队伍人员组成可以分为三大类：质量队伍、工艺队伍、技术基础队伍。各单位设置主管质量、工艺、技术基础的主管领导，在单位主管领导的领导下开展质量专业队伍建设。

集团、研究院和各厂/所结合型号任务和发展需求，开展单位质量人才队伍需求分析，制定质量人员专业目录，构建质量工作知识体系和质量人才培养体系，制定质量专业队伍管理制度，明确质量专业队伍人才发展序列，保证人员配置及业务能力满足型号研制需求。

### 22.2.1 建立健全质量专业队伍

各单位制定质量人才队伍建设规划，明确质量队伍组成、能力需求和任职资格，提出队伍建立、培养、激励、考核、晋升等重点工作，打造质量人才方阵。

#### 22.2.1.1 质量队伍

质量队伍一般包括：总（副总）质量师，项目产品保证经理、产品保证工程师、专业产品保证工程师、产品保证助理等产品保证人员，型号质量人员、检验人员等型号质量管理人员，质量体系管理、质量信息管理、质量培训、群众性质量管理活动等基础质量管理人员，质量监理、质量监督代表、军贸代表等质量监督监理人员。

（1）总（副总）质量师

总（副总）质量师在单位主管领导下全面负责单位质量管理工作。

（2）产品保证人员

型号产品保证经理是型号产品保证工作的直接责任人，对型号总指挥负责，负责型号产品保证工作的策划与组织实施，原则上应具有副总师或三年以上型号系统级主任设计师、分系统级产品保证工程师以上任职经历。

产品保证工程师是指为开展产品保证工作设置的工程技术人员，对分系统级或单机级产品的产品保证工作负直接责任。型号领域产品保证工程师原则上在任职前应具有三年以上副主任专业工程师或相当工作经历，单机产品保证工程师原则上在任职前应具有五年以上单机产品研制经历。对重要外包产品应设置外包产品保证工程师。

专业产品保证工程师对应的专业通常包括质量保证、通用质量特性保证（含可靠性、安全性、维修性、保障性、测试性、环境适应性保证等）、型号物资保证［含电气、电子、机电（EEE）元器件、原材料、标准紧固件保证等］、工艺保证、软件产品保证等。专业产品保证工程师在任职前应具有五年以上相应专业的工作经历。

各级产品保证工程师的职责一般为：负责策划产品保证工作项目，制定各专业产品保证流程；负责专业产品保证计划的制订，纳入科研计划并组织实施；负责产品保证活动和过程的监督检查，对专业技术进行技术把关，汇总收集形成本专业产品数据包；负责组织开展产品保证情况确认，编制产品保证报告等。

（3）型号质量管理人员

型号质量管理人员含型号质量师系统和检验人员。

①型号质量师系统

型号质量师系统在型号两总的领导下，协同产品保证人员系统开展型号研制的质量管理工作。负责落实上级/用户有关质量保证要求，开展型号产品质量保证策划，制定型号质量保证大纲，监督有关质量法规、条例、标准的贯彻执行，组织实施型号研制项目的全过程质量保证工作，组织产品的交付验收和质量评审，组织或参与处理型号研制中发生的质量问题和质量事故，组织型号质量问题技术归零和管理归零工作，及时向本单位和上一级质量师报告质量信息，对型号质量问题进行定期统计、分析，对存在的薄弱环节及时组织制定纠正措施并实施跟踪检查等。

型号质量师需要熟悉质量管理法规、规章和标准，具有丰富的质量管理知识，掌握相关质量管理方法，熟悉型号研制程序，能坚持原则、实事求是，具有组织管理和独立处理质量技术问题的能力。副主任质量师应具有中级及以上专业技术职称，主任质量师应具有副高及以上专业技术职称。

②检验人员

检验人员承担着判定产品质量的职责，按检验依据文件，对本检验岗位的产品进行检验，对所发生的错检、漏检负责；对生产现场的“人、机、料、法、环、测”、工艺纪律、文明生产等实施监督，对因生产条件失控而发生的质量问题负连带责任；按规定提出不合格品的处置意见，参加不合格品原因分析，监督不合格品的处理过程，对由于监管不力而导致的不合格品失控负责；及时收集、反馈有关产品质量信息，对所传递的产品质量信息的正确性负责，对由于拖延上报、隐瞒上报甚至参与弄虚作假而导致的后果负责；准确填写质量原始记录，对原始记录的正确性、完整性、及时性负责。

检验人员需要责任心强、质量意识强，在任何情况下都能坚持质量原则，铁面无私，不徇私情；身体健康，无色盲、高度近视等不适应检验岗位工作的生理缺陷和疾病。检验人员应掌握质量管理及检验基本知识，具有专业技术知识及相应的生产技术技能，持有效的“检验员资格证书”，正确使用、保管检验印章；应具有一定的文字描述及书面表达能力，有较强的分析能力和一定的本检验工种工作经验；从事高技术复杂产品、关键质量特性检验的人员，应具备中专及以上学历。

（4）基础质量管理人员

基础质量管理人员主要负责上级质量管理要求落实，单位质量管理体系、产品保证体系构建与运行，负责质量信息、质量问题综合分析与利用，质量奖惩、质量培训、群众性质量管理活动推进等质量基础平台建设。

基础质量管理人员应熟悉型号研制流程，熟练掌握质量管理专业知识，具有较强的口头表达、文字表达和沟通能力，具有中级及以上专业技术职称。

（5）质量监督监理人员

质量监督监理人员主要包括质量监督代表、军贸验收代表和质量监理。

质量监督监理人员均由上级单位委派，代表上级单位独立行使质量监督职能。原则上应具有良好的政治素质，坚持原则、秉公办事、团结协作、身体健康，年龄不超过65岁；熟悉型号产品研制程序，具有丰富的型号科研和质量管理工作经验，熟练掌握质量管理专业知识和相关质量管理标准，具有良好的沟通能力、观察能力、决策能力、监控能力、应变能力、分析能力、归纳能力。

①质量监督代表

质量监督代表对组织、过程和产品的状况进行监视、验证、分析和督促，关注的重点是产品实现过程的能力及其是否得到保持，是符合性监督。对监督意见的闭环情况进行跟踪，确保满足规定的质量要求。

集团质量监督代表实行的是委派制，由上级任命并委派对下属单位进行质量监督。集团在各研究院设立质量监督代表室，按权限派驻质量监督代表，代表集团负责实施对被派驻单位型号研制生产质量的监督工作。

质量监督代表工作定位和性质具有以下特点：

“双重”领导，行政上受本单位领导，业务上受上级委派部门领导；“双向”负责，对本单位和上级委派部门负责；“专职＋独立”双模式，工作专职，不承担本单位其他相关工作，业务独立，不受被监督对象责任主体影响；“产品＋过程”双覆盖，覆盖型号产品，监督型号（产品）质量符合性，覆盖研制过程，监督过程有效性（含外协外包过程）；“日常＋专题”相结合，日常监督，就是日常巡视，当即预警，督促整改，重在规范管理，专题监督，就是对重点型号产品和关键过程通过风险识别，依照事先策划的监督计划和监督内容开展针对性检查，发现问题或隐患一查到底，及时报告问题并督促责任单位整改，重在防范风险。

②军贸验收代表

军贸验收代表是指实施军贸产品质量监督验收的人员，承担了军贸型号产品研制生产和售后服务全过程的质量监督以及对交付产品的验收工作，负责军贸产品监督验收信息的收集和报告。

航天科技集团对军贸产品实行派驻质量监督验收代表制度，在有军贸产品任务的研究院设立总代表室，委派军贸验收代表对军贸产品研制生产全过程进行质量监督，对产品交付进行验收。总代表室设总代表 1 人，副总代表 1～2 人，代表若干名；总代表根据任务情况，向有关厂/所派出监督验收代表，组成厂/所代表室。

军贸验收代表质量监督工作与质量监督代表的工作内容相同，即：对承制单位体系运行情况、产品研制过程和产品的质量状况进行监视、验证、分析、督促，确保过程、产品满足规定的要求。与质量监督代表不同的是，军贸验收代表还承担了产品的验收工作，对产品符合规定的质量要求做出判断，具有产品的放行权，两者的关注重点不同：军贸验收代表关注的重点就是产品，保证不制造、不放行不合格品；质量监督代表关注的重点是产品实现过程的能力及其是否得到保持，即通常意义上的符合性监督。

③质量监理

质量监理是指依据法律、法规、标准、规范和合同等相关要求，对产品质量形成过程和结果进行督察、监控和评价的活动。

监理和监督虽然只有一字之差，但在形式和内容上有很大的不同。

工作方式不同：质量监理对监理意见的闭环情况进行跟踪，对于有明确书面监理意见的产品或过程，必须经质量监理确认整改措施落实到位后，方可放行，有产品放行权和叫停权。质量监督对监督意见的闭环情况进行跟踪，但跟踪的结果不影响型号产品研制生产活动，不改变型号研制队伍的质量责任，没有产品放行权和叫停权。

关注重点不同：质量监理关注的重点就是产品，保证不制造、不放行不合格品。质量监督关注的重点是产品实现过程的能力及其是否得到保持，即通常意义上的符合性监督。

资质不同：未来的质量监理人员，要经过资质认证。而现在的航天质量监督人员则没有。

#### 22.2.1.2 工艺队伍

工艺队伍可细分为型号工艺队伍和基础工艺队伍。

型号工艺队伍一般由总（副总）工艺师、型号总（副总）工艺师、型号主任工艺师、型号主管工艺师和工艺师组成。型号工艺队伍对航天产品研制生产全过程实施工艺管理，负责开展型号工艺工作策划，制定工艺保证大纲，编制工艺总方案，开展设计可行性分析与工艺审查，组织产品研制生产的工艺技术准备，协调处理研制生产过程中的工艺技术问题；组织开展工艺攻关、工艺优化、转阶段工艺工作和工艺定型（鉴定）等。

基础工艺队伍一般由总（副总）工艺师、工艺专家组、专业主任（副主任）工艺师和工艺人员组成。型号工艺队伍与基础工艺队伍相互配合协调，确保产品工艺工作的开展。基础工艺队伍的主要任务：完成单位工艺发展规划、组织或参与编制单位工艺技术措施和工艺技术改造规划以及项目的立项、论证与实施，开展工艺信息化、工艺设计与监督实施、通用工装模具设计、工艺质量问题分析解决、工艺检查等工作。

各级工艺师应具有严谨的工作作风和敬业精神，具有相应的组织协调能力，具备系统、扎实的工艺技术知识，具有全日制大学本科及以上学历，1970 年以后出生、新提拔担任副总工艺师、总工艺师职务的，应具有硕士及以上文化程度。

主管工艺师应有较强的解决工艺问题的能力，熟悉工艺流程，具有中级及以上专业技术职务。主任（副主任）工艺师应有比较丰富的工艺工作经验或型号研制经验，掌握单位制造技术和关键工艺技术，具备较强的解决实际问题的能力，在本岗位做出过突出贡献。其中，副主任工艺师应具有中级及以上专业技术职务，任主管工艺师或同级别技术岗位 2 年及以上，或从事工艺工作 4 年以上；主任工艺师应比较完整地参加过型号（产品）研制全过程的相关专项工艺或设计工作，任副主任工艺师或同级别技术岗位 2 年及以上，具有副高级及以上专业技术职务。总工艺师（副总工艺师）应具有突出的管理和组织领导能力、协调能力、综合分析能力、决策判断能力、系统思维和规划布局能力；在专业工艺领域有较高的学术造诣，有丰富的工艺工作经验和型号（产品）研制、设计经验，参加过型号研制全过程，全面掌握型号研制程序，具备航天系统工程知识，掌握相关专业国内外现状及发展趋势，掌握开展工艺研究、工艺攻关、工艺试验的专业方法，掌握技术改造、技术引进、技术进步的管理知识，掌握先进质量管理基本知识和标准。副总工艺师一般需任主任工艺师或同等级别技术岗位 3 年及以上，具有副高级及以上专业技术职务。总工艺师一般需任副总工艺师或同等级别技术岗位 2 年及以上，具有正高级专业技术职务。

#### 22.2.1.3 技术基础队伍

技术基础队伍一般包括：可靠性队伍、标准化队伍、软件评测队伍、元器件队伍、计量队伍等。

技术基础队伍的职业发展序列为：技术员、专业主管师、专业副主任师、专业主任师、专业副总师、专业总师。原则上，可靠性、标准化、计量测试专业可设专业总师、专业副总师，软件评测、元器件专业可与相关软件研制、物资保证专业合并设置专业总师、专业副总师。

技术基础队伍人员一般应具备大学本科及以上学历背景，具有系统、扎实的专业理论知识和一定的型号专业知识，具有较强的组织协调能力、分析判断能力和问题解决能力。1970 年以后出生、新提拔担任专业副总师、专业总师职务的，应具有硕士及以上文化程度。

（1）可靠性队伍

型号总体、主要分系统和关键设备承制单位应设立可靠性专业组或专业室，其成员应具备型号研制经验并掌握可靠性技术。可靠性专业组织应与型号研制结合，研究并应用可靠性技术，承担型号可靠性专业产品保证工程师或专职可靠性主任、副主任或主管设计师职责，指导和监督型号可靠性工作。

型号总指挥是本型号可靠性工作的第一责任人，负责可靠性工作岗位和职责落实，策划和实施型号可靠性工作，提供资源保障。型号总师对本型号可靠性技术工作负全责。各级产品设计师是型号可靠性工作的主体，具体负责产品可靠性设计、分析、试验与信息收集工作。

可靠性专业组织承担基础可靠性工作，及时总结可靠性工作经验和技术成果，建立健全可靠性管理、设计、分析、试验和评价规范体系；开展型号产品有关可靠性设计、试验、维修保障和故障处理等数据的收集与利用，开展型号在轨、在役产品故障分析和可靠性评价；开展可靠性仿真验证技术、可靠性试验技术研究和可靠性试验基础条件建设，加强可靠性设计、分析软件工具的开发和应用，适应型号数字化设计、仿真、协同的研制需求。

（2）标准化队伍

标准化队伍由总（副总）标准化师、主任（副主任）标准化师、主管标准化师及标准化师组成。在通用性和基础性专业一般设置专职标准化师；总装单位及专业所按产品及关键专业/领域设兼职标准化师；总体单位按照（系列）型号/专业/领域设兼职标准化师；总体单位可增设副总标准化师 1 名，专职负责型号标准化技术工作。

标准化师队伍负责完成单位标准化工作的战略规划和总体策划，组织开展标准体系建设、各级标准（含“三大规范”）制定与实施、标准化课题研究、标准宣贯实施以及标准化信息平台建设与维护；编制型号/产品标准化大纲，开展型号/产品标准化工作，制订型号/产品标准化工作计划，开展型号/产品技术文件标准化审查。

专职主任（副主任）标准化师应熟悉单位科研生产管理流程，具有较强的组织协调能力、分析解决问题能力、沟通管理能力及工作推动能力，担任过型号/产品/专业主任（副主任）设计（工艺）师或相当级别职务，或担任下一级专业技术职务 2 年以上。总（副总）标准化师还应具有型号或产品完整研制阶段的研制经历，担任过型号副总设计师或相当级别职务，或担任下一级职务 3 年以上，具有正高级专业技术职务。

（3）软件评测队伍

软件评测队伍主要职责是按相关标准及管理要求开展软件第三方测评；参与软件重要研制节点，分析软件测试需求，编制测试计划，建立测试环境，设计并执行测试用例，提交测试报告，并通过评审；对被评测软件产品的质量负责，保护被测软件承制方的知识产权和技术秘密。以提高效率和质量为宗旨，研究建设基于通用化测试平台，构建共性关键软件测试平台，努力提升软件测试专业技术水平，提高测试验证能力。

各单位可根据单位型号研制需求及专业发展实际需求，科学合理配置软件评测队伍。

（4）元器件队伍

元器件队伍的主要职责是编制元器件相关的保证标准规范和应用指南，负责实施元器件质量保证和应用验证工作，参与元器件需求规划、评价认定、选用、采购、质量保证过程的实施和管理，负责元器件质量保证信息的收集、分析和管理及共性问题识别与分析，开展元器件质量与可靠性保证技术研究、应用推广和技术培训。

（5）计量队伍

计量队伍的主要任务是贯彻执行上级有关计量工作规定，制定计量工作发展规划，建立完善量值传递系统，建立完善计量标准装置体系，开展计量检定（校准）和计量监督，进行计量技术研究，负责型号计量技术保障，参与型号用专用测试设备的方案评审，开展校准服务，为科研生产和经营管理提供计量保障。

各单位根据需要配置相应的计量人员，建立计量队伍。计量人员包括计量管理人员、检定或校准人员、修理人员等。计量人员应具备以下条件：具备大专以上的文化程度；熟悉计量法律、法规；具有所从事计量专业的基础理论和专业知识；熟练地掌握所从事专业的操作技能。计量检定或校准人员必须经上级授权的机构考核合格后持证上岗；专用测试设备校准人员，应经本单位（含）以上人事部门或主管部门计量知识和相关业务的培训考核，颁发专用测试设备校准人员资格证书；计量检定或校准人员依法履行检定或校准职责，所出具的检定或校准证书（报告）具有法律效力，受法律保护，同时计量检定人员对数据的正确性应负全责。

### 22.2.2 队伍培训与考核

各单位建立适用于本单位特点的质量培训管理模式和运行机制，研究制定全员质量培训知识体系大纲，形成质量培训课件库，分级开展质量专业队伍质量技术和质量管理知识培训，提升培训的针对性和有效性。加强岗位知识和技能考核，逐步实现各级质量专业人员持证上岗。

各单位积极组织质量专业人员参加研究院、集团等上级单位组织的相关专业知识培训，创造条件参加相关专业知识培训和专业知识交流。质量专业人员每年所参加的专业技术培训学时不少于16学时，应取得规定的结业（资格）证书。鼓励质量专业人员考取国家相关资质。

各单位建立考核机制，建立质量专业人员管理机制和退出机制，确保质量专业人员满足科研生产管理需求。

各单位建立质量专业人员薪酬体系，建立突出岗位价值和能力业绩的薪酬分配机制，从制度上，确保各单位质量人员工资福利、职称评定、成果奖励等方面有效落实。牵引质量专业队伍沿着本专业领域纵向发展，鼓励具有一定专业技术知识和丰富管理经验的一线人员充实到质量专业队伍，成为本领域的带头人和专家。

## 22.3 专业机构建设

质量技术基础专业技术机构是根据技术发展规划及科研生产发展需求，以提高专业技术研究和应用水平，提升专业技术保证能力为目的，承担质量保证技术研究、专业发展建设，提供技术服务、监督评价、资质认证等职能的工作组织。质量专业技术机构是专业技术发展、创新、应用、交流的平台，具有质量专业队伍建设、质量专业条件建设、质量技术方法研究及推广、质量专业技术支持、质量专业监督评价、质量专业资格认证等工作职责。航天科技集团建立了可靠性与环境试验、元器件、原材料、软件、工艺、无损检测、标准化、计量等质量专业机构。

### 22.3.1　专业机构总体布局

（1）系统谋划质量专业机构建设

以建立布局合理、专业齐全、管理规范、具有国内外领先能力的质量专业机构支撑系统为目标，依据型号特点和产业发展需求，集团或研究院系统谋划机构发展和建设规划，确定质量专业机构布局，整合专业力量，统一、规范、协同各专业机构运行与管理。

质量专业机构挂靠在专业能力较强的单位。质量专业机构筹建需通过前期论证、申请、评审、批复、组建等环节，以确保质量专业机构具有技术引领、服务型号、成果推广、人才培养等方面的“技术引领、辐射和支撑”能力。挂靠单位负责机构行政管理和日常运行，业务上接受集团或研究院及相关业务部门指导。

（2）科学界定专业机构职能

可靠性与环境试验专业机构主要任务是组织及牵引相关单位开展可靠性技术基础研究及型号可靠性设计、分析与验证工作，研究和测试产品在规定的条件下、在规定的时间内完成规定功能的能力，为产品的质量保证提供技术支撑。

元器件专业机构主要任务是引领元器件专业技术发展，研究元器件性能指标和应用，开展元器件筛选、检测、试验、评价和应用验证，落实元器件过程控制要求，建立并维护元器件质量信息库，为质量问题分析提供技术支撑。

原材料专业机构主要任务是制定原材料需求规划，开展原材料检测、失效分析和使用研究，为型号材料选用提供技术支持，为质量问题分析提供技术支撑。

软件评测专业机构主要任务是开展软件质量、软件测试与评价方法、软件测试平台和工具研究，为型号提供软件测评和技术支持，开展型号软件工程化与测试咨询及培训。

工艺专业机构主要任务是引领本专业工艺技术发展，研究建立本专业工艺技术体系，梳理制定禁（限）用工艺目录，开展禁（限）用工艺替代技术研究，解决型号研制生产中的重大工艺瓶颈和共性工艺问题。制定本专业工艺发展规划，策划制定工艺技术标准、规范，建立专业工艺知识库，加强成果应用推广和孵化工艺领军人才。

无损检测专业机构主要任务是研究在不损害或不影响被检测对象使用性能的前提下，采用射线、超声、红外、电磁等原理技术并结合仪器对材料、零件、设备进行缺陷、化学、物理参数检测及技术应用，为型号研制提供技术支持。

标准化专业机构主要任务是制定标准规划，建立健全标准体系，组织标准制修订、宣贯、实施、评价与监督，开展标准化工作保障、标准化基础研究和应用研究，推进国际标准化等。

计量专业机构主要任务是建立完善量值传递系统，开展计量检定（校准）和计量监督，进行计量技术研究，为科研生产和经营管理提供计量保障。

### 22.3.2　专业机构职责

质量专业机构主要职责如下：

1）掌握专业领域技术发展方向，制定技术发展规划，开展专业技术研究，推广技术方法应用，牵引全集团或全研究院专业技术能力提升；

2）支撑型号研制，开展型号研制流程或产保流程纳入的专业技术和管理工作，解决重大、共性专业技术问题；

3）建立并维护专业技术标准、规范体系；

4）组织开展与专业技术有关的检查、审查、把关等工作；

5）对各单位专业领域工作开展业务指导和咨询服务；

6）支持专家组开展技术研究活动，开展专业培训和技术交流；

7）负责专业领域型号基础信息和问题数据的采集、分析。

### 22.3.3 专业机构能力建设

加强已建质量专业机构条件建设，配置相应的工具和手段，提升质量保证的专业化支撑能力。专业机构要主动面向型号需求开展质量保证技术研究，通过不断实践，提高技术服务和监督评价等方面的能力和水平，提升质量专业机构整体为型号保障和服务的能力。

各专业机构应开展专业领域技术的发展规划研究，新技术、新方法的论证与应用研究；要根据型号、专业技术发展需求开展产学研合作，将高校、科研院所的基础研究成果与集团或研究院技术基础保障能力的发展需求结合起来，不断解决制约型号发展的共性技术，不断突破保障型号发展的关键技术；要围绕现有任务和未来发展需要，着力培养技术基础专业领军人才，培养既精通技术又精通管理的复合型人才，建立完整的质量技术基础人才梯队，逐步实现人才队伍的整体开发和优化配置；通过建设逐步实现与市场接轨、与国内先进水平中心与实验室同台竞争的能力；对于需要进行资质认证的专业机构，要逐步建立实验室体系，通过第三方评估、能力比对等有效手段，规范管理工作，并鼓励具备条件的实验室通过国家、国防、军用实验室的认可。

### 22.3.4 专业机构型号保证

集团和各研究院明确各专业机构在型号研制生产流程中的定位，以及在型号产品保证和质量工作中的职责。

型号质量保证、工艺保证、通用质量特性保证、物资保证、软件保证等型号专业产品保证工程师大多配置在专业机构中，所以专业机构应履行型号产品专业保证职责。

各专业机构应全面参与型号研制，开展型号研制流程或产保流程纳入的专业技术和管理工作，做好型号研制工作的保障和技术把关。各专业机构主动面向型号需求开展质量保证技术研究，通过不断实践，提高技术服务和监督评价等方面的能力和水平。

### 22.3.5 专业机构管理

集团及各研究院将质量专业机构发展纳入发展规划，制定专业机构管理办法，明确专业机构组建、运行、评价、考核和激励等管理要求，同时在技改、能力建设和质量技术基础项目等方面给予优先保障和支持。定期组织对专业机构运行进行指导、检查和考核评价，实行专业机构引入竞争机制和考核不合格退出机制，引导专业机构良性发展。

专业机构实行主任负责制，设置主任 1 人，副主任 1～3 人。机构主任、副主任是本领域具有较高水平的专业带头人，具备较高的专业技术水平和丰富的工程经验，具有较强的组织管理和协调能力，机构主任一般由挂靠单位主管质量技术基础的厂/所级领导兼任。

各专业机构探索科学合理的管理模式和运行机制，策划制定机构发展规划和年度计划，制定科技成果、经费使用、人才考评与激励等管理方法，造就专业领域带头人和专业领域交流平台。各专业机构每年进行年度工作总结，并提交集团或研究院主管部门。

# 参 考 文 献


［1］ 中国航天科技集团质量文化手册［Z］.

［2］ 中国航天科技集团质量文化建设纲要（2011—2015年）［Z］.

［3］ 全国质量管理和质量保证标准化技术委员会．质量管理体系 基础和术语：GB/T 19000—2016［S］. 北京：中国标准出版社，2016.

［4］ 中央军委装备发展部．质量管理体系要求：GJB 9001C—2017［S］. 北京：中国标准出版社，2017.

［5］ 中央军委装备发展部．厂际质量保证体系工作指南：GJB/Z 2A—2017［S］. 北京：国家军用标准出版发行部，2017.

［6］ 航天科技集团质量管理体系评估管理办法（试行）［Z］，2009.

［7］ 航天科技集团质量管理体系评估手册（2009版）［Z］.

［8］ 航天科技集团质量管理体系评估手册（2013版）［Z］.

［9］ 中国航天科技集团公司．航天产品质量问题归零实施要求：Q/QJA 10—2002［S］. 北京：中国航天标准化研究所，2002.

［10］ 国防科学技术工业委员会．航天产品质量问题归零实施指南：QJ 3183—2003［S］. 北京：中国航天标准化研究所，2003.

［11］ 中华人民共和国国家质量监督检验检疫总局，中国国家标准化管理委员会．航天产品质量问题归零实施要求：GB/T 29076—2012［S］. 北京：中国标准出版社，2013.

［12］ 中国航天科技集团公司．航天产品技术状态更改控制要求：Q/QJA 32—2006［S］. 北京：中国航天标准化研究所，2006.

［13］ 中国航天科技集团公司．航天型号软件工程化管理要求：Q/QJA 30A—2013［S］. 北京：中国航天标准化与产品保证研究院，2013.

［14］ 关于下发《航天型号精细化质量管理要求（2017版）》的通知［Z］.

［15］ 关于印发《型号（产品）管理、型号设计、产品设计、预先研究、工艺、技术基础与保障等科技人才职业发展序列与任职资格标准》的通知［Z］. 2017.

［16］ 关于印发《运载火箭质量监理规范（试行）》的通知［Z］. 2018.

［17］ 关于印发《航天型号精细化质量管理要求术语解读》的通知［Z］. 2018 .